쉽게 배우는
SPSS 자료분석

황해익 · 송연숙 · 최혜진 · 손원경

KNOWLEDGE COMMUNITY 공동체

머 · 리 · 말

SPSS 통계분석에 관한 책은 국내·외적으로 많이 발행되어 왔으나, 지난 20여 년간 학부와 대학원에서 교육평가와 교육연구 방법과 관련된 교과들을 강의해 오면서 이러한 지식들을 배우고 익힌 학생들이 인문사회 분야 석·박사 학위논문을 준비하는 과정에서나, 실제 교육현장의 삶 속에서 교사로서 학생들과 부딪히면서 야기되는 양상들을 이해하기 위해 연구하고자 할 때 도움이 되는 구체적이고 실제적인 통계기법들을 익힐 수 있는 그런 지식의 필요성을 절감하였으나, 직접 활용 가능한 통계분석 및 활용에 대한 자료 부족에 아쉬움이 많았다.

그러나 이 같은 통계적 지식의 필요성을 절감하면서도 통계적 방법에 대해서는 이를 배우는 학생이나 가르치는 교사 모두가 항상 어려운 문제로 여기는 것 또한 사실이다. 통계라면 귀찮고 두렵고 때로는 골치 아프기 때문에 가능한 피하려고 하며, 그중 일부는 통계분석을 배우기보다는 외부 집단에 의뢰해서 해결하는 그런 경향을 보이기까지 하고 있다. 어떻게 하면 이런 느낌에서 벗어날 수 있을까 하는 생각을 해오던 끝에 이런 문제를 쉽게 배울 수 있도록 정리해 보고자 하는 마음에서 함께 집필한 저자들이 모여 이 책을 만들게 되었다.

대학에서 교육통계 및 측정·평가 과목을 강의하면서 느낀 것은 학생들이 통계학을 고등학교에서 배운 수학과 유사한 것으로 생각한다는 것이다. 많은 학생들이 우선 '통계학' 하면 수학을 연상하고 그래서 통계학은 어렵고 지루한 것이어서 하기 싫다는 생각을 가지고 있다. 이러한 관점에 대해 본 저자들의 생각은 이러하다. 우선 통계학은 절대로 수학과 유사한 것이 아니며 결코 어려운 것만은 아니라는 것이다. 물론 고급통계학은 이론부터 어렵고 복잡한 수학방정식을 포함하고 있기에 초보자들이 배우기에는 어려움이 따르기도 한다. 그러나 여기서 우리가 배우고자 하는 기초적인 통계와 그 분석과정은 결코 어려운 것이 아니다. 통계학을 공부하려면 복잡한 공식보다는 기본적인 이론을 이해하는 것으로부터 시작할 필요가 있다. 예를 들어, 회귀분석을 하고자 할 때 우선 '회귀분석이란 무엇인가?', '회귀분석을 어떻게 이용하는가?'와 같은 것에서부터 출발할 필요가 있다.

따라서 이 책은 교육과 관련되어 통계기법을 배우고자 하는 학부 학생과 일반 · 교육대학원생 및 현장교사들에게 교육 관련 연구를 하기 위한 입문서 또는 지침서로 활용 가능하리라 여겨진다.

이러한 취지로 교육 관련 연구 시 적용되는 연구의 기초와 통계분석에 관한 체계적인 실제와 적용, 해석을 학습할 수 있는 내용을 담아보고자 노력하였다. 참고로 이 책은 이전에 출판한 SPSS 14.0을 활용한 '영유아 아동연구에서의 SPSS 자료분석'에 장을 추가하고 내용을 수정보완하여 윈도용 SPSS 21.0을 기준으로 집필되었음을 밝힌다.

이 책은 크게 SPSS의 기초, SPSS의 기초분석, 차이검증, 관계검증 및 척도화분석의 내용으로 구성되어 있다. 1장에서 5장까지는 SPSS의 기초내용으로 구성되어 있다. 1장은 연구의 기초로 연구의 일반적 절차와 연구윤리로, 2장은 SPSS 21.0을 사용하기 앞서 기초가 되는 SPSS의 통계기초 개념들을 정리하였다. 다음 3, 4, 5장은 SPSS 21.0을 효율적으로 사용할 수 있도록 돕기 위해 통계처리와는 직접적인 관련이 없지만 거둬진 자료들을 입력하고 수정하는 과정을 익히기 위한 내용으로 3장 자료의 입력, 4장 자료의 변환, 5장 결과의 저장과 불러오기로 되어 있다. 다음은 SPSS의 기초분석에 대한 내용으로 6장은 빈도분석, 교차분석 및 기술통계로 되어 있으며, 7장은 중복응답의 분석으로 구성되어 있다. 8장에서 11장까지는 SPSS를 활용한 차이검증의 내용으로 8장은 카이검증, 9장은 t-검증, 10장은 분산분석, 11장은 공분산분석으로 구성되어 있다. 그 다음은 SPSS를 활용한 관계검증의 내용으로 12장 상관분석, 13장 회귀분석으로 구성되어 있고, 매개효과 분석이 포함되어 있다. 마지막은 척도화분석으로 14장 신뢰도 및 타당도 분석, 15장 요인분석의 순으로 장이 구분되어 있다.

각 장에서는 통계기법에 관한 이론들을 구체적으로 기술하기보다는 연구문제에 따른 통계분석별로 그 적용의 예, 간략한 개념적 정의, 분석 실시 및 결과해석 또한 논문 제출 시에 표 정리에 따른 해석, 연습문제 순으로 정말 필요한 부분들을 중심으로 서술하도록 노력하였다. 그리고 이 부분에서는 각각의 절차를 실행하기 위해 독립적인 자료를 적용하여 필요에 따라 다른 부분과 관계없이 읽어볼 수 있도록 하였다.

이상과 같은 내용으로 구성된 이 책에서 아직도 부족한 부분들이 많이 보여 솔직히 두려움이 앞선다. 독자들의 따끔한 충고와 질책을 바라며 이를 통해 다시 개정될 수 있는 날을 기대하여 본다. 이 책이 인문사회 분야의 석・박사 학위논문을 작성하고자 하는 대학원생이나 초・중・고등 교육현장의 교원들에게 조금이나마 도움이 된다면 저자들은 큰 보람으로 여길 것이다.

이번 집필에 참여한 저자들은 이런 작업을 할 수 있도록 여러 모로 도움을 준 모두에게 마음속 깊은 사랑과 감사를 드린다. 아울러 이 책을 쓸 수 있도록 많은 참고자료와 문헌을 직・간접적으로 제공해 주신 선배, 후배, 동료 연구자들께도 감사를 드린다. 특히 바쁜 일과 속에서도 기꺼이 번거로운 교정을 해준 박사과정의 김은정, 강현미, 탁정화, 홍성희, 박리나 선생님과 석사과정의 제희선, 정귀임, 박선영 학생에게 고마움을 전한다. 이들의 헌신적인 노력이 없었더라면 이 책은 제때 출판되지 못했을 것이다.

마지막으로 이 책의 출판을 맡아 주신 공동체 김동훈 사장님, 그리고 바쁜 일정 속에서 애쓴 편집부 직원 여러분께도 진심으로 감사드린다.

2016년 3월

금정산 연구실에서

차 · 례

차 · 례

차 · 례

부록 |

chapter 01

연구의 기초

chapter

01

연구의 기초

이 책은 인문사회 및 교육 분야의 연구에 적용되는 다양한 통계기술을 활용하는 방법을 익히는 데 목적을 두고 있는데, 통계기술의 활용에 앞서 이 장에서는 연구의 전반적인 내용을 다 다루기보다는 연구과정을 이해하는 데 꼭 필요한 개념과 절차를 소개하고 있습니다. 이 장의 연구의 기초를 습득함으로써 우리 자신이 필요로 하는 연구를 효과적으로 수행하는 인문사회 및 교육 전문가가 될 수 있습니다. 자! 그럼 연구가 무엇인지 알아보기로 하지요!

1. 연구의 과학적 기초

1) 연구란?

사회 일반의 관심이나 연구자의 개인적 관심 혹은 특정 학문분야에서 필요한 어떤 사실을 검증하고 깊이 있게 탐구해 나가는 과정이며, 지식을 습득하고 문제를 해결해 나가는 과정입니다(황해익, 2010). 이러한 연구의 목적으로는 학문분야 전반의 현상에 대한 기술, 설명, 예측 및 통제를 가능하게 하는 데 있으며, 이를 통해서 인문사회 및 교육 분야의 제반 요인들과 문제점을 발견하고 분석해서 그 해결방안을 찾고자 하는 것입니다.

① **기술** : 어떤 현상에 대해 관찰한 사실들을 있는 그대로 기록하는 것이며, 더 나아가 그 현상과 관련된 변인들을 발견하고 그 변인들 간의 관계 정도를 파악하는 것

② **설명** : '왜'라는 의문에 답하는 것으로 왜 그런 현상이 생기게 되었고, 그 원인은 무엇인가에 대해 말하는 것

③ **예측** : 발견된 사실이나 법칙을 이용하여 어떤 특정한 현상이 일어나기 전에 미래의 현상을 예언하는 것(연구에서의 가설이 여기에 해당)

④ **통제** : 어떤 현상의 원인이나 조건을 제거 혹은 조작함으로써 그 현상이 일어나게 하거나 혹은 일어나지 않게 하는 것

2) 과학적 연구방법이란?

과학적 연구란 자연현상 간의 추정된 관계에 대한 이론과 가설에 따라 실시되는 체계적이고 통제된, 실증적이고 경험적인 연구라고 할 수 있으며, 사실적·객관적 근거에 입각하여 지식을 논리적으로 설명하고자 하는 방법입니다. 과학적 방법이 다른 방법과 구분될 수 있는 중요한 특성은 바로 객관성, 경험주의, 정밀성, 검증가능성입니다(이은해 외, 2006).

① **객관성** : 단적으로 말해 어떤 현상에 대해 여러 사람들 간의 의견이 일치하는 정도를 의미
② **경험주의** : 사실에 의거하여 논하고 사실적인 증거에 최상의 관심을 두는 형태를 의미
③ **정밀성** : 발견된 결과가 얼마나 진리에 가까운지에 대한 것보다는 얼마나 엄밀하고 정확하게 그 결과에 도달하였는지에 더욱 관심이 있음
④ **검증가능성** : 이론이나 가설이 검증될 수 있어야 한다는 것으로 어떤 이론이나 연구결과는 관찰 가능한 사건들에 의해 공개적으로 검토되고 긍정 또는 부정될 수 있어야 한다는 것

2. 연구의 접근방법

연구의 접근방법을 몇 가지 범주로 분류할 수 있는데, 전통적으로 교육학 연구분야에서는 양적 연구와 질적 연구로 분류하고 있습니다. 최근 들어서는 양적 연구와 질적 연구를 통합하는 통합 연구 방법을 강조하기도 합니다(Tashakkori & Teddlie, 2001). 또 하나의 접근방법으로는 종단적 연구와 횡단적 연구, 단기종단적 연구가 있습니다(황해익, 2010).

1) 양적 연구와 질적 연구

(1) 양적 연구

자연과학적 패러다임과 실증주의에 기반을 두고 경험적·분석적 탐구를 수행하며, 실증적 사실, 관찰할 수 있는 현상을 강조하고, 교육현상을 야기시키는 인과관계의 법칙 발견을 강조합니다. 자료수집에서부터 객관적인 척도에 의한 측정을 통하여 연구자의 편견, 가치, 특유의 개념이 포함되지 않도록 해야 하고, 수량화를 거쳐 통계적 방법으로 결과를 처리하는 접근방법을 말합니다. 이러한 과정을 통해 결과의 일반화를 목적으로 하며 다른 연구자에 의해 검증이 가능해야 합니다. 이러한 양적 연구로는 기술적 연구(descriptive research), 인과-비교연구(causal-comparative research), 상관연구(correlation research), 실험연구(experimental research) 등이 있습니다.

(2) 질적 연구

20세기 후반에 실증주의를 비판하면서 제기된 후기 실증주의에 기반을 둔 현상학적 · 해석학적 전통을 따르고, 사람과 사람 간의 상호작용, 대화 그리고 특정 상황 내에서의 의미해석을 강조합니다. 자료수집에서부터 일차적인 도구는 연구자 자신이며 연구자의 인상, 판단, 느낌에 많이 의존하게 됩니다. 자료의 의미를 해석함에 있어서도 연구자의 해석에 주로 의존하며 언어적으로 기술합니다. 따라서 일반화를 목적으로 하는 양적 연구와는 달리 질적 연구는 개인에 대한 지식에 초점을 두며, 각 개인 특유의 경험세계가 있는 그대로 의미 있게 그리고 가치롭게 연구되고 이해되어야 한다고 봅니다. 따라서 질적 연구의 결과는 모든 대상에게 적용하기 어렵습니다. 이러한 질적 연구로는 사례연구(case study research), 역사적 연구(historical research), 문화기술적 연구(ethnographic research) 등이 있습니다.

(3) 통합 연구

실용주의에 기반을 두고 자료수집에서부터 양적 연구와 질적 연구를 통합한 방법입니다. 즉, 하나의 연구나 여러 보완적 연구 내에서 동일 현상을 연구하기 위해 질적 연구와 양적 연구를 함께 사용하는 것을 말합니다.

2) 종단적 연구와 횡단적 연구

① 종단적 연구는 한 집단의 연구대상을 장기간 반복적으로 시간의 경과에 따른 발달과 변화를 연구하는 방법입니다. 연구대상의 발달에 관한 여러 측면을 측정하여 개체로서의 전체성을 이해하고 변인과의 관계를 설명하기 위해 주로 활용됩니다. 어느 한 시점에서의 발달상태보다는 발달과정의 전반적인 모습에 대한 정보를 보다 정확히 제공할 수 있고, 초기경험과 후기행동 간의 인과관계를 규명하고자 하는 연구처럼 어떤 특성이 시간에 따라 안정성이 있는가 또는 개인에 따라 변화양상이 다른가 등을 연구하는 데 적합합니다. 그러나 종단적 연구는 연구대상자를 오랜 기간 동안 추적해야 하므로 시간, 노력, 비용 등이 많이 소모되고, 이사, 사망, 질병 등의 이유로 연구대상자의 중도 탈락률이 많으므로 연구를 완성하기 어려운 단점이 있습니다. 종단적 연구의 예를 들면,

1세에서 5세까지의 유아들의 언어발달을 연구하기 위하여 1세 유아를 표집하고, 이 유아들이 5세가 될 때까지 계속해서 검사 혹은 관찰하면서 시간의 경과에 따른 유아의 언어발달을 연구하는 것입니다.

② 횡단적 연구는 연령이 다른 여러 집단을 한꺼번에 조사하여 거기에서 얻은 자료를 토대로 일정한 기간 동안의 발달과정을 기술하는 연구방법입니다. 이 방법은 종단적 연구에서보다 시간과 노력, 비용이 훨씬 적게 들고 연구대상자들의 도중 이탈도 막을 수 있다는 이점이 있으나 집단에 속한 개인별 발달양상을 정확히 파악하기가 어렵고 각 연령별 집단의 속성을 동일하게 통제하기 어려운 단점이 있습니다. 횡단적 연구의 예를 들면, 위 연구의 예에서 대상을 표집할 때 1, 2, 3, 4, 5세에 해당되는 유아를 각각 표집하여 각 연령의 언어발달 수준을 파악하고 이를 기초로 언어발달 과정을 연구하는 방법입니다.

③ 단기종단적 연구는 종단적 연구와 횡단적 연구의 장점을 활용하고 단점을 최소화하는 절충적 방안으로서 횡단적/ 종단적 설계(cross-sectional/ longitudinal design)입니다. 단기종단적 연구의 예를 들면, 1세에서 5세까지의 유아의 언어발달을 연구하기 위하여 1, 2, 3세의 유아를 표집하여 2년간, 즉 1세아가 3세, 2세아가 4세, 3세아가 5세가 될 때까지 종단적으로 연구를 진행하는 것입니다. 이 방법은 각기 다른 연령의 집단을 연령이 증가함에 따라 반복 측정하는 것으로 종단적 연구에서 요구되는 시간적인 문제와 횡단적 연구에서 발생하는 동질성 문제를 어느 정도 해결한 방법이라고 할 수 있습니다.

3. 연구의 유형

연구의 유형은 다양하게 분류할 수 있으나, 연구를 계획할 때 연구설계를 어떻게 하느냐에 따라 실험적 연구와 기술적 연구로 분류할 수 있습니다(황해익, 2010).

1) 실험적 연구는 인과관계를 밝히기 위한 연구로, 연구자가 인위적으로 조작한 변인을 독립변인(원인)이라 하고, 독립변인의 변화에 의해 나타나는 결과를 종속변인(결과)이라 합니다. 이것은 하나 또는 그 이상의 독립변인을 의도적으로 조작하고 나머지 변인을 통제하는 방법을 말하는데, 즉 특정 결과에 영향을 미칠 것

으로 예상되는 독립변인을 연구자가 인위적으로 조작한 후 그 결과가 어떻게 변화되는지를 살펴봄으로써 인과관계를 파악하는 연구를 말합니다. 실험연구는 독립변인의 처치를 다양하게 함으로써 다양한 형태의 인과관계를 밝혀볼 수 있는 장점이 있는 반면, 연구자의 인위적 조작으로 인한 여러 가지 문제점들이 나타나기도 합니다.

2) 기술적 연구는 변인 간의 관계를 밝히기 위한 연구로, 연구자가 현상이나 변인을 인위적으로 조작하는 것이 불가능하며, 현상을 있는 그대로 관찰하고 기술할 뿐 인과관계에 대해 파악하지 못하는 연구를 말합니다. 기술적 연구는 상관연구, 인과-비교연구, 조사연구, 문헌연구, 사례연구 등을 포함합니다.

① 상관연구는 아동발달에 영향을 미치는 여러 변인들 간의 상호관련성을 밝히는 연구로, 실험연구와는 달리 변인들 간의 단순 관계성을 보여주는 것입니다. 즉, 단순히 여러 변인들 간의 관계성이 있는지의 여부만을 보여줄 뿐이지 인과적 관계를 보여주는 것은 아니라는 것입니다. 그러나 실험연구가 불가능하고 이론적·논리적 근거가 뚜렷한 경우라면 인과관계를 파악하기 위한 방법으로 활용되기도 합니다.

② 인과-비교연구는 상관연구와 같은 관계연구의 형태로 변인 간의 관계에 기초해 인과관계를 탐색하고자 하는 연구입니다. 이 연구의 목적은 인과관계를 탐색하는 것이지만, 독립변인의 조작이 없다는 점에서 기술적 연구에 속할 수 있으며(이은해 외, 2006), 변인을 통제할 수 없으므로 연구결과를 해석하는 데 주의를 기울여야 합니다.

③ 조사연구는 사회·심리적 변인의 유무와 상관관계를 알아내기 위한 연구로 표본조사라고도 합니다(전경원, 2001). 이것은 어떤 현상이나 상황을 파악하기 위해 변인들 간의 인과관계 규명보다는 현상을 기술하고 설명하며 예측하고 탐색하는 데 목적이 있습니다. 즉, 연구대상의 일반적 특성을 파악하기 위해 모집단에서 표본을 추출하고 그 표본을 대상으로 자료를 수집·분석하여 그 자료가 나타내는 특성을 기초로 모집단의 특성을 추론하는 방법을 말합니다.

④ 문헌연구는 연구문제와 관련 있는 문헌자료를 수집하고 체계적으로 정리하여 기술하는 과정으로 연구문제를 분석하고 검토하여 가설을 형성하는 근

거를 마련하기 위한 연구방법입니다(김진규 · 윤길근, 2003). 연구문제와 관련된 교육영역의 서적뿐만 아니라 다양한 학문분야에서 출판된 자료들을 통해 연구주제와 관련된 선행연구에 대한 지식을 얻을 수 있으며, 문헌들을 분석, 종합, 평가함으로써 새로운 지식체계를 구성할 수 있습니다.

⑤ 사례연구는 일반적으로 다수를 대상으로 하는 조사연구와는 달리 소수를 대상으로 비교적 장기간 진행되며, 이를 기초로 나타난 연구결과를 바탕으로 발달의 일반적 양상을 추론하는 연구를 말합니다. 즉, 사건이나 상황을 거의 통제하지 않고 현재 상황에서 일어나는 현상에 초점을 두어 특정 현상의 특성을 파악하는 데 목적이 있습니다.

4. 연구의 일반적 절차

연구의 일반적 절차를 자세히 세분화하면 다음의 ❙그림 1－1❙과 같이 11단계로 나눌 수 있습니다(황해익, 2010). 그러나 각 단계는 명확히 분리되어 있는 것이 아니고 어느 정도 서로 중첩되면서 연결되는 일련의 연구활동이며, 모든 연구가 반드시 아래와 같은 절차에 따라 이루어지는 것은 아닙니다.

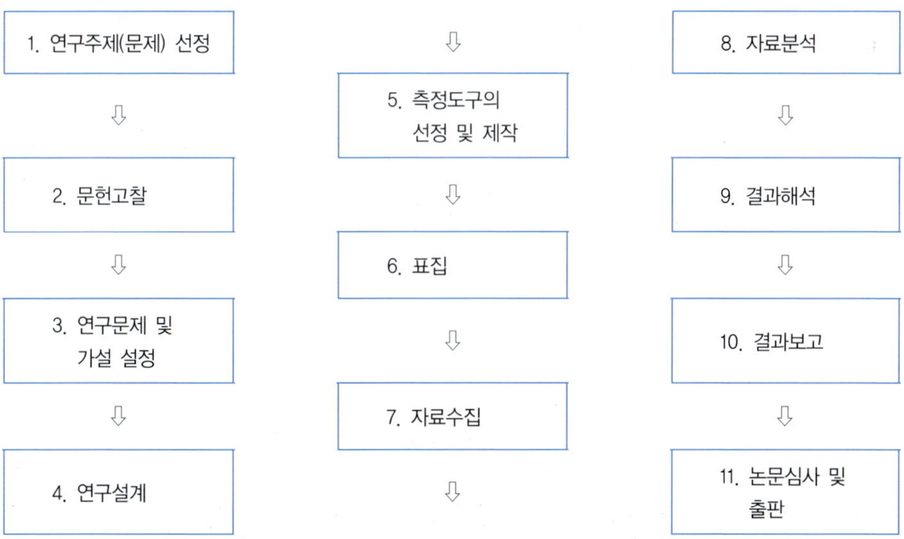

❙그림 1-1❙ 연구의 일반적 절차

1) 연구주제 및 연구문제 선정

연구의 시작 단계에서 주로 연구주제를 발견하고 확인하는 일이 진행됩니다. 연구주제란 무엇을 연구하는가 하는 연구활동의 출발이 되는 문제를 말합니다.

연구주제의 중요성

- 연구주제는 연구의 얼굴이다.
- 세인의 주목을 받을 만한 논문을 쓰겠다는 환상을 떨쳐버려라.
- 구체적이고 현실적인 주제를 고르라.
- 주제는 단 하나로 족하다.
- 주제의 진술은 간단 명료해야 한다.

연구주제는 일반적으로 연구자의 관심분야에서 찾을 수 있으며, 현장에서의 경험을 통해 오랫동안 생각해 왔던 것이나 혹은 사전 연구들을 통해 좋은 아이디어가 생겨 문제가 발견되기도 합니다. 좋은 연구주제를 선정하기 위해서는 예리한 통찰력과 해당 연구분야에 깊은 학문적 지식을 필요로 하며, 연구주제 선정의 기준은 참신성, 중요성, 수행가능성 및 흥미성을 고려해야 합니다.

(1) 참신성

아무리 좋은 연구주제를 발견하였다 하더라도 과거에 다른 사람이 이미 연구하여 해답을 얻은 문제라면 다시 반복해서 연구할 필요가 없으며, 중복해서 하는 연구는 그만큼 가치가 떨어집니다. 연구주제가 참신해야 되고 연구가 새로워야 된다는 말은 단지 선행연구와 중복을 피하라는 것만을 뜻하는 것은 아니고, 연구의 방법 및 연구에서 사용되는 여러 가지 자료들이 낡은 것이 아닌 최신의 것이어야 한다는 의미도 포함됩니다.

(2) 중요성

일반적으로 연구의 중요성은 다음과 같은 세 가지 측면으로 나누어 생각할 수 있습니다. 첫째, 이론적 의의로서 해당 연구를 통하여 밝혀지는 사실이나 연구결과가 그 분야의 학문발전에 얼마나 공헌할 것이냐 하는 점이고, 둘째, 실용적 가치로서 이 연구를 함으로써 현실적으로 당면한 문제를 해결하는 데 얼마나 도움이 되느냐 하는 점이며, 셋째, 방법론적 의의로서 지금까지 사용하지 않던 새로운 연구방법을 처음으로 적용하여 그 방법의 독특성이나 효율성을 입증할 수 있느냐 하는 점입니다.

(3) 수행가능성

연구자는 과연 내가 이 연구를 수행할만한 능력을 갖추고 있는가, 주어진 여건하에서 이 연구가 가능한가, 현존하는 과학적 방법과 절차에 의해서 객관적으로 규명할 수 있는 문제인가 등의 질문을 던지고 숙고해 보는 일입니다. 연구자 자신의 학문적 자질과 소양에 대해 객관적으로 판단해야 하고, 연구자료의 수집방법과 입수가능성, 연구 수행에 필요한 행정적·재정적 뒷받침을 받을 수 있는지 여부, 주어진 기간 내에 해당 연구를 해낼 수 있는지 여부 등을 고려해야 합니다.

(4) 흥미성

그 연구주제가 연구자의 관심과 흥미를 끄는, 그래서 정말로 연구해 보고 싶은 문제인가 하는 점입니다. 흥미도 관심도 없는 연구문제를 어쩔 수 없이 마지못해 택하게 되면 그만큼 연구를 추진하고자 하는 의욕과 동기유발이 약화되므로, 연구자 자신이 해보고 싶고 호기심을 느끼는 문제여야 연구의 수행과정 중에 혹시 어떤 어려움에 부딪히더라도 이를 극복해 나가면서 시간 가는 줄 모르고 연구에 몰입할 수 있습니다.

2) 문헌고찰

연구하려는 주제가 어느 정도 구체화되었으면 그 주제와 관련된 이론이나 선행연구를 고찰해야 합니다. 연구자는 이러한 문헌고찰을 통하여 현재의 연구주제와 직접적으로 관련이 있으며, 연구방법이 타당하고 객관성 있는 이론 또는 이제까지의 관련 연구물들을 중점적으로 요약, 정리하여 연구주제와 관련된 학문의 연구방향이나 경향을 뚜렷이 파악할 수 있어야 합니다. 즉, 문헌고찰이란 연구주제와 관련된 일상적인 관찰, 의견 및 연구논문 등을 찾아서 읽고, 평가하는 활동이라고 할 수 있습니다.

연구자는 다른 연구자들이 쓴 글을 읽을 때 단순히 읽어 내려가기만 하는 것이 아니라 자신의 입장에서 내용을 정리하고, 후속적인 연구가 필요한 부분이나 문제가 될 수 있는 주제를 발견하여 자신의 연구에 도움이 될 수 있도록 해야 합니다. 문헌고찰의 과정이 충실히 이루어지면 연구문제를 선정할 때, 논문의 내용을 전개 또는 인용할 때, 연구를 설계하거나 도구를 선정할 때 많은 도움을 얻을 수 있습니다.

(1) 문헌고찰의 구체적인 목적(황해익, 2010)

① 자신이 관심을 가지고 있는 연구분야에 대한 지식을 얻을 수 있습니다. 연구자는 우선 관심분야의 영역에 어떤 사람들이, 어떤 주제로, 언제, 어떻게, 어디까지 연구가 이루어졌는지를 고찰해 볼 필요가 있습니다. 연구의 전반적인 현황과 추이를 파악하게 되면 큰 안목을 가지고 조망할 수 있습니다.

② 연구문제를 선정하고 구체화하는 데 도움을 받을 수 있습니다. 연구자가 관심을 갖는 연구주제와 관련하여 어떤 연구들이 이루어졌는지, 그 연구들의 결과는 어떠한지, 관련된 분야에서 그 중요성에 비해 연구가 덜 이루어진 부분은 어떤 것인지에 대한 분석을 통하여 구체적인 연구문제를 선정하는 데 도움을 받을 수 있습니다.

③ 연구방법에 대한 통찰력을 가지게 되는 것입니다. 연구자는 자신의 관심영역에서 이루어졌던 연구들을 통해 지금까지 어떤 방법들이 사용되었으며, 그런 방법을 선택한 이유는 무엇인지, 각 방법의 장점과 단점은 무엇이며, 개선의 여지는 없는지 등을 자세히 검토해 보아야 합니다. 그 비교와 검토 작업을 통해 연구자는 자신이 사용할 타당한 방법을 모색할 수 있습니다.

④ 연구가 많이 수행된 영역에서도 나름대로 독특하고 창조적인 접근이 가능하다는 것을 염두에 두어야 합니다. 문헌고찰은 연구수행을 위한 도구나 방법에 대한 아이디어를 제공해 주므로, 그 결과 우리는 더 분명하고 명확한 조작적 정의를 내릴 수 있습니다.

⑤ 측정도구와 대상의 선정에 대한 검토도 필요합니다. 검사도구는 신뢰롭고 타당해야 하지만 누구나 그러한 도구를 제작할 수는 없으므로 기존 연구에서 사용된 측정도구를 활용하는 것이 안전하고 편리합니다. 학위논문이나 단행본으로 나온 연구보고서에는 대개 측정도구를 부록에 제시하고 있으므로, 이를 참고하거나 해당 연구자들과 서신연락을 통해 구할 수 있습니다.

(2) 문헌고찰의 유의점

- 이론적 탐색은 연구주제와 관련된 내용에 국한시킬 것
- 이론을 완전히 소화해서 연구자의 관점으로 진술할 것
- 인용 저서나 논문의 출처를 명확하게 밝힐 것
- 가능하면 유명한 학자(기관)의 최근 저서, 논문을 인용할 것

3) 연구문제 및 가설 설정

(1) 연구문제

연구문제(research problem)는 연구를 통해 해답을 얻고자 하는 질문으로 일반적으로 연구문제를 진술할 때 다음의 네 가지 준거를 고려하여 서술해야 합니다. 양적 연구의 연구문제는 차이가 있는가?(차이검증) 혹은 관계가 있는가?(관계검증)로 제시되는 것이 일반적입니다.

① 연구문제는 연구에서 핵심을 이루는 두 변인 또는 그 이상의 변인 간 관계에 대한 표현이어야 한다.
② 연구문제는 명료하게 질문형식으로 서술되어야 한다.
③ 연구문제는 실증적 검증가능성(testability)이 있어야 한다.
④ 연구문제는 도덕적 의문이나 윤리적 과제를 다루지 않아야 한다.

연구목적이나 연구문제 진술의 예

시제	활용	예시
과거형	연구결과 인용 시	○○○는 …을 수행하였다.
현재형	방법 기술 시	… 방법으로 표집하였다.
	결과 기술 시	평균의 차는 3.4이다.
	정의를 내릴 때	본 논문에서 지능이란 …이라고 정의한다.
	어떤 이론의 일반적인 진술 인용 시	Piaget에 의하면 인간발달은 …으로 이루어진다.
	논문에서 연구자의 의견을 제시할 때	…는 …이라고 사료된다.

* 연구목적의 진술은 현재형을 쓰는 것을 원칙으로 한다.

(2) 가설

가설(hypothesis)이란 연구문제에 대한 시사된 해답이며, 가능성에 대한 잠정적인 결론, 즉 연구자가 내린 본 연구의 결과에 대한 예측이라고도 할 수 있습니다. 일반적으로 문헌고찰을 통하여 이미 밝혀진 사실이나 이론을 검토하고 관련된 선행연구의 결과들을 자세히 분석한 다음 이러한 과정에서 얻은 지식을 근거로 하여 가설을 형성하게 됩니다. 연구자는 진술된 가설이 참인지 거짓인지를 결정하기 위해 연구를 통해 검증하게 되는데, 가설을 검증하기 위해 자료를 수집하게 되고 이러한 자료들이 가설검증의 기준이 되는 것입니다. 이러한 가설은 실험연구를 진행할 때 연구문제와 함께 제시되는 것이 일반적이기는 하지만 최근 연구에서는 별도로 연구가설을 제시하지 않기도 합니다.

① 가설의 종류

연구가설(research hypothesis)
- 어느 특정 이론체계를 이루는 법칙들 간의 논리적 관계를 면밀히 검토함으로써 도출되는 가설(이론으로부터 논리적으로 변인과 변인 간 관계를 추리한 진술)
- 현재형 혹은 미래형으로 진술
- 변인들 간의 관계에 대한 추측 내포

통계적 가설(statistical hypothesis)
- 어떤 조사대상 전체, 즉 전집의 특성에 대하여 추측한 것
- 모수치에 관한 수식 또는 기호로 나타냄

영가설(null hypothesis)
- 연구자의 가설을 부정하는 것
- 모수치 간에 "차이가 없을 것이다" 또는 "관계가 없을 것이다"라고 진술
- H_0 : $\mu1=\mu2$ 또는 $\mu1-\mu2=0$
- 남아와 여아의 언어능력에는 차이가 없을 것이다.

대립가설(alternative hypothesis)
- 연구자가 긍정이 되기를 기대하는 예상이나 주장하려는 내용으로 설정
- 보통 연구가설을 대립가설로 설정
- H_a : $\mu1\neq\mu2$ 또는 $\mu1-\mu2\neq0$
- 남아와 여아의 언어능력에는 차이가 있을 것이다.

② 가설의 조건

- **검증가능성** : 만약 어떤 가설이 비록 논리적으로는 아주 그럴듯하게 구성되어 있다고 하더라도 그 가설에서 사용되는 변인들의 의미가 모호하고 변인들 간의 관계를 경험적으로 검증해 볼 수 없다면, 그것은 과학적 가설이 될 수 없습니다.
- **개념적 명확성** : 가설의 진술은 연구자들 간에 의사소통이 원만히 될 수 있는 보편적인 용어로 표현되어야 하고, 그 속에 포함된 주요 성향개념은 조작적으로

명확하게 정의되어야 합니다.

- **합리적 근거** : 과학적 가설은 이론을 떠나서 존재할 수 없을 정도로 이론과는 불가분의 관계에 있으며, 좋은 가설이란 해당 분야의 이론체계를 구성하고 있는 법칙들로부터 논리적 연역을 통하여 도출된 가설을 의미합니다.
- **기존 지식체계와 일관성** : 과학은 검증된 지식과 이론이 누적됨으로써 발전하는 것이므로 유용한 가설이 되려면 기존 지식체계에 무엇인가를 새로이 첨가시킬 수 있어야 하며, 해당 분야의 주류가 되는 지식체계와 조화를 이루어야 합니다.
- **일반화 정도** : 하나의 가설이 더 많은 현상을 설명할 수 있고 일반화할 수 있다면 그 가설은 중요한 것으로 간주됩니다. 그리고 만약 2개의 가설이 어느 한 현상에 대하여 비슷한 정도의 설명력을 지니고 있다면, 이 두 가설 중에서 상대적으로 단순한 가설이 더 좋은 가설입니다.

4) 연구설계

연구문제가 분명해졌고 그 문제를 해결할 수 있는 잠정적 이론으로서의 가설이 형성되었다면 이를 실제로 검증하기 위한 계획 및 절차를 설계합니다. 연구설계는 연구문제에 대한 해답을 가장 타당하게 그리고 효과적으로 찾을 수 있는 방안이 되는 연구과정을 계획하는 것입니다. 여기서는 연구대상의 선정(표집) 방법, 자료수집의 방법과 분석 방법, 연구설계의 실행방안 등을 계획합니다.

① 시간에 대한 연구설계의 기술(집단 간, 측정 간, 시간 사이의 관계 고려)
② 변인에 대한 연구설계의 기술(변인 간 관계 고려)
③ 타당성을 저해하는 요인을 확인하고 필요하다면 통제하거나 수정
④ 모집단과 표본 선정, 처치, 도구, 자료수집 등을 포함한 세부절차 기술
⑤ 자료수집의 방법 결정

▌연구추진 일정표의 예시

항목 \ 월	1	2	3	4	5	6	7	8	9	10	11	12
연구의 설계	■											
관련문헌 고찰		■	■									
측정도구 제작			■	■								
실험처치 구안					■							
실험처치 투입						■	■	■				
검사실시 · 자료수집					■				■			
자료분석										■		
결과평가										■		
보고서 작성 및 보완										■	■	
연구보고서 인쇄 · 제출												■

5) 도구 선정 및 제작

연구대상의 종속변인을 관찰 · 측정하기 위해 적합한 도구를 선정해야 하는데, 활용 가능한 도구로는 측정도구와 처치도구가 있습니다. 처치도구는 연구의 조건이나 상황을 제시하고 규정하는 것으로 실험, 실천의 방안이 됩니다. 보통 도구 선정이라 함은 측정도구를 말하는데, 이를 선정할 때는 연구문제에 적합한 기존의 측정도구를 활용할 수도 있고, 필요에 따라서는 직접 제작하여 사용하는 경우도 있습니다. 이때 측정도구의 신뢰도, 타당도, 객관도, 실용도를 잘 고려하여 최적의 도구를 선정해야 합니다.

① 타당도(validity)란 그 도구가 측정하고자 하는 속성 또는 현상을 얼마나 충실하게 측정하고 있느냐 하는 정도를 나타내는 말이며, 내용타당도, 준거관련타당도(예언타당도 및 공인타당도), 구인타당도 등이 있습니다.

② 신뢰도(reliability)란 한 검사가 측정하고자 하는 내용을 얼마나 정밀하게 측정하고 있느냐 하는 정도를 나타내는 말이며, 재검사신뢰도, 동형검사신뢰도, 반분신뢰도, 내적 합치도 등이 있습니다.

③ 객관도(objectivity)란 검사의 결과를 채점할 때 여러 채점자들이 어느 정도 일치된 판단을 하느냐의 정도를 말합니다.

④ 실용도란 측정도구를 사용하는 데 있어서 얼마나 시간, 노력, 경비 등을 적게 들이고 쓸 수 있느냐의 정도를 말하며, 실용도가 높으려면 검사의 실시 및 결과해석이 용이해야 하며, 채점방법이 간단하고 객관적이어야 합니다.

6) 표집

연구자가 관심 있는 집단 전체를 연구하기 어려우므로 전체를 대표할 수 있는 표본을 연구대상으로 선정하는 것을 말합니다. 연구대상의 선정은 연구결과의 일반화 문제와 직접적으로 관련이 있는데, 일반적으로 대학생을 대상으로 한 교육연구를 위해서 모든 대학생을 대상으로 하는 연구를 실시하는 것은 사실상 불가능하므로 연구자는 소수의 표본으로 자신의 연구를 한정시켜야 합니다. 자신의 연구결과를 일반화할 수 있는 모집단을 대표하는 피험자의 표본을 정해진 수만큼 선택하는 과정이 표집입니다. 일반적으로 표집은 예비조사 시와 본조사 시에 각각 하게 됩니다. 예비조사 연구대상은 본조사 연구대상의 10~15% 정도 하는 것이 일반적입니다.

(1) 표집의 조건

① 특수한 대상에 대한 조사결과를 일반 연구대상에게 폭넓게 적용함에 있어서 논리적인 오류가 없어야 합니다.

② 연구에서 수집된 자료는 신뢰성이 있어야 합니다. 즉, 자료수집 절차에서의 일관성과 측정도구의 신뢰성을 고려해야 합니다.

③ 연구에서 선정된 집단은 연구결과가 일반화되고 적용되기를 기대하는 대상집단을 대표하도록 선택되어야 합니다.

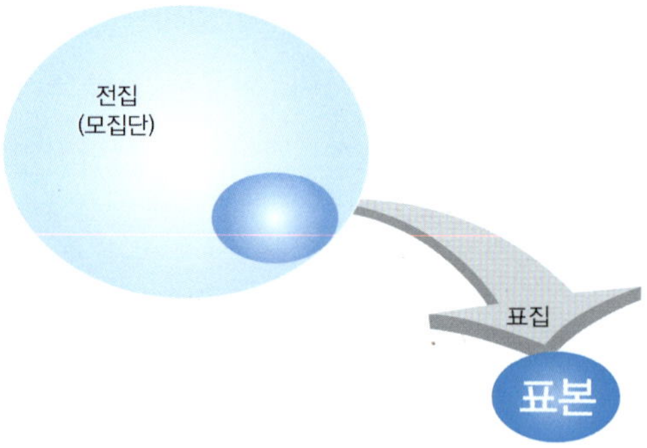

(2) 표집방법

① 확률적 표집

전집의 요소가 표본에 추출될 확률을 산출할 수 있는 표집방법으로 일종의 무작위 또는 무선적 과정을 거쳐 산출되는 것입니다. 표본의 대표성과 관련 있고 표준오차의 개념에 기초하여 통계적 추론이 이루어지며, 그 종류에는 단순무선표집, 체계적 표집, 층화표집(유층표집), 집락표집(군집표집) 등이 있습니다.

② 비확률적 표집

전집의 요소들이 추출될 확률을 모르는 경우의 표본추출 방법으로 이 방법은 표집오차의 계산 및 전집에 대한 일반화가 불가능합니다. 종류에는 할당표집과 유의표집이 있는데, 할당표집은 일정한 수를 임의로 할당하여 그 집단의 성격이나 유형에 관계없이 표집하는 것이고 유의표집은 연구자가 의도적으로 표본을 선정하는 것입니다.

(3) 표집 시 유의사항

표집할 때 일반적으로 다음과 같은 점들에 유의해야 합니다(김석우 · 최태진, 2007).

① **모집단의 크기** : 표본의 수를 결정할 경우 모집단의 크기가 아주 작을 경우에는 전집조사를 통해서 연구결과를 구하는 것이 바람직하고, 대체로 표본연구를 하는 것은 모집단이 충분히 클 경우가 좋습니다.

② **표본과 모집단의 동질성 정도** : 동질성이란 모집단을 구성하고 있는 요소들의 특성이 연구대상이 될 표본의 특성들과 어느 정도 비슷한가를 의미하는데, 표집이 모집단과 동질성을 충분히 유지하지 못한다면 보다 많이 표집하는 방법을 통해서 모집단과의 충분한 동질성이 유지되도록 해야 할 것입니다.

③ **표집방법의 특성에 대한 이해** : 어떠한 표집방법을 사용하느냐에 따라서, 표본의 크기가 달라지기 때문에 여러 가지 표집방법의 특성에 대해 연구자가 충분히 검토하고 표집을 해야 합니다.

④ **현실적 문제** : 표집 시 가장 먼저 고려해야 할 사항은 현실적으로 연구자가 동원할 수 있는 인력과 비용, 시간 등의 문제이므로, 이러한 현실적인 문제를 도외시하고 무작정 표집을 크게 할 경우 소요되는 많은 비용과 인력 및 시간으로 인해 체계적인 연구결과를 얻기 어렵습니다. 따라서 철저한 사전점검과 준비를 통해 이러한 현실적 문제들이 충분히 검토되어야 합니다.

⑤ **표집방법의 일관성** : 모집단에서의 표집방법은 그 연구가 진행되는 경우에 있어서는 동일해야 합니다. 예를 들어, 유아교육 공교육화에 대한 부모의 인식조사 연구를 시행하면서 서울에서는 무선표집, 부산에서는 유층표집, 광주에서는 군집표집 등을 사용해서는 안 된다는 것입니다.

⑥ **표본의 대표성** : 연구자가 추출하고자 하는 표본집단이 고의적으로 모집단의 대표가 될 수 있도록 해서는 안됩니다. 예를 들어, 만 5세아의 언어발달 실태에 대한 경우 유아를 표집하는데, 거리상 가깝고 언어발달 환경이 우수하기 때문에 연구자 자신이 몸담고 있는 유치원을 표집한다면, 실제적으로 언어발달 환경이 열악한 지역의 유아들의 언어발달 실태가 누락되는 결과를 초래하여 연구결과의 오차를 발생시키게 됩니다.

⑦ **자료분석할 때 사용할 분석유목의 수** : 대체로 연구에 있어서 분석유목의 수는 연령별, 성별, 지역별, 교육 정도별 등으로 나뉘게 되는데, 이 경우 분석유목의 수가 많으면 표본의 숫자도 그만큼 늘어나야 합니다.

7) 자료수집

연구계획에 따라 다양한 방법으로 자료를 수집하게 되는데, 타당하고 신뢰로우며 객관적인 자료를 얻는 것이 중요합니다. 자료수집의 방법은 관찰, 면접, 질문지, 실험 등 다양한 방법들이 있으며(황해익, 2015), 이것은 다시 양적 접근방법과 질적 접근방법으로 나누어질 수 있습니다. 여러 가지 방법들 중 연구 문제에 가장 적합한 방법을 선정해야 자료수집이 용이할 것입니다.

① **관찰법** : 관찰법은 특정 현상에 대한 객관적인 자료를 수집하기 위한 방법으로서 흔히 일상적인 상태에서 진행되는 자연스러운 인간의 행동을 직접 관찰하여 기록하는 방법을 의미합니다. 관찰을 통하여 교사들은 연구대상에 대한 다양한 정보를 얻어 교수-학습 활동에 반영할 수 있고, 학부모에게도 유용한 정보를 제공할 수 있습니다. 그러나 관찰은 관찰자의 고도의 훈련과 역량에 의존하며, 관찰자 자신이 측정도구의 일부분이므로 관찰의 성패는 관찰자에게 달려 있다고 해도 과언이 아닙니다. 대부분의 관찰자료는 관찰자 자신의 지각을 통하여 관찰・기록・분석되므로, 관찰자가 가지기 쉬운 오류와 편견이 존재하게 되므로 두 사람 이상의 관찰자가 독립적으로 관찰한 결과의 일치 정도를 알아보는 관찰자 간 신뢰도 산출은 관찰법 자료수집 시 반드시 필요합니다.

② **면접법** : 면접법은 언어적 표현이 가능한 유아나 부모 또는 교사와 직접 만나서 언어적인 반응을 통하여 여러 가지 자료를 수집하는 방법입니다. 특히 면접법은 인지적 영역뿐만 아니라 유아나 부모의 태도, 흥미, 인성 등에 관한 정보를 얻는 데 더 많이 활용되고 있습니다. 이러한 면접법은 면접대상자의 상황에 따라 융통성 있게 질문을 하고 질문에 대한 응답뿐만 아니라 비언어적인 행동이나 주변 환경과 같은 정보도 함께 관찰할 수 있으므로 다양한 정보를 많이 얻을 수 있습니다. 게다가 면접대상자의 연령이 어려서 문해능력이 필요한 자료수집 방법이 부적절한 경우에도 사용할 수 있고, 다른 자료수집 방법에 비해 응답률이 높으며, 면접대상자가 잘 이해하지 못 하는 부분에 대해서는 설명이나 추가 질문이 가능합니다(황해익, 2015). 또한 면접대상자를 직접 관찰하고 상호작용할 수 있으므로 반응의 진위 여부를 확인할 수 있으나, 고도의 면접자 기술과 훈련이 필요한 방법이기도 합니다.

③ **질문지법** : 질문지법은 조사연구에서 자료수집을 위해 가장 흔히 사용하는 것으로, 어떤 문제나 사물에 관한 필요한 사항을 알아보기 위하여 만든 일련의 문항들을 체계적으로 조직・작성하여 조사대상자(유아, 부모, 교사 등)의 반응, 주로 객관적인 사실이나 주관적인 의견 및 태도 등을 파악하는 방법입니다. 그러나 질문지법은 연구대상이 아동인 경우 아동의 문자해독 능력이나 주의집중 시간, 질문지에 대한 성실한 답변 등 여러 가지 어려움이 있을 수 있으므로, 어린 아동들을 대상으로 실시하는 데는 적절하지 않으며, 주로 초등학교 고학년

이상의 학생들과 일반성인, 교사 및 부모를 대상으로 많이 사용합니다. 질문지법은 질문의 내용에 따라 객관적인 사실과 주관적인 의견이나 태도를 알기 위한 것으로 분류하기도 하고, 연구대상에게 질문지를 보내서 실시하는 방법에 따라 직접전달 질문지법, 간접전달 질문지법, 우편에 의한 질문지법, 인터넷에 의한 질문지법으로 분류하기도 하며, 질문지의 형식에 따라 구조적인 질문지와 비구조적인 질문지로 분류하기도 합니다. 비용이 적게 들고 간편하며 많은 사람을 대상으로 일시에 자료를 수집할 수 있는 장점이 있으나, 응답자의 문장이해력에 크게 의존하며 질문지의 회수율이 낮은 경향이 있으므로 회수율을 높일 수 있는 다양한 방안이 강구되어야 합니다.

④ **검사법** : 검사법은 신체적인 특성이나 심리적인 특성의 양과 질을 측정할 목적으로 하고, 이를 위해 주어진 과제나 문제를 통하여 피험자가 나타내는 반응과 행동을 표집하고자 하는 방법입니다. 인간의 행동 및 심리적 속성을 연구하는 교육이나 심리 분야의 연구에서는 자료를 수집하기 위해 어떤 검사를 사용할 것인지를 결정하는 일은 매우 중요합니다. 특히 자료수집을 위해 검사법을 사용할 경우에는 반드시 검사의 타당도와 신뢰도, 객관도와 실용도 등을 갖추어야 합니다. 또한 검사의 수행양식(능력검사, 흥미검사), 검사인원(개인, 집단), 채점방식(객관식, 주관식), 측정방식(역량, 속도), 문항형식(언어, 비언어), 응답자의 반응(지필, 실기), 문항의 대표성이나 특수성(표집, 징후)과 같은 부분을 고려하여야 하며, 연구자는 검사를 통해 인지적인 내용을 측정할 것인지, 정의적 영역을 측정할 것인지, 이미 개발된 검사를 사용할 것인지, 스스로 제작하여 사용할 것인지, 검사점수에 의미를 어떻게 부여할 것인지(규준지향, 준거지향)를 충분히 생각하여 자료를 수집해야 합니다.

8) 자료분석

자료분석이란 연구문제의 답을 구하기 위하여 수집된 자료를 체계적으로 요약, 정리하고, 의미 있게 재조직 및 분석하는 작업입니다. 양적 접근방법을 통해 얻어진 자료는 수량화하여 측정이 가능하며 통계적으로 분석이 가능한 반면, 질적 접근방법을 통해 얻어진 자료는 문장으로 기술하거나 문서, 작품, 기록물 등에 대한 분석을 하게 됩니다.

(1) 자료의 조직

① **자료의 분류** : 연구문제에서 중요시되는 변인과 표집과정에서 사용된 표집 단위에 기초하여 구분하는 것이 원칙이며 연구에서 선정된 독립변인은 자료를 일차적으로 정리하고 조직하는 기초가 됩니다. 컴퓨터를 통한 분석이 기본이 되므로 각 변인별로 수를 세어 자료를 분류하고 부호화하는데, 이를 위해 우선 지역별·기관별로 정리합니다.

② **자료의 검토** : 수집된 자료를 사전에 미리 검토함으로써 분석과정에서 생길 수 있는 불필요한 시간과 노력의 낭비를 최소화시키도록 해야 합니다.

③ **자료의 부호화** : 부호화는 컴퓨터를 통한 분석의 기본적 과정으로 조사된 내용을 일정한 체계에 의해 숫자로 바꾸어 놓는 것입니다.

(2) 자료의 분석

자료를 어떤 방법으로 분석하고 결과를 제시하는가 하는 것은 수집된 자료의 성격과 연구문제에 따라 차이가 있습니다.

① **유목화된 자료** : 명명척도로 된 자료로서 연구의 성격이 기술적인 측면을 강조할 때, 그리고 예비조사나 탐색적 연구에서 수집된 자료의 경우는 %, 빈도, 카이검증으로 분석합니다.

② **서열·동간척도로 된 자료** : 서열·동간척도는 여러 가지 통계적 조작이 가능하므로 보다 세련된 통계적 절차가 적용되며, 또한 동간척도로 된 자료는 기술적인 목적뿐만 아니라 가설검증적인 목적을 위해서도 적용됩니다.

9) 결과해석

결과해석의 과정은 연구에서 자료수집 및 분석을 통해 발견된 사실을 바탕으로 가설의 긍정 여부를 판단하고, 연구를 진행하는 과정에서 있었던 문제들을 전반적으로 검토, 논의하고 연구의 결론을 도출하는 것입니다. 연구결과는 선행연구들의 결과와 비교하여 결론을 내려야 하며, 지나친 일반화는 피해야 하고, 이 과정에서 결과 해석을 유용하게 하기 위해서는 많은 문헌조사와 연구자의 풍부한 지식과 경험이 요구됩니다.

(1) 관련 자료를 제시하기

연구자가 연구에서 조사하고자 하는 가설과 관련된 주요 자료와 통계적 처치가 포함되는데, 일반적으로 결론을 진술한 다음에 결론을 지지하는 자료와 통계적 분석이 제시됩니다. 결과에 대한 시사점은 논의편에 포함이 됩니다.

(2) 결과를 순서적이고 논리적인 방식으로 구성하기

① 결과를 순서 짓고 배열하기

연구문제나 가설의 중요성에 따라 결과를 제시합니다.

② 관련 정보 포함하기

연구자가 각각의 분석에 대한 통계적 명칭과 상세한 하위 명칭을 제시해 주고 모든 유의미한 결과에 대한 통계치(F, t, p)를 포함시킵니다.

③ 분명한 단어로 결과 표현하기

결과편은 가장 분명하게 진술되어야 하는 부분이며, 특정 유형의 결과를 가장 분명히 제시하는 방법은 결정된 문장구조를 모든 결과 진술 시 사용하는 것입니다.

④ 통계적인 결과를 제시하는 관례 따르기

통계적 검사 결과를 제시할 때 전통적으로 받아들여져 왔던 규칙이 있습니다.

⑤ 표를 제시하는 관례 따르기

논문을 쓸 때 일반적으로 표의 수는 적은 것이 좋으며, 연구자의 결과를 해석할 때 중심이 되는 표만 결과편에 제시하고, 중심이 되지 않는 것은 부록편으로 넘깁니다.

⑥ 그림을 제시하는 규칙을 따르기

문장이나 표가 아닌 어떤 것이라도 이 범주에 들어가는데 그 예로는 그래프, 차트, 사진 등이 있습니다.

10) 결과 보고

자료 분석과 결과 해석이 끝나면 연구자는 다른 사람에게 자기가 수행한 연구결과를 알려주기 위하여 연구보고서를 작성해야 합니다. 연구보고서에는 연구제목, 연구의 필요성 및 목적, 연구문제 및 가설, 이론적 배경 혹은 문헌고찰, 연구방법, 연구결과, 논의, 결론 및 제언, 참고문헌, 부록 등의 내용이 포함되며, 솔직하고 간결하게 오직 사실대로만 기술해야 합니다.

일반적으로 연구보고서는 사전 연구계획서와 최종 연구보고서가 있는데 여기서는 연구계획서의 작성과 연구보고서의 체제에 대해 알아보기로 합니다.

(1) 연구계획서의 필요성

연구계획서란 연구의 목적, 연구의 중요성, 연구방법 등을 연구를 위한 체계적인 단계들과 함께 서술하는 것인데, 연구계획서를 작성하면 그만큼 연구의 질이 높아질 수 있습니다. 이는 연구계획서를 통해 다른 사람들로부터 연구의 가치를 평가받을 수 있으며, 연구의 향상을 위한 여러 가지 조언을 들을 수 있기 때문입니다. 또한 주의 깊고 체계적인 계획은 의도하지 않았거나 미처 깨닫지 못한 문제들을 피하기 위해서 무엇을 해야 할지를 분명하게 해줍니다. 그뿐 아니라 연구계획서에 대한 충분한 검토 없이 연구를 진행할 경우 부적절한 변인을 선정했거나, 실험결과에 영향을 미칠 수 있는 가외변인을 미처 발견하지 못하는 등의 치명적인 실수나 오류를 유발할 수 있습니다. 따라서 연구계획서를 쓰는 작업은 연구의 한 과정일 뿐만 아니라 의미 있는 연구가 되기 위해서는 필수적인 단계입니다.

(2) 연구계획서의 작성기준

① 논리성

연구자의 사고과정을 논리적이고 체계적인 순서로 처음부터 끝까지 아주 상세하게 전달해야 합니다.

② 정확성

연구결과의 해석에 중요한 영향을 미치는 기준이 되며, 수집된 자료의 정확성, 자료처리의 정확성, 분석과정의 적절성이 정확성을 결정하는 요소입니다.

③ 명확성

계획서의 표현이 이해하기 쉽고 뜻이 모호한 단어나 어구가 없어야 합니다.

④ 효과성

그 내용을 효과적으로 전달하는 것은 계획서가 가지는 주요한 목적입니다.

⑤ 간결성

필요한 모든 정보를 최소한의 문장이나 단어로 표현하는 것이므로, 계획서에 반드시 필요한 것들만 요약되어 있어야 합니다.

(3) 연구계획서의 작성요령

Ⅰ. 서론

1. 연구의 필요성 및 목적
   - 연구계획서의 서론 부분의 첫머리에 해당하는 것으로서 연구자가 정한 연구주제의 필요성과 연구의 목적을 분명하게 밝혀야 합니다.
   - 연구의 필요성을 먼저 제시하고, 마지막에 결론적으로 연구의 목적을 논리적으로 추론하여 제시하는 것이 좋습니다.
   - 또한 연구의 가치를 피력하면서 학문발전과 교육현장에서의 기여점 및 시사점을 제시하도록 합니다.

2. 연구문제 또는 가설의 진술
   - 연구문제는 연구주제를 하위 주제로 구분하여 가설형성의 근거를 마련하는 것입니다. 연구문제에 대한 서술은 의문문 형식으로 명확하고 분명하게 진술되어야 하며, 설정된 연구가설과 논리적으로 연관되어야 합니다. 독립변인과 종속변인의 관계가 있는 연구문제의 경우 독립변인을 먼저 진술하고 종속변인을 후에 진술하는 것이 일반적입니다.
   - 연구의 초점을 분명하게 하는 연구가설은 연구문제에서 제기한 변인들 사이의 관계에 대한 잠정적 결론 또는 추측이며 예상된 해답이라고도 할 수 있습니다. 연구가설은 긍정문 형식으로 분명하고 정확하며 이해될 수 있는 말로 서술되어야 합니다. 연구문제와 가설은 일관성이 있어야 하며 연구하고자 하는 변인들 사이의 관계를 명확하게 명시해야 합니다.
   - **연구문제의 예**

     성별에 따라 공격성의 빈도에 차이가 있는가?
   - **연구가설의 예**

     성별에 따라 공격성의 빈도에 차이가 있을 것이다.

3. 용어의 정의
   - 일반적으로 용어의 뜻이 포괄적이고 학자마다 그 정의가 조금씩 다르기 때문에 연구자는 본 연구에서 말하는 용어의 의미를 명확히 밝혀두어야 합니다(조작적 정의).
   - 연구계획서 내에서의 분명한 용어정의는 연구자와 다른 사람들 사이에 일어날 수 있는 견해 차이를 사전에 방지해 주는 역할을 하기도 합니다.

4. 연구의 제한점

- 자신의 연구범위를 명시하는 부분으로서 자신의 연구가 정확히 어느 집단, 어느 변인을 대상으로 하는지를 분명하게 밝힙니다. 이러한 제한점을 명시하는 것은 후속연구의 지침도 될 수 있습니다.

Ⅱ. 이론적 배경

- 여기서는 연구의 가설 또는 초점과 관련이 있는 이전 자료들을 개관함으로써 연구자의 연구주제와 관련된 변인, 연구방법, 최근의 연구경향 등에 대한 현황을 바탕으로 본 연구의 이론적 토대를 논리적으로 작성하는 것이 주 과제가 됩니다.
- 이때 계획된 연구주제와 관련되지 않는 참고문헌들을 인용하는 경우가 많이 있는데 이는 지양해야 할 부분입니다. 조사연구나 상관연구 혹은 실험연구의 경우 일반적으로 다음과 같은 내용들이 순서적으로 포함되는 것이 관례입니다.
  - 연구에서 독립(예언)변인으로 삼고자 하는 주요 변인들에 대한 이론적 고찰
  - 연구에서 종속(기준)변인으로 삼고자 하는 주요 변인들에 대한 이론적 고찰
  - 연구자의 관심이 되는 독립변인과 종속변인을 관계 짓는 다양한 관점들에 대한 이론적 고찰
  - 관심주제와 관련된 선행연구의 동향

Ⅲ. 연구방법

1. 연구대상

- 연구계획서에서는 연구자가 피험자와 표본을 어떻게 구할 것인가를 상세하게 나타내어야 합니다. 가능하다면 무선표본이 사용되어야 하고, 그렇지 못할 경우에는 표본의 인구통계학적 특성 예를 들어 성(性), 연령, 직업, 지능 등이 기술되어야 합니다. 그리고 일반화될 수 있는 전집의 범위를 규정해야만 합니다.

2. 연구설계

- 연구문제에 가장 적절한 연구설계는 경험적 혹은 상호관련적 연구에서 중요한 위치를 차지하므로 설계에 대해 자세히 상술해야 합니다. 특히 연구에서 사용된 특별한 연구설계 방법이나 연구자가 주의를 기울인 점, 연구자의 새로운 착안이나 고안은 자세히 기술하여 그것이 어떻게 적용되는지를 확인해야 합니다. 그리고 다른 연구자가 같은 연구를 되풀이해도 결과를 얻을 수 있도록 요점을 정확하게 써야 합니다.

3. 측정도구

- 연구에 사용되는 측정도구는 현재 사용되고 잘 알려진 측정도구를 쓰는 경우와 직접 제작하여 쓰는 경우가 있습니다. 시간제약 때문에 편리하고 잘 알려져 있는 측정도구를 쓰는 경우가 많은데, 이때는 제작연도와 개정 여부를 따져보아야 하고, 특히 외국검사를 번안하여 쓸 때에는 새로운 도구와 마찬가지로 타당성과 신뢰도를 따져보아야 합니다. 연구자의 목적에 맞는 측정도구가 개발되어 있지 않을 경우에는 연구자가 측정도구를 제작해야 하는데, 이 경우에는 연구자가 할 수 있는 최대한으로 타당도와 신뢰도를 높이는 작업을 해야 합니다. 그리고 연구계획서는 적어도 표본문항 몇 개는 제시해 주는 것이 바람직합니다.

4. 연구절차
- 언제, 어디서, 어떻게, 무엇이 진행될 것인가가 상세히 기술되어 있어야 합니다. 연구가 수행되는 과정에서 어떤 변화가 있을 수도 있지만 연구계획서에는 일련의 목표로 명확하게 제시되어야 합니다.

5. 자료분석
- 자료가 수집된 뒤 연구자가 어떻게 자료를 조직하고 분석할 것인가를 기술해야 합니다. 어떠한 통계적 절차를 거칠 것인가와 이러한 절차들이 적절한가를 기술해야 합니다.

(4) 연구계획서 및 연구보고서의 체제

논문의 체제라 하여 명확하게 규정된 단일의 틀이 있는 것은 아닙니다. 이는 연구가 양적 연구이냐, 질적 연구이냐에 따라 다를 수 있으며 무엇보다도 각 논문은 서로 다른 주제와 연구내용을 다루고 있으므로 각각의 독특한 주제와 내용을 효과적으로 표현하는 방법이 다를 수 있기 때문입니다. 중요한 것은 연구의 신뢰성과 타당성, 그리고 효율적인 의사소통이 가능하도록 체제가 갖추어져 있느냐에 달려 있다고 보아야 합니다. 연구계획서와 연구보고서에 포함되어야 할 내용비교를 하면 다음과 같습니다.

연구계획서와 연구보고서에 포함되어야 할 내용비교

	연구제목 • 내용목차, 표목차, 그림목차 • 국문초록
연구계획서 내용	서론 • 연구의 필요성과 목적(혹은 문제제기)에 관한 진술 • 연구문제와 가설(혹은 연구내용)의 진술 • 용어의 정의 • 연구의 범위(혹은 제한점)에 관한 진술 이론적 배경(혹은 관계문헌의 고찰) • 연구의 기초가 되는 관계이론 고찰 • 선행연구 분석 연구방법 • 연구의 설계(혹은 실험설계)에 관한 진술 • 연구대상과 표집방법에 관한 진술 • 측정도구에 관한 진술 • 자료수집의 절차 혹은 실험절차에 관한 진술 • 자료의 분석방법에 관한 진술
(연구계획서) + 연구보고서 내용	연구결과 • 연구문제별 얻어진 연구결과 제시 • 연구결과에 대한 분석과 해석 논의, 결론, 제언 • 연구결과와 연구수행 과정에 대한 연구자의 논의 • 연구결과에 기초한 연구의 결론 제시 • 연구의 시사점 및 후속 연구를 위한 제언
	참고문헌 영문초록 부록(측정도구, 통계분석 자료 등)

11) 논문심사 및 출판

논문심사는 논문계획서 심사와 논문발표 시 구술심사로 나누는데, 논문계획서 심사는 자료수집 전에 이루어지며, 논문발표 시 구술심사는 자료수집과 분석이 이루어진 다음에 실시됩니다. 연구보고서에 대한 논문심사의 평가영역에는 구체적으로 논문제목, 연구의 필요성, 연구문제와 가설, 연구방법, 결과 및 논의, 참고문헌 등이 있습니다. 이러한 항목들에 따라 평가해 보고, 평가가 부정적일 때에는 수정·보완해야 합니다. 연구물을 출판하기 위해서는 학회나 해당 기관의 출판사항들에 맞게 최종적으로 작성하고 전문가로부터 피드백을 받은 다음 제출하면 됩니다. 논문 출판은 학회지 선택, 원고준비, 저작권 결정, 원고 제출의 순서로 진행됩니다.

관련 학술회의에 논문을 제출하여 구두로 발표하는 경우 논문발표자는 참석자에게 전달하고자 하는 것을 명확히 말하고, 지금까지 말한 것을 다시 간략하게 정리해서 요약해 주어야 합니다. 일반적으로 발표에 포함시켜야 할 내용으로는 ① 발표자가 연구한 내용과 연구의 이유, ② 연구의 방법, ③ 연구자가 발견한 것, ④ 연구결과가 암시하는 내용을 들 수 있습니다. 구두발표는 참석자들로 발표자의 논제에 대해 잘 이해할 수 있도록 하여야 하는데, 논문발표 시 주의할 점은 준비한 논문을 그냥 줄줄 읽어 내려가서는 안 된다는 것입니다. 이는 발표를 듣는 사람들을 지루하게 할 뿐만 아니라 연구물의 가치를 격하시킬 수 있기 때문입니다. 따라서 편안하게 말할 수 있고 필요한 경우에는 메모를 참조할 수 있을 때까지 반복 연습하는 것이 필요합니다.

연구물을 출판하기 위해 가장 먼저 해야 할 일은 적합한 학술지를 선택하는 일입니다. 지도교수가 적합한 학술지를 제안해 줄 수도 있고 유명한 학술지 1~2개에 원고 기탁서를 낼 수도 있습니다. 이때 학술지마다 형식과 규정이 조금씩 다르므로 잘 고려하여 작성해야 합니다. 논문원고를 제출하는 데 있어서 특정 요구사항들은 이들 학술지마다 다를 수 있을 것이므로, 원고를 제출하기 전에 해당 학술지의 최근호를 참조하는 것이 좋습니다.

5. 연구의 윤리

모든 연구활동의 궁극적 목적은 그 연구가 이론을 정립하는 것이든, 인간 생활의 개선에 관한 것이든 간에 인간 복지의 향상에 있는 것입니다. 따라서 연구에 참여하는 피험자 및 그를 둘러싸고 있는 사람들의 인격을 침해하거나 신체적 및 심리적 피해를 주는 일이 있다면, 그 연구의 내용이나 중요성과는 관계없이 연구의 의의는 사라지고 만다는 점을 명심해야 할 것입니다. 연구할 때 연구자가 고려해야 할 윤리적 문제들을 제시하면 다음과 같습니다(황해익, 2010).

1) 심신의 상해문제

인간을 대상으로 하는 연구를 할 때에 연구자가 유의해야 할 것은 연구에 참여하는 사람들이 신체적 또는 정신적으로 어떤 피해를 입는 것은 아닌가 항상 조심하고 그들에게 피해를 주지 않도록 노력해야 된다는 점입니다. 특히 실험연구를 할 경우 이러한 점에 각별히 조심해야 합니다. 신체적인 상처나 고통은 분명하게 드러나는 문제이지만, 신체적 상해와는 달리 정신적인 피해의 문제는 그렇게 명확하게 나타나지 않을 때가 많습니다. 교육학이나 심리학의 연구에서 피험자들에게 신체적 상해를 입히는 일은 극히 드물지만, 불안 · 긴장 · 갈등 등을 유발하는 정신적 피해는 의외로 많이 발생할 수 있으므로 이러한 문제에 특히 유의해야 할 것입니다.

2) 사생활 침해문제

연구자는 피험자 개인의 사생활이 침해받지 않도록 최대한 노력해야 합니다. 피험자의 사생활이나 인권침해를 막기 위하여 피험자들로부터 사전에 설명동의(informed consent)를 받아야 한다는 윤리규정을 학회 차원에서 정해놓은 사례가 많습니다. 설명동의란 연구대상자로부터 연구참여에 대한 동의를 받는 것을 말합니다. 또한 개인정보의 비밀보장이라는 문제도 연구에서 무시할 수 없는 중요한 측면인데, 비밀보장(confidentiality)이란 연구를 위하여 기명으로 수집된 개인정보를 연구목적으로만 사용하고 연구자 이외는 아무에게도 그 정보를 누설시키지 않는 것입니다.

3) 사회적 책임문제

연구자가 유의해야 할 다른 또 하나의 윤리적 문제는 연구의 결과를 발표함에 있어서 그 연구결과가 사회에 어떠한 영향을 미칠 것인가를 고려할 필요가 있다는 점입니다. 과학자는 자신이 관심을 가지고 있는 어떤 분야이든 자유롭게 연구하고 또한 그 결과를 자유롭게 발표할 수 있어야 하지만, 동시에 자신의 연구보고에 따른 사회적인 책임을 어느 정도 받아들여야 할 것입니다.

4) 연구자 부정행위

어떤 연구자는 좋은 연구물을 내야 된다는 무언의 압력과 유혹에 굴복하여 연구자로서 지켜야 할 윤리규범을 망각하고 부정행위를 저지르는 수도 있습니다. 연구부정행위는 '연구계획, 수행, 심사 또는 연구결과 보고에 있어서 위조, 변조, 표절, 중복투고 및 게재 등을 하는 행위'로 정의합니다.

① 날조(Fabrication)

연구를 하지 않았으면서도 마치 한 것처럼 허위의 사실로 연구결과를 만드는 행위

② 위조(Falsification)

속일 목적으로 자료를 조작하거나 연구결과를 임의로 변경하여 진짜처럼 꾸미는 행위

③ 표절(Plagiarism)

다른 사람의 연구결과나 주장을 자신의 것처럼 발표하거나, 타인의 논문이나 이미 발표된 자신의 논문 일부 또는 전부를 베끼거나 가공하여 새로운 내용인 것처럼 발표하는 행위

④ 중복출판(Duplicate Publication)

연구업적을 부풀릴 목적으로 이미 출판되었던 자료를 새로운 자료인 것처럼 다시 출판하는 행위

표절

- **개념** : 타인의 기존 아이디어, 과정, 결과, 표현 등을 원작자와 출처를 밝히지 않고 재사용하는 것 (IEEE 정의)
- **축약** : 작성문에 인용구 없이 원문 그대로 인용 혹은 축약 표현하되 주요 단어 그대로 인용 → "표절"
- **개작** : 원문 주위에 타 문장을 붙이고 원문 일부 첨삭, 변형 등 → "표절(예 보고서·기사 짜깁기)"
- **인용** : 원전 출처 등 밝히고, 쌍따옴표(" ") 한 후 인용 부분을 문장 내 표기→ 적정 사용 시 표절 아님
- **의역** : 원전 출처 등 밝히고, 문장전환(문장도치, 단어치환 등) 하여 기재
  → 적정 사용 시 표절 아님
  → 일정 기준 일탈(= 과다의역) 시 표절이 되므로 작성주의, 의역자의 해석, 부연설명이 주가 되어야 하며, 의역문에 원문표현의 상당한 부분(30% 이상 등) 있으면 → "표절"
- **인용과다** : 작성문헌 1/2 이상이 인용구 → "표절" → 외국의 이공계 논문에 일부 적용(김형순 교수 주장)

- **자기표절** : 작성문헌을 2개소 이상 게재 시, 유사성 정도 → 대조 문헌 간에 세계전기전자학회(IEEE)는 25% 이상, 세계컴퓨터협회(ACM)는 70% 이상 동일시 → "자기표절"
- 원문과 6개 단어 이상 연속 동일 → "표절" → 미국 일부 기준, 서울대 2008 연구시안/ 연구지침
- 연속적으로 두 문장 이상을 인용표시 없이 발췌 → "표절" → 서울대 2008 연구지침
- 원문과 구성·체계의 일정 수준 이상 유사 → "표절" 획일적 기준 정립 곤란 → 표절 심의 결정 시, 사례별(case by case) 적용

학문사회에서 연구 부정행위는 자주 일어나기도 하는데, 연구 부정행위는 반복검증연구 등을 통하여 언젠가는 드러나 결국은 시정되겠지만, 그러나 단기적으로 볼 때 허위 연구결과를 제공하여 해당 분야의 학문발전을 왜곡시키고 대다수 연구자들의 명예를 실추시키는 등 그 피해가 매우 크다고 볼 수 있습니다. 따라서 훌륭한 연구를 하고자 하는 연구자는 연구를 수행하는 전 과정에서 항상 지적으로 정직해야 하며, 연구 부정행위에 대한 유혹에 넘어가지 않도록 스스로 조심해야 할 것입니다.

쉬어가기

원제 : Richard's guide to software development
출처 : http://www.sandraandwoo.com

chapter

02

통계기초

chapter 02

통계기초

이 책은 인문사회교육 분야의 연구에 적용되는 통계기술을 활용하는 방법을 익히는 데 목적을 두고 있습니다. 그러므로 이 장에서는 통계학의 전반적인 이론을 다루기보다는 통계를 이해하는 데 꼭 필요한 개념을 먼저 제시하고 있습니다. 통계기술을 습득함으로써 우리 자신이 필요로 하는 정보를 효과적으로 찾아내는 교육 전문가가 되고자 합니다. 자! 그럼 통계가 무엇인지 알아보기로 하지요!

1. 통계란?

어떤 현상에 대한 측정결과를 서술하거나 일부에 대한 측정결과를 근거로 전체를 미루어 생각하는 절차입니다(Williams, 1992).

- **현상** : 관찰 가능한 대상이나 사건
- **변수** : 분류체계나 측정도구에 의해 수치로 표현될 수 있는 현상의 속성
- **자료** : 분류체계나 측정도구를 사용하여 변수를 수치로 표현한 것

이상의 개념을 사용하여 정리하면 통계는 현상을 과학적으로 이해하고 합리적으로 판단하기 위해 변수를 측정한 자료들을 체계적으로 수집하여 정리하고 이를 분석하는 기술이라고 볼 수 있습니다.

유아의 수세기 지식에 기초하여 유아수학교육을 하고자 할 때 유아의 수세기 관련 선수지식이 어느 정도인지, 그리고 그중 어느 부분을 중점적으로 지도 · 활동해야 하는지 판단하고자 합니다. 이때 유아교사가 관심을 가지는 현상은 '유아의 수세기 지식 정도'이며 그 현상에 대한 변수는 '유아들의 수세기 지식 검사결과'이고, 자료는 '유아들의 수세기 지식 검사점수'입니다.

유아교사는 다양한 통계기법을 적용하여 유아들의 수세기 지식 점수(자료)를 수집 · 분석함으로써 수세기 지식 검사결과(변수)로 정의된 유아들의 수세기 지식 정도(현상)를 파악하여 수업을 어떻게 진행해야 할 것인지 판단할 수 있습니다.

2. 통계의 목적

통계를 사용하는 목적에는 크게 두 가지가 있습니다.

첫째, 얻어진 자료에 대해 단순히 설명하고자 할 때 사용합니다(기술통계).

둘째, 얻어진 자료의 결과를 일반화하고자 할 때 사용합니다(추리통계).

1) 기술통계(Descriptive Statistics)

수집한 자료들의 범위 내에서 현상을 간단하게 기술하고 요약하는 경우에 쓰이는 통계기법입니다. 즉, 우선 어떤 현상을 숫자로 표시된 자료로 만들고 그런 다음 그 자료를 체계적으로 정리 · 요약하여 자료에 대한 전반적인 특성을 파악하고자 하는 것입니다. 따라서 기술통계에 쓰이는 자료들은 대부분 분포라는 일련의 점수로 이루어질 수 있겠지요. 분포에서 비롯된 원래의 측정값을 원점수(raw data)라 하며, 이를 요약 · 분류하여 조직화하는 작업이 바로 기술통계이고, 요약수치와 도표로 나타낼 수 있습니다. 요약치에는 빈도분포, 중심경향치, 산포도, 상관관계 등이 있고 도표에는 히스토그램, 막대도표, 원도표 등이 있습니다.

2) 추리통계(Inferential Statistics)

표본에서 얻은 자료로 모집단의 특성을 알고자 할 때 이용되는 통계기법으로 추정(estimation)과 가설검증(hypothesis testing)으로 이루어집니다. 표본자료의 평균 · 표준편차 등의 기술통계치만을 설명하는 수준에서 그치는 것이 아니라, 그 표본자료를 근거로 모집단에 대해 얼마나 확실하게 미루어 짐작할 수 있는지를 파악하는 것입니다. 모집단의 모수치 등을 추정하거나 가설을 검증하는 방법으로는 t-검증, 분산분석, 회귀분석 등이 있습니다.

주의!!
모집단에서 추출된 표본이 모집단을 대표할 수 있을 경우에만 그 결과를 일반화할 수 있습니다.

통계	기술통계	수집한 자료들의 현상을 단순하게 기술하는 기법 • 요약수치 : 중심경향치, 산포도, 상관관계 • 도표 : 히스토그램, 막대도표, 원도표 등
	추리통계	표집한 자료를 통해서 전체 집단의 특성을 파악하는 기법(추정과 가설검증) • t-검증, 분산분석, 회귀분석 등

3. 통계의 기초 개념

통계분석을 하기 위해서는 먼저 통계와 관련되는 기초 개념들에 대한 이해가 선행되어야 합니다. 여기서는 기초 개념으로 변수, 측정과 척도, 모집단과 표본, 표집, 모수치와 통계치 등을 설명합니다.

1) 모집단(전집)과 표본, 표집

연구를 시행하기 위해서는 연구의 대상이 누구이고 무엇인지 규명하여야 합니다. 연구대상은 인간일 수도 있으며 사물일 수도 있습니다. 여기서는 연구의 대상을 구체화하기 위하여 모집단, 표본, 표집을 설명하고자 합니다.

(1) **모집단**(Population)

연구자가 원래 연구하고자 하는 전체 집단의 모든 구성원을 말합니다.

예 한국의 모든 5세 유아

(2) **표본**(Sample)

모집단 중에서 전집의 특성을 추정하기 위해 선정된 집단으로 모집단을 대표하는 일부분을 의미합니다.

예 ㄱ, ㄴ 유치원의 5세 유아

(3) **표집**(Sampling)

모집단에서 표본을 추출하는 과정을 의미합니다.

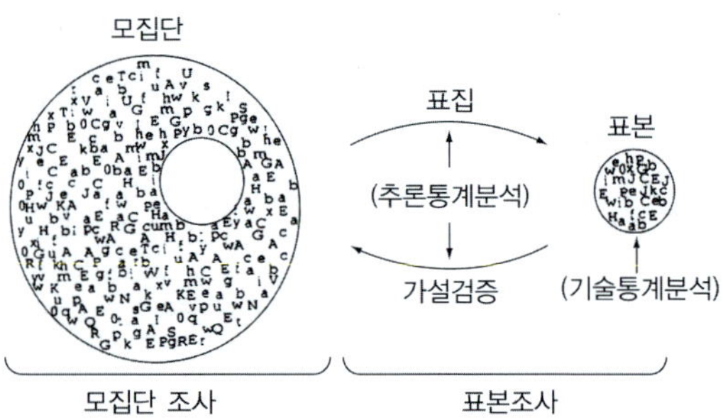

┃그림 2-1┃ 모집단, 표본, 표집 과정

실제 연구에 임할 때는 전체 유아를 연구대상으로 하기는 불가능하겠지요? 그래서 그중 일부만을 대상으로 하여 연구를 진행하고 그 결과를 해석할 때 모집단으로 일반화하여 적용합니다.

유치원 7세 유아의 자아개념 연구에서 모집단은 우리나라의 유치원에 다니는 7세 유아 모두가 해당되며, 표본은 무선 추출된 200명의 유아라든지, 다른 방법에 의하여 추출된 200명의 유아 등을 들 수 있습니다. 이때 200명은 표본의 대상 수이며, 이를 표본 크기(sample size)라 합니다.

만약 연구주제가 7세 유아의 자아개념 연구라면 이때 모집단은 우리나라의 7세 모든 유아가 되겠지요!

2) 모수치와 통계치

자료를 기술할 때 그 자료가 표본으로부터 나온 것인지 모집단에서 나온 것인지를 구분해야 하는데, 모집단의 특성을 묘사하는 측정치를 모수치라 하고 표본의 특성을 기술하는 측정치를 통계치라 합니다.

(1) **모수치**(Parameter)

모집단이 지니고 있는 특성을 의미하며, 모수치의 평균은 μ(뮤), 표준편차는 σ(시그마)로 표기합니다.

(2) **통계치**(추정치, Statistic)

알기 쉽지 않은 모집단의 모수치를 추정하기 위하여 모집단에서 추출된 표본의 특성으로 통계치(추정치)라고도 합니다. 통계치의 평균은 $\overline{X}$, 표준편차는 s로 표기합니다.

3) 표집방법(Sampling Method)

표집방법에는 크게 확률표집과 비확률표집 방법이 있습니다. 확률표집은 모집단에서 표본으로 추출될 확률이 동일하도록 표본을 선정하는 방법으로서 단순무선표집, 층화(유층)표집, 체계적 표집, 군집(집락)표집 등이 속합니다. 이에 비해 비확률표집이란 연구자의 자의적 기준에 따라 표본을 선정하는 방법으로 의도적 표집, 할당 표집 등이 있습니다. 일반적으로는 확률표집이 더 많이 사용되는데 이는 확률이론에 근거하여 표집오차를 계산할 수 있고, 그에 따라 모집단을 대상으로 한 결과를 비교적 정확하게 유추할 수 있기 때문입니다.

구분	표집	설명
확률 표집	무선표집	표본을 선정할 때 사전의 선택조건 없이 무작위로 고르는 선택 방법으로 난수표, 동전 던지기, 추첨, 주사위 던지기 등이 이에 속합니다.
	층화(유층)표집	모집단을 몇 개의 집단 혹은 범주로 분류하고 각 집단 또는 범주별로 독립적인 표집을 하는 것을 말합니다.
	체계적 표집	모집단의 사례에 무선으로 번호를 부여한 다음 K번째의 사례를 표본으로 추출하는 방법입니다.
	군집(집락)표집	때로는 큰 모집단 속에 흩어진 사례들을 하나씩 표집하기보다는 자연스레 형성된 집단 혹은 집락을 근거로 표집하는 방법을 뜻합니다.
비확률 표집	의도적(유의/ 임의) 표집	어떤 소수의 모집단을 잘 대표할 수 있다는 생각하에 그 소집단 또는 그 지역을 의도적으로 표집하는 방법입니다.
	할당표집	연구자가 의도적으로 일정한 수를 할당하는 표집방법입니다.

4) 변수(Variable)

변수란 연구하려고 하는 어떤 속성을 의미합니다. 즉, 연구대상이 되고 있는 일련의 개체(분석되는 단위)가 어떤 속성에 있어 서로 구별될 수 있을 때 이 속성을 변수라고 합니다. 이러한 분석단위는 교육현상이나 개인이 될 수도 있습니다. 만약 개인이라면 성별, 연령, 학력, 종교, 생활수준 등과 같은 조건들은 개인을 구별해 주는 속성이 되며, 이 속성 하나하나가 곧 변수가 됩니다. 따라서 변수는 설문지의 개별 문항이나 유사 항목들이라고 보아도 됩니다.

교육학 분야에서는 변수 대신 '변인(variable)'으로 더 지칭되어 사용되지만 사회과학 분야 및 자연과학 분야에서 그리고 SPSS통계 패키지에는 변수라고 정의되어 있어 이 책에서는 변수로 통일하여 사용합니다.

변수는 상황에 따라, 즉 인과관계 · 속성 · 연속성 등 몇 가지로 분류할 수 있습니다.

(1) 독립변수와 종속변수 : 인과관계에 의한 분류

협의의 의미로는 실험을 통해 인과관계를 밝히고자 하는 연구에서 연구자가 원인으로 설정한 변수와 그 원인에 의한 결과로 설정한 변수를 의미합니다.

① 독립변수

어떤 변수에 영향을 주는 변수이며, 변수 자체로서 독립적인 성격을 가지며 종속변수와의 인과적 관계를 설정합니다. 따라서 연구자는 연구에서 독립변수를 조작함으로써 종속변수에 어떤 영향을 미치는지 분석하고자 합니다.

② 종속변수

다른 변수의 영향을 받는 변수로, 이 변수의 해석은 독립변수나 매개변수와의 인과적 관계에서 해야 합니다.

> 예 가족유형(독립변수)에 따른 응집력(종속변수)
> 성별에 따른 과학성취도 : 독립변수(　　　　), 종속변수(　　　　)
> 수학선수지식이 수학성취에 미치는 영향 : 독립변수(　　　　), 종속변수(　　　　)

실험이 아닌 연구에서는 독립변수를 설명변수로, 종속변수는 반응변수라고도 합니다. 이외에도 종속변수에 영향을 주는 독립변수 이외의 변수로서 연구에서 통제되어야 할 변수가 있는데 이를 매개변수[가외변수(extraneous variable), 외재변수(nuisance variable)]라 합니다.

그러므로 연구자는 독립변수, 종속변수, 때로는 매개변수가 무엇임을, 그리고 그 변수들이 어떤 속성을 지니는지 명확히 파악할 때 실험설계, 조사연구 등의 타당한 연구를 실시할 수 있습니다. 이 변수들을 명확히 이해하지 못하면 올바른 연구방법을 선택하기 어렵기 때문입니다.

교수법에 따른 유아의 언어능력 차이를 연구할 때 부호중심 언어 교수법, 총체적 언어 교수법을 사용하였다고 가정해 봅시다. 두 집단에 배정된 유아들에게 각기 다른 교수법을 실시한 후 언어능력의 차이를 비교하였을 때 교수법의 효과를 분석하기 곤란한 경우가 있습니다. 만약 우연히도 부호중심 언어 교수법에는 지능이 낮은 유아들이 그리고 총체적 언어 교수법에는 지능이 높은 유아들이 배정되었다면, 그 결과 언어능력에서 차이가 있다 하더라도 이를 언어 교수법에 의한 효과라고 주장하기 어렵습니다.

왜냐하면 실험 전부터 언어능력에 영향을 미치는 지능이 통제되지 않았기 때문입니다. 지능이라는 매개변수를 통제하기 위하여 우선 두 집단에 같은 지능수준의 유아들을 배정해야 합니다. 이러한 매개변수의 통제는 연구자의 사려 깊음에 기인하며, 이러한 사려 깊음은 연구영역에 대한 많은 문헌연구와 풍부한 연구경험에서 출발됩니다.

(2) 양적 변수와 질적 변수 : 속성에 따른 분류

① 양적 변수

연구자의 관심대상이 되는 속성을 수치로 나타낼 수 있는 변수를 말합니다.

예 키, 몸무게, 성적, 가족수입 등

② 질적 변수

양화된 수치로 표현하기보다는 종류에 차이가 있어 범주로 분류할 수 있는 변수입니다.

예 출신지, 성별, 종교, 기관, 학력, 직업유형, 도시규모(대, 중, 소) 등

(3) 연속변수와 비연속변수 : 연속성에 의한 분류

① 연속변수

두 관찰 값 사이에 무한한 수의 값(소수점 표시 가능)이 존재하는 변수로 주로 관찰값을 재어서(measure) 얻을 수 있습니다.

예 키, 몸무게, IQ점수 등

② 비연속변수[이산(離散)변수]

두 관찰값 사이가 분리되어 중간값이 없는 변수를 의미하며, 주로 관찰값을 세어서(count) 얻을 수 있습니다.

예 사람 수, 자동차 수, 주사위 값, 성적 등

두 교수법(프로젝트 교육과 발도르프 교육)에 따른 창의력(창의력검사 점수)의 차이를 알아본다고 합시다. 여기서 다음의 물음에 맞는 변수를 생각해 봅시다.

- **독립변수** : 교수법(프로젝트 교육과 발도르프 교육)
- **종속변수** : 창의력(창의력검사 점수)
- **양적 변수** : 창의력(창의력검사 점수)
- **질적 변수** : 교수법(프로젝트 교육과 발도르프 교육)
- **가능한 매개변수** : 위의 변수 외의 창의력에 영향을 주는 가능한 변수들 (지능, 문해능력 등)

5) 측정(Measurement)과 척도(Scale)

측정이란 사물을 구분하기 위하여 이름을 부여하거나 사물의 속성을 구체화하기 위하여 수를 부여하는 과정을 의미합니다. 이렇게 수치를 부여하려면 규칙과 더불어 단위가 필요한데 이는 척도로 해결될 수 있습니다.

척도란 사물의 속성을 구체화하기 위한 측정의 단위이며, 측정수준에 따라서 명목척도, 서열척도, 등간척도, 비율척도 등이 있습니다. 이러한 척도들이 지닌 특성 중 사칙연산의 가능 여부에 따라 명목척도와 서열척도는 비연산척도로, 등간척도와 비율척도는 연산척도로 구분할 수 있습니다.

척도에 따라서 통계분석 방법이 달라지기 때문에 유의해야 합니다.

(1) **명목척도**(명명척도, Nominal Scale) **: 분류**

질적인 차이로 어떤 사물, 사람 또는 속성을 구분하고 분류해서 각 범주에 대해 임의로 숫자나 기호를 부여하는 척도입니다. 명명이란 말처럼 명목상의 이름을 붙인다는 의미로 측정결과에 이름을 붙여주는 것으로서 명명된 숫자나 기호 등에 계량적 의미는 없습니다.

성별, 종교, 취미, 성격유형(예 ESTJ) 등은 명명척도로 측정될 수 있는 변수이며 명목척도라고도 합니다. 주로 교차분석, 빈도분석 등을 이용합니다.

(2) 서열척도(Ordinal Scale) : 분류, 순위

어떤 사물의 속성에 대하여 크기나 양의 많고 적음, 크고 작음의 순서를 비교할 수 있도록 수치를 부여하는 척도입니다. 그러나 서열척도는 더 잘하거나 더 못한다는 순위를 나타내고 있을 뿐 어느 정도 잘하는지, 못하는지에 관한 정보는 제공해 주지 않습니다. 이는 두 수치 간의 간격이 일정하지 않기 때문입니다.

유아들의 달리기 순서대로 순위를 매길 때 1등은 2등보다 잘 달리고 2등은 3등보다 잘 달린다는 것은 알 수 있지만 어느 정도 잘 달리는지는 알 수 없으며, 1등 · 2등 · 3등 간의 달리기 속도는 같은 간격의 차이를 보인다고 할 수 없습니다. 즉, 몇 배나 더 잘 달린다고는 말할 수 없음을 뜻합니다. 순서척도, 순위척도라고도 하며, 분석방법은 주로 서열상관관계, 교차분석, χ^2(카이검증) 등을 적용합니다.

(3) 등간척도(동간척도, Interval Scale) : 분류, 순위, 등간격

서열화된 척도이면서 동시에 각 수치들 간의 간격이 같습니다. 등간성이란 5℃에서 10℃ 사이의 온도 차이는 20℃에서 25℃ 사이의 온도 차이와 같다는 것을 의미합니다. 그러나 10℃가 5℃보다 2배 더 덥다고는 말할 수 없습니다. 즉, 덧셈과 뺄셈 법칙(+, −)은 성립하지만 곱셈, 나눗셈 법칙(×, ÷)은 적용이 되지 않습니다. 왜냐하면 절대 0점이 없기 때문입니다. 절대영점이란 온도에서와 같이 0℃란 아무것도 없는 것이 아니라 무엇이 있음에도 불구하고 임의적으로 어떤 수준을 정하고 0이라 합의한 것을 의미합니다. 크기의 비율는 측정의 척도가 절대값 0을 가질 때만 유의합니다.

일반적으로 등간척도는 다음과 같은 형태로 가장 많이 사용됩니다.

선생님이 느끼는 만족도는 어떠합니까?		
① 매우 만족한다.	② 만족한다.	③ 보통이다.
④ 만족하지 않는다.	⑤ 매우 만족하지 않는다.	

등간척도의 예로 학업 성취 점수, 지능지수 등 대부분의 점수가 이에 해당됩니다. 평정척도는 엄격하게는 서열척도상의 성격을 지니지만 사회현상 관련 분야에서는 일반적으로 등간척도로 사용됩니다. 분석방법으로는 평균, 표준편차, 정규분포 검증(t-검증, F-검증, 회귀분석) 등을 적용할 수 있습니다.

(4) 비율척도(Ratio Scale) : 분류, 순위, 등간격, 비율

서열성, 동간성의 속성을 모두 지니는 동시에 수치의 기본이 되는 절대영점을 가지는 척도로 절대값 0이 존재합니다. 0점이란 아무것도 없는(nothing) 절대영점을 의미하므로 덧셈법칙뿐만 아니라 곱셈법칙도 적용됩니다. 10kg는 5kg에 5kg를 더한 무게이며 또한 10kg는 5kg의 두 배라고 말할 수 있습니다.

비율척도의 예로 몸무게, 길이, 키, 금액, 시간, 강우량 등을 들 수 있습니다. 분석방법으로는 평균, 표준편차, 정규분포 검증(t-검증, F-검증, 회귀분석) 등을 적용할 수 있습니다.

(5) 척도에 따른 통계방법

	명목척도	서열척도	등간/ 비율척도
명목척도	교차분석(6장), χ^2(8장)	교차분석, χ^2	판별분석
서열척도	교차분석, χ^2, 범주형 분산분석(10장)	교차분석, χ^2 범주형 분산분석 등 서열상관관계	더미정준상관분석, 서열상관관계(12장)
등간/ 비율척도	t-검증(9장), 분산분석, 다변량 분산분석, 회귀분석 시 더미변수 이용	t-검증, 분산분석(10장), 다변량 분산분석	Pearson 상관관계(12장), 회귀분석(13장), 다변량 분산분석(10장)
종속변수 없음			요인분석(15장), 군집분석

변수의 측정수준을 어느 정도 하느냐에 따라 설문지 내용과 통계방법의 차이가 큽니다. 예로 질적인 부분을 측정(정성적, qualitative, nonmetric)하는 명명척도와 서열척도는 대체로 평균을 구할 수 없지만 빈도는 구할 수 있습니다.

양적인 부분을 측정(정량적, quantitative, metric)하는 등간척도와 비율척도는 평균과 빈도를 구할 수 있습니다.

6) 중심경향치(집중경향치, Measure of Central Tendency)

모집단 혹은 표본으로부터 얻어진 자료를 도표화하면 많은 자료들이 어떤 특정한 값으로 몰리는 현상을 보입니다. 이를 중심경향(집중경향, central tendency)이라 하며, 이를 나타내는 특정한 값을 중심경향값이라 합니다. 중심경향값이란 자료를 대표하는 값이라 말할 수 있으며 산술평균, 중앙치, 최빈치 세 가지가 있습니다.

다음 자료를 이용하여 아래의 중심경향치를 알아보기로 합시다.

14, 3, 8, 10, 16, 12, 5, 11, 12, 7

(1) 산술평균(Mean)

중심경향값 중에서 가장 흔하게 쓰이는 평균은 전체 사례수의 값을 더한 다음에 총 사례수(n)로 나눈 값입니다. 일반적으로 산술평균은 M으로 표기합니다.

평균값 : (14 + 3 + 8 + 10 + 16 + 12 + 5 + 11 + 12 + 7)/10 = 9.8 (M = 9.8)

(2) 중앙치(Median)

중앙치란 가장 작은 수부터 가장 큰 수까지 크기에 의해 배열하였을 때 중앙(50%)에 위치하는 사례의 값을 말합니다. 중앙치는 일반적으로 Mdn으로 표기하며 백분위수의 개념에 비추어 보면 제50백분위 점수, 즉 50퍼센타일(percentile)을 말합니다.

위의 값에서, 우선 중앙치를 찾으려면 위의 값을 순서화하여 3, 6, 8, 9, 10, 11, 12, 12, 13, 16으로 재배치합니다. 여기서 가장 가운데 위치한 10과 11를 더해서 2로 나눈 중간 수를 구합니다. (Mdn=10.5)

총사례수가 홀수이면 크기 순서로 나열한 후 중앙에 위치한 사례의 수치를 찾으면 됩니다. 그러나 사례수가 짝수일 경우에는 크기 순서에 의해 배열했을 때 가운데 위치하는 2개의 수를 더해서 나눈 수치가 중앙치가 됩니다.

(3) 최빈치(Mode)

각 분포에서 빈도가 가장 많이 나타나는 점수로 *Mo*로 표기합니다. 중심경향치를 가장 빨리 알고 싶을 때와 가장 흔하게 일어나는 경우만 알고 싶을 때 사용할 수 있습니다. 경우에 따라서는 최빈치가 존재하지 않을 수도 있으며 둘 이상의 최빈치가 존재할 수도 있습니다.

위 점수의 분포상에선 12의 빈도가 2개로 가장 많으므로 12가 최빈치가 됩니다. (*Mo*=12)

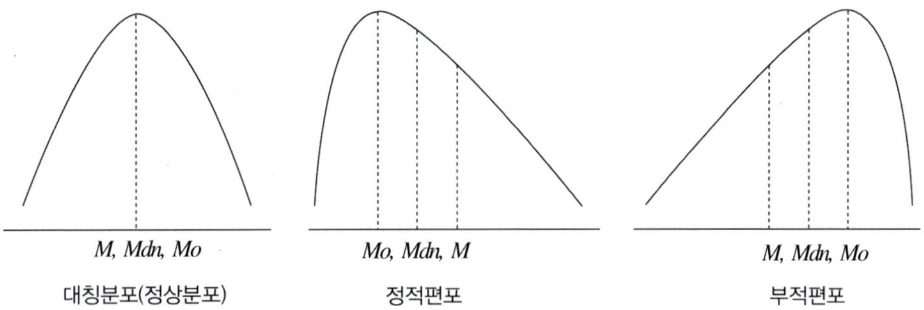

|그림 2-2| 분포의 양상에 따른 평균치, 최빈치, 중앙치의 관계

7) 분산도(변산도, 산포도, Variation)

분산도란 대표값을 중심으로 관찰값이 흩어져 있는 정도를 말합니다. 즉, 분포의 흩어진 정도이며, 분산도를 파악하기 위해서는 범위, 사분위편차, 분산, 편차, 표준편차 등을 알아야 합니다. SPSS상에서는 산포도로 표기됩니다.

두 유치원 유아들의 IQ 평균이 다 같이 110이라면, 이 두 유치원의 지적 능력은 비슷함을 알 수 있습니다. 그러나 이 두 유치원 중 한 유치원의 IQ 분포는 100~120 사이이고, 다른 유치원의 IQ 범위가 80~140이라면 이 두 유치원의 중심경향에 있어서는 차이가 없으나 분산도에서는 큰 차이가 있음을 알 수 있습니다. 즉, 한 유치원은 평균으로부터의 이탈이 적은 동질적인 집단인 반면 다른 유치원은 이탈이 커 이질적 집단임을 알려줍니다.

(1) 범위(Range)

분포상의 가장 큰 점수에서 가장 작은 점수를 뺀 것으로 분산도를 간단히 파악할 수 있는 장점이 있습니다. 그러나 범위 사용의 단점은 분산도 측정 시 정밀성이 없다는 것인데, 이는 최고값과 최저값에 의해서만 범위가 결정되므로 그 사이에 존재하는 값들의 변화에 영향을 받지 않으며 또한 그 사이에 존재하는 많은 값들을 고려하지 않기 때문입니다.

범위 = 최고값 - 최저값 + 1

(2) 사분위편차(사분편차, Interquartile Range)

사분위수(quartile)는 수집된 자료를 크기순으로 배열하여 4등분한 값을 말합니다(Q_1 : 제1사분위수, Q_2 : 제2사분위수, Q_3 : 제3사분위수). 백분위수의 관점에서 보면 제25백분위수, 제50백분위수, 제75백분위수로 표기할 수 있습니다.

사분위편차(Q : Quartile Deviation)란 중앙치를 중심으로 한 분산도로서, 사분위 간 범위(제3사분위와 제1사분위 수의 차이)를 2로 나눈 값을 말합니다.

사분위편차는 범위와 같이 최고값과 최저값의 영향을 받지 않고 분포 중앙의 50%에 집중하기에 범위보다는 정밀하게 분산도를 측정합니다. 그럼에도 불구하고 사분위편차도 개별 점수 간의 실제 간격을 계산하지 못하기 때문에 불완전한 측정방법으로 간주됩니다.

관찰값 중 75퍼센타일(3사분점)값에서 25퍼센타일(1사분점)값 사이의 차이를 2로 나눈 값

$$Q = \frac{Q_3 - Q_1}{2}$$

(3) 편차(오차, Deviation)

편차란 각 점수가 평균으로부터 떨어진 정도로, 편차의 절대값이 크면 그 값은 평균으로부터 멀리 떨어져 있음을 의미합니다. 편차가 0이면 그 값은 평균과 같습니다.

편차 = 관찰값(X) - 평균(μ)

(4) **분산**(변량, Variance)

분산은 편차를 제곱한 값들의 평균값을 의미합니다. 교육학에서는 분산이라는 용어보다는 변량이라는 용어를 오랫동안 사용하여 왔지만 이 책에서는 분산이란 용어로 사용합니다.

분산은 편차에 근거하여 분산도를 나타내는 중요한 측정치로서, 모집단의 분산은 'σ^2(시그마제곱)'로, 표본의 분산은 's^2'으로 나타냅니다.

$$분산 = \frac{\Sigma(관찰값 - 평균)^2}{사례수}$$

(5) **표준편차**(Standard Deviation)

표준편차는 분산도를 나타내는 측정치 가운데 가장 널리 쓰이는 것으로 분산에 제곱근을 씌운 값을 의미합니다. 모집단의 표준편차는 'σ'로, 표본의 표준편차는 's'로 나타냅니다.

관찰값들이 평균을 중심으로 모여 있으면 편차가 작으며, 또한 분산(편차의 제곱 값)도 작아지게 되고 결국 표준편차도 작아집니다.

$$표준편차 = \sqrt{분산}$$

다음은 유아들의 산수문장제 검사 중 정답을 맞힌 개수입니다. 아래 자료를 이용하여 평균, 편차, 분산, 표준편차 등의 분산도를 알아봅시다.

유아	A	B	C	D	E	F
정답 수	2	1	4	3	5	3

평　균(M) : $\frac{(2+1+4+3+5+3)}{6}=3$

편　　차 : $(2-3)=-1,\ (1-3)=-2,\ (4-3)=1,\ (3-3)=0,\ (5-3)=2,\ (3-3)=0$

분　산(s^2) : $\frac{(-1)^2+(-2)^2+1^2+0^2+2^2+0^{2)}}{6}=\frac{10}{6}$

표준편차(s) : $\sqrt{분산}=\sqrt{\frac{10}{6}}=\sqrt{\frac{5}{3}}$

(6) 분산도에 따른 분포의 형태

분산과 표준편차는 분포의 흩어진 정도를 가장 정확히 말해줍니다. 분산이 크면 분포가 넓게 퍼져 있어 봉이 낮아지며, 분산이 작으면 분포가 좁은 지역에 흩어져 있으므로 봉이 높아집니다. 분산이 크면 분포가 흩어져 있으므로 그 분포를 구성하는 요소들은 이질적(heterogeneous)이며, 반대로 분산이 작으면 작을수록 그 분포를 구성하는 요소는 동질적(homogeneous)이라 할 수 있습니다.

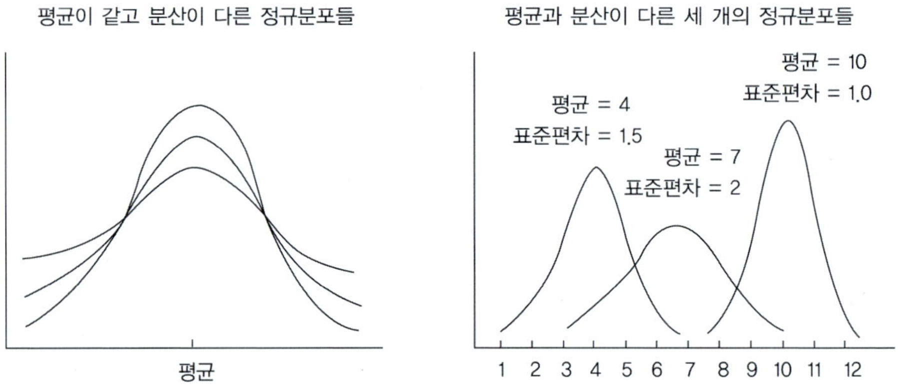

그림 2-3 분산도에 따른 분포의 형태

8) 표준정규분포곡선과 표준점수

(1) 표준정규분포곡선과 편포

정규(정상)분포곡선(normal distribution curve)은 종모양이고 평균을 중심으로 좌우대칭형인 분포를 말하며, 그중 표준정규분포곡선은 평균은 0이고 표준편차는 1인 분포를 의미합니다. 대부분의 관찰된 값들은 분포가 중앙에 집중되는 경향이 있으며, 중앙에서 멀어질수록 관찰된 값들의 빈도는 점차 감소하게 됩니다. 그래서 대체로 정규분포곡선과 같은 형태를 취하게 되는데, 이러한 정규분포곡선의 정도를 알아보기 위해서 첨도와 왜도를 구할 수 있습니다. 표준정규분포곡선의 경우, 첨도와 왜도는 각각 0이 되며 중앙치(*Mdn*), 평균치(*M*), 최빈치(*Mo*)가 일치합니다.

이때 첨도(kurtosis)란 분포가 뾰족하게 솟아나 있는지의 정도를 말하며, 왜도(skewness)란 분포의 퍼진 정도를 뜻합니다. 또한 한쪽으로 치우친 분포를 편포(skewed distribution)라 하는데, 중심경향값들이 어떻게 위치하고 있는가에 따라 부적편포(negatively skewed distribution)와 정적편포(positively skewed distribution)로 분류합니다.

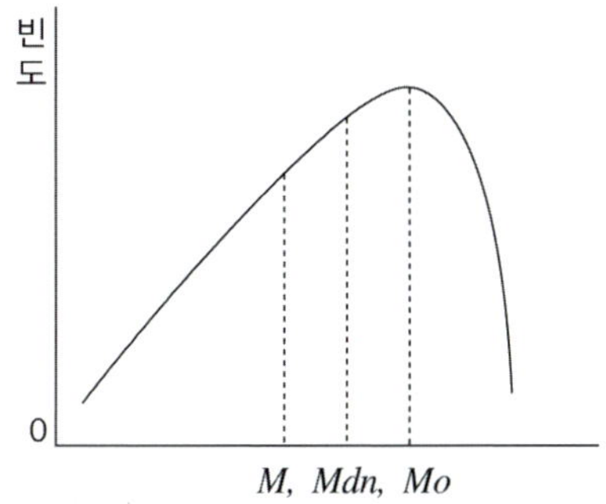

| 그림 2-4 | 부적편포

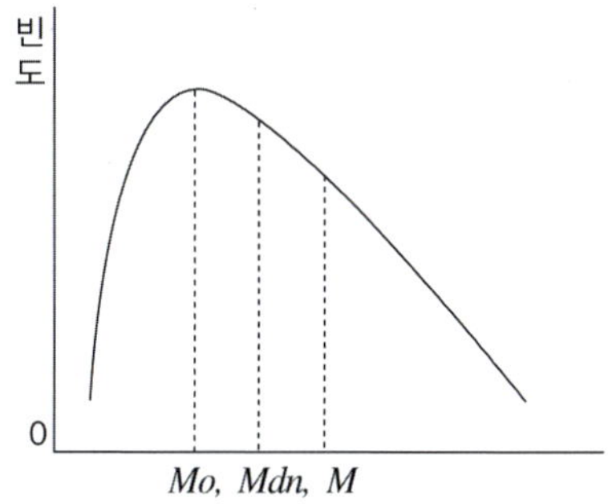

| 그림 2-5 | 정적편포

표준정규분포곡선은 통계에서 매우 중요한 역할을 하는데, 바로 정규분포곡선에서의 면적인 그 값이 발생할 확률을 알려줍니다. 경험적 법칙에 의하면,

평균(μ)을 중심으로 $\mu \pm 1\sigma$ 사이에 존재할 확률은 대략 68.26%이고,

평균(μ)을 중심으로 $\mu \pm 2\sigma$ 사이에 존재할 확률은 대략 95.44%이고,

평균(μ)을 중심으로 $\mu \pm 3\sigma$ 사이에 존재할 확률은 대략 99.72%입니다.

이를 | 그림 2-6 | 으로 표시하면 다음과 같습니다.

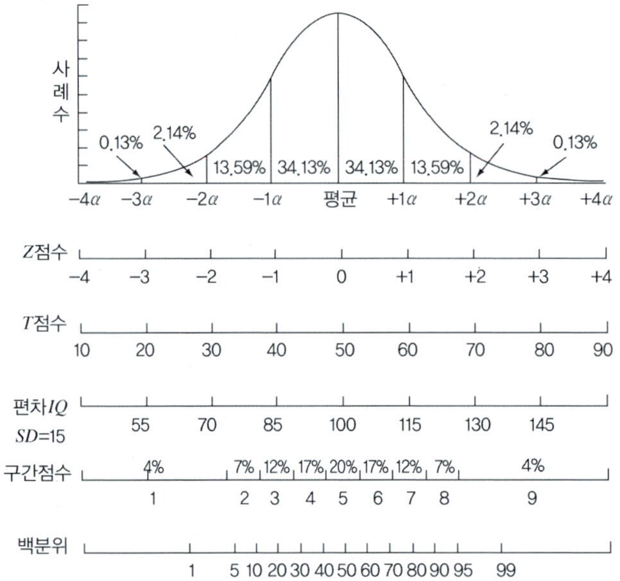

| 그림 2-6 | 집단 내의 규준 비교

이 확률에 의해 어떤 관찰값이 발생할 확률이 일반적으로 발생할 수 있는 확률인지, 아니면 우연히 발생할 확률인지를 정규분포곡선에 의하여 판단할 수 있습니다. 이에 대해서는 영가설을 참조하기 바랍니다.

(2) 표준점수

얻어진 원점수(raw score)의 상대적 위치를 알려주는 점수를 표준점수(standard score)라 하며 종류로는 *Z*점수, *T*점수 등이 있습니다. 가장 흔히 쓰이는 표준점수는 *Z*점수입니다.

> 만약 유아 수학능력의 평균이 70점이고 표준편차가 10점이라고 가정합시다. 이때 유진이의 수학점수가 80점이라면 유진이가 전체 7세 유아 중 어디에 위치하는지 알고 싶습니다. 이럴 때 우리는 표준점수를 활용하여 필요한 정보를 얻을 수 있습니다.

① Z점수

원점수를 Z점수로 표준화하면 그 원점수가 전체 분포에서 차지하는 상대적 서열을 알 수 있습니다. Z점수란 편차를 표준편차로 나눈 값을 말합니다($Z=X-\mu/\sigma$). Z점수는 분포가 정규분포라는 가정하에서 원점수의 평균을 0으로 하고 표준편차를 1로 하는 변환점수를 말합니다.

> **위의 예에서 유진의 Z점수는 얼마입니까?**
> 유진이의 수학점수 80점은 평균보다 높기 때문에 X점수는 +기호를 가지며, 평균과의 차이인 10은 정확히 표준편차 1입니다($\sigma=10$이기 때문). 그래서 유진이의 Z점수는 1이 됩니다. Z점수 1은 원점수가 평균보다 높고 1 표준편차만큼 평균으로부터 떨어져 있음을 나타냅니다. 그러므로 유진이는 분포상의 상위 16%에 위치하고 있음을 알 수 있습니다.

> **이 분포에서 $Z=+2$에 일치하는 원점수는 몇 점입니까? ($Z=X-\mu/\sigma$)**
> $\mu=70$, $\sigma=10$ 이기 때문에 $2=(X-70)/10$ 이므로, $X=90$점입니다.

② T점수

Z점수는 평균을 0으로 하고 표준편차를 1로 하기 때문에 음수와 더불어 소수점을 지니게 됩니다. 이와 같은 번거로움을 피하기 위하여 평균점수를 50점으로 그리고 1표준편차를 10점으로 하는 변환된 표준점수를 T점수라 합니다. 즉, Z점수의 0점은 T점수 50점이 되고, Z점수 1점은 50점에 10점을 더한 60점이 됩니다. T점수를 구하는 공식은 다음과 같습니다.

$$T = 10Z + 50$$

> **위의 예에서 유진이의 T점수는 얼마입니까?**
> 먼저 유진이의 Z점수는 1인 것을 기억하지요! 그렇다면 유진이의 T점수는 $(10\times1)+50=60$점입니다.

9) 가설(Hypothesis)검증

가설설정(영가설 · 연구가설) → 통계방법 선택 → 유의도수준 결정 → 검증 통계치 계산 → 가설검증 및 해석

(1) 가설의 설정 및 진술

연구를 진행하거나 논문을 작성하는 이유는 일반적으로 기존에 보편적으로 옳다고 믿어져온 주장에 대해 ① 어떠한 반대의 입장을 나타내거나, ② 그러한 주장이 실제 사실과는 다르다는 것을 입증하거나, ③ 새로운 추가변수를 찾아내기 위함입니다. 그렇게 하려면 여기에 상응하는 주제를 선택하고 그에 맞는 연구모델을 수립해야 합니다.

어떤 문제에 대해 이를 검증하기 위해 미리 세우는 결론을 가설이라 하며, 이는 보편적으로 믿어온 사실(차이가 없다)에 대해 그 주장이 '맞다'는 영가설과 '아니다'는 연구가설로 나누어집니다.

가설이란 아직 경험적으로 검증되지 않은 일종의 예비적 이론으로서, 둘 혹은 그 이상의 변수들 간의 관계에 대한 추측적 진술이며, 가설검증이란 표본자료를 이용하여 모집단에 대한 가설의 신뢰도를 평가하는 추리과정이라고 볼 수 있습니다.

■ **연구가설**(H_R : Research Hypothesis)**과 영가설**(H_O : Null Hypothesis)

연구가설 H_R은 연구자가 검증하고자 하는 가설로, 변수 간의 관계나 차이를 긍정적인 형태로 진술하는 가설로 대립가설이라고도 하며 '두 변수 간에 차이가 있다'라는 전제하에 진술되는 가설입니다. 이에 비해 영가설 H_O은 연구가설과 반대되는 것으로, '두 변수 간의 관계가 없다 또는 차이가 없다'는 부정적인 형태로 진술하는 가설로 귀무가설이라고 하며 연구자의 주장과 반대되는 진술입니다.

- 영 가 설(귀무가설) : $\mu_1 = \mu_2$
- 연구가설(대립가설) : $\mu_1 \neq \mu_2$ 또는 $\mu_1 - \mu_2 \neq 0$

연구가설은 독립변수(처치)가 모집단의 종속변인에 영향을 미친다고 예측하는 것이며, 영가설은 독립변수(처치)가 모집단의 종속변수에 어떤 영향도 미치지 않는다고 예측하는 것입니다. 연구의 목적은 연구가설을 채택하는 데 있습니다.

'지능수준에 따라 산수문장제 수행 정도는 차이가 나는가'라는 연구문제가 있다면 여기서 '지능수준에 따라서 산수문장제 수행 정도의 차이가 있을 것이다'라는 연구가설과 '지능수준에 따라서 산수문장제 수행 정도는 차이가 없을 것이다'라는 영가설을 생각해 볼 수 있습니다. 그리고 일반적으로 연구에서는 영가설을 세우고 이것을 부정함으로써 연구가설을 입증하고자 합니다.

(2) 통계적 방법의 선택

가정 적절한 통계적 방법을 설정해야 합니다. 왜냐하면 연구문제의 성격과 자료의 특성에 따라 그에 맞는 통계방법이 달라지기 때문입니다.

■ **연구문제와 자료(변수)의 관계를 고려한 후 적절한 통계방법을 적용**

- **t-검증** : 독립변수가 2개의 값(성별, 집단 등)을 가지면서 종속변수가 등간척도, 비율척도인 경우에는 t-검증을 실시할 수 있습니다.
- **분산분석** : 독립변수가 2개 이상의 값을 가지면서 종속변수가 등간척도, 비율척도인 경우에는 분산분석을 실시할 수 있습니다.
- **상관관계** : 등간척도, 비율척도인 경우 Pesrson의 상관계수를 구하며, 서열척도인 경우에는 Spearman, Kendall의 상관계수를 구합니다. 상관을 이용한 분석에는 상관관계와 회귀분석, 요인분석 등이 있으며, 신뢰도와 타당도를 검증하고자 할 때도 상관계수를 이용합니다.
- **회귀분석** : 독립변수와 종속변수가 등간척도, 비율척도이면서 독립변수가 종속변수에 미치는 영향을 분석하고자 할 경우에는 회귀분석을 실시할 수 있습니다.
- **요인분석** : 등간척도, 비율척도이면서 새로운 검사도구를 개발하고자 할 때, 또는 구인타당도를 구하고자 할 때 요인분석을 실시할 수 있습니다.

(3) 유의수준(p값, Significant Level)과 확률값

연구자가 세운 영가설을 채택할 것인가 혹은 기각할 것인가를 판단하는 기준을 유의수준이라 합니다. 유의수준이란 제1종 오류를 범할 확률, 즉 영가설이 참인데도 거짓이라고 결론 내릴 확률을 의미하며, 보통 α(알파) 또는 p(probability : 확률)로 표시합니다.

유의수준은 0.1%(0.001), 1%(0.01), 5%(0.05)를 많이 사용하는데 사학과학에서는 연구의 특성에 따라 다르겠지만 주로 5% 기준을 많이 사용합니다.

연구문제의 성격에 따라 유의수준이 정해지며 이에 따라 영가설의 기각도 정해집니다. 보통 $\alpha=0.10$ 또는 $p<0.10$ (90%), $\alpha=0.05$ 또는 $p<0.05$ (95%), $\alpha=0.01$ 또는 $p<0.01$ (99%), $\alpha=0.001$ 또는 $p<0.001$(99%)로 나타내는데, 유의수준을 0.05로 둔다는 것은 오류의 가능성이 0.05, 즉 100개 중에 5개 이하인 오류가능성을 받아들인다는 의미입니다. p값이 낮아질수록 영가설을 부정할 표본의 증거는 더 커진다고 볼 수 있겠지요.

연구결과를 제시할 때는 제1종 오류가 발생할 확률($p<.05$; $p<.01$; $p<.001$)을 같이 제시해 주는데, 일반적으로 .05 또는 .01로 유의도 수준을 택합니다.

(4) 검증통계치(Test Statistic)의 계산

수집된 자료에 대한 적절한 통계적 방법을 적용하여 검증통계치를 실제로 계산하는 단계입니다. 표본의 분포가 어떤 분포(Z, t, F 등)를 이루느냐에 따라서 그에 알맞은 검증통계치를 계산합니다.

(5) 가설의 검증 및 해석

가설을 검증한다는 것은 가설을 받아들일 것인지(채택) 아니면 버릴 것인지(기각)의 여부를 결정하는 과정입니다. 가설의 기각 및 채택 여부를 결정하는 데에는 기준이 필요하며 이 기준을 기각역이라 합니다.

표본에서 나온 검증통계치가 설정해 놓은 기각역에 속하면 영가설을 기각하고 연구가설을 수용하는 반면에, 채택역에 속하면 영가설을 수용해야 합니다(통계적 유의성과 실제적 유의성을 검토).

다음은 통계적 유의수준에 따른 가설의 채택 및 기각 여부를 결정하는 요령입니다.

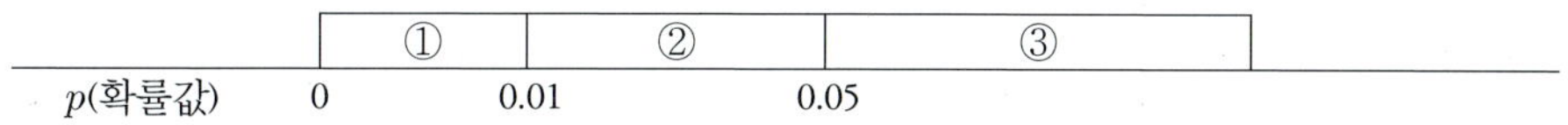

① $0.00 \leqq p < 0.01$ 1% 수준에서 유의차 있음

② $0.01 \leqq p < 0.05$ 5% 수준에서 유의차 있음

③ $0.05 \leqq p < 1.00$ 유의차 없음

■ 기각역(Rejection Region : α)

가설검증에서는 영가설이 참이 아닌 것으로 기각할 수 있는 영역을 미리 정하는데 이를 기각역이라 합니다. 일반적으로 표집분포의 극단에 위치한 5%, 1%, 0.1%를 기각역으로 정해서 표본평균값이 이 영역에 위치하면 영가설을 기각하고 그렇지 않으면 영가설을 수용하여 통계적 결론을 내리고 해석을 하게 됩니다. 이렇게 수용역과 기각역을 나누는 기준이 되는 값인 임계치가 바로 유의수준입니다. 교육현장 연구에서는 특별한 경우가 아닌 한 유의수준을 5%로 설정하여 사용할 것을 권장합니다.

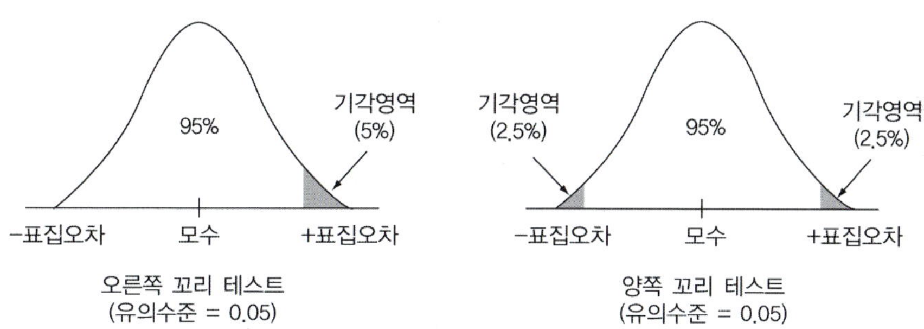

| 그림 2-7 | 검증방향에 따른 기각역과 채택역

또한 이러한 가설검증 시 일방검증을 할 것인지 양방검증을 할 것인지는 연구가설을 보고 결정하게 되는데, 연구가설이 "무엇보다 크다 혹은 작다"처럼 한쪽 방향만을 고려할 때는 일방검증을 하지만, "어떤 값이 같다 혹은 다르다"처럼 양쪽 방향을 모두 고려할 때는 양방검증을 해야 합니다.

10) 가설검증에서의 통계적 오류

	영가설이 참	영가설이 거짓
영가설 긍정	정확한 결론($1-\alpha$)	제2종 오류(β)
영가설 부정	제1종 오류(α)	정확한 결론($1-\beta$)

연구자는 잘못하여 영가설을 기각할 수도 있고, 반대로 수용하는 오류를 범할 수 있는데 이를 제1종 오류와 제2종 오류라 합니다. 제1종 오류는 실제로 영가설이 참인데 이를 부정하는 오류(컴퓨터통계의 기각방법)로 α로 나타내며, 제2종 오류는 실제로는 영가설이 거짓인데 이를 긍정하는 것으로 β로 표시합니다.

연구자들은 제1종 오류를 대개 $\alpha=.01$이나 .05 등으로 선택하는데, 이를 유의도 수준이라 부릅니다. 만약 $\alpha=.05$로 선택했다면 연구자는 영가설이 참일 때 이것을 기각할 확률이 .05임을 인정하는 것입니다. 즉, 이 판단이 참일 확률은 95%입니다. 따라서 몇 % 수준에서 유의도 수준을 정해야 할지 선택해야 합니다.

11) 상관(Correlation)

상관이란 두 변수의 관계, 즉 한 변수가 변해감에 따라 다른 변수가 어떻게 변해가는지를 말해주는 통계기법으로 일반적으로 Pearson r 혹은 단순히 r_{xy}라고 나타냅니다. 이 지표는 두 변수 간의 관계성의 존재 여부와 관계 방향 그리고 관계 강도까지 나타내 줍니다.

상관계수의 범위는 $-1.0 \sim +1.0$이며, 완벽한 정적 관계는 $+1.0$으로서 x변수가 변할 때 y변수는 규칙적으로 같은 방향으로 변하는 것을 뜻합니다. 모수치에 의한 상관계수는 p라 표기하고, 통계치에 의한 표현은 r로 표기합니다.

상관 통계기법을 적용하기 위해서는 관련된 변수들의 측정수준이 적어도 서열척도 혹은 등간척도 수준이어야 하며, 상관계수에 대한 해석 시 두 변수 간의 관계성을 의미하는 것이지 원인과 결과의 관계를 뜻하는 것이 아님을 유의해야 합니다.

■ 상관계수와 결정계수

.4와 .2 라는 상관계수를 비교할 때 .4는 .2라는 상관계수가 나타내는 관계의 두 배라고 말할 수 있을까요? 이와 관련된 Pearson 상관계수의 의미를 알아보기 위해서는 R^2(결정계수 : 두 변수가 공유하고 있는 분산의 비율)을 살펴보는 것이 도움이 되며, 이때 R^2는 상관계수의 제곱한 값입니다. A과목과 B과목의 상관계수가 .50라고 가정했을 때, A과목 점수의 변이 가운데 어느 정도가 B과목 점수의 변이와 관계가 있을까요? 결정계수가 .518이므로, 이 수치는 A과목 점수 가운데 51.8%는 B과목 점수의 변이와 관계가 있음을 뜻합니다. 따라서 R^2=.50은 R^2=.25보다 2배의 설명력을 가지고 있음을 의미합니다.

12) 자유도(Degree of Freedom : df)

자유도는 주어진 조건에서 자유롭게 변화할 수 있는 사례수를 의미하며, "자유도(df) = 사례수(N) − 통계적 조건의 수(k)"라는 공식에 의해 구해질 수 있습니다. 이렇게 산출된 자유도는 분포에 영향을 주게 되기 때문에 통계분석을 할 때 항상 따라다니지만 특별한 해석을 할 필요는 없습니다. 그러나 모든 분포를 이용한 추리통계에서는 통계치, p값과 함께 제시되는데, 이는 p값을 산출하기 위해서는 반드시 분포와 자유도를 고려해야 하기 때문입니다. 따라서 자유도는 해석하지는 않지만 반드시 표에 제시해 주는 것이 바람직합니다.

검증내용	검증 공식	독립변수	종속변수	자유도(df)
4, 5세 유아의 언어점수의 차이검증	t	연령(4, 5세) 집단 수 2	언어점수	(4세−1)+(5세−1) =(100−1)+(100−1)=198 자유도=$n-1$
3, 4, 5세 유아의 언어점수의 차이검증	F	연령(3, 4, 5세) 집단 수 3	언어점수	집단 간=집단 수(3)−1=2 자유도=$k-1$ 집단 내=표본 수(300)−집단 수(3)=297 자유도=$n-k$
성별에 따른 언어수준 차이검증	χ^2	성별(남, 여) 집단 수 2	언어수준 (상, 중, 하) 집단 수 3	(독립변수의 집단 수−1)(종속변수의 집단 수−1) =(2−1)(3−1)=2 자유도=$(k-1)(k-1)$

❖ 사례수 : 3, 4, 5세 유아 각각 100명, 남녀유아 각각 100명, k=집단, n=참여 수

13) t-분포

모집단의 분산이나 표준편차를 알지 못할 때 모집단을 대표하는 표본으로부터 추정된 분산이나 표준편차를 가지고 모집단의 평균 간 차이가 있는지 검증하는 데 이용합니다. 독립변수가 질적 변수이고 종속변수가 양적 변수일 때 두 집단 간 평균 차이를 비교하는 독립표본 t-검증과 표본을 추출하는 과정이 상호 비독립적인 두 집단 간의 종속변수에 차이가 있는지를 알아보는 대응표본 t-검증방법에 이용됩니다. 사례수가 120이 넘으면 정상분포에 가까워집니다.

14) F-분포

두 집단의 동일성을 검증할 때 사용되는 F-분포 원리는 분산과 분산의 비율이므로 집단을 구분해 주는 독립변수의 차이에 따른 종속변수의 변화(집단 간 분산)와 동일한 독립변수값을 갖는 집단 내에서 종속변수의 변화(집단 내 분산)를 비교하여 통계적으로 유의한 차이를 보이는지의 여부를 검증하는 분산분석이나, 회귀방정식에 의해 설명되는 분산과 설명되지 않은 분산의 비를 분석하는 회귀모형의 유의성 검증에도 이용됩니다.

전공별 물에 빠진 사람 구하는 방법

- **건축공학과**
  상류로 올라가 댐을 쌓는다.
- **광학과**
  오목거울과 볼록렌즈로 햇빛을 집중시켜 강물을 증발시킨다.
- **교육학과**
  물에 빠진 사람에게 큰소리로 수영하는 법을 가르쳐 준다.
- **문헌정보학과**
  물에 빠진 사람을 구하는 책을 읽고 그대로 실행한다.
- **물리학과**
  강물을 전기분해하면 산소와 수소로 분리된다. 물을 분리한 뒤 사람을 구해낸다.
- **수학과**
  건져낼 수 있는 모든 경우의 수를 구한 다음 그대로 시행한다. 단, 경우의 수가 '0'에 수렴하면 하늘에 맡기고 포기한다.
- **신학과**
  강물이 두 갈래로 갈라질 때까지 기도한다.
- **의예과**
  인턴에게 구하라고 시킨다.
- **정보통신학과**
  PC통신 구인란에다가 '구조요원 구한다'는 글을 올린다.
- **지리학과**
  2만 5천분의 1 지도를 구해 수심이 제일 얕은 곳을 알아내 물에 빠진 사람이 그쪽으로 떠내려 올 때까지 기다렸다가 구한다.

출처 : www.netian.com

chapter

03

자료 입력

chapter 03

자료 입력

이 장에서는 SPSS로 자료를 분석하기 전에 수집된 자료를 어떻게 입력해야 하는지에 대하여 알아봅시다.

➤ 먼저 자료를 코딩하는 방법에 대하여 알아봅시다.

➤ SPSS에서 직접 자료를 입력하는 방법에 대해서 알아봅시다.

➤ 훈글이나 Excel에서 입력한 자료를 SPSS에서 불러오는 방법에 대해서 알아봅시다.

➤ 입력을 마친 후 자료 분석에 들어가기 전에 잘못 입력된 자료가 있는지 확인하여야 합니다. 잘못 입력된 자료를 찾아 고친 후 분석을 시작하여야 여러 번 일하는 수고를 덜 수 있습니다.

1. 코딩 프레임 작성하기

'자료'란 분류체계나 측정도구를 사용하여 얻어진 정보를 수치로 표현한 것으로 통계처리를 하려면 먼저 수집된 자료를 분석 가능한 데이터로 만들기 위해 컴퓨터에 입력하여야 합니다. 이것을 '코딩'이라고 합니다. 수집된 자료를 입력하여 데이터 파일을 작성하기 위해서는 먼저 설문지마다 일련번호를 부여합니다. 설문지상에는 없지만 설문 표지에 별도의 설문 번호를 부여해 놓으면 나중에 잘못된 부분을 찾아서 고치기 용이합니다.

코딩 프레임은 설문지에 응답한 결과들을 숫자로 바꾸어 기록할 수 있도록 도와주기 위해 사전에 미리 입력양식을 정해 둔 틀로서 질문지 문항이 복잡하거나 다양한 분석을 실시하기 위해서는 반드시 코딩 프레임을 작성한 다음 분석을 실시하는 습관이 필요합니다.

[예] 간편유아체력검사도구(교사용) 개발을 위한 교사 요구도 조사 설문지

『응답자』

1. 소속기관 : ✓ ① 유치원(국・공립) ___ ② 유치원(사립)
   ___ ③ 어린이집(국・공립) ___ ④ 어린이집(사립)

2. 나 이 : 만 26 세

3. 현재 유아체력검사를 하고 계십니까?
   ✓ ① 예(4번으로 가세요) ___ ② 아니오(7번으로 가세요)

4. 현재 유아체력검사를 하고 계신다면 누가 실시하고 있습니까?
   ___ ① 원장・원감 ✓ ② 유아체육전문가 ___ ③ 교사
   ___ ④ 전문체력검사요원 ___ ⑤ 기타( )

5. 현재 유아체력검사를 하고 계신다면 언제 실시하고 계십니까?
   ✓ ① 3월 ___ ② 4월 ___ ③ 5월
   ___ ④ 9월 ___ ⑤ 10월 ___ ⑥ 기타( )

6. 현재 유아체력검사를 하고 계신다면 어떻게 검사하고 계십니까?
   ___ ① 검사지 활용 ___ ② 유아 행동 관찰

✓ ③ 체력장 실시 ___ ④ 기타( )

7. 유아체력검사가 필요하다고 생각하십니까?
✓ ① 매우 필요하다. ___ ② 필요하다. ___ ③ 보통이다.
___ ④ 필요하지 않다. ___ ⑤ 전혀 필요하지 않다.

8. 유아체력검사가 필요하다면 그 이유는 무엇입니까?
___ ① 균형 있는 교과과정의 운영을 위하여
✓ ② 유아체력의 신장을 위하여
___ ③ 개인차의 측정을 위하여
___ ④ 유아의 체력발달에 대한 측정을 위하여
___ ⑤ 기타( )

1) 코딩 프레임

코딩을 할 때 유의해야 하는 사항은 다음과 같습니다.

첫째, 설문지에 번호를 부여하는 방법은 설문지 매수에 따라 100개 미만일 경우 설문 번호를 01~99, 1,000개 미만일 경우 설문 번호를 001~999, 1,000개 이상일 경우에는 설문 번호를 0001부터 시작하여 코딩합니다.

둘째, 변수값은 문자(이름 등)로도 가능하나 주로 1, 2, 3, 4 … 등의 숫자로 피험자들이 문항에서 선택한 번호로써 코딩을 해야 통계처리하기가 용이합니다.

셋째, 문항에 대한 응답을 입력할 때 아무것도 표시하지 않은 것을 결측값(무응답)이라고 하며, 이것을 코딩할 경우에는 한 자릿수일 경우 0 또는 9, 여러 자릿수일 경우 99, 999 …로 코딩하면 됩니다. 이때 실제로 응답에서 나온 결과가 0 또는 9의 값을 갖지 않아야만 합니다. 왜냐하면 결측값 0의 의미와 측정치로서의 0의 의미는 이후 자료 분석에서 다른 의미를 갖기 때문입니다(3장 참조).

넷째, 입력할 변수의 자릿수가 한 자릿수일 경우 한 칸에 코딩하면 되지만 두 자릿수 이상일 경우 각 변수에서 나올 수 있는 최대값의 자릿수만큼 자릿수를 지정해 주어야 합니다. 예를 들면, 최대값이 12로 두 자릿수일 경우 01, 02, …, 10, 11, 12로 한 자릿수의 번호 앞에 0을 붙여서 두 자릿수로 만들어 줍니다.

다섯째, 주관식으로 답하는 문항일 경우 설문지를 회수한 후 검토하여 공통 범주로 정리하여 범주별로 값을 부여한 다음 그 값에 맞추어 코딩합니다. 예를 들면, '통계 연수를 듣는 사람의 학부 전공은 무엇입니까?'라는 주관식 문항의 답을 검토한 결과 유아교육과 10명, 아동학과 8명, 사회복지학과 5명, 통계학과 5명의 순이었다면 순서대로 유아교육과=1, 아동학과=2, 사회복지학과=3, 통계학과=4로 번호를 부여한 다음 부여된 숫자로 코딩합니다.

입력 컬럼	문항번호 및 내용	변수명	변수값
1~3	설문지 번호	설문번호	001~999(설문지 매수가 1,000개 미만일 경우)
4	1. 소속기관	소속기관	1=유치원(국·공립) 2=유치원(사립) 3=어린이집(국·공립) 4=어린이집(사립)
5~6	2. 나이	나이	※ 나이는 두 자릿수 숫자이기에 컬럼을 두 자리로 잡습니다.
7	3. 검사 유무	v03	1=예 2=아니오 ※ 검사 유무에서 아니오에 응답한 경우 4~6번 문항은 응답할 필요 없으므로 4~6번 문항 코딩 시 0으로 입력합니다.
8	4. 실시자	v04	1=원장·원감 2=유아체육전문가 3=교사 4=전문체력검사요원
9	5. 실시 시기	v05	1=3월 2=4월 3=5월 4=9월 5=10월 6=기타
10	6. 검사 유형	v06	1=검사지 활용 2=유아 행동 관찰 3=체력장 실시 4=기타
11	7. 필요성	v07	1=매우 필요하다. 2=필요하다. 3=보통이다. 4=필요하지 않다. 5=전혀 필요하지 않다.
12	8. 필요 이유	v08	1=균형 있는 교과과정의 운영을 위하여 2=유아체력의 신장을 위하여 3=개인차의 측정을 위하여 4=유아의 체력발달에 대한 측정을 위하여 5=기타

코딩 프레임에 의해서 예시 설문지의 응답결과를 코딩하면 아래와 같습니다.

【코딩의 예 1】 3. 검사 유무에서 "1=예"로 응답한 경우

001126121312

【코딩의 예 2】 3. 검사 유무에서 "2=아니오"로 응답한 경우

001126200012

2. 자료 입력 및 저장하기

자료를 입력하는 방법에는 크게 두 가지가 있습니다. 첫째, SPSS에서 직접 자료를 입력하는 방법, 둘째, 흔글이나 Excel에서 입력한 자료를 SPSS에서 불러오는 방법이 있습니다.

1) SPSS에서 직접 입력하기

설문문항이 적거나 사례수가 적은 경우에는 흔글을 사용하지 않고 SPSS에서 직접 입력하는 것이 편리합니다.

SPSS 프로그램을 바로 실행하여 자료를 입력할 수 있는 방법에는 두 가지가 있습니다. 이 두 가지의 경우 모두 【제목없음-SPSS 데이터 편집기】 창이 뜹니다.

(1) 입력 창 열기

① 【데이터 입력】: SPSS 창의 아래 화면에서 【데이터 입력】에 표시한 후 확인을 눌러서 입력하는 방법입니다.

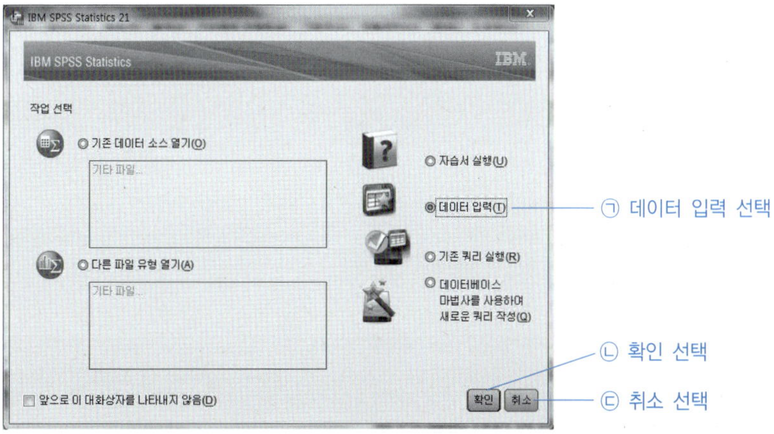

② 바로 입력하기 : 취소 를 눌러서 입력하는 방법입니다.

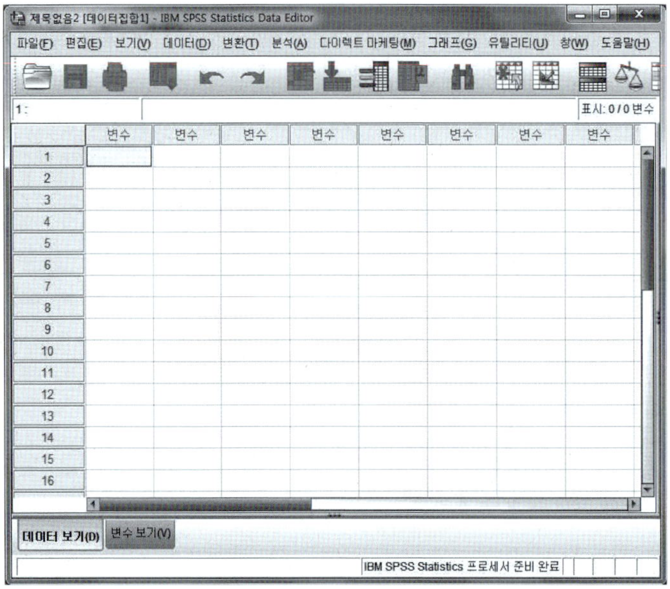

(2) 자료 입력하기

① 첫 번째 칸에 숫자를 넣고 →를 치면 됩니다. 예를 들어, 1이라는 숫자를 넣고 →를 치면 옆 칸으로 옮겨가서 자료를 입력할 수 있게 됩니다. 변수의 자릿수에 관계없이 한 칸에 하나의 값이 들어갈 수 있습니다.

자료를 입력하면 자동적으로 소수 둘째 자리까지 입력이 되어서 나옵니다(소수점 자리 조정은 91쪽 변수 정의를 참조하세요).

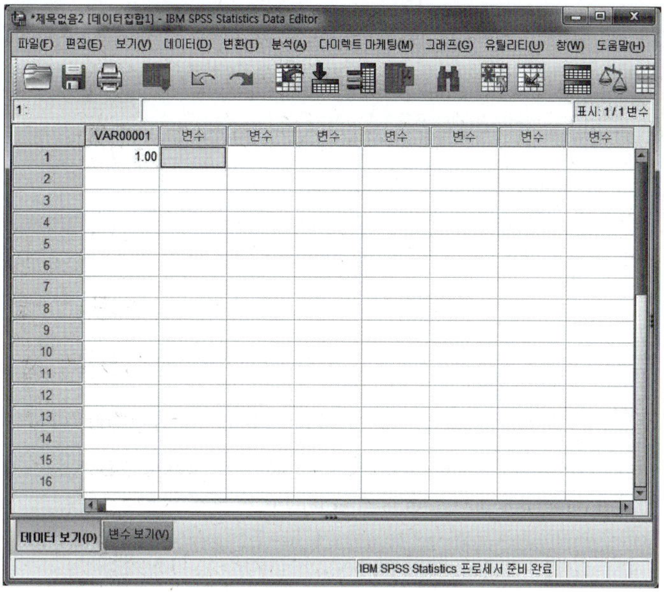

② 이상과 같은 순서로 나머지 자료를 입력하면 아래와 같이 됩니다.

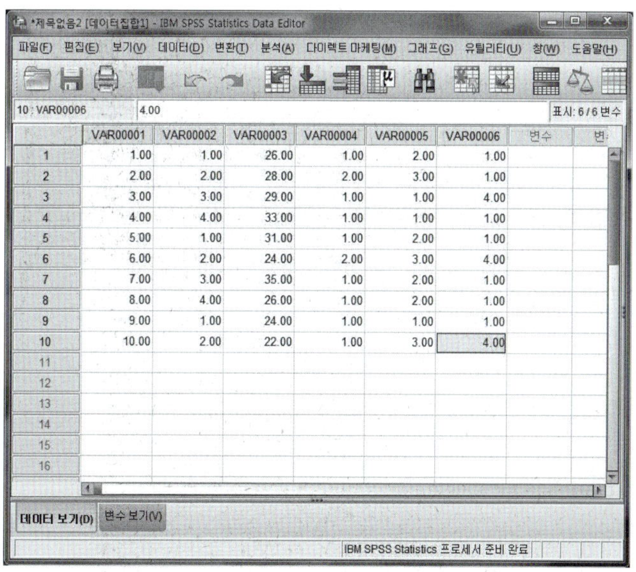

③ 숫자를 잘못 입력했을 경우 다시 그 변수 자리로 가서 숫자를 다시 입력하면 바로 수정이 됩니다.

④ 자료 입력이 끝나면 (파일 저장)을 눌러서 SPSS 자료를 저장합니다. 파일 이름은 원하는 이름(여기서는 체력검사로 합니다)을 쓰고, 저장을 누르면 파일 형식은 SPSS 데이터 파일인 *.sav로 저장이 됩니다.

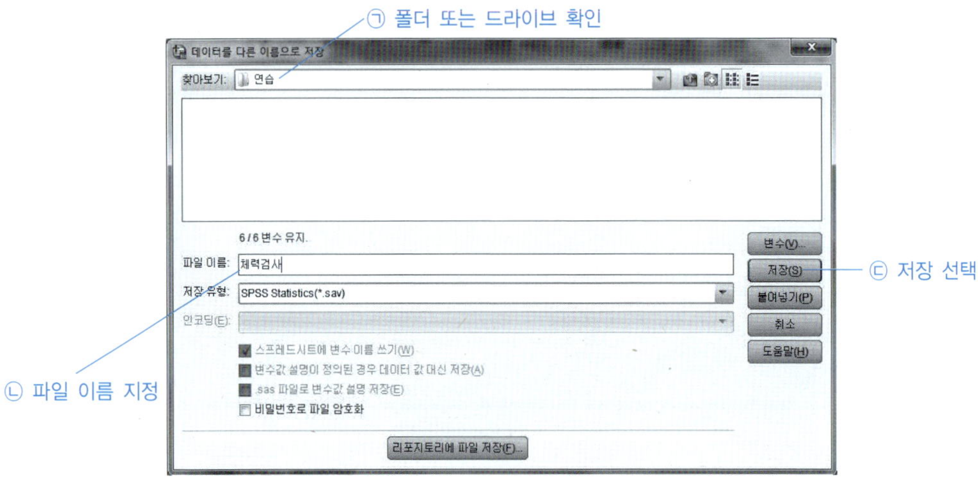

⑤ 을 눌러 위의 바에 【체력검사.sav[데이터집합 1]】라고 나오면 저장이 바로 된 것입니다.

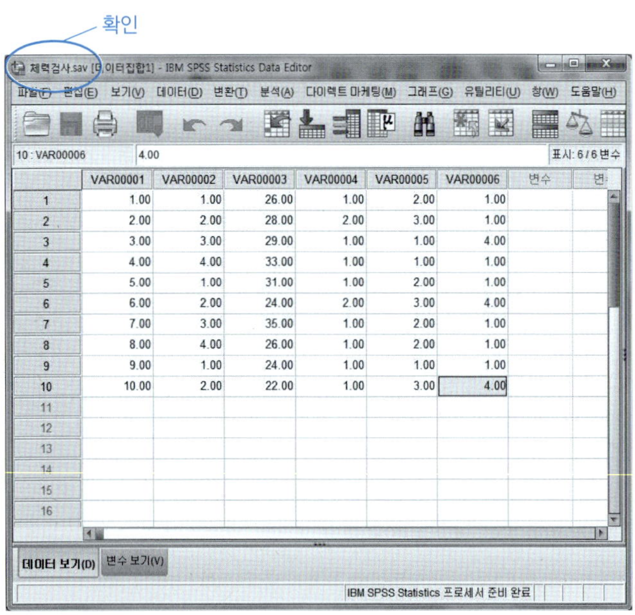

⑥ 이상과 같은 방법으로 SPSS를 실행한 다음 직접 자료를 입력하는 경우는 입력할 자료의 내용이 적거나 사례수가 적은 경우에 편리하게 사용할 수 있습니다. 그러나 입력할 내용이 많거나 사례수가 많은 경우에는 일일이 ⇥를 눌러서 옆으로 옮기는 수고를 해야 하므로 시간과 노력이 많이 듭니다. 또한 자료 입력을 여러 사람이 나누어서 하거나 SPSS 프로그램이 설치되지 않은 컴퓨터에서 자료 입력을 하고자 할 때에는 다음에 나오는 흔글이나 Excel에서 입력해서 SPSS에서 불러오는 방법을 사용하는 것이 편리합니다.

2) 흔글이나 Excel에서 입력하여 SPSS에서 불러오기

흔글에서 설문자료를 입력하여 텍스트 파일로 저장하거나 Excel에서 설문자료를 입력, 저장하여 SPSS에서 자료를 불러옵니다.

(1) 흔글에서 자료입력 및 저장하기

① 【흔글】을 실행해서 코딩 프레임 예시에 맞추어서 자료를 숫자로 입력하면 됩니다. 이때 한 설문지는 한 줄로 입력합니다.

자료의 양이 많아서 만약 한 줄에 입력되지 않는다면 1줄 이상으로도 코딩이 가능합니다. 만약 한 줄로 입력하려면 【흔글】에서 【모양 → 편집용지】로 가서 용지 종류를 A3로 선정하거나 용지방향을 넓게 선정하거나 용지여백을 좁히면 가로로 더 길게 자료를 입력할 수 있습니다.

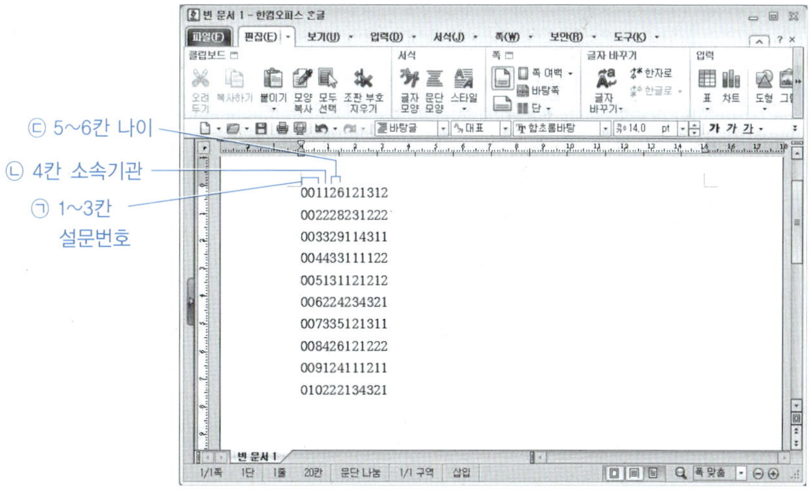

② (저장하기)를 눌러서 아래와 같이 원하는 파일 이름(여기서는 체력검사라고 합니다)을 쓰고, 파일 형식은 텍스트 문서(*.txt)를 선택하여 저장을 누릅니다.

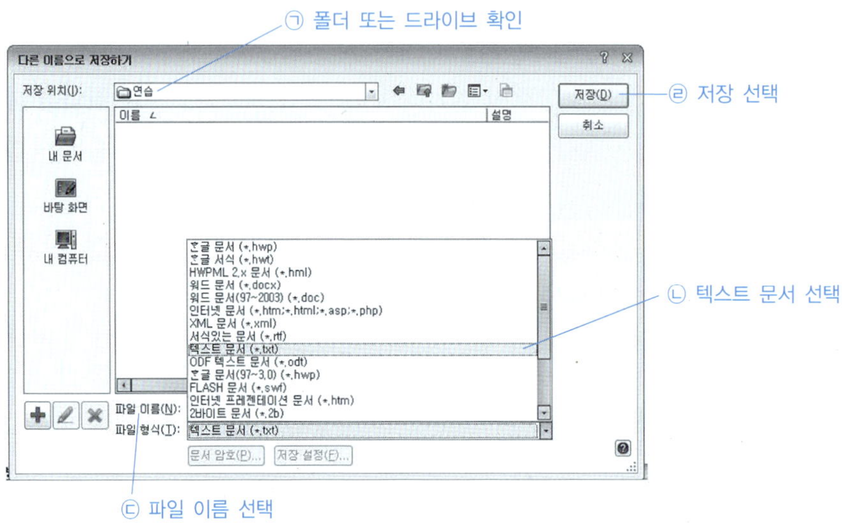

(2) Excel을 이용하여 자료입력 및 저장하기

① 【Excel】을 실행하면 입력 창이 열리는데 Excel 창 상단의 가로줄 A, B, C, D … 는 설문지의 각 문항을 의미하고, 왼쪽 세로줄 1, 2, 3, 4 …는 각 사례를 의미합니다. 먼저 코딩 프레임에 맞춰 첫째 행(가로줄)에 변수명을 차례대로 입력하고, 왼쪽 열(세로줄) 두 번째 칸에서부터 차례대로 첫 번째 설문지의 데이터부터 입력합니다.

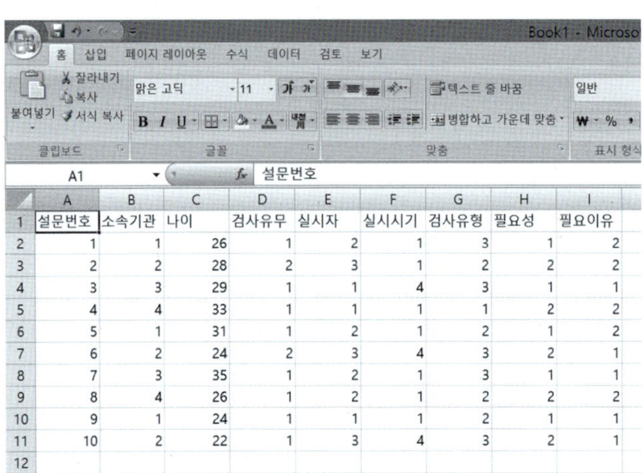

이때 가로줄에 입력하는 변수명은 한글 32자, 알파벳 64자를 넘지 않도록 간단하게 입력하도록 하고, 변수명의 첫 글자는 가능한 숫자보다는 문자의 형태로 입력하는 것이 좋습니다. 변수명이 길거나 숫자 형태인 경우 SPSS에서 데이터를 불러올 때 변수명을 인식하지 못하는 경우가 발생하기 때문입니다. 간혹 변수명 첫 글자를 문자로 부여하지 않아도 SPSS상에서 불러오면 @가 변수명 첫 글자로 자동으로 배정되기 때문에 SPSS 창에서 변수명을 추가로 수정할 수 있습니다.

② 코딩이 완료되면 저장 또는 다른 이름으로 저장하기를 눌러서 아래와 같이 원하는 파일 이름(여기서는 체력검사로 합니다)을 쓰고, 파일 형식은 Excel 문서(*xls, *xlsx, *xlsm)를 선택하여 저장합니다.

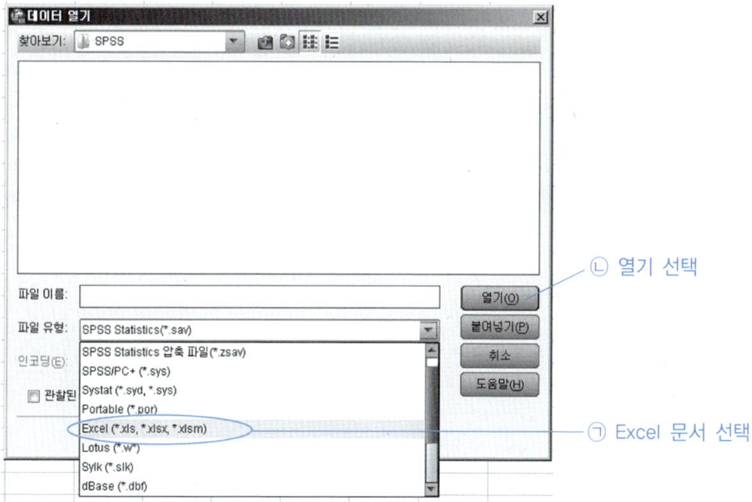

(3) 흔글에서 저장한 파일을 SPSS에서 불러오기

앞에서와 같이 흔글에서 텍스트 문서로 저장한 파일을 SPSS에서 불러와 봅시다. 부록으로 제공된 CD-ROM을 컴퓨터의 CD-ROM 드라이브에 삽입한 후 【3장 체력검사.txt】를 이용해서 실습해 보겠습니다.

① SPSS를 실행해서 【파일 → 텍스트 데이터 읽기】를 하거나 (파일 열기)를 클릭합니다.

㉠ 선택

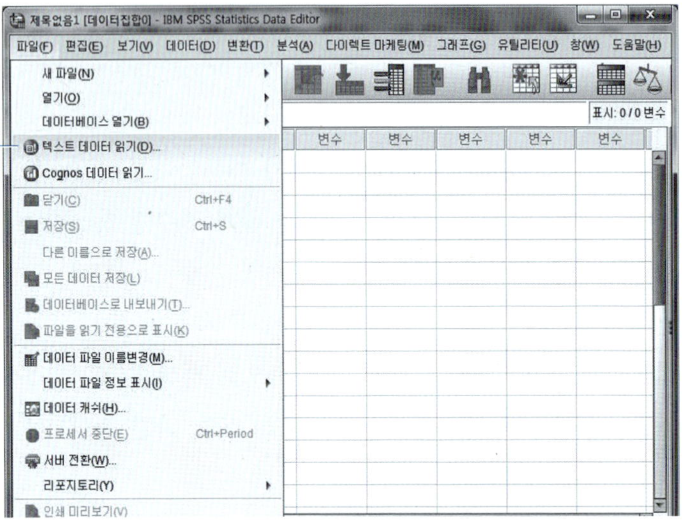

② 파일 열기가 나오면 【3장 체력검사.txt】를 선택하여 [열기(O)]를 눌러서 실행시킵니다.

㉢ 파일이름 선택

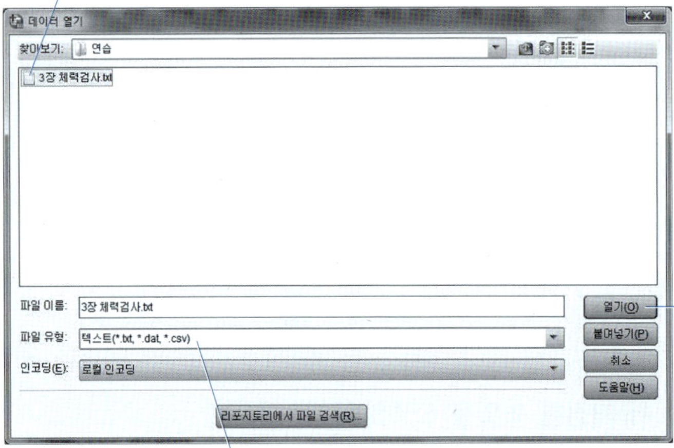

㉣ 열기 선택

㉡ 파일 형식 선택

③ **【텍스트 가져오기 마법사 – 6단계 중 1단계】** : 이 단계에서는 텍스트 파일에 있는 데이터를 읽고 변수에 관한 정보를 저장할 수 있습니다.

'텍스트 파일이 사전 정의된 형식과 일치합니까?'라는 질문에 【아니오】가 기본값으로 설정되어 있습니다. 필요한 선택을 한 후 [다음(N) >]을 누릅니다.

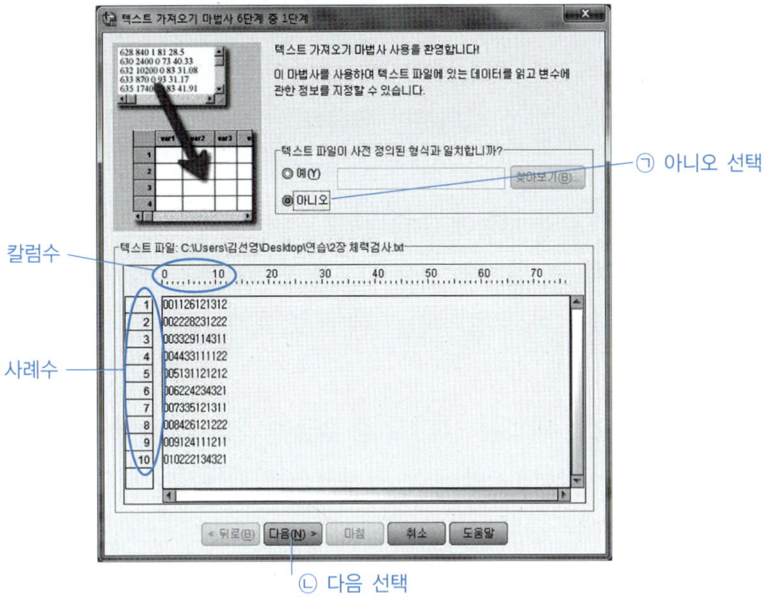

④ **【텍스트 가져오기 마법사 – 6단계 중 2단계】** : 이 단계에서는 데이터의 배열 방식과 변수 이름이 처음에 포함되어 있는지를 지정할 수 있습니다.

【고정 너비로 배열】, 【아니오】가 기본값으로 설정되어 있습니다. 필요한 선택을 한 후 다음(N) > 을 누릅니다.

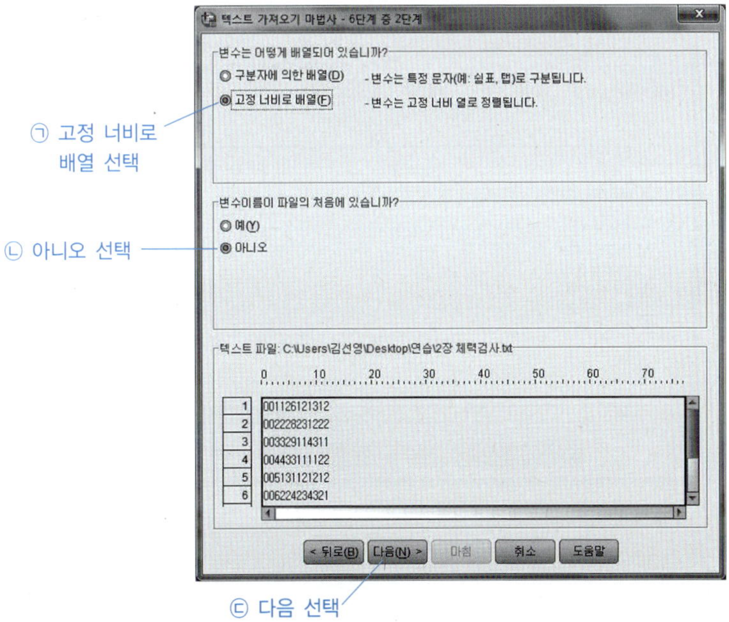

■ "변수는 어떻게 배열되어 있습니까?"

변수(문항)와 변수 사이를 띄웠는지, 띄우지 않았는지를 묻는 것으로 사이를 띄웠다면 '구분자에 의한 배열'을 선택하면 됩니다.

■ "변수 이름이 파일의 처음에 있습니까?"

데이터를 입력할 때 맨 윗줄에 변수 이름을 입력했는지, 입력하지 않았는지를 묻는 것으로 변수 이름이 있을 경우에는 '예'라고 표시합니다.

⑤ **【텍스트 가져오기 마법사 – 6단계 중 3단계**(고정 너비로 배열)**】**: 이 단계에서는 케이스가 어디부터 시작하고, 몇 줄에 걸쳐서 입력했는지와 몇 개의 케이스를 가져올 것인지를 지정할 수 있습니다.

【1】, 【1】, 【모든 케이스】가 기본값으로 설정되어 있습니다. 다를 경우에는 ▾을 눌러서 수정하고, [다음(N) >] 을 누릅니다.

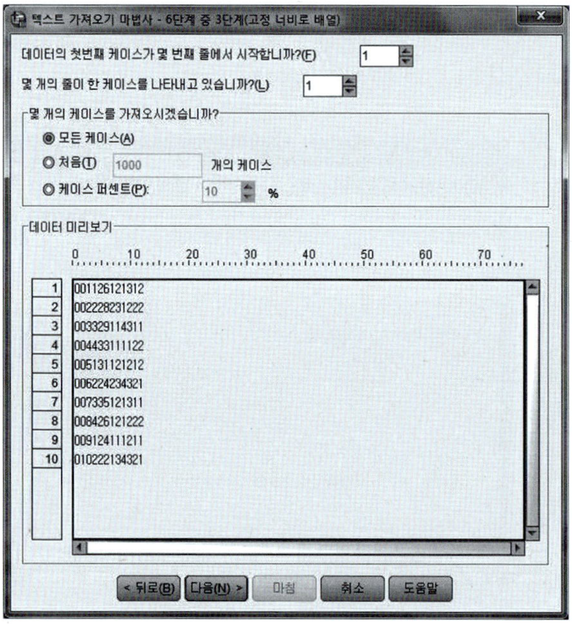

■ "데이터의 첫 번째 케이스가 몇 번째 줄에서 시작합니까?"

입력된 자료 중에서 첫 번째 응답자에 해당하는 첫 번째 사례가 몇 번째 줄에서 시작했는지를 묻는 것입니다.

■ "몇 개의 줄이 한 케이스를 나타내고 있습니까?"

한 사례를 몇 줄에 입력했는지를 묻는 것으로 흔글에서 자료를 입력할 때 변수의 수가 너무 많아서 1줄에 입력을 못하고 그 이상으로 입력했다면 그만큼의 수를 입력합니다(2줄이면 2로).

■ "몇 개의 케이스를 가져오시겠습니까?"

입력한 데이터 중에서 얼마나 많은 사례를 분석에 사용할 것인지를 묻는 것입니다. 사용자가 모든 케이스를 가지고 오고 싶지 않을 경우에는 처음부터 필요한 케이스만을 가져오든지, 전체에서 몇 %를 가져오든지 하면 됩니다.

⑥ **【텍스트 가져오기 마법사－6단계 중 4단계**(고정 너비로 배열)**】**: 이 단계에서는 변수 간의 구분점, 즉 변수 이름에 맞추어서 변수를 구분하는 것으로 모든 변수를 나눈 후 다음(N) > 을 누릅니다.

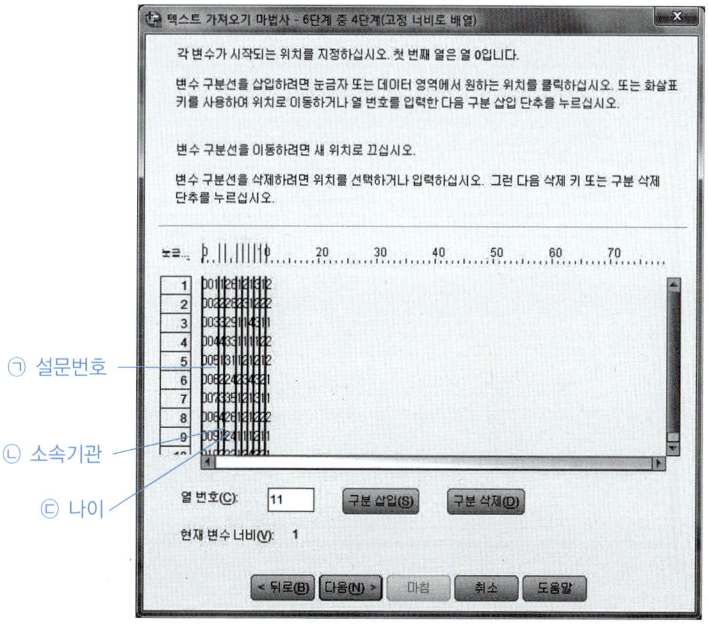

- 첫 번째 줄의 숫자에 마우스를 가져가서 누르면 위와 같이 |가 생겨서 변수를 구분해 줍니다.
- 처음 001(설문 번호)은 코딩 시 3자리 숫자를 한 변수로 코딩했기 때문에 001 사이에는 |를 하지 않고, 26(나이)의 경우도 2자리 숫자를 한 변수로 코딩하였기에 26 사이에 |를 하지 않습니다.
- 나머지 변수들은 한 자리 숫자로 코딩했기 때문에 한 자리 숫자 뒤에 |로 차례대로 구분하여 줍니다.
- 마지막 변수(2) 이후에는 |를 선택하지 않습니다. 만약 선택하면 원하지 않는 변수(빈칸)가 생성이 됩니다.
- 실수로 잘못 마우스를 선택하여 |가 생겼을 경우, |를 마우스로 꼭 누른 채 데이터 미리보기 상자 밖으로 끌고 가면 화살표가 사라집니다.

⑦ **【텍스트 가져오기 마법사 – 6단계 중 5단계】**: 이 단계에서는 각 변수에 대한 변수의 형태를 지정하는 것으로 V1, V2 …로 자동으로 생깁니다. 다음(N) > 을 누릅니다.

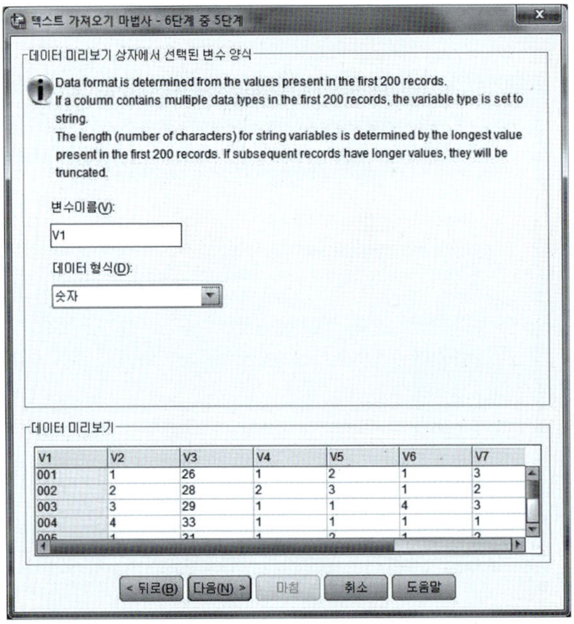

- 변수 이름을 부여하려면 V1을 선택한 다음 새로운 변수 이름을 입력합니다. 단, 여기서는 나중에 '변수 정의' 부분에서 다루기 때문에 '변수 정의'를 참고하세요.
- 데이터 형식을 수정합니다. 주로 우리가 사용하는 자료는 숫자이기에 기본값이 숫자로 되어 있지만 이름이나 학교명이 있을 경우에는 ▾를 클릭해서 수정하면 됩니다.

⑧ **【텍스트 가져오기 마법사 – 6단계 중 6단계】**: 이 단계에서는 마법사의 완료와 텍스트 데이터 파일의 형식을 정의하여 저장할 수 있습니다.

【아니오】, 【아니오】가 기본값으로 설정되어 있습니다. 선택을 한 후 [마침]을 누르면 자동으로 마법사가 종료됩니다.

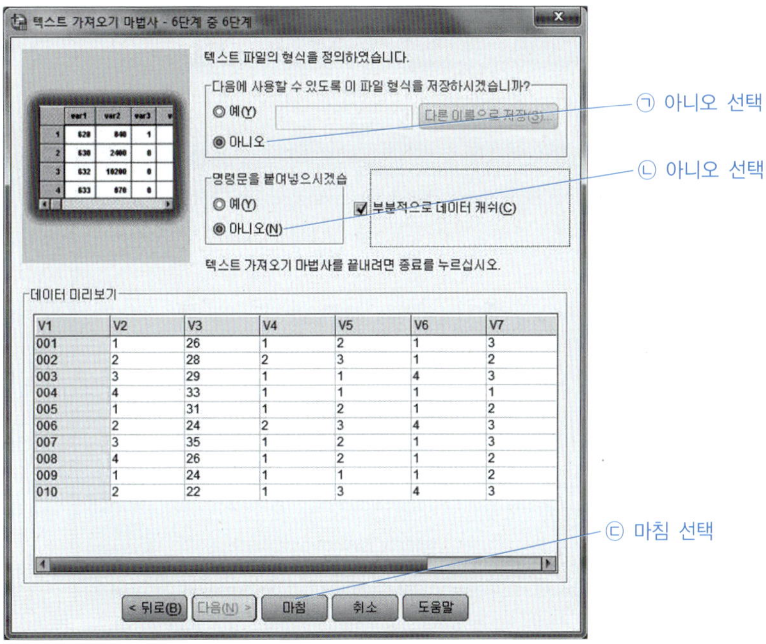

- 이 파일의 형식을 저장하기를 원한다면 "예"를 누른 다음 [다른 이름으로 저장(S)...]으로 저장해 두면 됩니다. 파일의 형식을 저장해 두면 추가로 회수된 질문지를 입력해야 할 때와 같이 이미 입력한 파일과 같은 양식의 자료를 추가해야 할 경우 4단계나 5단계를 거치지 않고 바로 같은 형식의 파일로 불러올 수 있어 유용합니다.

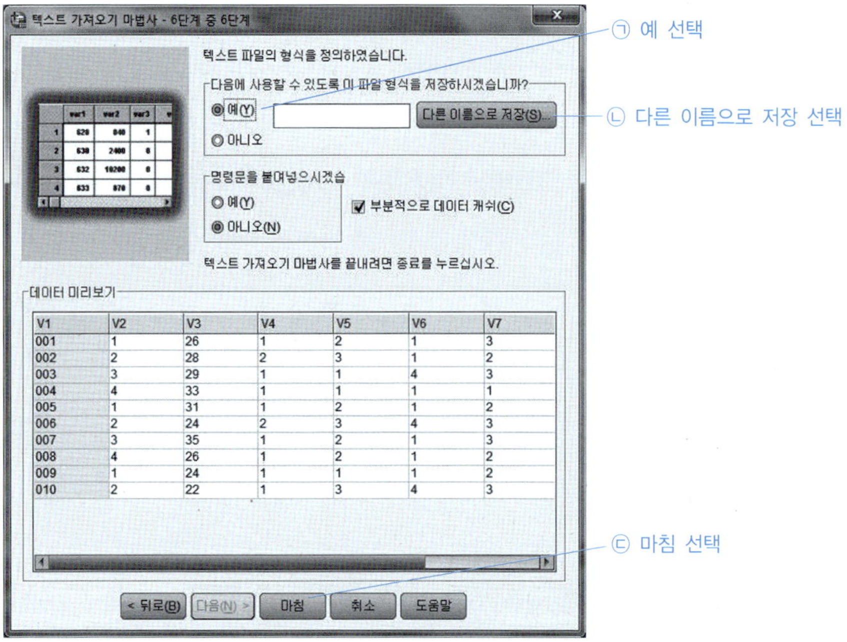

⑨ [마침]을 누르면 SPSS 창 아래의 【데이터 보기】에 자료들이 들어옵니다.

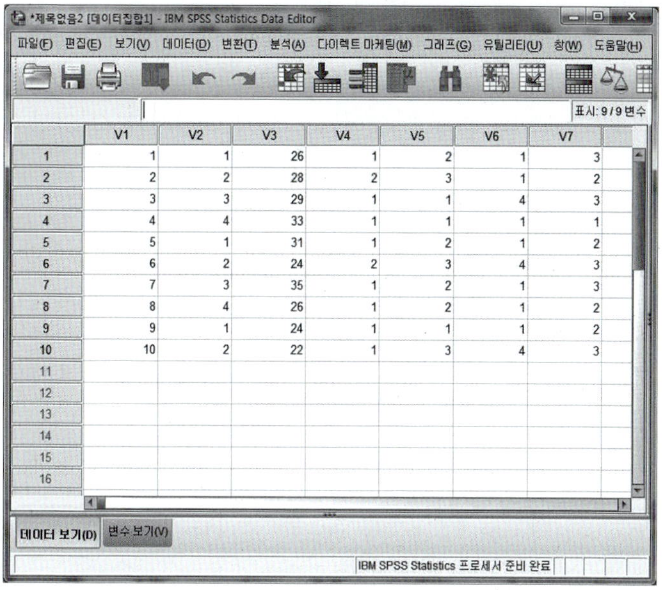

⑩ 마지막으로 💾을 눌러서 SPSS 자료를 저장합니다. 파일 이름은 원하는 이름(여기서는 체력검사-1로 합니다)을 쓰고, 파일 형식은 SPSS 데이터 파일 형식인 확장자가 .sav인 파일로 저장됩니다.

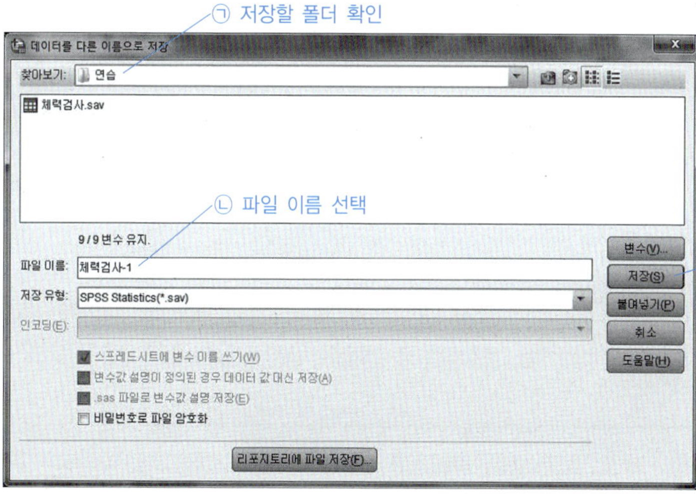

- 💾을 누르면 위의 바에 파일 이름이 【체력검사.sav 〔데이터집합 1〕－SPSS 데이터 편집기】라고 나오면 저장이 된 것입니다. 여기에서 〔데이터집합 1〕이란 동시에 여러 개의 데이터 파일을 열어놓고 분석을 실시할 수 있어서 파일이 열린 순서를 의미합니다.

(4) Excel에서 저장한 파일을 SPSS에서 불러오기

앞에서와 같이 Excel 문서로 저장한 파일을 SPSS에서 불러와 봅시다. 부록으로 제공된 CD-ROM을 컴퓨터의 CD-ROM 드라이브에 삽입한 후 【3장 체력검사.xls】를 이용해서 실습해 보겠습니다.

① SPSS를 실행해서 【파일 → 텍스트 데이터 읽기】를 하거나 데이터 열기를 클릭한 다음 저장 폴더에서 체력검사.xlsx 파일을 선택하고 열기 버튼을 눌러봅니다.

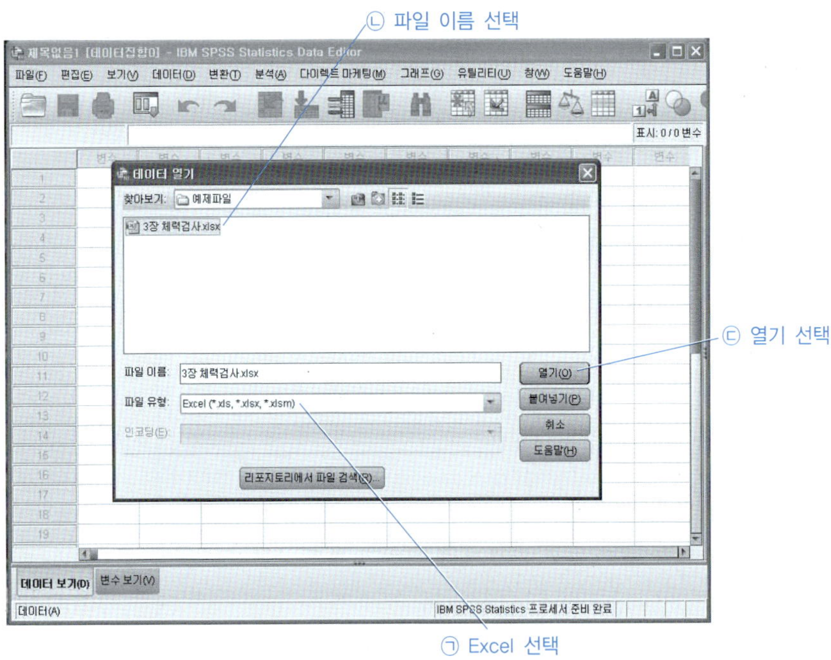

② SPSS 창이 열리면서 【Excel 데이터 소스 열기】 창이 함께 열립니다. Excel 문서에 변수 이름을 입력하여 저장하였으므로, 옵션 창에서 아래 그림과 같이 데이터 첫 행에서 변수 이름 읽어오기가 체크된 상태에서 확인 버튼을 누릅니다.

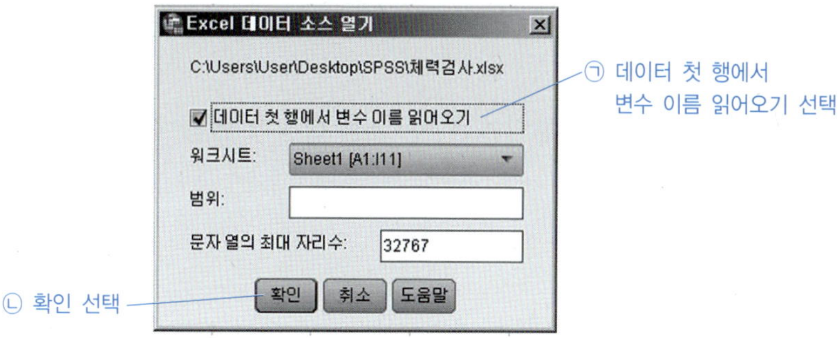

③ 확인 버튼을 누르면 다음과 같이 SPSS 화면에 Excel에서 입력된 내용들이 나타나게 됩니다. 이후 입력 작업이 완성되면 저장 버튼을 누르고 파일명을 입력한 다음 지정한 폴더에 SPSS 파일 형식으로 저장할 수 있습니다.

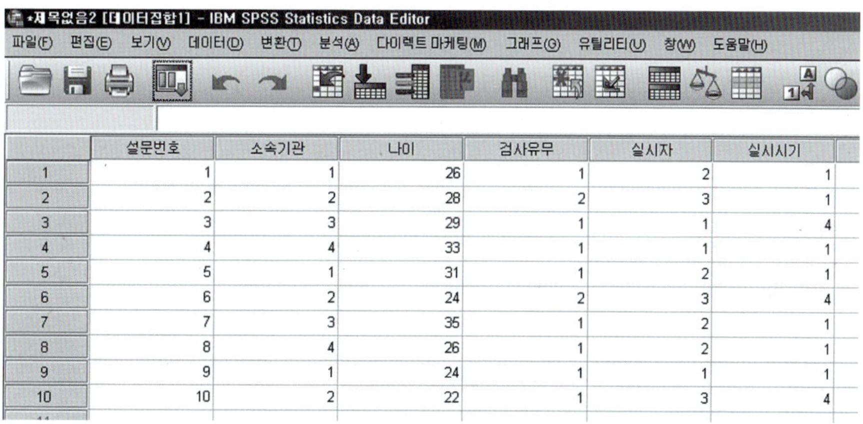

	설문번호	소속기관	나이	검사유무	실시자	실시시기
1	1	1	26	1	2	1
2	2	2	28	2	3	1
3	3	3	29	1	1	4
4	4	4	33	1	1	1
5	5	1	31	1	2	1
6	6	2	24	2	3	4
7	7	3	35	1	2	1
8	8	4	26	1	2	1
9	9	1	24	1	1	1
10	10	2	22	1	3	4

한글 및 Excel 프로그램을 이용하여 자료를 입력하고 SPSS 프로그램에서 불러올 때 간혹 【공유위반 경고 메시지】가 나타나는 경우가 있습니다. 이 메시지는 불러오고자 하는 파일을 열어놓은 채로 SPSS에서 불러들였을 때 나타나므로, 이런 경우 당황하지 말고 작업 창에서 실행 중이던 한글 및 Excel 프로그램을 닫은 다음 SPSS에서 다시 불러오시기 바랍니다.

3. SPSS 파일 불러오기

SPSS 파일을 불러오는 방법에는 세 가지 방법이 있습니다.

1) 바로 열기

SPSS 프로그램을 실행시킨 후 작업 선택 화면이 나오면 취소를 눌러 화면을 닫습니다. 여기서 메뉴바 아래에 있는 아이콘 (파일 열기)를 눌러서 【파일 열기】가 나오면 원하는 파일명(여기서는 【3장 체력검사.sav】을 선택함)을 클릭한 후 열기(O) 를 누르면 SPSS 창에 【3장 체력검사.sav [데이터집합0]－SPSS 데이터 편집기】 창이 열립니다.

2) 메뉴바에서 열기

SPSS 창에서 【파일 → 열기 → 데이터】를 클릭하면 【파일 열기】가 나옵니다. 여기서부터는 바로 열기와 방법이 같습니다.

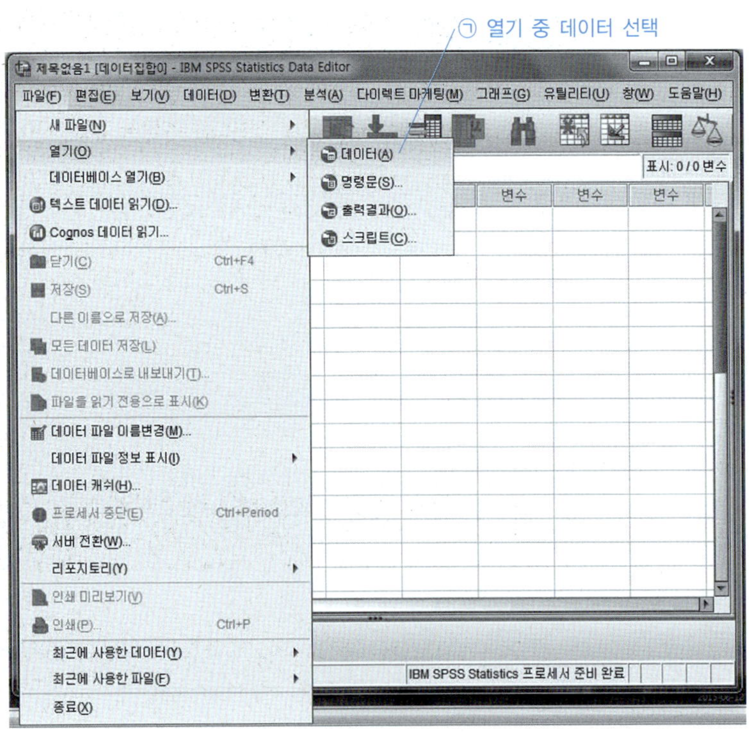

3) 탐색기에서 열기

탐색기를 이용하여 원하는 파일을 찾아서 더블 클릭하면 SPSS 프로그램이 실행되면서 【3장 체력검사.sav 〔데이터집합 0〕－SPSS 데이터 편집기】 창이 열립니다.

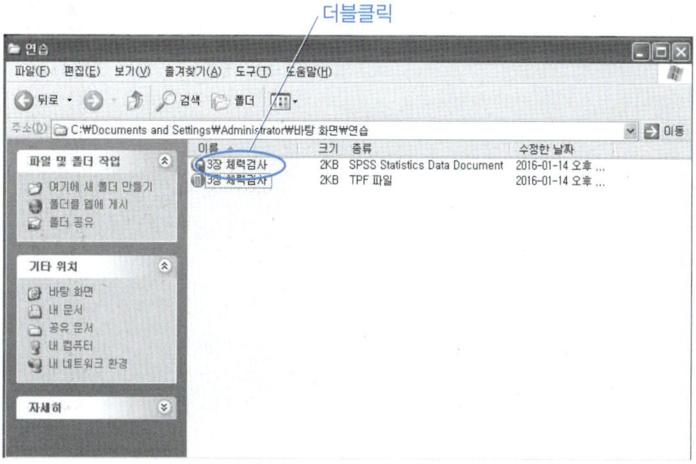

4. 변수 정의

변수 정의는 v1, v2 …처럼 알아보기 힘든 변수를 한글로 변수명을 지정하거나 설명을 붙여놓은 것입니다. SPSS 10.0 이전에서는 【메뉴 → 변수 정의】를 찾아서 사용하면 되고, SPSS 10.0 이후부터는 【변수 보기】에서 변수 정의를 하면 됩니다.

변수 보기	내용
이름	변수 이름의 지정 글자 수 제한은 없으나 한글은 4자, 영문은 8자 이내가 용이함 특수문자는 사용할 수 없으나 밑줄(_)은 사용 가능
유형	변수 유형 〔숫자(기본값), 콤마, 점, 지수표기, 날짜, 달러, 사용자 통화, 문자열〕 지정
자릿수	자릿수 수정
소수점 이하 자리	소수점 이하 자릿수 수정

설명	변수 이름에 대한 구체적인 설명과 내용 입력
값	변수값에 대한 구체적인 설명과 내용 입력
결측값	무응답 자료에 대한 결측값 지정
열	셀의 폭넓이 지정
맞춤	셀 내에서 변수와 데이터의 위치 지정
척도	변수의 측정수준인 척도 지정 - 척도, 순서, 명목

여기서는 변수 보기에서 주로 사용하는 【이름, 소수점 이하 자리, 값, 결측값】에 대해서 알아보겠습니다.

1) 이름 지정

① 먼저 【3장 체력검사.sav】를 화면에 띄워서 아래에 있는 【데이터 보기】와 【변수 보기】 중 【변수 보기】를 선택합니다.

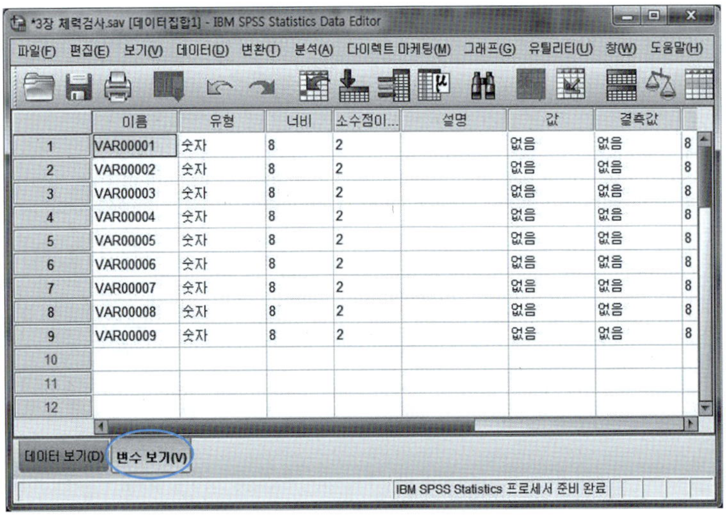

② 이름란에 변수명(여기서는 설문번호)을 적으면 다음과 같은 화면이 나옵니다.

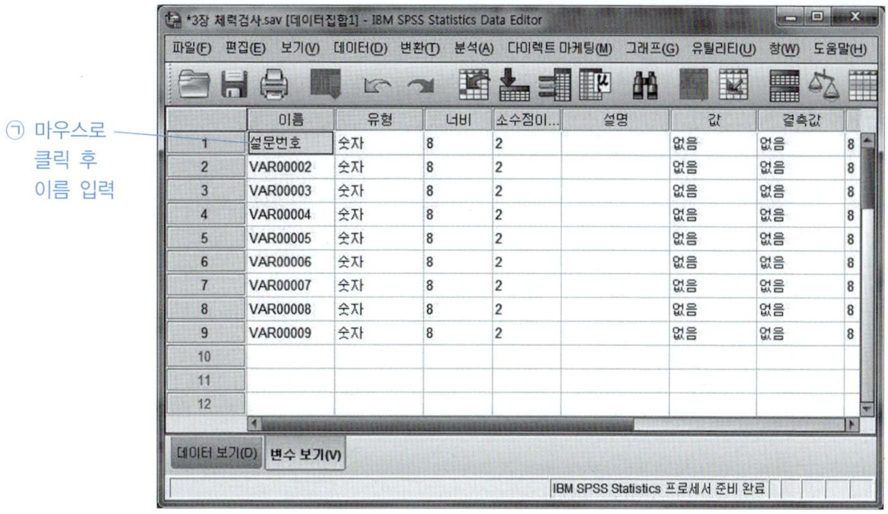

③ 【데이터 보기】로 돌아가면 다음과 같은 화면이 나옵니다.

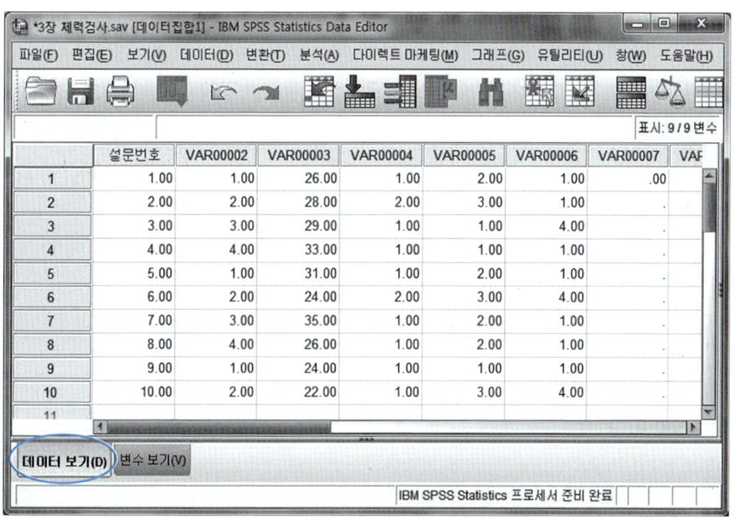

④ 위와 같은 방식으로 나머지 변수 이름도 기입합니다. 수정을 하고 싶을 때는 마우스로 그 이름란에 가서 수정합니다.

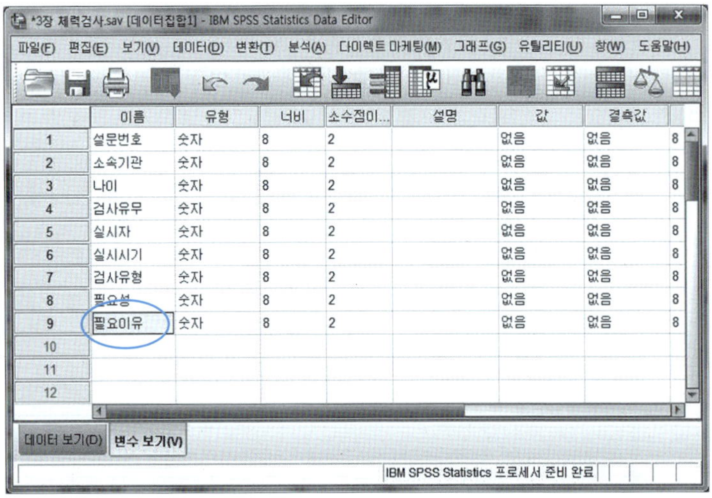

2) 소수점 이하 자리 지정

설문번호의 경우 3자리 숫자로 소수점 둘째 자릿수로 인식되어 있고, 나이의 경우 2자리 숫자로 소숫점 첫째 자릿수로 인식되어 실행되어져 있습니다. 이것을 설문번호는 3자리 숫자로, 나이는 2자리 숫자로 한번 수정해 봅시다.

① 【변수 보기】에서 소수점 이하 자리에서 2 대신 직접 숫자를 입력하거나 ▼를 클릭하여 0으로, 나이의 소수점 자릿수는 1 대신 0으로 수정하면 됩니다.

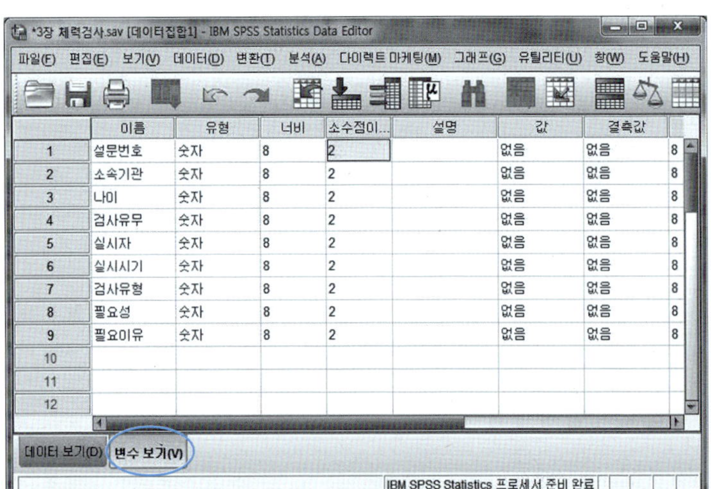

② 위와 같이 수정한 후 【데이터 보기】를 선택하면 다음과 같은 화면이 나옵니다.

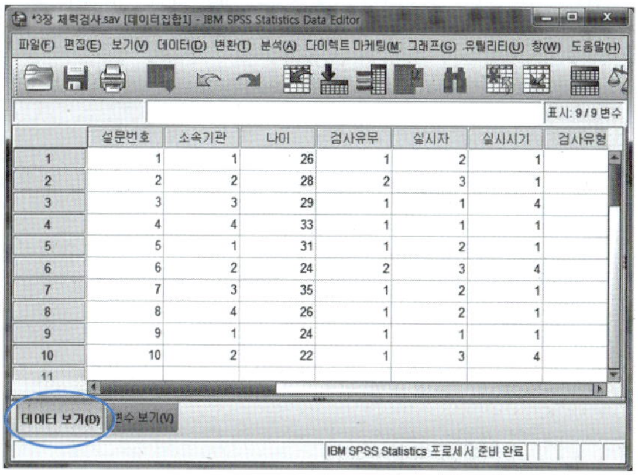

3) 값 지정

통계를 이용한 자료분석을 위하여 데이터 파일에 입력된 자료는 주로 숫자로 표기됩니다. 이때 질적 변수의 경우 각 숫자들이 갖는 값들을 미리 지정해 두면 분석된 자료를 읽을 때 편리합니다.

① 【변수 보기】 창에 코딩 프레임에서 미리 정해둔 변수값을 입력합니다. 값을 넣어야 할 곳에(없음) 마우스를 누르면 아래와 같은 【변수값 설명】 창이 뜹니다.

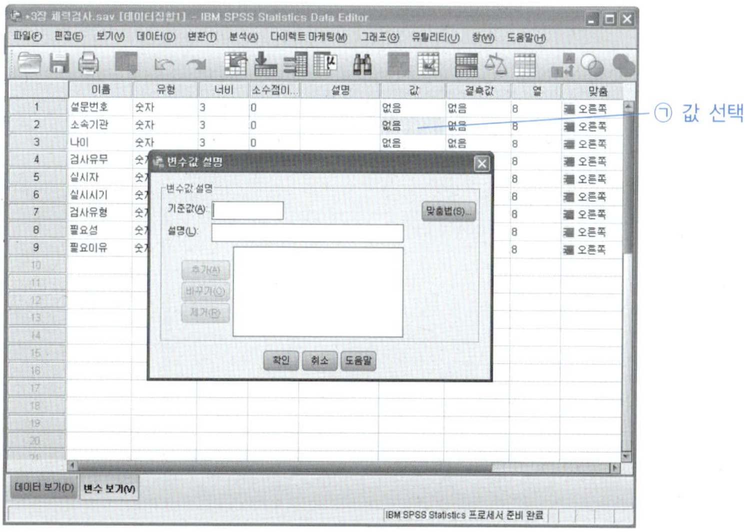

② 【변수값 설명】에서 예시로 나왔던 코딩 프레임의 두 번째 변수의 각 값에 대한 설명을 입력합니다. 변수값에는 숫자를 넣으며, 변수값 설명(4자 이상도 가능)에는 그 숫자가 의미하는 설명을 입력합니다.

【예시】

입력 컬럼	문항번호 및 내용	변수명	변수값
4	1. 소속기관	소속기관	1=유치원(국·공립) 2=유치원(사립) 3=어린이집(국·공립) 4=어린이집(사립)

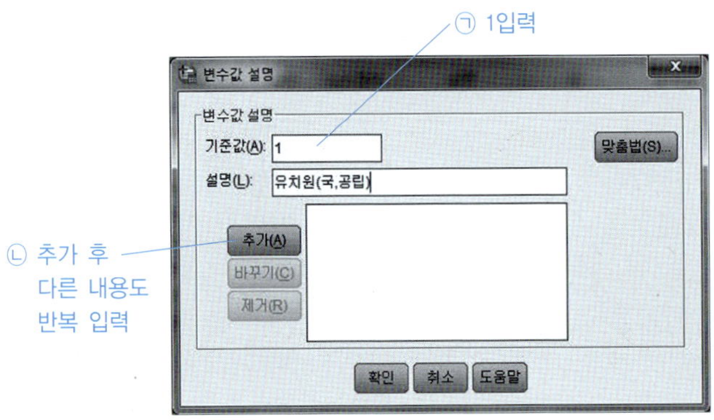

③ 추가(A) 를 누르거나(자동적으로 변경되며, 제거는 눌러지지 않습니다) Enter↵를 누르면 다음과 같은 화면이 나옵니다.

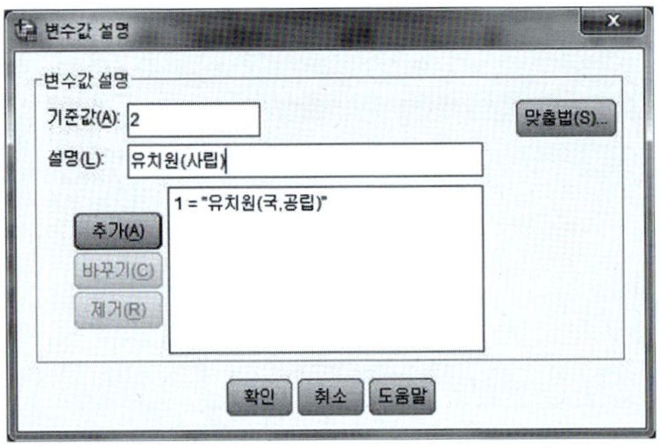

④ 위와 같은 방법으로 다른 변수값 및 설명도 입력하면 됩니다.

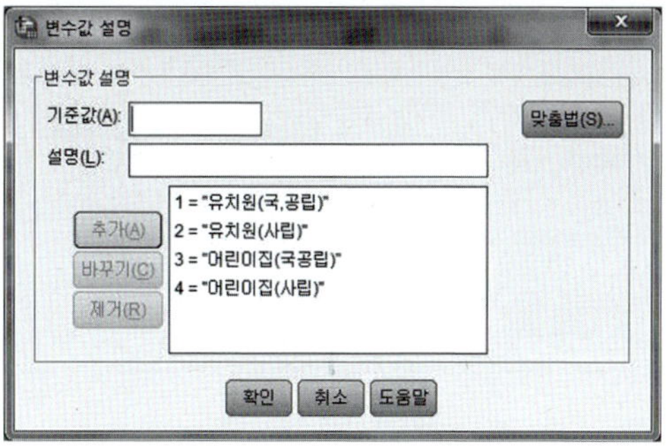

⑤ 변수값에 대한 설명이 잘못 입력되었을 때 수정하는 방법에는 두 가지가 있습니다.

■ 변경

변수값 혹은 변수값 설명을 바꾸기 위해 새로운 변수값 혹은 변수값 설명을 다시 입력하고 바꾸기(C)를 클릭하면 됩니다.

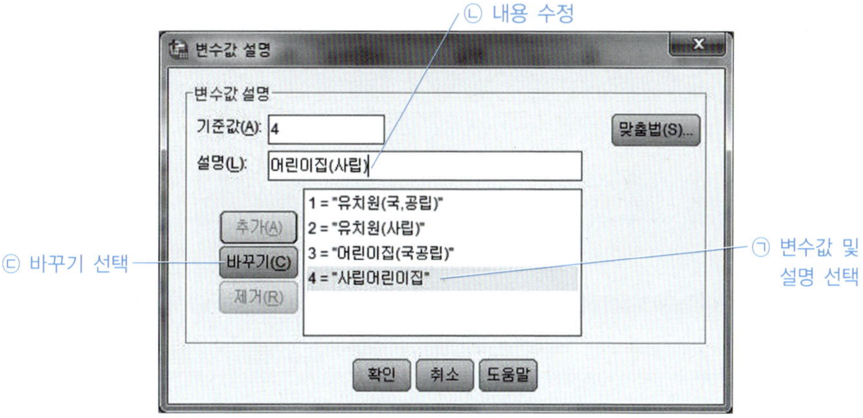

■ 제거

변수값 설명이 잘못 입력되었을 경우 그 값을 선택하면 다시 변수값 설명이 위로 올라오면서 제거(R)를 클릭할 수가 있게 됩니다. 제거 후 다시 새로운 변수값 및 변수값 설명을 넣고 추가(A)를 클릭하면 됩니다.

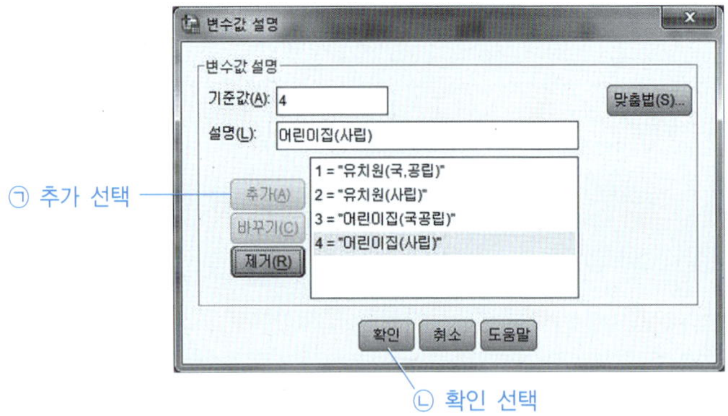

⑥ 변수값 및 변수값 설명을 다 입력한 후 확인 을 누르면 아래와 같은 화면이 나옵니다.

■ 【변수 보기】

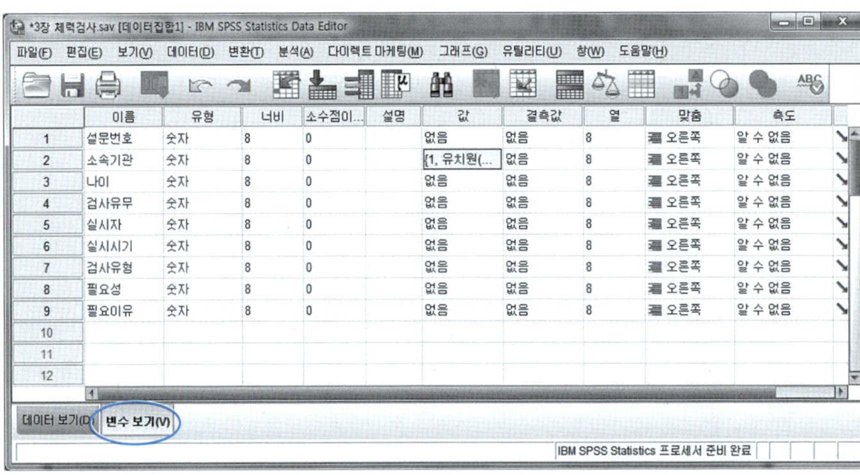

■ 【데이터 보기】에서는  을 한번 클릭하면 변수값 설명이 보이고 다시 한 번 더 클릭하면 숫자가 보입니다.

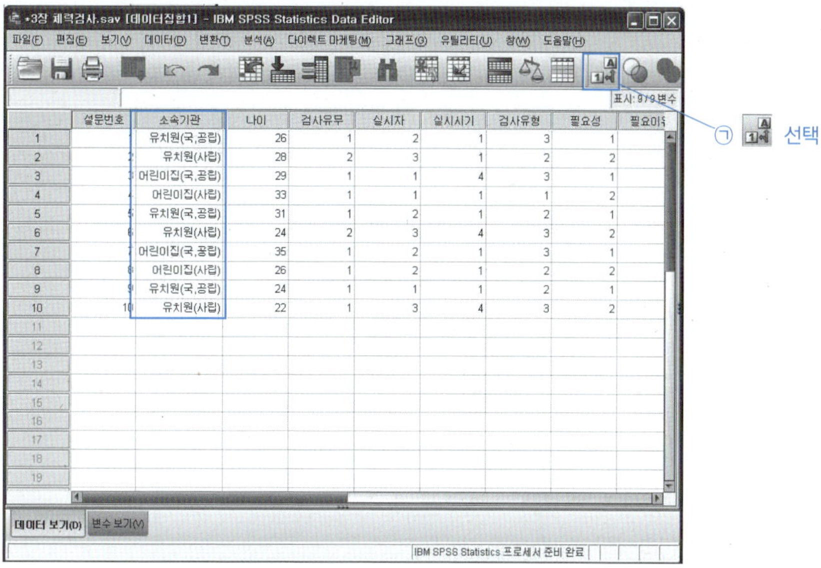

4) 결측값 지정

① 결측값을 지정해 주는 것으로 결측값을 넣어야 할 곳(없음)에 마우스를 누르면 아래와 같은 【결측값】 창이 뜹니다. 기본값으로는 【결측값 없음】이 설정되어 있습니다.

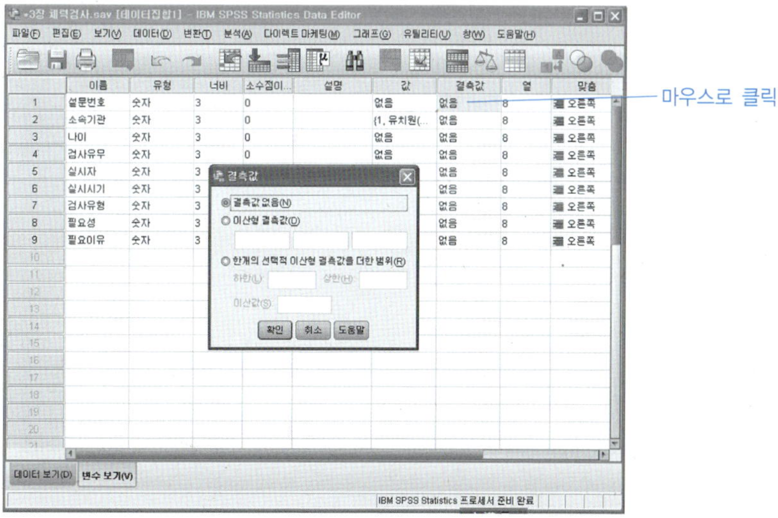

② 결측값이 있을 경우 【이산형 결측값】에 체크한 후 빈 칸에 결측값으로 지정한 숫자를 입력하고 확인 을 누르면 됩니다. 코딩 프레임에서 변수 '검사유무'의 값이 각각 1과 2의 값을 갖는다면 무응답인 경우 결측값을 '0'으로 지정할 수 있습니다.

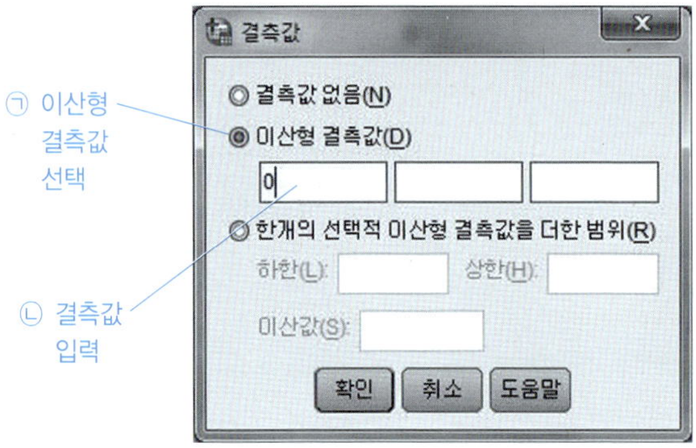

③ 결측값 지정이 동일한 변수가 있을 경우 다음과 같이 마우스를 올려놓고 오른쪽 버튼을 클릭하면 다음과 같은 화면이 나옵니다. 여기서 【복사】를 한 후 결측값이 같은 곳에 【붙여넣기】를 하면 편리합니다.

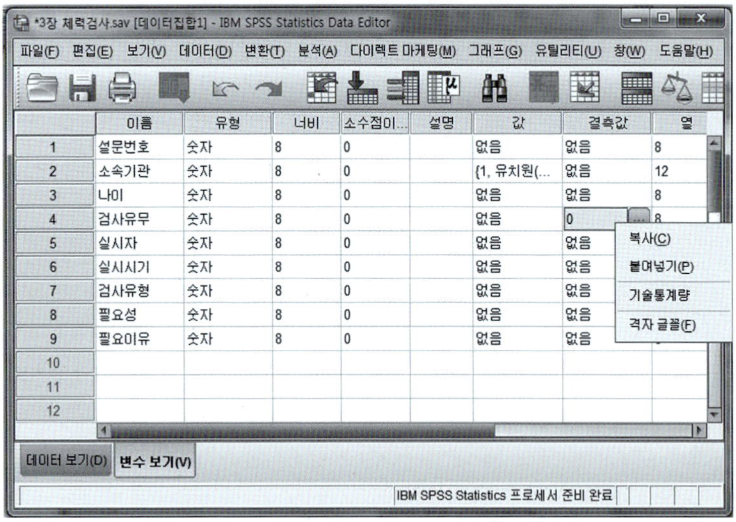

5. 입력 오류 수정

자료 입력이 다 끝난 후 본격적인 통계 분석 작업을 시작하기 전에 반드시 해야 하는 일이 있는데 바로 잘못 입력된 자료를 찾아서 고치는 일입니다. 이 과정을 거치지 않고 바로 통계작업에 들어가게 되면 잘못된 결과가 나오게 되며, 통계작업이 다 끝난 후 이를 발견할 경우 잘못된 자료를 고쳐서 모든 과정을 다시 반복해야 하는 번거로움이 생길 수 있습니다. 예를 들어, 조사대상 유아의 성별에 대한 빈도분석을 하였는데 아래와 같이 나왔다고 합시다.

변수값	빈도	퍼센트	유효퍼센트	누적퍼센트
1(남)	144	48.00	48.00	48.00
2(여)	153	51.00	51.00	99.00
4(?)	3	1.00	1.00	100.00
합계	300	100.00	100.00	

위의 표에서 보면 남자가 144명, 여자가 153명이 있습니다. 그런데 변수값 4는 무엇일까요? 성별에서 1은 남자, 2는 여자라고 입력했다면 4라는 값은 나올 수 없는 것이지요. 즉, 4라고 잘못 입력된 것이 3개가 있다는 뜻입니다. 코딩을 하다보면 입력의 실수가 나오게 마련입니다. 본격적인 통계에 들어가기 전에 빈도분석을 통해 잘못 입력된 자료를 확인하고 수정하는 작업을 잊지 마세요. 나중의 큰 수고를 덜 수 있습니다.

1) 빈도분석 실행

메뉴 → 분석 → 기술통계량 → 빈도분석

우선 잘못 입력된 값이 있는지 알아봐야 하겠지요. 이것은 빈도분석을 통하여 확인할 수 있습니다. 빈도분석 결과를 설문지와 비교하여 나올 수 없는 값이 입력되어 있는지 찾아봅시다.

① 잘못 입력된 자료를 찾기 위하여 우선 빈도분석을 실행합니다. 그럼 【3장 문장제 검사.sav】 파일을 불러봅시다.

② 자료 파일이 열리면 빈도분석을 실시합니다. 빈도분석은 【메뉴 → 분석 → 기술통계량 → 빈도분석】에서 합니다.

③ 빈도분석 창이 열리면 분석할 변수들을 선택한 후 버튼을 눌러 오른쪽 상자로 이동시키고 확인 을 누르면 됩니다.

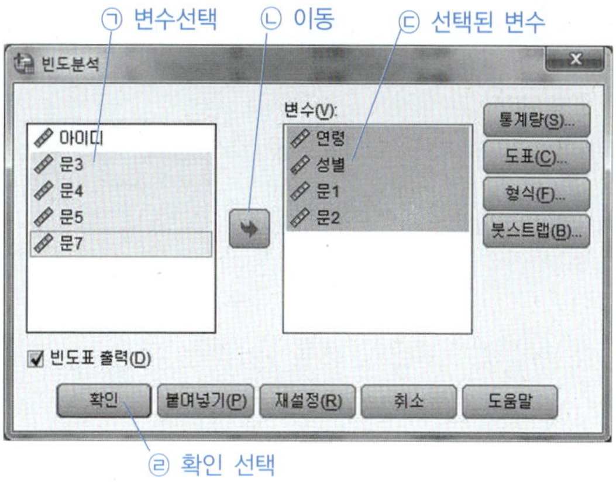

빈도분석을 해야 할 변수들이 많을 때는 한꺼번에 여러 개의 변수들을 선택하여 이동시키는 것이 편리합니다. 그럴 경우에는 먼저 변수 하나를 마우스 왼쪽 버튼으로 선택한 후 마우스 왼쪽 버튼을 그대로 누른 상태에서 마우스를 끌어줍니다. 그러면 마우스가 지나간 자리의 변수들이 모두 선택되어 한꺼번에 이동이 가능해집니다.

④ 변수들을 선택하고 빈도분석을 실행시키면 다음과 같은 결과가 나옵니다.

연령

		빈도	퍼센트	유효퍼센트	누적퍼센트
유효	3	1	5.0	5.0	5.0
	6	4	20.0	20.0	25.0
	7	14	70.0	70.0	95.0
	8	1	5.0	5.0	100.0
	합계	20	100.0	100.0	

성별

		빈도	퍼센트	유효퍼센트	누적퍼센트
유효	1	8	40.0	40.0	40.0
	2	10	50.0	50.0	90.0
	4	2	10.0	10.0	100.0
	합계	20	100.0	100.0	

⑤ 설문지나 코딩 프레임을 보면서 빈도분석 결과를 검토해 봅니다. 각 문항별로 나올 수 없는 값이 입력되어 있는지 하나씩 확인합니다. 잘못 입력된 값을 찾으면 변수명과 잘못 입력된 값과 그 수를 적어 놓습니다.

빈도분석을 통해 찾아낼 수 있는 입력오류는 각 변수가 가질 수 있는 범위 밖에 있는 값들이 입력되었을 경우에만 찾기가 가능합니다. 가령 평정척도에서 1부터 5 사이의 값이 나올 수 있는데 6이나 7의 값이 입력된 것은 찾을 수 있으나 2를 3으로 잘못 입력한 것은 찾을 수 없다는 뜻입니다. 따라서 입력과정에서 실수를 줄이기 위한 노력이 우선되어야 하겠지요.

⑥ 연령에서 연구대상이 6, 7, 8세일 경우 3이라는 값은 나올 수가 없는데 3이라고 잘못 입력된 경우가 1개 있습니다. 성별에서 1=남자, 2=여자를 나타내도록 입력된 경우 4라는 값은 나올 수가 없지요. 성별이 잘못 입력된 경우가 2개가 있네요. 잘못 입력된 것을 하나씩 확인하여 아래와 같이 적어두면 나중에 찾아 고칠 때 편리합니다.

오류 확인 및 수정표

변수명	잘못된 값	개수	아이디	올바른 값
연령	3	1		
성별	4	2		

2) 오류 찾아 고치기

메뉴 → 편집 → 찾기

잘못된 값이 몇 개 있는지 확인되었으면 어디에 있는지 찾아서 수정해야겠지요. 오류를 찾아 고치는 방법은 세 가지가 있습니다.

- 사례수가 적다면 데이터 파일을 하나씩 검토해 가면서 직접 찾아 설문지에서 확인하여 고칠 수도 있습니다.
- 많은 수의 잘못된 값을 일괄적으로 특정 값으로 바꿀 경우 변수 변경(recode) 방법을 이용하여 수정할 수 있습니다(예 6으로 입력된 값을 모두 4로 수정할 경우). 이것은 4장에서 자세히 알아보겠습니다.

■ 사례수가 많다면 【찾기】 메뉴를 이용하면 찾아 고치기가 쉽습니다.

앞의 세 가지 경우 중에서 【찾기】 메뉴를 이용하여 잘못 입력된 값을 고치는 방법에 대해 알아봅시다.

① 분석 예에서 성별 변수의 잘못된 값을 한번 찾아봅시다. 【3장 문장제검사.sav】 파일의 데이터 창을 열고 성별이라는 변수를 마우스로 한번 선택하면 까맣게 반전이 됩니다. 그 상태에서 【메뉴 → 편집 → 찾기】를 선택합니다.

② 찾기의 대화창이 열리면 찾기(N): 에 찾고자 하는 변수값, 즉 잘못 입력된 값을 입력합니다. 그리고 다음 찾기(F) 를 선택하면 데이터 창에서 잘못된 변수값을 자동으로 찾아줍니다. 여기서는 성별 변수의 잘못 입력된 값이 4이므로 4를 입력하고 찾아봅시다. 그러면 성별에 4라고 입력된 칸에 커서가 멈춥니다.

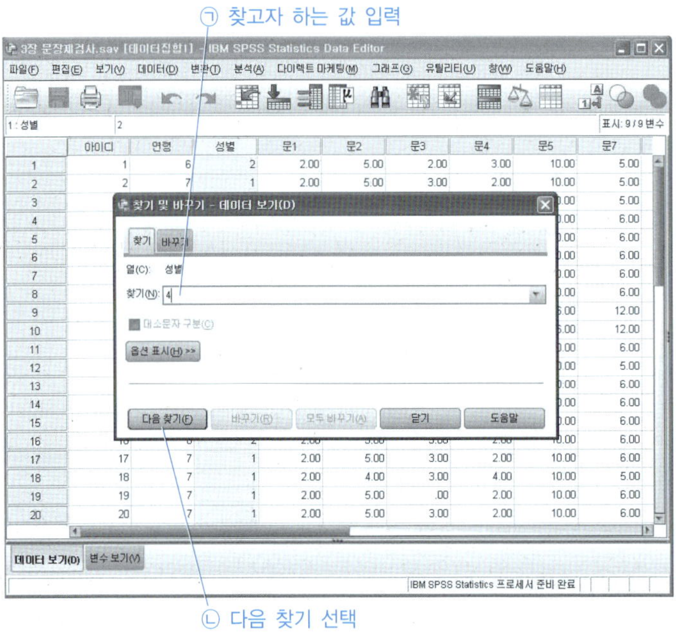

③ 커서가 멈춘 곳, 즉 입력이 잘못된 사례의 아이디를 찾아 앞서 만들어 두었던 오류 확인 및 수정표에 기록합니다. 계속해서 [다음 찾기(F)]를 선택하여 잘못 입력된 값들을 모두 확인합니다. 같은 방식으로 다른 변수들에 대해서도 확인하여 아이디를 기록해 둡니다.

④ 잘못된 값이 입력된 아이디를 모두 확인한 다음 아이디를 이용하여 잘못 입력된 값이 있는 설문지를 찾고, 설문지에서 올바른 값을 확인하여 오류 확인 및 수정표에 기입합니다.

오류 확인 및 수정표

변수명	잘못된 값	개수	아이디	올바른 값
연령	3	1	8	6
성별	4	2	5, 10	2, 2

⑤ 잘못 입력된 값과 올바른 값을 확인했으니 이제는 고쳐야겠지요. 성별 변수의 잘못 입력된 값을 고쳐봅시다. 데이터 창에서 성별 변수를 마우스로 선택하여 까맣게 반전시킨 후 【메뉴 → 편집 → 찾기】를 선택합니다. 찾기 대화창이 열리면 찾기(N): 에 잘못 입력된 값 4를 입력합니다. 그리고 다음 찾기(F) 를 선택하면 성별이 4로 입력된 곳에서 커서가 멈추지요. 여기까지는 앞에서 설명한 것과 같습니다.

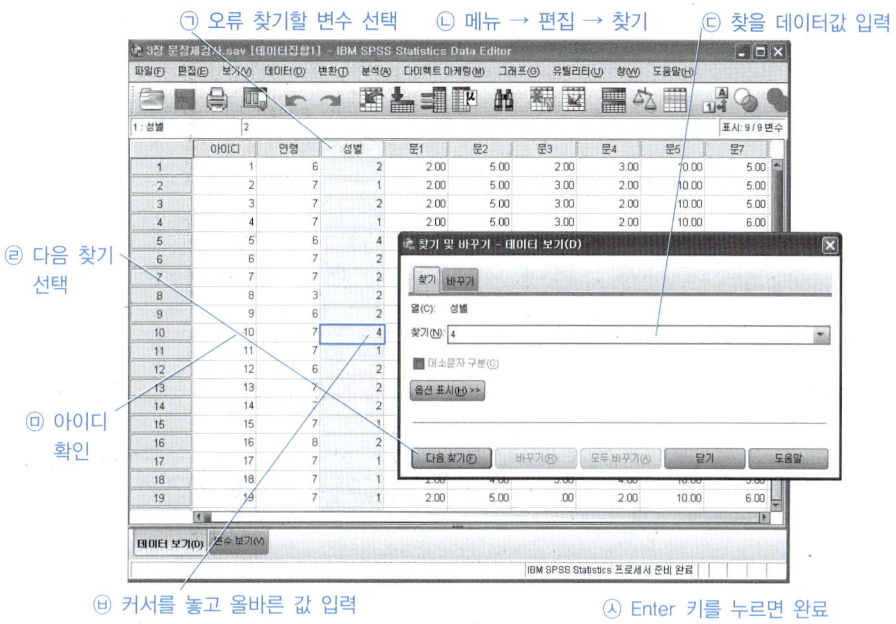

⑥ 그곳의 아이디가 오류 확인 및 수정표에 있는 것처럼 5와 10인지 확인한 후 바꾸기 를 선택하여 바꾸거나 4가 입력된 칸을 마우스로 선택합니다. 그러면 4가 입력된 칸이 굵은 선으로 됩니다. 그 상태에서 올바른 값, 여기서는 오류 확인 및 수정표에 있는 것처럼 2를 자판으로 입력하고 Enter↵를 누르면 수정됩니다. 잘못 입력된 모든 값들을 확인하여 수정하고 다음과 같이 값을 찾을 수 없다는 표시가 나올 때까지 계속합니다.

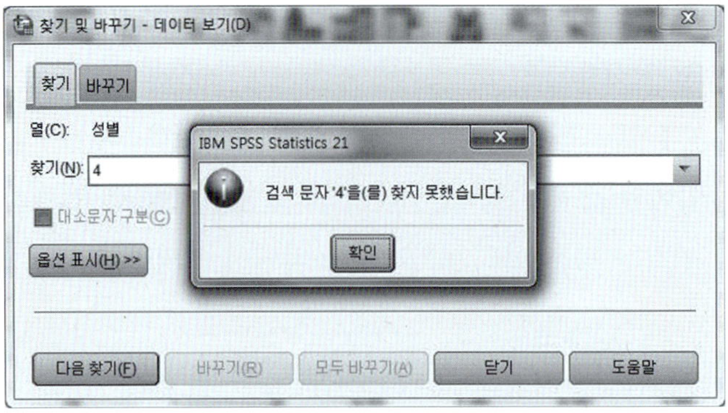

⑦ 다른 변수나 값에 대해서도 같은 과정으로 잘못된 값을 찾아서 수정하면 됩니다. 수정이 다 끝난 후 【파일 → 저장하기】 또는 파일의 이름을 바꾸고자 할 때에는 【파일 → 다른 이름으로 저장】 하는 것을 잊지 마세요!

요약

입력 오류 찾아 고치기

- 빈도분석 【메뉴 → 분석 → 기술통계량 → 빈도분석】
- 설문지나 코딩 프레임과 비교하여 잘못 입력된 값과 개수 확인
- 잘못된 값의 위치 확인 【메뉴 → 편집 → 찾기】
- 설문지와 비교하여 올바른 값으로 수정

쉬어 가기

해부학 시험

대학교 의과대학에서 해부학 시험으로 고민을 하던 한 대학생이 있었다. 걱정 끝에 밤에 몰래 시체를 해부하기로 마음을 먹었다. 열심히 해부를 하고 있는데 갑자기 시체가 벌떡 일어났다. 시체는 자신의 팔을 뚝 잘라주면서 말했다.

"학생, 이것 가지고 가서 공부 열심히 해."

놀란 학생은 얼떨결에 팔을 가지고 밖으로 뛰쳐나갔다. 뒤를 돌아보니 시체가 계속 따라오고 있었다. 놀란 학생은 그만 넘어지고 말았다. 시체는 자신의 다리를 주면서 말했다.

"학생, 이것으로 공부 열심히 해. 난 괜찮아!"

정신을 차린 학생은 떨리는 목소리로 말했다.

"저.. 저.. 다.. 다리는 시험범위가 아닌데요."

chapter

04

자료의 변환

chapter

04

자료의 변환

이 장에서는 입력된 데이터를 이용해 통계분석을 실시하고자 할 때 필수적이면서 많이 사용하는 자료의 변환에 대해서 알아봅시다. 자료 변환의 종류는 ① 케이스 선택(select cases), ② 코딩변경(recode), ③ 변수 계산(compute)이 있으며, ④ 따로 제작된 데이터 파일을 합치는 방법에 대해서도 직접 실례를 통해 알아보도록 하겠습니다.

➤ 케이스 선택은 입력된 데이터를 이용해서 통계분석을 할 때 일정한 조건에 해당하는 변수만을 분석할 수 있습니다.

➤ 코딩변경은 변수값을 변환시키거나 몇 개의 변수값을 하나의 값으로 묶을 때 사용됩니다. 또는 연속자료를 비연속자료화 하거나 잘못된 변수값들을 바로 잡을 때도 이용됩니다.

➤ 변수 계산은 연산자를 이용하여 변수와 변수를 계산해서 새로운 변수를 만들거나 변수 간의 가감승제, 특정의 변수값 조작 등을 할 때 사용합니다.

➤ 따로 따로 제작된 데이터 파일을 합치는 방법에는 케이스 추가와 변수를 추가하는 방법이 있습니다.

연구의 목적에 맞게 자료를 적절히 변환해서 사용해야 합니다. 다양한 자료 변환을 자유로이 사용할 수 있게 된다면 자료분석을 할 때 매우 유용하게 활용할 수 있을 것입니다.

1. 케이스 선택(Select Cases)

메뉴 → 데이터 → 케이스 선택 → 조건을 만족하는 케이스 → 조건

입력된 데이터를 이용해 통계분석을 하다보면 일정한 조건에 해당하는 변수만을 분석해야 할 때가 있습니다. 예를 들어, 유아의 창의성 검사를 실시한 후 남아만 별도로 뽑아 분석하고 싶을 때, 또는 7세 유아들 중 여아들만 선택해서 분석하고 싶을 때 등에 사용할 수 있으며 다른 변수의 변환에 비해 매우 간단합니다.

1) 케이스 선택 실행

① 먼저 부록 CD에서 데이터 파일 【4장 창의성.sav】를 불러와서 다음의 순서에 따라 실행해 봅시다.

메뉴 → 데이터 → 케이스 선택 → 조건을 만족하는 케이스 → 조건

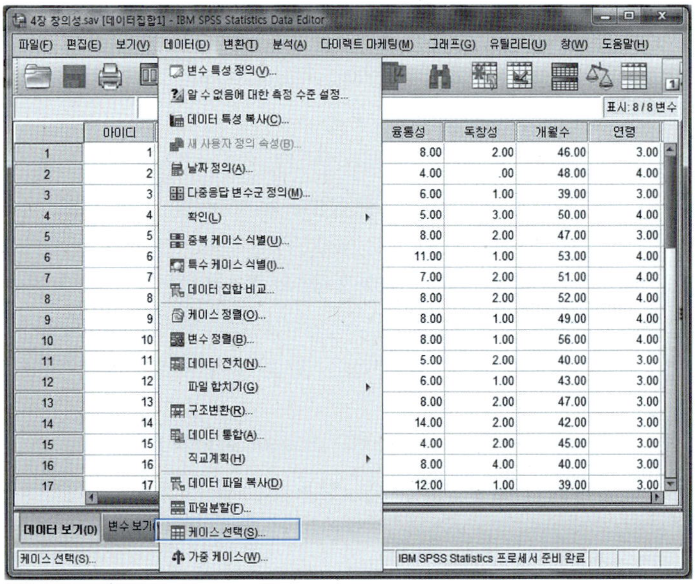

② 【케이스 선택】에서 '조건을 만족하는 케이스'를 선택하고 조건(I)... 릅니다.

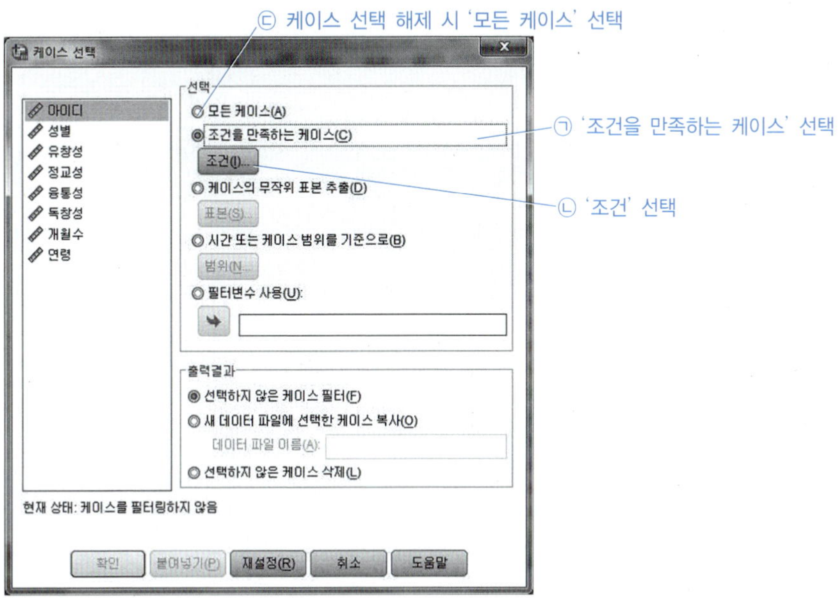

③ 케이스 선택 조건문을 만듭니다. 예를 들면, 성별이 남자(1)인 경우만을 선택해서 통계분석을 하고자 할 경우 왼쪽에 있는 변수 【성별】을 선택하고 ➡을 클릭해서 오른쪽으로 이동한 후 【성별=1】이라는 조건식을 만든 다음 계속 을 누릅니다.

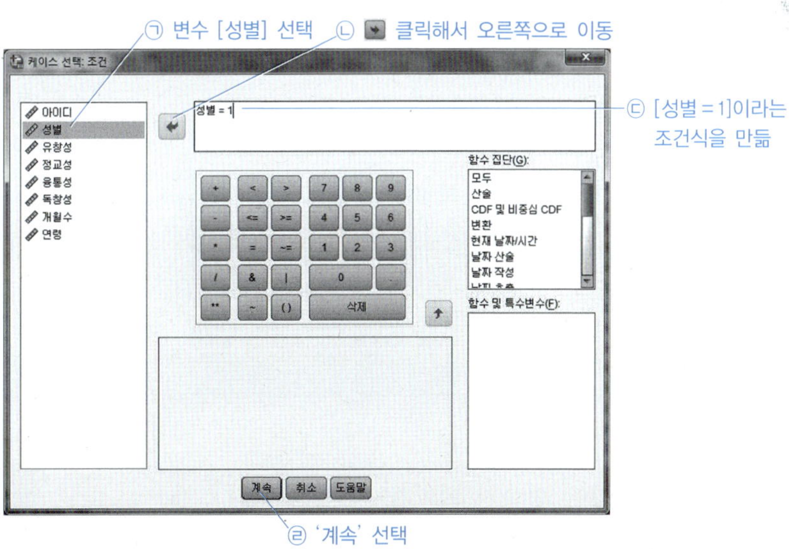

④ 다음으로 확인 을 누르면 잠깐 화면이 깜박거리며, 화면 오른쪽 아래에 【필터 설정】이라고 나타납니다. 그러면 이후부터 시작하는 모든 분석은 성별이 남자인 경우만 선택해 분석이 됩니다.

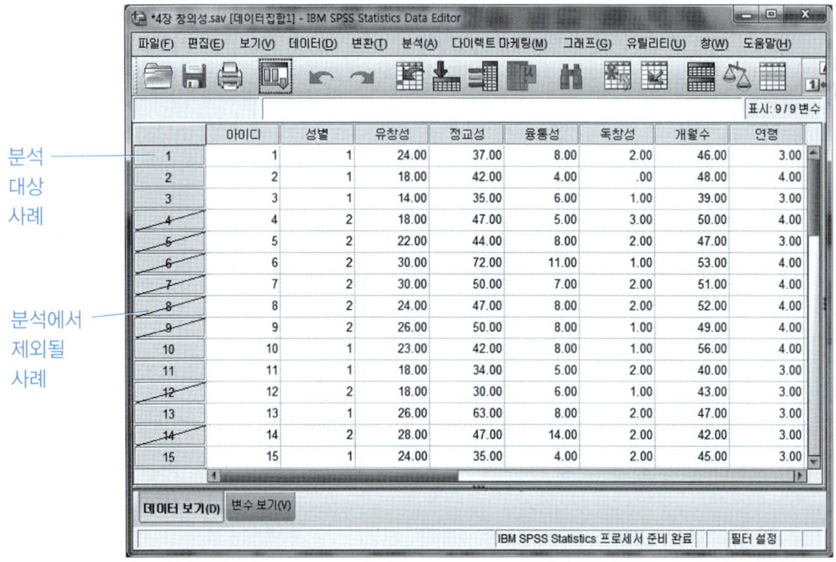

⑤ 케이스 선택은 계산하기를 할 경우 또는 기타의 경우에 각종 연산자들과 함께 대화창에 나타납니다. 그럴 경우는 적절한 변수의 조건식을 규정하여 주면 됩니다. 다음은 조건문에 나타나는 각종 연산자와 숫자를 입력할 수 있는 자판입니다.

⑥ 각각 다음과 같은 연산기능을 가지고 있습니다.

<table>
<tr><td rowspan="3">논리
연산자</td><td>&</td><td>또한(논리곱) 교집합</td><td rowspan="8">관계
연산자</td><td>=</td><td>~와 같다</td></tr>
<tr><td>|</td><td>또는(논리합) 합집합</td><td>~=</td><td>~와 같지 않다</td></tr>
<tr><td>~</td><td>아니면(부정)</td><td><</td><td>~보다 작다</td></tr>
<tr><td rowspan="5">산술
연산자</td><td>+</td><td>덧셈</td><td>></td><td>~보다 크다</td></tr>
<tr><td>−</td><td>뺄셈</td><td><=</td><td>~보다 작거나 같다</td></tr>
<tr><td>*</td><td>곱셈</td><td>>=</td><td>~보다 크거나 같다</td></tr>
<tr><td>/</td><td>나눗셈</td><td></td><td></td></tr>
<tr><td>**</td><td>제곱(자승)</td><td></td><td></td></tr>
</table>

⑦ 다음과 같은 조건을 만들 경우 조건식의 작성 내용은 아래와 같습니다.

<table>
<tr><th>조건 내용</th><th>if 조건식 작성 내용</th></tr>
<tr><td>㉠ 연령이 48개월보다 큰 경우만 분석</td><td>연령>48</td></tr>
<tr><td>㉡ 남자이면서 연령이 48개월 이상인 경우만 분석</td><td>연령>=48 & 성별=1</td></tr>
<tr><td>㉢ 연령이 48개월 이상과 36개월 이하인 경우 모두</td><td>연령<= 36 | 연령>= 48</td></tr>
</table>

이 경우 주의해야 할 것은 조건식 ㉢에서 연령의 경우 48<=연령>=36이라는 표현을 쓰지 않습니다. 그리고 36개월 이상, 48개월 이하라는 조건식도 36<=연령<=48과 같이 사용하지 않는다는 것입니다. 모든 조건식에서는 조건이 2개면 변수도 2개가 되어야 합니다.

⑧ 케이스 선택 해제

만약 케이스 선택을 해제할 경우 메뉴에서 케이스 선택으로 이동한 다음 【모든 케이스】를 선택해 준 다음 확인 을 누르면 됩니다. 그러면 화면 하단에 【필터 설정】이 없어지면서 이후의 통계분석은 전체 성별에 대한 자료들을 분석해 줍니다.

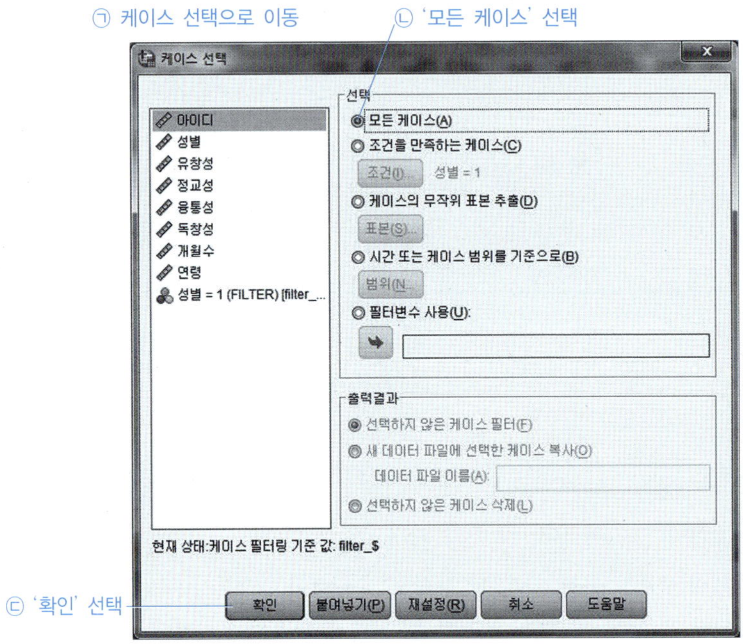

요약

케이스 선택하기

- 【메뉴 → 데이터 → 케이스 선택 → 조건을 만족하는 케이스 → 조건】
- 조건을 만족하는 케이스 → 조건 입력 → 계속
- 확인

2. 코딩변경(Recode)

1) 언제 할까요?

코딩변경은 변수값을 변환시키거나 몇 개의 변수값을 하나의 값으로 묶을 때 사용됩니다. 또는 연속자료를 비연속자료화 하거나 잘못된 변수값들을 바로 잡을 때도 이용됩니다.

- 유아의 연령에 따른 현황을 알아보고 싶을 경우에 연속적 자료로 입력된 개월수(36개월, 40개월 등)를 나이(4세, 5세 등)로 각각 급간을 정해 재정리하고자 할 때 코딩변경(Recode)을 사용합니다.
- 이 외에도 부정적 진술로 질문한 문항에 대해 코딩된 자료를 다시 역점수로 환원하기 위한 경우에도 사용할 수 있습니다.
- 또한 문항이 5점 평정척도로 ① 매우 그렇다, ② 그렇다, ③ 보통이다, ④ 그렇지 않다, ⑤ 전혀 그렇지 않다로 구성되어 있을 경우 ①이나 ⑤에 응답한 응답자가 극히 적을 경우 분석이 어려운 경우가 있는데, 이런 경우 ①과 ②를 합하여 그렇다로, ④와 ⑤를 합하여 그렇지 않다로 만들어 ① 그렇다, ② 보통이다, ③ 그렇지 않다와 같은 3개의 항목으로 재구성할 때에도 사용합니다.

2) 코딩변경의 사용방법

코딩변경의 방법은 크게 두 가지가 있습니다. 하나는 기존의 변수 위에 새로운 값을 덮어쓰는 방법으로 【같은 변수로 코딩변경】이 있고, 기존의 변수를 그대로 두고 추가로 새로운 변수를 만들어 변화시키는 방법 【다른 변수로 코딩변경】이라는 메뉴가 있습니다.

(1) 같은 변수로 코딩변경

메뉴 → 변환 → 같은 변수로 코딩변경

코딩변경을 사용해서 【같은 변수로 코딩변경】을 선택할 경우 기존의 변수 위에 덮어써져서 기존에 있던 점수(변수값)는 사라지게 됩니다.

예를 들어, 어머니의 부모역할만족도를 측정하고자 할 때, 각 문항은 전혀 아니다(1점), 아니다(2점), 그렇다(3점), 매우 그렇다(4점)인 4점 평정척도로 점수가 높을수록 만족도가 높아집니다. 이때 대부분의 문항은 '나는 아이가 나에게 애정표현을 할 때 기뻤다', '나는 아이가 있다는 그 자체에서 큰 만족을 느낀다'와 같이 긍정적인 진술로 이루어져 있으나 '아이들로 인해 일어나는 일들 때문에 화가 나고 짜증스럽다'와 같은 문항은 부정적인 진술로 구성된 문항으로 이러한 문항들이 포함된 도구를 사용하고자 할 때는 해당 문항이 코딩된 자료를 다시 역점수로 환산하여야 합니다.

이 경우는 연구자의 의도에 따라 원래의 원점수는 필요가 없어집니다. 이때 【같은 변수로 코딩변경】을 선택하여 코딩변경을 시도할 수 있습니다.

그 외에도 빈도분석을 통해 입력오류를 발견하면 잘못 입력된 입력오류를 코딩변경(recode)을 통해 수정할 수 있습니다.

원 코딩 자료의 문항1부터 문항5까지의 문항들 중에서 문항1, 문항2, 문항3의 경우는 부모역할만족도에 대해 긍정적으로 진술된 문항으로 구성되어 있으나, 문항4와 문항5의 경우는 부정적 진술문으로 구성되어 역산해야 하는 문항으로 구성되어 있습니다.

이 경우 문항4와 문항5에 코딩된 자료가 전혀 아니다(1)일 경우 4점을, 아니다(2)일 경우 3점을, 그렇다(3)일 경우 2점을, 매우 그렇다(4)일 경우 1점으로 코딩을 변경할 수 있습니다.

① 코딩변경에서 사용할 예제 파일인 【4장 부모역할만족도.sav】를 불러와서 【메뉴 → 변환 → 같은 변수로 코딩변경】의 순서로 실행해 봅시다.

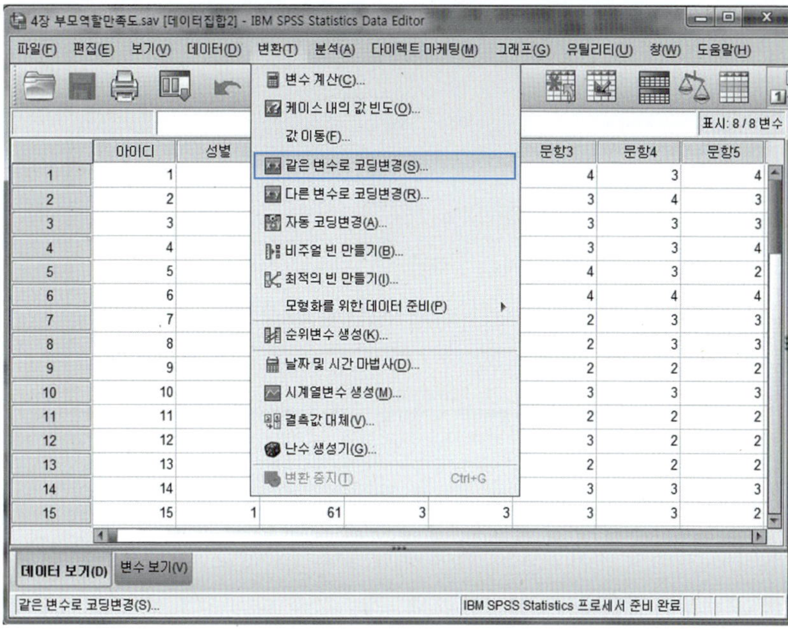

② 코딩변경하여 역점수로 바꿀 변수를 선택한 후 대화창의 오른편으로 이동시킨 후 기존값 및 새로운 값(O)... 을 선택합니다.

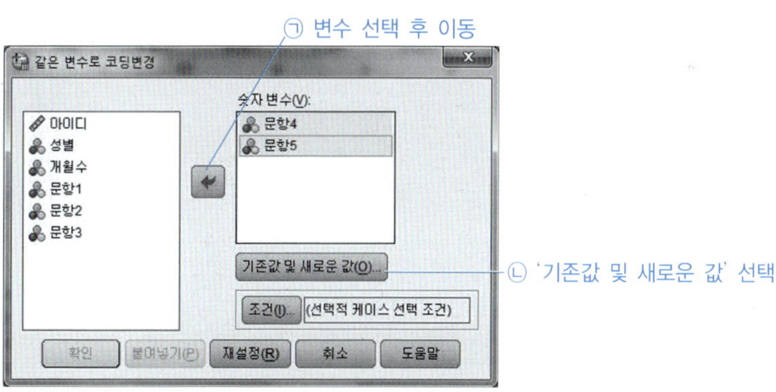

③ 기존값과 새로운 값에 각각 코딩변경할 값들을 입력한 후 추가(A) 를 누릅니다.

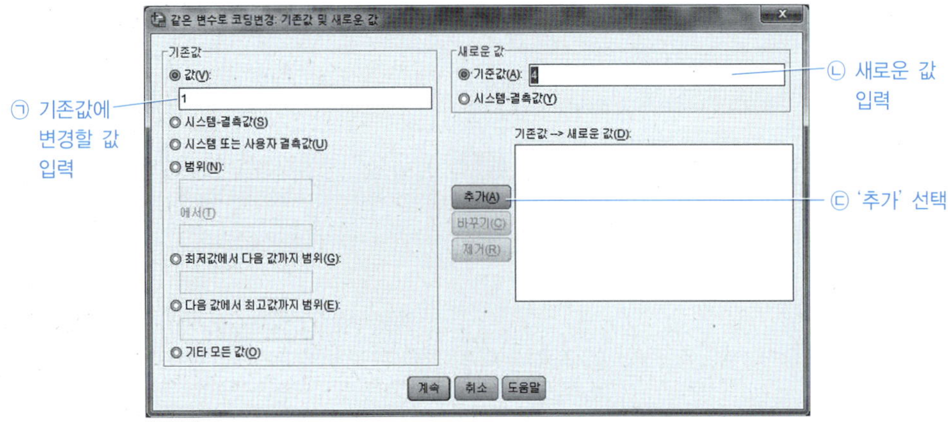

④ 【기존값 → 새로운 값】에 추가시킨 내용을 변경하거나 삭제하고자 할 때에는 먼저 변경이나 삭제가 필요한 내용을 선택합니다. 【기존값 → 새로운 값】 내에 삭제할 내용을 선택하면 [제거(R)]가 활성화되어 누를 수가 있습니다. 수정할 내용은 [제거(R)]를 통해 삭제한 후 다시 처음의 순서로 입력하면 됩니다.

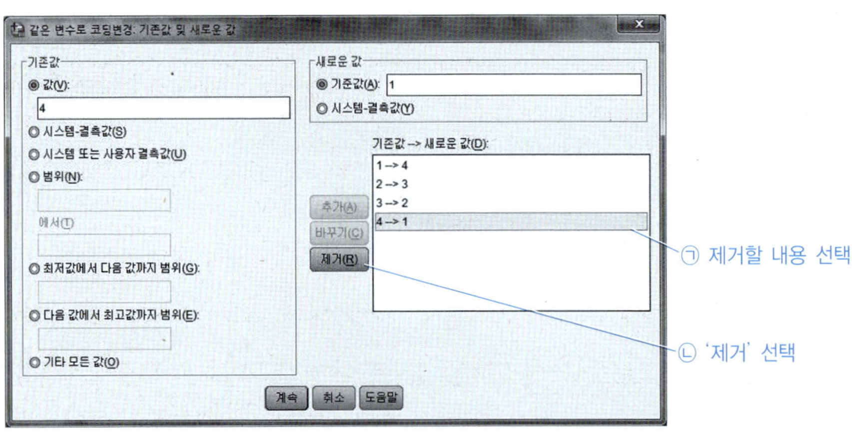

⑤ 변경할 변수값을 모두 입력한 다음 [계속]을 누릅니다.

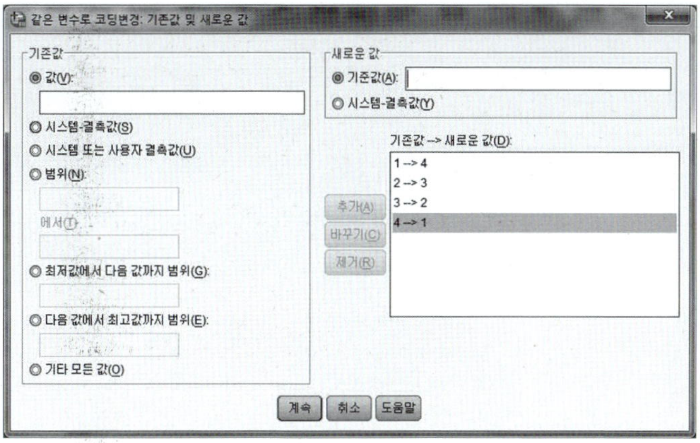

⑥ [확인]을 누르면 데이터 편집기의 화면에서 기존 변수값들이 모두 바뀌어집니다. 이 경우에는 【같은 변수로 코딩변경】을 이용했으므로 새로이 생성되는 변수는 없으며 기존 변수값 위에 덮어 써지게 됩니다.

(2) 다른 변수로 코딩변경

메뉴 → 변환 → 다른 변수로 코딩변경

새로운 변수로 코딩변경을 하는 경우는 기존 변수가 가지고 있는 정보를 없애지 않고 보존해야 하는 경우에 사용합니다. 즉, 개월수라는 변수를 4세, 5세, 6세로 묶어서 코딩변경을 할 경우 기존에 있는 개월수라는 변수는 평균을 구하거나 비교할 경우에 계속 필요한 변수이며, 6개월 단위로 묶어 다른 방식으로 변수변경을 시도해 볼 수도 있기 때문에 이 경우 【다른 변수로 코딩변경】를 이용해 코딩변경을 해야 합니다.

① 다시 【4장 창의성.sav】를 불러와서 【메뉴 → 변환 → 다른 변수로 코딩변경】로 순서에 따라 실행해 봅시다.

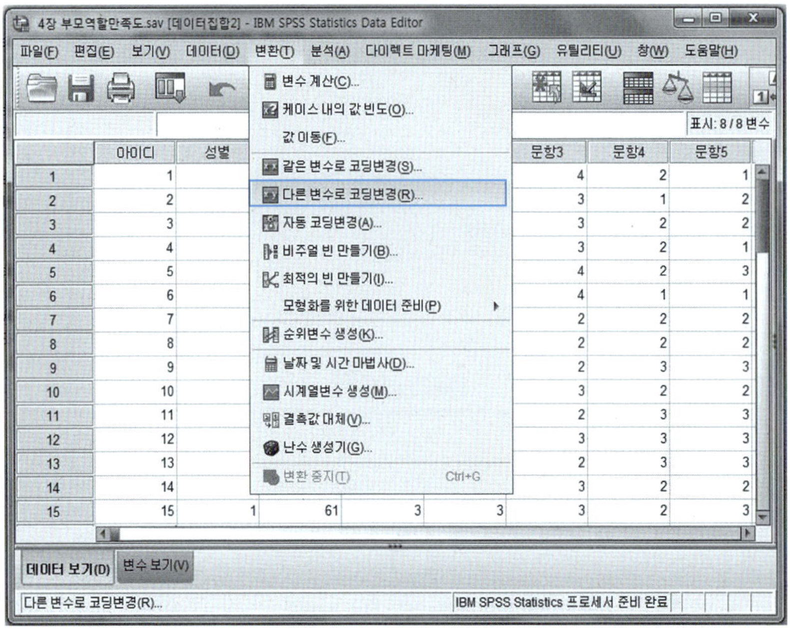

② 다음은 유아의 개월수로 코딩된 원자료를 연령으로 환산하여 변경하고자 할 경우입니다. 먼저 코딩변경할 변수를 선택하여 대화창의 오른쪽으로 이동시킵니다. 다음은 출력변수 이름에 연령을 입력하고 바꾸기(H)를 누릅니다.

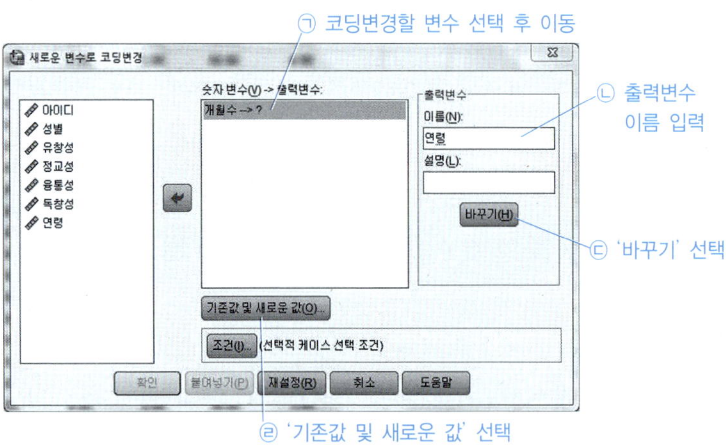

③ 그리고 [기존값 및 새로운 값(O)...]을 선택합니다. 새로운 변수로 코딩변경 대화창은 다음에서 보는 것처럼 기존값과 새로운 값의 영역으로 나누어져 있습니다. 이번과 같은 경우라면 개월수로 코딩된 자료가 기존값에 해당하며 새로운 값은 개월수에 따라 환산된 연령을 의미합니다. 개월수를 연령으로 바꾸어 주려면 변경될 기존값들의 범위를 정해주어야 합니다. 따라서 기존값에서 범위를 선택한 다음(36개월에서 47개월까지) 변경될 새로운 값(3)을 입력하고 [추가(A)]를 누릅니다.

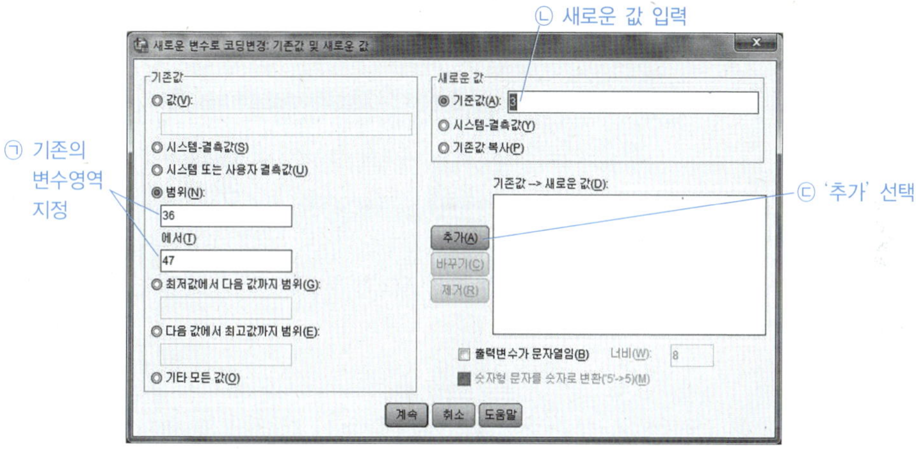

④ 하나의 범위를 입력할 때마다 [추가(A)]를 누릅니다. 가능한 모든 연령의 범위를 지정해 준 다음 [계속]을 클릭합니다.

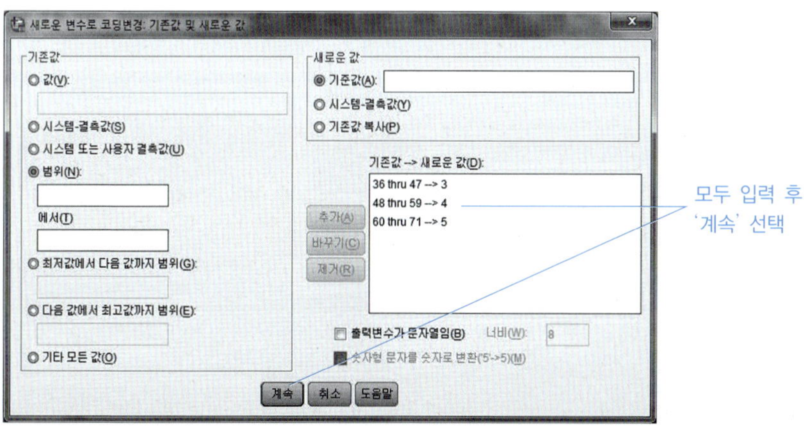

⑤ 【기존값 → 새로운 값】에 추가시킨 내용을 변경하거나 삭제하고자 할 때에는 먼저 변경이나 삭제가 필요한 내용을 선택합니다. 【기존값 → 새로운 값】 내에 삭제할 내용을 선택하면 추가(A) 가 활성화되어 누를 수가 있습니다. 수정할 내용은 제거(R) 를 통해 삭제한 후 다시 처음의 순서로 입력하면 됩니다.

⑥ 모든 변수를 입력한 후 확인 을 누르면 연령으로 환산된 새로운 변수가 생성됩니다.

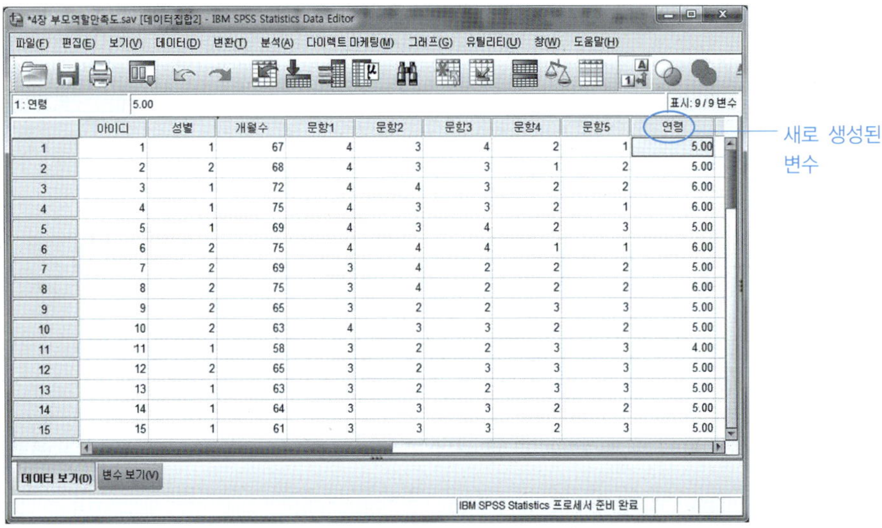

요약

코딩변경 하기

- 【메뉴 → 변환 → 코딩변경 → 같은 변수 또는 새로운 변수로 코딩변경】
- 변수 이동 후 기존값 및 새로운 값(O)... → 계속
- 확인

3. 변수 계산(Compute)

메뉴 → 변환 → 변수 계산

변수 계산은 선택된 변수를 제시된 조건에 따라 계산한다는 의미로, 연산자를 이용하여 변수와 변수를 계산해서 새로운 변수를 만들거나 변수 간의 가감승제, 특정의 변수값 조작 등을 할 때 사용합니다. 예를 들어, 창의성 검사 결과의 하위영역별 점수를 각각 코딩한 후 전체 총점을 합산하여 하나의 변수로 만들 경우 변수 계산(compute)을 사용할 수 있습니다.

1) 변수 계산(Compute)의 사용방법

먼저 자료분석할 데이터 파일 【4장 창의성.sav】를 불러와서 【메뉴 → 변환 → 변수 계산】의 순서로 실행해 봅시다.

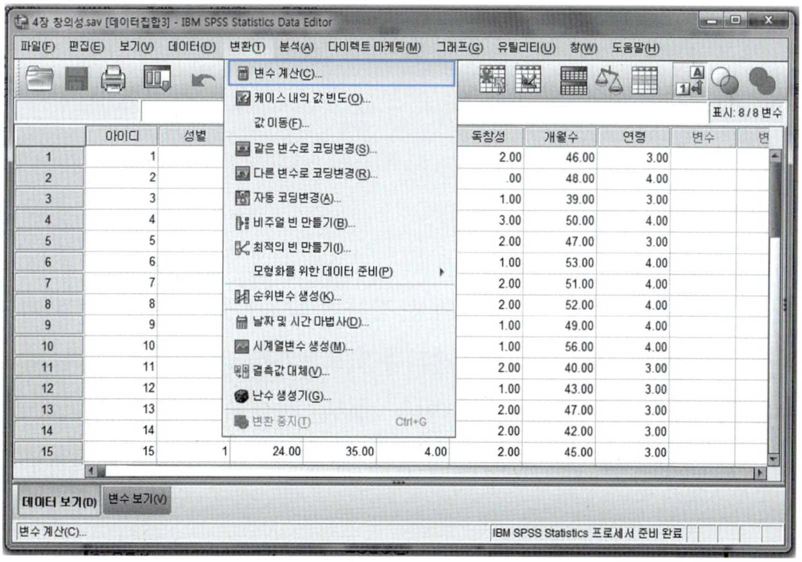

(1) 대상변수

새로 만들어질 변수의 이름을 입력합니다. 창의성 검사의 하위문항의 총점을 나타내는 대상변수를 '창의총점'이라고 입력해 봅시다. 대상변수명을 지정하고 난 다음 아래에 있는 [유형 및 설명(L)...]을 선택하여 '창의성 총점'이라는 변수에 대한 설명을 입력한 다음 [계속]을 누르면 됩니다.

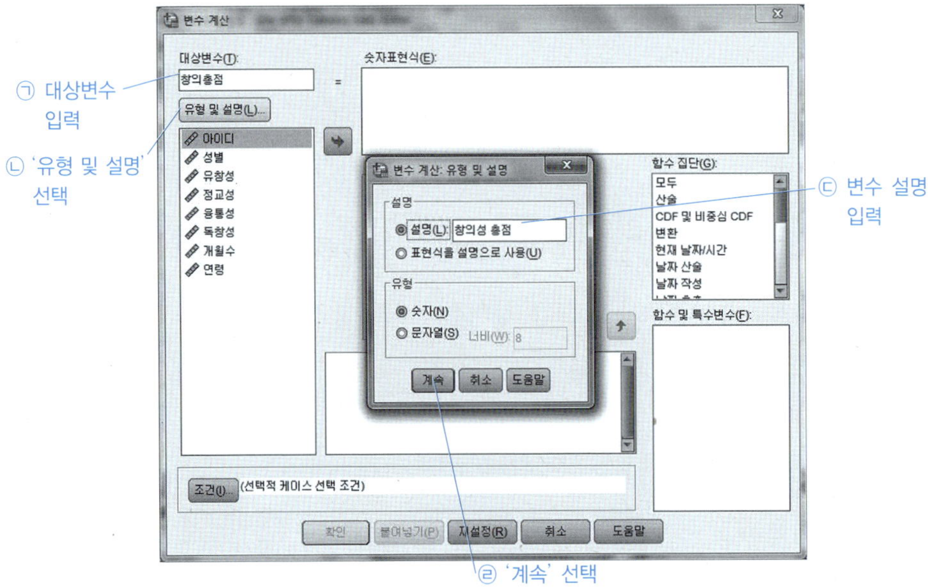

(2) 숫자표현식

① 대상변수를 계산하기 위한 수식을 입력합니다. 연산자를 이용하는 방법은 케이스 선택에서와 같습니다. 예를 들어, 창의성 검사의 하위문항 유창성, 정교성, 융통성, 독창성을 모두 더해서 하나의 변수 '창의총점'으로 만들려고 하는 조건식으로 표현해 봅시다. 즉, 4개의 변수를 더한 다음 이를 새로운 변수로 지칭하고자 한다면 수식(유창성+정교성+융통성+독창성)을 숫자표현식에 입력한 후 [확인]을 선택하면 됩니다.

② 그러면 데이터 화면에 '창의총점'이라는 새로운 변수가 생성됩니다. 이때 새로 생긴 데이터를 저장하는 것 잊지 마세요.

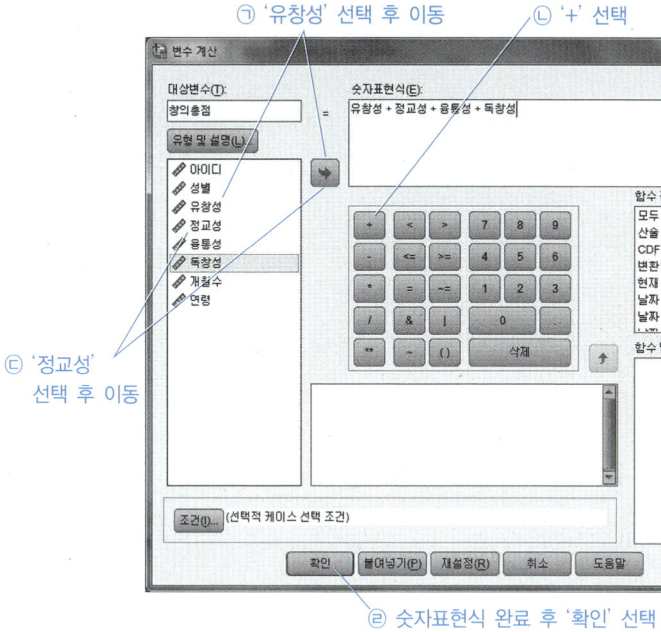

(3) 결측값 처리하기

① 위의 경우에서처럼 연산자를 이용해서 변수 계산을 하면 결측값이 나타나는 경우를 볼 수 있습니다. 결측값으로 인한 빈 셀이 너무 많아지면 전체 통계처리에 지장을 줄 수 있습니다. 이러한 결과가 나타나는 이유는 숫자표현식에 있습니다. 숫자표현식에서 제시된 조건으로 변수 계산을 실시했을 때 변수 모두가 응답되어 있는 경우에만(문항1부터 문항4까지 4개 모두 입력되어 있는 경우) 변수 계산의 결과가 나타납니다. 4개 중 어느 한 문항이라도 결측값이 있는 경우 숫자표현식의 조건에 맞지 않으므로, 그 사례 자체가 제거되어 버립니다.

이를 해결하는 가장 손쉽고 정확한 방법은 함수에 있습니다.

② 함수를 사용하면 숫자표현식에서 나타나는 '유창성+정교성+융통성+독창성'의 계산을 SUM(유창성, 정교성, 융통성, 독창성)과 같이 표현할 수 있습니다. 이때는 하위 문항 중 응답되지 않은 케이스를 제외하고 합산된 총점을 계산해 줍니다.

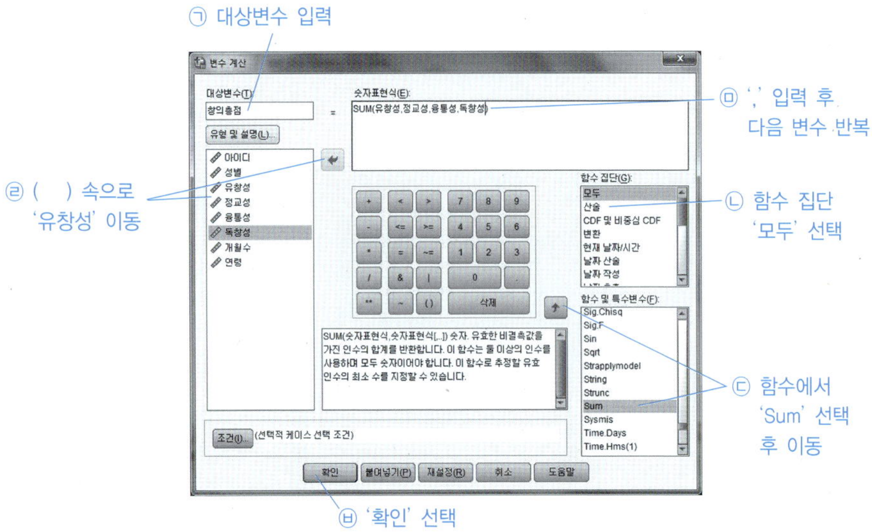

③ 또한 평균 계산의 경우 (유창성+정교성+융통성+독창성)/4와 같은 숫자표현식의 계산을 MEAN(유창성, 정교성, 융통성, 독창성)와 같이 표현할 수 있습니다.

앞의 계산식은 만약 하나라도 결측값이 있는 경우 그 변수 자체가 결측값으로 나타나지만, MEAN을 사용하는 경우는 경우의 수에 따라 자동으로 사례수로 나누어 계산해 주기 때문에 결측값이 생기지 않습니다. 단, 모든 변수값이 결측값일 경우에는 결측값으로 나타납니다.

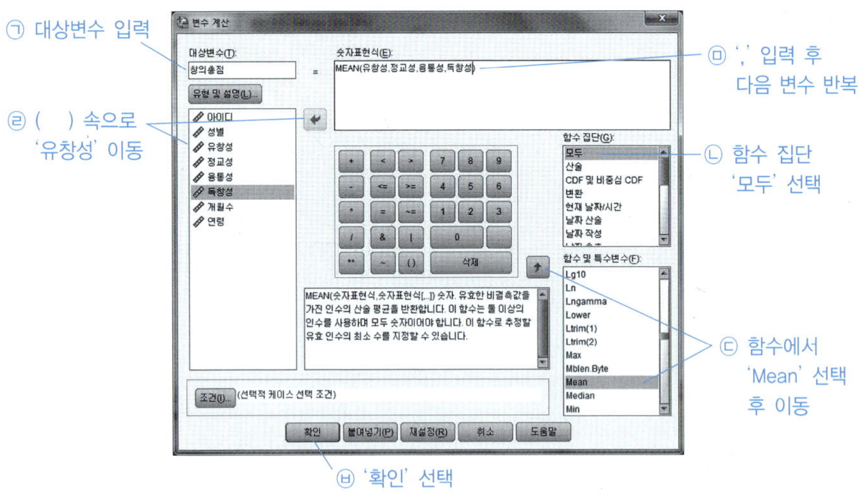

주의!!

각각의 표현에서 연산자(+)가 포함되지 않고 콤마(,)로 연결된다는 점에 유의해야 합니다.

(4) 변수 계산 내의 조건문 사용

① 변수 계산 내의 조건문은 케이스 선택과 동일한 기능을 가지고 있습니다. 예를 들면, 창의성 총점을 만들 때 여아는 제외하고 남아만을 대상으로 한 창의성 총점을 만들고자 한다면 변수 계산 창 아래에 있는 [조건(I)...]을 선택합니다.

② '다음 조건을 만족하는 케이스 포함'을 선택한 후 빈 공간에 성별=1 이라는 조건을 입력하면 됩니다. 모든 케이스 포함은 기본설정으로 모든 사례가 변환대상에 해당하는 경우를 말하며 '다음 조건을 만족하는 케이스 포함'은 조건식을 지정하고, 그 조건식에 맞는 경우만 변수 계산을 해줍니다. 조건식을 모두 입력하고 [계속]을 누릅니다.

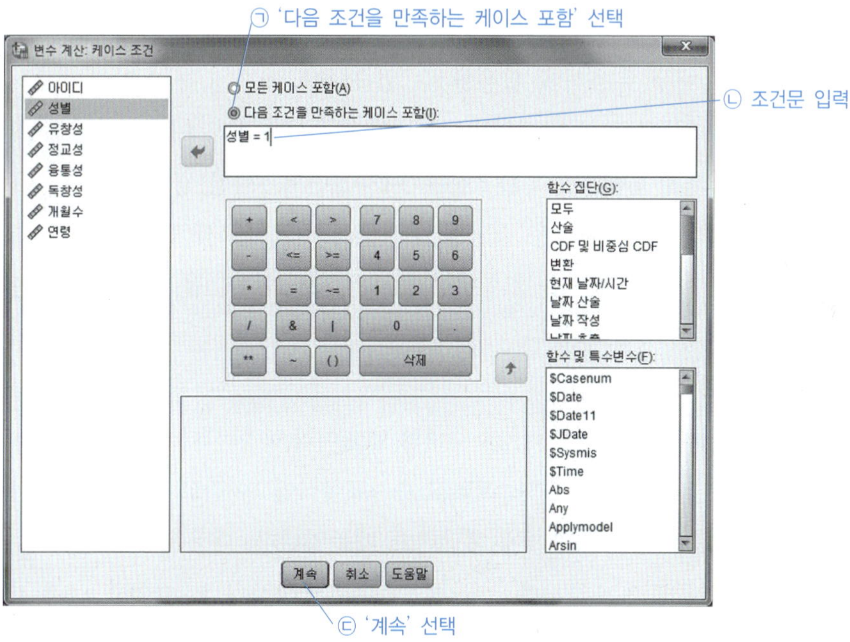

③ 조건식이 완성되면 다음과 같은 조건내용이 나타납니다. 확인 을 선택하면 결과가 남아에만 해당하는 창의성 총점으로 새로운 변수가 생성됩니다.

④ 만약 케이스 선택을 해제할 경우 다시 변수 계산에서 케이스 조건을 선택해서 '모든 케이스 포함'을 선택해 준 다음 확인 하면 됩니다. 이후의 통계분석은 전체 성별에 대한 자료들을 분석해 줍니다.

(5) 조합하여 새로운 집단 구성하기

성별과 연령을 조합하여 새로운 변수 하나로 만들려면 어떤 방법을 사용할 수 있을까요? 변수 계산에서는 조건에 따라 2개 이상의 변수를 조합하여 새로운 변수로 만들 수 있어 매우 유용하게 활용될 수 있습니다.

예를 들면, 아동의 성이 남자이면서 3세인 경우를 1집단, 여자이면서 3세인 경우를 2집단, 남자이면서 4세인 경우를 3집단, 여자이면서 4세인 경우를 4집단으로 나누어 성과 연령을 기준으로 새로운 집단을 구성해서 비교하고자 할 때 사용할 수 있습니다. 이렇게 변수 간의 특성을 조합하여 새로운 집단(변수값)을 만드는 방법은 변수 계산을 통해 할 수 있습니다.

① 새로 만들 변수를 성연령(성, 연령의 합성)이라고 합시다. 대상변수에서 새로 만들 변수에 성연령을 입력합니다. 그리고 숫자표현식에 1이라고 입력합니다. 이것은 1이라고 나타나는 값들은 집단 1에 해당하기 때문입니다. 다음으로 조건문을 선택해서 1집단에 해당하는 조건식(성별=1 & 연령=3)을 부여합니다. 그리고 나서 확인 을 선택합니다.

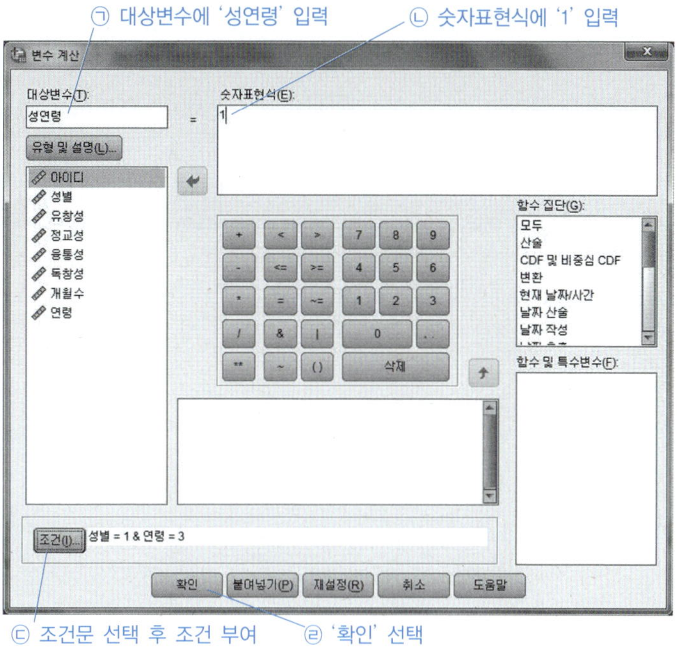

② 그러면 데이터 창에서는 새로운 변수인 성연령이라는 변수가 생깁니다. 이때 생긴 새로운 변수 칸에는 남자이면서 3세인 경우만 값이 1로 나타나고 나머지는 결측값으로 나타납니다.

	아이디	성별	유창성	정교성	융통성	독창성	개월수	연령	성연령
1	1	1	24.00	37.00	8.00	2.00	46.00	3.00	1.00
2	2	1	18.00	42.00	4.00	.00	48.00	4.00	.
3	3	1	14.00	35.00	6.00	1.00	39.00	3.00	1.00
4	4	2	18.00	47.00	5.00	3.00	50.00	4.00	.
5	5	2	22.00	44.00	8.00	2.00	47.00	3.00	.
6	6	2	30.00	72.00	11.00	1.00	53.00	4.00	.
7	7	2	30.00	50.00	7.00	2.00	51.00	4.00	.
8	8	2	24.00	47.00	8.00	2.00	52.00	4.00	.
9	9	2	26.00	50.00	8.00	1.00	49.00	4.00	.
10	10	1	23.00	42.00	8.00	1.00	56.00	4.00	.
11	11	1	18.00	34.00	5.00	2.00	40.00	3.00	1.00
12	12	2	18.00	30.00	6.00	1.00	43.00	3.00	.
13	13	1	26.00	63.00	8.00	2.00	47.00	3.00	1.00
14	14	2	28.00	47.00	14.00	2.00	42.00	3.00	.
15	15	1	24.00	35.00	4.00	2.00	45.00	3.00	1.00

③ 같은 방법으로 다시 【메뉴 → 변환 → 변수 계산】으로 이동합니다. 대상변수는 동일한 변수인 성연령으로 두고 숫자표현식에서는 집단 2로 입력하고, 조건문에는 성별은 여자, 연령은 3세라고 입력하고 확인 을 선택합니다.

④ 변수 계산을 두 번째 실시하면서 확인 을 누르면 다음과 같이 '기존 변수를 바꾸시겠습니까?'라는 질문이 나옵니다. 이때 확인 을 누르면 여자이면서 3세인 경우의 칸이 2라고 표시되고 성연령이 1과 2인 경우를 제외한 나머지 칸들은 결측값으로 남아 있습니다.

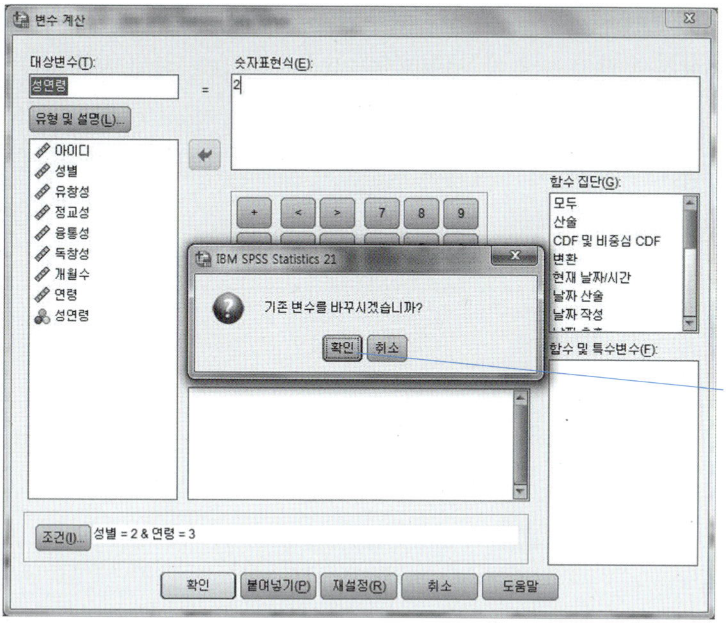

⑤ 데이터 창에서는 성연령이라는 변수를 확인해 보면 남자이면서 3세인 경우는 1로, 여자이면서 3세인 경우는 2로 나머지는 결측값으로 나타납니다.

⑥ 같은 방식으로 반복해서 변수값 3과 4를 만들면 됩니다. 그리고 데이터 창의 변수 보기에서 성연령에 대한 변수값 설명을 입력하면 됩니다. 이때 생성된 새로운 변수는 조건에 맞게 각각 1에서 4 사이의 값들을 갖게 됩니다. 물론 이러한 집단 구분 후에 집단 간 비교를 하고자 할 때는 앞에서 다루었던 케이스 선택을 활용하면 됩니다.

요약

변수 계산하기

- 【메뉴 → 변환 →변수 계산】
- 대상변수 입력 → 숫자표현식
- 필요에 따라 변수 계산 내 조건문 지정
- 확인

4. 파일 합치기

파일 합치기의 종류는 두 가지가 있습니다. 【케이스 추가】는 동일한 변수로 입력된 다른 사례들을 추가하여 합치는 것이며 【변수 추가】는 다른 변수로 입력된 동일한 사례의 변수를 추가로 합치는 것입니다. 기본적으로 두 가지의 사용방법은 같으나 케이스를 추가할 것인지 변수를 추가할 것인지에 따라 선택하는 메뉴가 달라집니다.

케이스 추가는 동일한 설문지를 여러 사람이 부수를 나누어 입력하였을 때 사용할 수 있습니다. 변수 추가는 입력하기 어려운 부분은 SPSS에 바로 입력하고, 입력하기 쉬운 부분은 혼글 등에서 입력해 놓은 경우, 즉 동일한 대상의 자료가 각각의 파일에 나누어 입력되어 있는 경우에 사용하기 편리합니다.

1) 파일 합치기 사용방법

메뉴 → 데이터 → 파일 합치기 → 케이스 추가

(1) 케이스 추가(2개의 파일로 나누어 저장되어 있는 케이스의 합치기)

한 번에 통계처리해야 할 데이터가 2개의 파일에 각각 나누어 저장되어 있을 경우 사용할 수 있습니다. 이때 두 파일의 각 변수명들이 일치해야만 합치기가 가능합니다.

① 우선 사례가 추가될 파일 【4장 창의성-1.sav】을 불러온 후, 【메뉴 → 데이터 → 파일 합치기 → 케이스 추가】를 실행합니다.

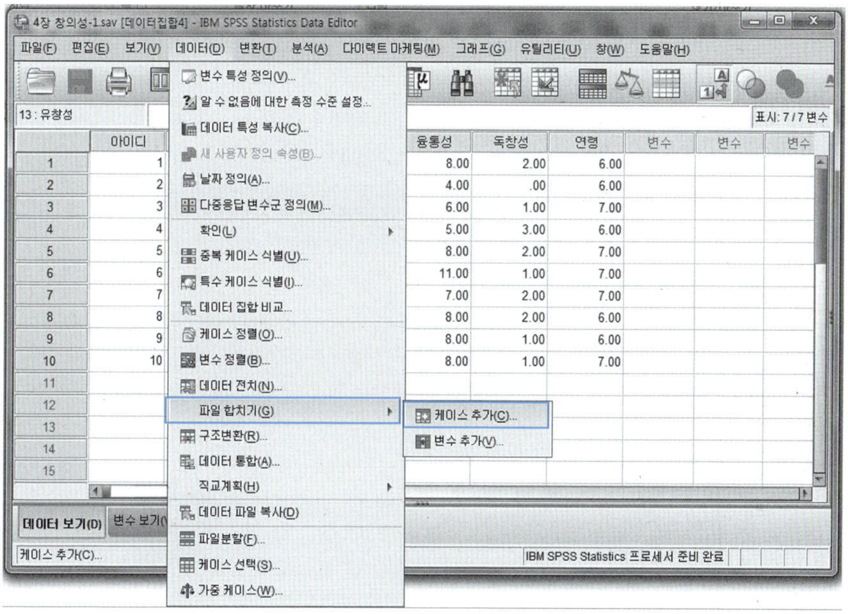

② 그러면 파일을 불러올 수 있는 파일 읽기 대화창이 나타나고 이때 동시에 작업하고 있던 열려 있는 데이터 파일에서 추가할 케이스가 포함되어 있다면 '열려 있는 데이터 파일(o)'을 선택하고, 그렇지 않은 경우에는 '외부 spss 데이터 파일'을 선택한 다음 '찾아보기'를 통해 추가할 케이스가 포함된 파일을 찾습니다.

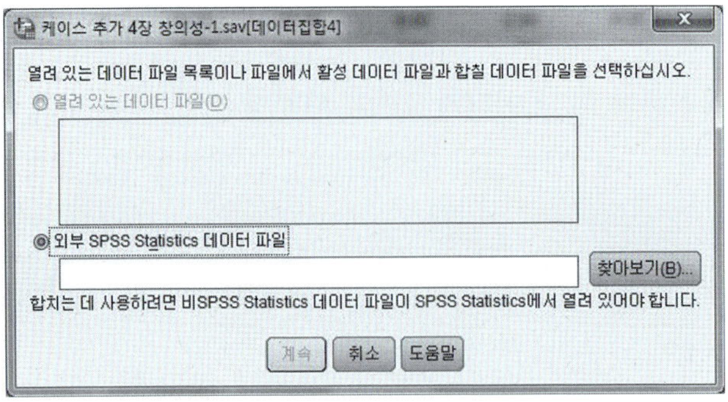

③ 추가할 파일 【4장 창의성-2.sav】을 선택하여 [열기(O)]를 한 다음 [계속]을 누릅니다.

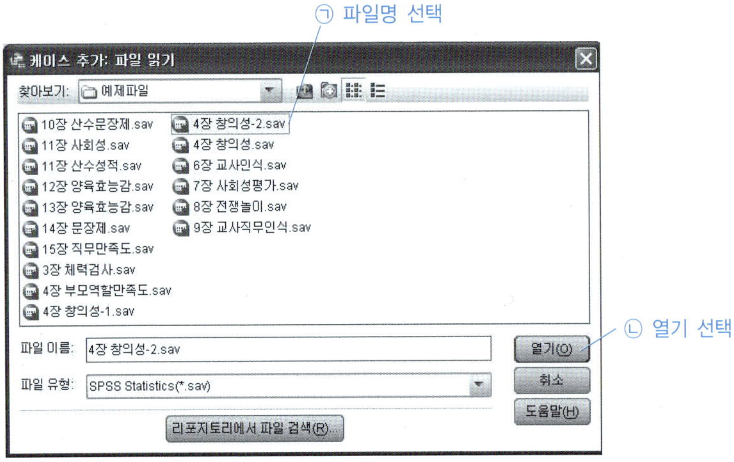

④ 케이스 추가의 경우 변수가 같은지 다른지를 자동으로 비교해서 동일한 이름의 변수는 새로운 작업 데이터 파일의 변수로 이동됩니다.

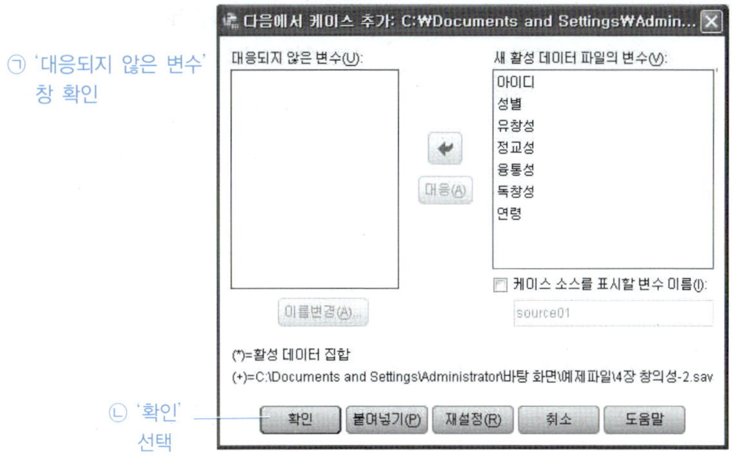

만약 변수 이름이 다른 변수가 있을 경우 대응되지 않는 변수 창 아래에 변수들의 이름이 나타나게 됩니다. 그러므로 반드시 사전에 합칠 파일의 변수명이 동일한지 확인하는 것을 잊지 마세요. 그런 다음 확인 을 누르면 합병된 새로운 데이터 파일이 나타나고, 이것을 새로운 파일 이름으로 저장하면 됩니다.

(2) **변수 추가**(2개의 파일로 나누어 저장되어 있는 변수의 합치기)

메뉴 → 데이터 → 파일 합치기 → 변수 추가

① 변수 추가에서는 추가될 변수의 사례수가 기존 변수의 사례수와 동일한 경우만 가능합니다. 먼저 추가될 변수 파일 【4장 창의성.sav】을 불러온 다음 【메뉴 → 데이터 → 파일 합치기 → 변수 추가】를 실행합니다.

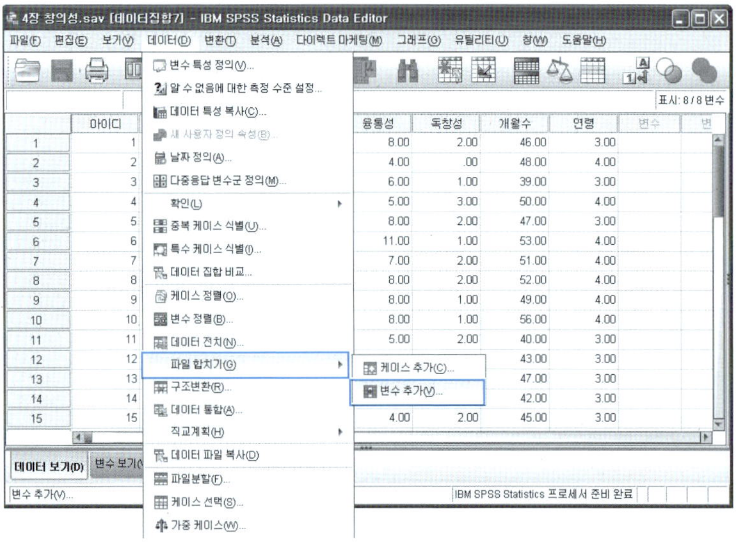

② 그러면 파일을 불러올 수 있는 파일 읽기 대화창이 나타나고 이때 동시에 작업하고 있던 열려 있는 데이터 파일에서 추가할 변수가 포함되어 있다면 '열려 있는 데이터 파일(o)'을 선택하고, 그렇지 않은 경우에는 '외부 spss 데이터 파일'을 선택한 다음 '찾아보기'를 통해 추가할 변수가 포함된 파일을 찾습니다. 추가로 합병할 파일 【4장 문제해결력.sav】를 선택하여 [열기(O)]를 한 다음 [계속]을 누릅니다.

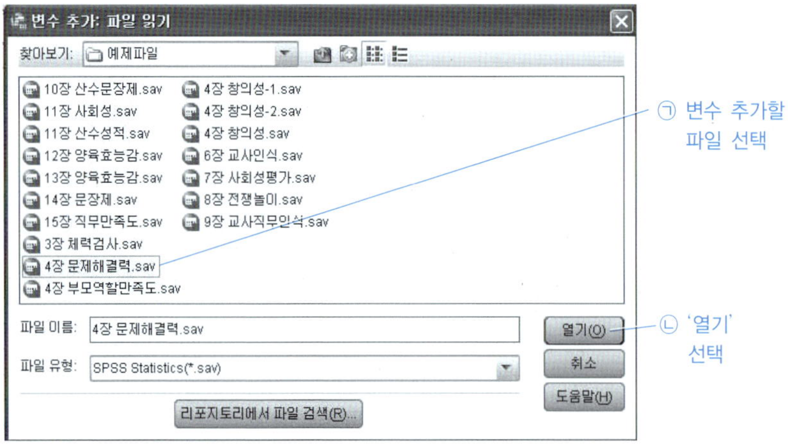

③ 그러면 변수와 사례수를 비교한 대화창이 나타납니다. 새로운 작업 데이터 파일에서는 사례수가 같은지 다른지, 그리고 SPSS 데이터 창에서 현재 작업 중인 첫 번째 파일(*표시)인지, 아니면 불러오기로 읽어온 두 번째 파일(+)인지를 비교하여 나타납니다. 두 파일의 사례수가 같으며, 이상이 없을 경우 [확인]을 선택하면 됩니다.

㉠ 변수에 이상이 없는지 확인

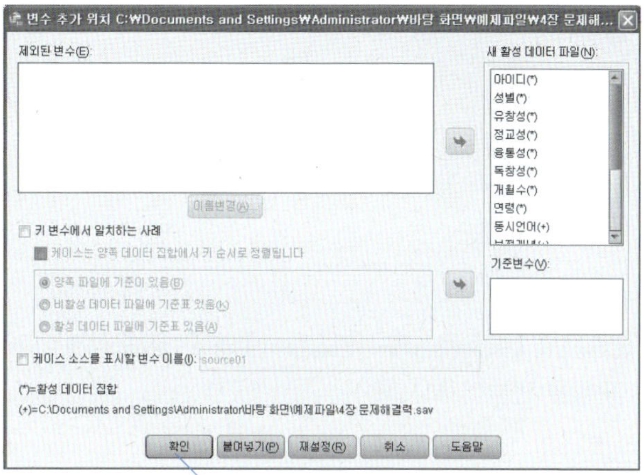

㉡ '확인' 선택

④ 그러면 합병된 새로운 데이터 파일이 나타나고, 이것을 새로운 이름으로 저장하면 됩니다.

요약

파일 합치기

- 케이스 추가 : 【메뉴 → 데이터 → 파일 합치기 → 케이스 추가 → 추가할 파일명 선택 → [열기(O)] → 변수들이 대응되는지 확인 후 [확인]】
- 변수의 합치기 : 【메뉴 → 데이터 → 파일 합치기 → 변수 추가 → 추가할 파일명 선택 → [열기(O)] → 추가할 변수의 케이스가 같은 지 확인 후 [확인]】

연 · 습 · 문 · 제

01 CD의 연습문제 【4장 문장제(연습).sav】 파일을 이용하여 개월수를 연령으로 코딩변경해 보시오.

02 CD의 연습문제 【4장 문장제(연습).sav】 파일에서 문장제 하위유형별 점수를 이용하여 총점을 계산하시오.

03 CD의 연습문제 【4장 문장제-1(연습).sav】와 【4장 문장제-2(연습).sav】 파일을 합쳐서 새로운 파일을 만들어 보시오.

04 CD의 연습문제 【4장 문장제(연습).sav】와 【4장 지능(연습).sav】 파일을 합쳐서 새로운 파일을 만들어 보시오.

쉬어 가기

이등병과 선임부사관

한 이등병이 몹시 추운 겨울날 밖에서 언 손을 녹여 가며 찬물로 빨래를 하고 있었습니다.

마침 그곳을 지나던 소대장이 그것을 보고 안쓰러워하며 한마디를 건넸습니다.

"김 이병, 저기 취사장에 가서 뜨거운 물 좀 얻어다가 하지."

그 이등병은 소대장의 말을 듣고 취사장에 뜨거운 물을 얻으러 갔지만, 고참에게 군기가 빠졌다는 핀잔과 함께 한바탕 고된 얼차려만 받아야 했습니다. 빈손으로 돌아와 찬물로 빨래를 계속하고 있을 때 중대장이 지나가면서 그 광경을 보았습니다.

"김 이병, 그러다 동상 걸리겠다. 저기 취사장에 가서 뜨거운 물 좀 얻어서 해라."

신병은 그렇게 하겠다고 대답은 했지만, 이번에는 취사장에 가지 않았습니다.

가봤자 뜨거운 물은 고사하고, 혼만 날 것을 알고 있기 때문이었습니다.

그렇게 계속 빨래를 하고 있는데, 이번에는 중년의 선임 부사관이 그 곁을 지나가다 찬물로 빨래를 하고 있는 모습을 보고 걸음을 멈추고 말했습니다.

"김 이병, 내가 세수를 좀 하려고 하니까 지금 취사장에 가서 그 대야에 더운물 좀 받아 와라!"

이등병은 취사장으로 뛰어가서 취사병에게 보고했고, 금방 뜨거운 물을 한가득 받아 왔습니다. 그러자 선임 부사관이 다시 말했습니다.

"김 이병! 그 물로 언 손을 녹여가며 해라. 양이 충분하지는 않겠지만 동상은 피할 수 있을거야."

소대장과 중대장, 그리고 선임 부사관 3명의 상급자 모두 부하를 배려하는 마음은 있었지만 상대방의 입장에서 상황을 파악하고 정말로 부하에게 도움이 된 것은 단 한 사람뿐입니다. 나의 관점에서 일방적인 태도로 상대를 배려하고, 상대에게 도움을 줬다고 혼자 착각하는 어리석음을 범하고 있지는 않은지 되돌아봅시다.

배고픈 소에게 고기를 주거나 배고픈 사자에게 풀을 주는 배려는 나의 입장에서 단지 내 만족감으로 하는 허상의 배려입니다.

chapter

05

결과의 저장과 불러오기

chapter 05

결과의 저장과 불러오기

이 장에서는 통계분석을 한 후 나온 결과를 다양한 형태로 저장하는 방법과 출력된 통계결과를 한글에서 불러오는 방법에 대해 알아봅시다.

➤ SPSS 데이터 화면에서 원하는 통계명령을 실행시켰을 때 나오는 Output 화면의 통계결과를 저장하는 방법에 대해 알아봅시다.

➤ 표를 저장하는 방법은 세 가지가 있습니다. 이러한 통계 결과는 저장방식에 따라 한글에서 불러오기가 가능합니다. 한글에서 보고서를 작성할 경우 인터넷 문서 파일을 사용하면 편집이 용이합니다.

1. 다양한 저장하기(Output 파일 저장하기)

저장방식	파일형식	특성
SPSS 파일	*.spo	① Output 창 내에서는 표 편집을 자유로이 할 수 있다. ② SPSS의 Output 창에서 자유롭게 불러올 수 있다. ③ 혼글에서 불러오기가 안 된다.
인터넷 문서 파일	*.htm	① 인터넷 문서 읽기가 가능한 모든 프로그램에서 볼 수 있다. ② 혼글, 훈민정음에서 불러와도 표가 깨지지 않는다. ③ 다양한 표 편집의 표현이 부족하다.

SPSS를 실행한 결과를 저장하는 방법에는 다음의 두 가지가 있습니다.

1) SPSS 파일로 저장하기

통계분석 후 메뉴 → 파일 → 저장 또는 다른 이름으로 저장

① 데이터 화면에서 원하는 통계명령을 실행시키면 분석된 통계결과가 Output 화면에 나타납니다. 이때 Output 화면상의 메뉴에 있는 【파일】에서 【저장】 또는 【다른 이름으로 저장】을 선택하면 아래와 같은 저장하기 대화창이 나타납니다. SPSS 자료의 저장하기는 데이터 파일과 결과(output) 파일의 저장이 따로 이루어지므로 반드시 Output 화면에서 통계 결과를 저장해야 합니다.

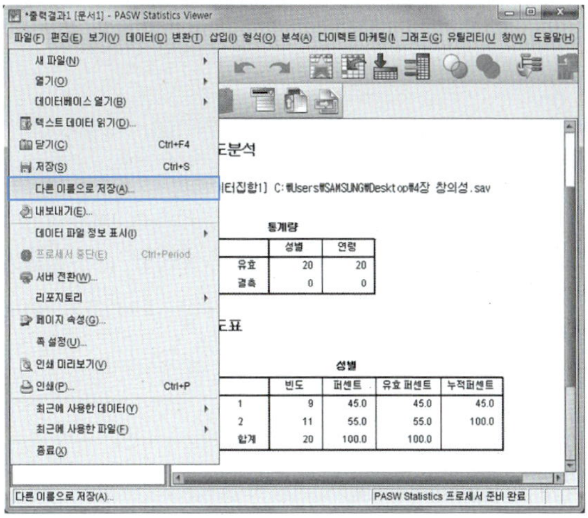

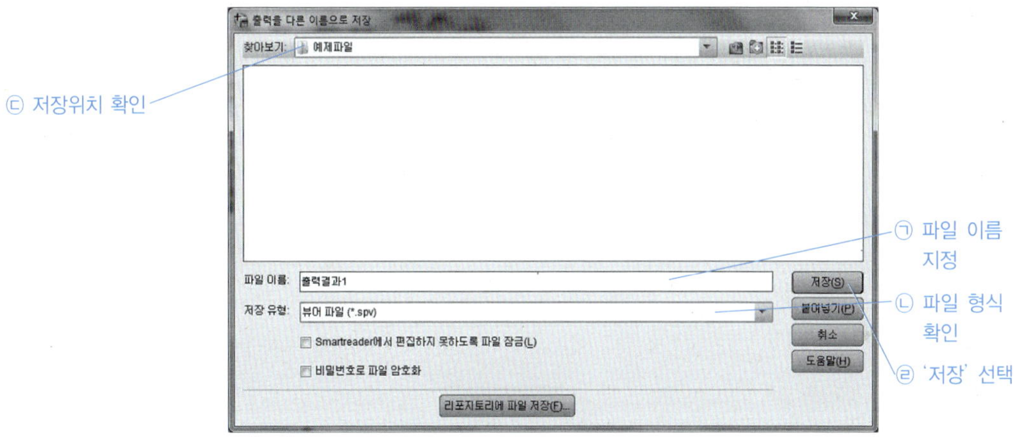

② 다른 폴더에 저장할 경우 위치를 마우스로 선택해서 적절한 폴더로 이동한 다음 원하는 이름을 입력한 후 [저장(S)]을 누르면 됩니다.

③ 저장하기를 할 경우 폴더 또는 드라이브, 파일 이름, 파일 형식에 유의해야 합니다.

④ 불러오기를 할 경우 【메뉴 → 파일 → 열기 → 출력결과】에서 파일 이름을 선택하면 됩니다.

⑤ SPSS에서 저장된 결과는 한글(도스용 포함) 등에서 바로 불러오기를 할 수 없다는 것을 유의해야 합니다.

2) 인터넷 문서로 저장하기

메뉴 → 파일 → 내보내기 → HTML 파일 형식

① 인터넷 문서로 저장하기는 Output 화면에서 【메뉴 → 파일 → 내보내기】를 선택하면 내보내기 출력결과 창이 나타납니다. 그러면 내보내기 파일에서 폴더와 저장될 파일 이름을 선택한 후 바로 [확인]을 누르면 됩니다.

② 인터넷 문서로 저장할 경우에는 인터넷은 물론 혼글, 훈민정음 등에서 불러올 경우 표가 살아 있어 혼글 등에서 편집이 용이합니다.

③ 다른 폴더 또는 드라이브에 저장할 경우 [찾아보기(B)...]를 선택하여 폴더나 드라이브 및 파일명을 지정합니다.

④ 다음은 내보내기 출력결과 창의 하위 메뉴에 대한 설명입니다.

<table>
<tr><th>메뉴</th><th>하위 메뉴</th><th>내용</th></tr>
<tr><td rowspan="4">내보내기</td><td colspan="2">저장할 경우 도표를 빼고 결과들을 전부 저장할 것인지, 아니면 결과만 선택하여 저장할 것인지, 도표만 저장할 것인지를 선택합니다.</td></tr>
<tr><td>출력결과문서</td><td>도표와 결과들을 전부 저장하기</td></tr>
<tr><td>출력결과문서(도표 없음)</td><td>기본설정, 결과들만 저장하기</td></tr>
<tr><td>도표만</td><td>도표만 저장하기</td></tr>
<tr><td>내보내기 파일</td><td colspan="2">저장될 파일 이름과 폴더 또는 드라이브를 지정합니다. 이때는 파일 이름은 물론 저장하는 파일이 어느 폴더나 드라이브에 저장이 되는지 주의해서 보아야 합니다. 단, C:₩₩, A:₩₩처럼 나타날 경우 ₩를 하나 지워야 합니다.</td></tr>
<tr><td rowspan="4">내보내기 대상</td><td colspan="2">결과 창에 있는 모든 개체(통계 결과)를 선택할 것인지(기본설정) 아니면 여러 개의 결과 창 중에서 일부만 선택할 것인지를 선택합니다.</td></tr>
<tr><td>모든 개체</td><td>모든 개체를 다 선택하여 저장</td></tr>
<tr><td>보이는 모든 개체</td><td>현재 화면의 보이는 개체만을 선택하여 저장</td></tr>
<tr><td>선택된 개체</td><td>마우스 또는 블록으로 선택한 것만 저장</td></tr>
<tr><td rowspan="3">내보내기 형식</td><td colspan="2">저장될 파일 형식을 인터넷 문서(HTML file)나 텍스트 문서(Text file)로 저장할 것인지 선택합니다. 인터넷 문서와 텍스트 문서로 저장할 때는 내보내기에서 해야 합니다.</td></tr>
<tr><td>HTML file(*.htm)</td><td>기본설정, 인터넷 문서 형식으로 저장</td></tr>
<tr><td>Text file(*.txt)</td><td>텍스트 파일 형식으로 저장</td></tr>
</table>

요약

결과 저장하기

- SPSS에서 저장하기 : 【메뉴> 파일 → 저장(S) 또는 다른 이름으로 저장(A)】
- 인터넷 문서로 저장하기 : 【메뉴> 파일 → 내보내기 → HTML 파일 형식】

2. ᄒᆞᆫ글에서 불러오기

【저장】이나 【내보내기】 등에서 저장된 통계 결과표를 ᄒᆞᆫ글에서 불러와서 사용하고 싶을 때 저장된 파일의 유형에 따라 불러오기 과정이 달라집니다. 다음에 제시되는 방법은 윈도우용 워드프로세서에서 동일한 방법으로 적용됩니다.

1) 복사해서 붙이기(Copy)

메뉴 → 편집 → 전체 선택 → 메뉴 → 편집 → 복사(또는 선택하여 복사하기) → ᄒᆞᆫ글 실행 → 메뉴 → 편집 → 붙이기

① 출력된 전체 결과를 복사해서 ᄒᆞᆫ글에서 불러오는 과정은 ᄒᆞᆫ글에서 SPSS의 결과를 가장 쉽게 볼 수 있는 방법입니다. SPSS 결과 파일을 열어놓은 상태에서 【메뉴 → 편집 → 전체 선택】을 클릭한 후, 다시 【메뉴 → 편집】 또는 마우스의 오른쪽 키(hot key)를 눌러 【복사】를 선택합니다.

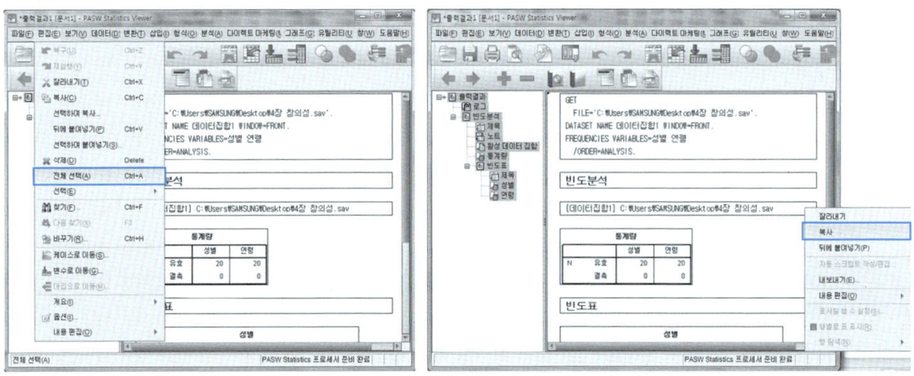

② 그리고 ᄒᆞᆫ글을 실행해서 【메뉴 → 편집 → 붙이기】를 선택해 보세요. 출력결과를 바로 ᄒᆞᆫ글에서 볼 수 있습니다.

③ 출력된 결과의 일부만을 복사할 때는 결과 창(SPSS Output)에서 해당 변수를 마우스로 선택한 후, 마우스의 오른쪽 키를 누르면 명령어가 나타나는데, 이때 【복사 또는 선택하여 복사하기】를 선택합니다. 그 다음 흔글로 이동해 【메뉴 → 편집 → 붙이기】를 선택하면 됩니다.

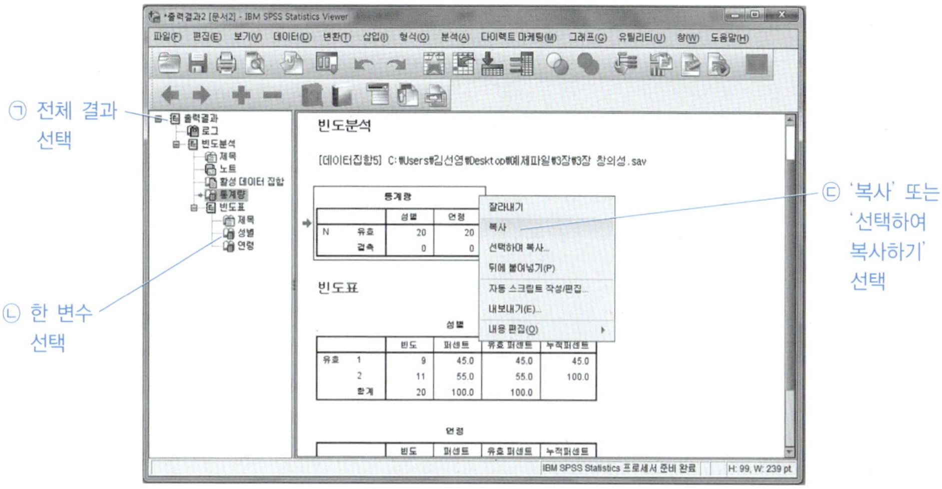

④ 【붙이기】를 실시한 통계 결과들은 SPSS의 결과와 모양이 동일하며, 흔글 문서로 저장이 됩니다. SPSS 21.0 버전에서는 흔글 프로그램의 버전이 2005 이상이 되면 결과파일의 내용을 【복사】해서 【붙이기】를 사용하면 바로 편집이 가능해서 사용하기 편리합니다.

2) 인터넷 문서로 불러오기(*.htm)

메뉴 → 파일 → 불러오기 → *.htm 문서 선택 → 변환 후 읽기 선택

① 흔글의 【메뉴 → 파일 → 불러오기】를 선택합니다. 불러오기 대화창에서 디렉토리(폴더)를 결과가 저장되어 있는 SPSS 폴더로 이동합니다. 대화창 하단에 파일 형식을 찾아 마우스로 누르면, 여러 파일 형식이 나타나는데, 이 중에서 HTML 파일(*.htm;

*.html)을 선택합니다. 그리고 결과파일(output) 이름을 선택한 후 열기(O)를 누릅니다.

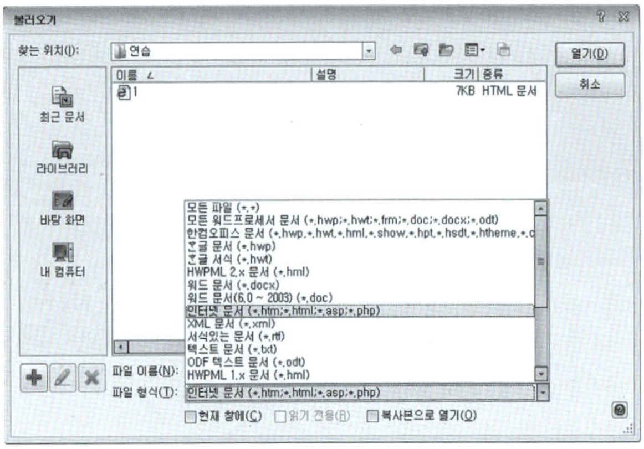

② 그러면 아래와 같이 읽을 HTML 문서 종류를 확인하는 대화창이 나오는데 '한국(KS)'을 선택하고 확인을 누르면 됩니다.

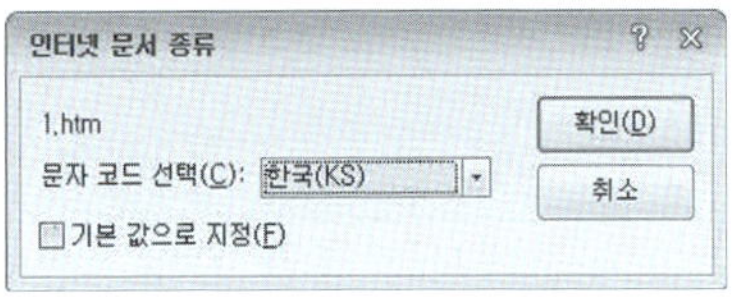

③ 다음과 같이 결과표가 흔글 화면에 나타납니다. 흔글 버전이 낮아 【복사】해서 【붙이기】를 사용해서 편집이 되지 않을 때 이 방법을 사용하면 편집과 보고서 작성이 가능하므로 일반적으로 사용할 수 있는 방법입니다.

성별

		빈도	퍼센트	유효퍼센트	누적퍼센트
유효	남자	59	47.6	47.6	47.6
	여자	65	52.4	52.4	100.0
	합계	124	100.0	100.0	

요약

한글에서 불러오기

- SPSS에서 복사하기 : 【메뉴 → 편집 → 전체 선택(A) → 메뉴 → 편집 → 복사(또는 개체복사) → ᄒᆞᆫ글 실행 → 메뉴 → 편집 → 붙이기】

<개체복사 없음>

- 인터넷 문서로 불러오기 : 【메뉴 → 파일 → 불러오기 → *.htm 문서 선택 → 변환 후 읽기 선택】

연 · 습 · 문 · 제

01 연습문제 CD의 【5장 창의성(연습).spo】 파일의 통계 결과를 위의 세 가지 방법을 이용해서 한글에서 불러오기를 해보시오.

쉬어가기

100점짜리 인생을 만드는 법

어느 조찬 모임에서 한 장관이 외국인에게 들었다며 '100점짜리 인생을 만드는 법'을 소개했습니다. 인생을 100점짜리로 만드는 법은 무엇일까요?

① 열심히 일한다(hard work).
② 지식을 쌓는다(knowledge).
③ 사랑을 한다(love).
④ 운에 맡긴다(luck).
⑤ 돈을 많이 번다(money).
⑥ 리더십을 갖춘다(leadership).
⑦ 태도를 기른다(attitude).

하나를 선택했다면, 이제 답을 확인해 봅시다.
먼저 알파벳에 순서대로 숫자를 매겨줍니다. A=1, B=2, C=3, … Z=26 이런 식으로 …
그런 다음 어떤 단어의 알파벳에 매겨진 숫자를 모두 더해 100점이 되는 단어를 찾습니다.
hard work = H(8)+A(1)+R(18)+D(4)+W(23)+O(15)+R(18)+K(11) = 98점

일을 열심히 한다고 100점짜리 인생이 되는 것은 아닙니다.
그렇다고 지식이 많으면…? knowledge = 96점
사랑을 하면…? love = 54점
운으로 될까요 …? luck = 47점
그럼 돈이 많으면 …? money = 72점
리더십은요 …? leadership = 89점
그럼 뭘까요?
"답은 attitude입니다. 인생은 '마음먹기'에 따라 100점짜리가 될 수 있습니다."
attitude = A(1)+T(20)+T(20)+I(9)+T(20)+U(21)+D(4)+E(5) = 100점

chapter

06

빈도분석, 교차분석, 기술통계

chapter

06

빈도분석, 교차분석, 기술통계

이 장에서는 자료 입력이 끝난 후 제일 먼저 실시하게 되는 기초적인 분석인 빈도분석, 교차분석과 기술통계에 대해 알아봅시다.

➤ 빈도분석은 각 범주에 속한 사례수를 분석하는 것이며, 많은 양의 자료를 간단히 정리하여 볼 수 있습니다.

➤ 교차분석을 통하여 2개의 변수를 동시에 고려한 빈도분석을 할 수 있습니다.

➤ 기술통계는 양적 변수를 가장 잘 요약해 주는 평균과 표준편차 등 집중경향값과 분산도를 알 수 있는 방법입니다.

1. 빈도분석

메뉴 → 분석 → 기술통계량 → 빈도분석

데이터 입력과 오류 수정이 끝나면 빈도분석을 시작할 수 있습니다. 빈도분석은 조사결과에 대한 기초적인 정보를 알 수 있는 방법이지요. 빈도분석을 하면 전체적인 분포양상, 각 범주에 속한 사례수 등 많은 양의 정보를 간단히 정리하여 볼 수 있게 됩니다. 즉, 조사대상 중 남아와 여아는 각각 몇 명인지, 또는 유치원 교사와 어린이집 교사는 각각 몇 명이며 몇 %인지에 대해 알고자 할 때 빈도분석을 실시할 수 있습니다.

빈도분석은 척도의 종류에 관계없이 사용할 수 있는 방법이지만 비연속 변수(2장 변수의 종류 참고)의 경우에 더 적합합니다. 키나 IQ와 같은 연속변수의 경우는 표가 너무 길어지지요. 그럴 경우에는 IQ 90 미만, IQ 90 이상~IQ 100 미만, IQ 100 이상~110 미만, IQ 110 이상~120 미만과 같이 변수를 적절한 구간으로 묶어서 코딩변경을 한 후 사용하면 좋습니다(4장 자료 변환 참고).

빈도분석의 결과를 그래프로 나타내면 자료의 분포를 한눈에 알아볼 수 있어 편리합니다.

1) 빈도분석 실행

(1) 빈도분석은【메뉴 → 분석 → 기술통계량 → 빈도분석】을 선택하면 실행할 수 있습니다. 이제【6장 교사인식.sav】 파일을 불러와서 직접 해봅시다. 본격적인 분석에 들어가기 전에 반드시 오류분석을 해야 한다는 것을 잊지 마세요(3장 입력 오류 수정 참고).【6장 교사인식.sav】 파일이 열린 상태에서【메뉴 → 분석 → 기술통계량 → 빈도분석】을 선택하면 빈도분석 창이 열립니다.

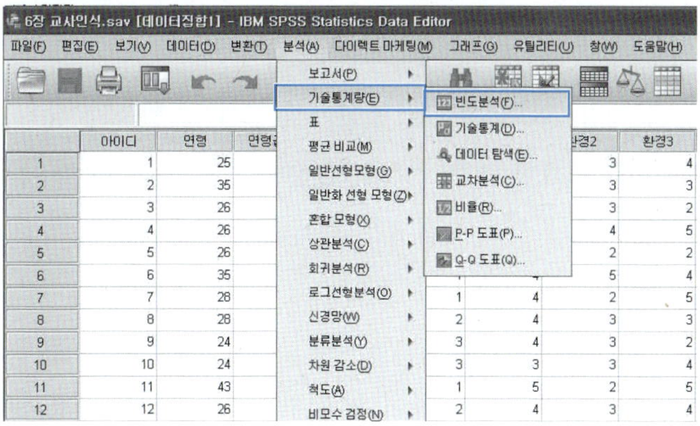

(2) 왼쪽 상자에 있는 변수들 중 빈도분석을 실행할 변수를 마우스로 선택하고 [→] 을 클릭하면 오른쪽 상자로 이동합니다. 여기서는 '연령급간', '소속기관', '전공'을 넣어보도록 하겠습니다.

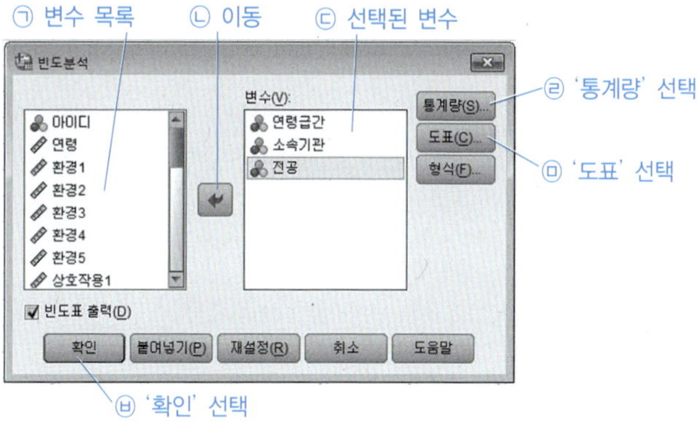

(3) 만약 선택을 잘못하여 빈도분석을 하지 않아야 할 변수가 오른쪽 상자로 옮겨졌다면 그 변수를 마우스로 선택하여 [←]을 클릭하면 다시 왼쪽 상자로 이동합니다. 변수의 선택이 끝난 후 [확인]을 클릭하면 빈도분석이 실행됩니다.

2) 옵션 선택

빈도분석에는 통계량, 도표, 형식의 옵션이 있어서 잘 활용할 경우 유용한 정보들을 얻을 수 있습니다. 필요한 경우 적절한 옵션을 선택한 후 [확인]을 클릭하면 됩니다.

(1) 통계량

[통계량(S)...]을 선택하면 다음과 같은 창이 열립니다. 이 중 필요한 항목을 선택하고 나서 [계속]을 클릭합니다.

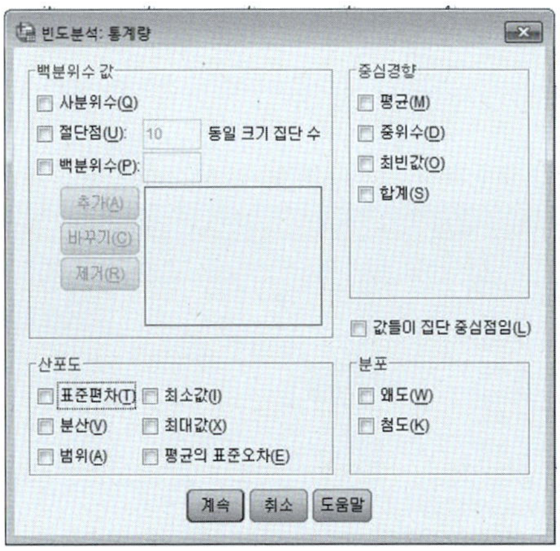

① 백분위수 값

특정 점수의 백분율과 누적된 백분율을 나타내 주기 때문에 상하로 집단을 나눌 때 유용하게 사용할 수 있지요. 백분위수 값의 하위메뉴에는 사분위수, 절단점, 백분위수가 있지만 기본적인 빈도분석만 하여도 백분율과 누적백분율이 산출되기 때문에 선택해 주지 않아도 좋습니다.

② 중심경향

사례들이 어떤 값을 중심으로 몰리는 경향을 중심경향이라고 합니다. 중심경향의 하위메뉴에는 평균, 중위수, 최빈값, 합계가 있습니다.

③ 산포도

사례들이 흩어진 정도, 즉 다양성의 정도를 나타내는 것입니다. 산포도의 하위메뉴에는 표준편차, 분산, 범위, 최소값, 최대값, 평균의 표준오차가 있습니다.

④ 분포

사례들의 분포를 나타낸 곡선이 좌우로 어느 정도 퍼져있는지 또는 상하로 어느 정도 뾰족한지에 대해 알려줍니다.

(2) 도표

빈도분석의 결과를 막대도표, 원도표, 또는 히스토그램 등 그림으로 나타내고 싶다면 빈도분석의 옵션 중 [도표(C)...]를 선택하면 됩니다. 빈도분석 상자의 오른쪽에 있는 [도표(C)...]를 선택하면 다음과 같은 창이 열립니다. 원하는 도표 유형을 선택한 후 [계속]을 클릭합니다.

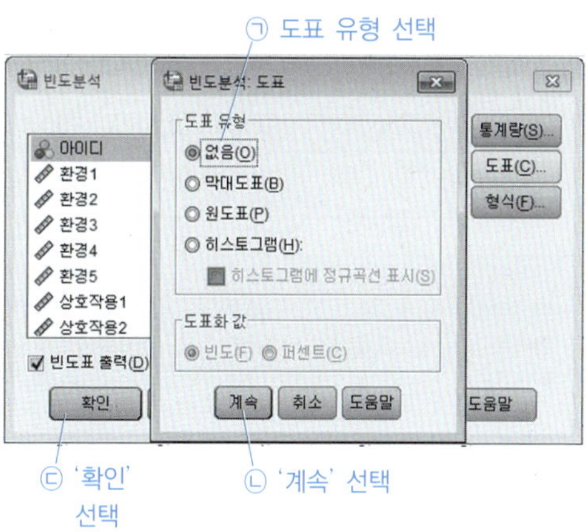

① 없음

도표를 나타내고 싶지 않을 때 선택하면 빈도분석 결과가 도표로 나타나지 않습니다. 특별한 선택을 하지 않으면 SPSS상에서 자동으로 이 값이 선택됩니다.

② 막대도표

자료가 성별, 학급, 종교 등 비연속자료일 경우에 적합한 표입니다. 【메뉴 → 그래프 → 레거시 대화상자 → 막대도표】에서도 가능합니다.

③ 원도표

자료가 성별, 학급, 종교 등 비연속자료일 경우에 적합한 표입니다. 【메뉴 → 그래프 → 레거시 대화상자 → 원】에서도 가능합니다.

④ 히스토그램

히스토그램에는 정규분포곡선을 추가하여 분포가 정규적으로 되어 있는지 확인할 수 있습니다. 【메뉴 → 그래프 → 레거시 대화상자 → 히스토그램】에서도 가능합니다.

3) 결과표 해석

옵션 선택이 끝났으면 [확인]을 선택하여 빈도분석을 실행합니다. 그러면 아래와 같은 Output 화면이 출력됩니다.

연령급간

		빈도	퍼센트	유효퍼센트	누적퍼센트
유효	20대	192	62.5	62.5	62.5
	30대	69	22.5	22.5	85.0
	40대 이상	46	15.0	15.0	100.0
	합계	307	100.0	100.0	

소속기관

		빈도	퍼센트	유효퍼센트	누적퍼센트
유효	유치원	162	52.8	52.9	52.9
	어린이집	144	46.9	47.1	100.0
	합계	306	99.7	100.0	
결측	9	1	.3		
합계		307	100.0		

전공

		빈도	퍼센트	유효퍼센트	누적퍼센트
유효	유아교육	156	50.8	50.8	50.8
	보육학	69	22.5	22.5	73.3
	아동학	82	26.7	26.7	100.0
	합계	307	100.0	100.0	

(1) 빈도분석 결과

① **빈도** : 각 변수값에 해당하는 빈도가 제시되어 있습니다. '소속기관'에서 보면 응답대상 교사 중 162명이 유치원 교사이고, 144명이 어린이집 교사이며, 1명이 결측값, 전체 응답 교사는 307명이라는 것을 알 수 있습니다.

③ **퍼센트** : 전체 대상을 100으로 보았을 때의 비율을 말합니다. 유치원 교사가 전체의 52.8%, 어린이집 교사가 전체의 46.9%, 그리고 결측값이 0.3%라는 것을 알 수 있습니다.

④ **유효퍼센트** : 무응답을 제외한 유의미한 응답자들을 전체로 한 비율을 말합니다. 따라서 결측값을 제외한 306명을 100으로 하여 %를 산출하게 됩니다. '전공'의 경우 결측값이 없기 때문에 퍼센트와 유효퍼센트가 동일한 수치가 나옵니다. 결측값을 고려하고 싶지 않을 때에는 유효퍼센트를 사용합니다.

⑤ **누적퍼센트** : 유효퍼센트의 누적비율을 말합니다.

(2) 통계량

위에서 '연령'의 경우 연속자료이므로 통계량(S)... 중에서 평균과 표준편차를 선택하면 다음과 같이 결과가 나옵니다.

통계량

연령

N	유효	307
	결측	0
평균		31.19
표준편차		6.982

'연령'의 경우 유효사례수는 307, 결측은 0이며, 응답대상자의 평균 연령은 31.19, 표준편차는 6.982임을 나타내 줍니다.

(3) 도표 출력 결과

① 막대도표 출력 결과

'연령급간'에 대하여 막대도표가 출력된 모습입니다. 도표상으로 볼 때 응답대상 교사들 중에는 20대가 가장 많고, 40대 이상의 교사가 가장 적다는 것을 알 수 있습니다.

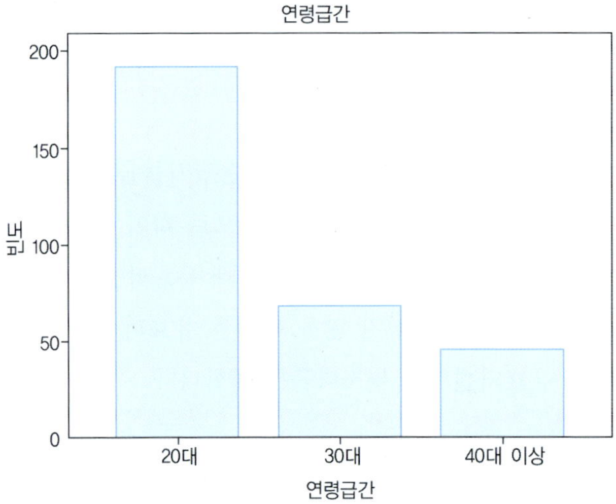

② 원도표 출력 결과

도표에서 원도표를 선택하면 아래와 같은 원도표가 나옵니다.

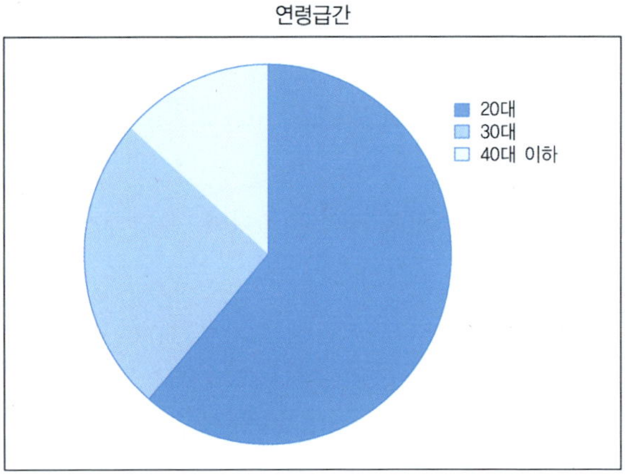

4) 보고서 제시 양식

보고서에 빈도분석 결과를 제시할 때는 SPSS의 출력결과를 모두 나타내 줄 필요는 없습니다. 일반적으로 빈도분석의 결과는 빈도수와 %만을 제시합니다.

〈표 6-1〉 연구대상 교사의 일반적 배경 (*N*=307)

변인		빈도수(N)	퍼센트(%)
연령급간	20대	192	62.5
	30대	69	22.5
	40대 이상	46	15.0
소속기관	유치원	162	52.8
	어린이집	144	46.9
	결측	1	0.3
전공	유아교육	156	50.8
	보육학	69	22.5
	아동학	82	26.7
전체		307	100.0

해석 전체 응답 대상자 중 연령별로는 20대 교사가 192명(62.5%)으로 가장 많았고, 소속기관별로는 유치원 교사가 162명(52.8%), 어린이집 교사가 144명(46.9%)였고, 전공별로는 유아교육 전공이 156명(50.8%)으로 가장 많은 것으로 나타났다.

요약

빈도분석

- 【메뉴 → 분석 → 기술통계량 → 빈도분석】
- 통계량(S)... 과 도표(C)... 선택
- 확인

2. 교차분석

메뉴 → 분석 → 기술통계량 → 교차분석

빈도분석에서는 하나의 변수에 대한 빈도만을 알 수 있지요. 비연속적 변수에 대하여 둘 이상의 변수를 동시에 고려한 빈도분석을 하고자 할 때는 교차분석을 합니다. 예를 들어, 각 성별집단 내에서 연령에 따른 빈도를 알고자 한다면 교차분석을 하는 것이 좋습니다. 교차분석을 통하여 남자이면서 3, 4, 5세인 사례수와 여자이면서 3, 4, 5세인 사례수를 알 수 있습니다.

여기서 중요한 것은 교차분석은 빈도분석과 마찬가지로 비연속적 변수에 대해서만 실시해야 한다는 것입니다. 즉, 성별, 연령, 형제서열 등의 비연속적인 자료가 있을 때 이들 간에 상호 교차하는 빈도를 알아보는 데 적절합니다.

유아의 가정환경에 대한 연구를 수행한다고 합시다. 연구대상 유아의 성별, 연령, 소속학급, 현재 다니고 있는 학원 수, 형제서열 등에 대한 자료가 있을 때 이들 각각의 빈도에 대해 빈도분석을 할 수도 있습니다. 그러나 성별과 연령에 대한 분포 또는 형제서열과 현재 다니고 있는 학원 수에 대한 분포를 동시에 알고자 할 때 교차분석을 실행하면 필요한 정보를 얻을 수 있습니다.

1) 교차분석의 실행

(1) 교차분석은 【메뉴 → 분석 → 기술통계량 → 교차분석】을 선택하면 실행할 수 있습니다. 【6장 교사인식.sav】 파일을 불러와서 교차분석을 실행해 봅시다.

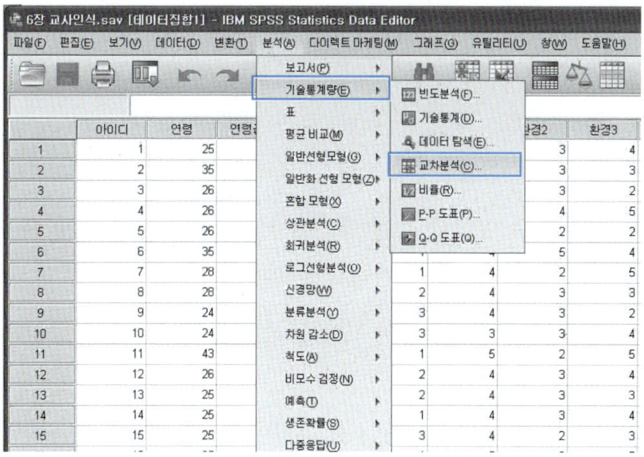

(2) 여기서는 소속기관별 연령대의 빈도를 알아보기 위해 교차분석을 한다고 가정해 봅시다. 【6장 교사인식.sav】 파일이 열린 상태에서 【메뉴 → 분석 → 기술통계량 → 교차분석】을 선택하면 다음과 같은 창이 열립니다.

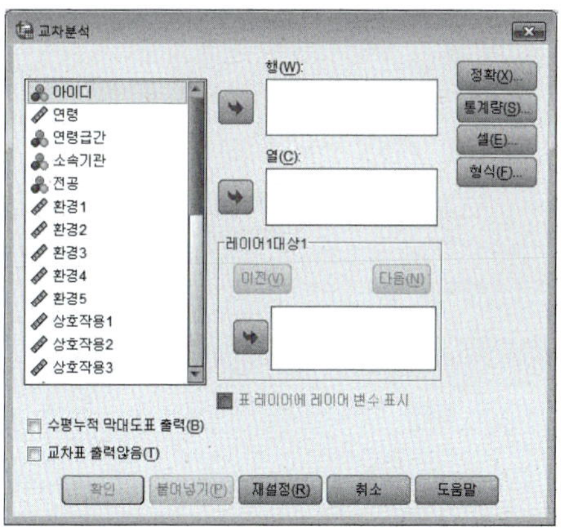

(3) 【행】에는 세로방향으로 제시될 변수를 선택하여 넣습니다. 독립변수를 행에 넣는 것이 일반적이지만 반드시 지켜야 하는 것은 아니며 가로와 세로의 범주수를 살펴보아 표가 보기 좋도록 선택해서 넣으면 됩니다.

(4) 【열】에는 가로방향으로 제시될 변수를 선택하여 넣습니다. 종속변수를 행에 넣는 것이 일반적이지만 가로로 갈 수 있는 칸이 5~6개 정도이기 때문에 이보다 더 많은 변수값을 갖는 변수는 행에 선택해 주면 좋습니다.

(5) 【레이어】는 세 변수 이상에 대한 교차분석을 할 때 편리하게 사용할 수 있습니다. 즉, 소속기관별로 전공에 따른 연령대에 대한 교차분석을 하고 싶을 때 사용할 수 있는 방법이지요. 【레이어】에 넣을 변수를 선택한 다음 ▶을 클릭해 주면 됩니다.

(6) 소속기관별 각 연령대에 몇 명이 있는지에 대해 교차분석을 한다고 가정하고 【행】에 소속기관, 【열】에 연령급간을 넣으면 다음과 같이 됩니다.

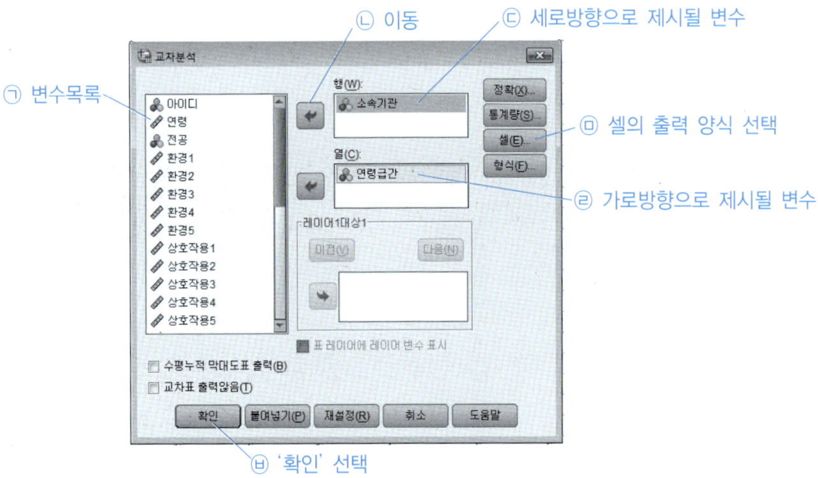

2) 옵션 선택

교차분석 창의 오른쪽에는 정확, 통계량, 셀의 옵션이 있지만 단순한 교차분석을 할 경우에는 [셀(E)...]에 대한 선택만 하면 됩니다. 다른 옵션은 카이검증(8장)을 할 때 필요한 것이지요. [셀(E)...]을 선택하면 다음과 같은 창이 열립니다. 필요한 선택을 마치고 나면 [계속]을 클릭합니다.

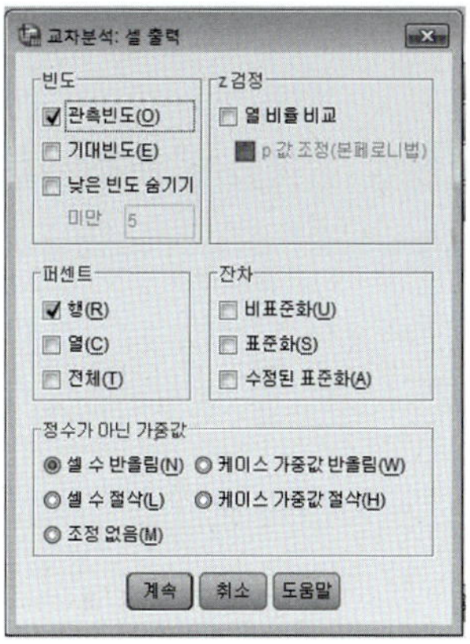

(1) 빈도

① **관측빈도** : 조사결과 관찰된 빈도를 말합니다. 교차분석 시 일반적으로 관측빈도만을 선택합니다.

② **기대빈도** : 이론적으로 기대되는 빈도, 즉 두 집단 간 분포가 같다는 영가설에 의해 기대되는 빈도를 말합니다. 예를 들어, 전체 대상이 10명이라면 이론적인 기대빈도는 남여 각각 같은 비율인 남자 5명, 여자 5명이 됩니다.

(2) 퍼센트

① **행** : 행의 퍼센트를 의미하며 가로방향의 합계가 100%가 됩니다.

② **열** : 열의 퍼센트를 의미하며 세로방향의 합계가 100%가 됩니다.

③ **전체** : 가로, 세로 전체 빈도에 대한 각 셀의 퍼센트를 말하며 가로, 세로 방향을 모두 합친 합계가 100%가 됩니다.

퍼센트의 옵션을 모두 선택하면 결과표가 매우 복잡해집니다. 따라서 연구자가 관심을 갖는 변수의 퍼센트만을 옵션으로 선택하면 표를 보고 읽기에 훨씬 편리합니다.

3) 결과표 해석

옵션 선택이 끝났으면 [확인]을 선택하여 교차분석을 실행합니다. 그러면 다음과 같은 Output 화면이 출력됩니다.

(1) 케이스 처리 요약

케이스 처리 요약

	케이스					
	유효		결측		전체	
	N	퍼센트	N	퍼센트	N	퍼센트
소속기관 * 연령급간	306	99.7%	1	0.3%	307	100.0%

교차분석을 실시하면 위와 같은 전체 과정 요약표가 나옵니다. 유효응답자와 무응답의 빈도를 알려줍니다. 여기서는 전체 응답자가 307명이며 결측값이 1명, 분석에 사용된 유효 응답자가 306명이라는 것을 알 수 있습니다.

(2) 교차분석표

① 【행】에 소속기관, 【열】에 연령급간을 입력하고, 위에서처럼 [셀(E)...]에 【행】의 퍼센트를 선택하면 다음과 같은 교차분석 결과표가 출력됩니다. 유치원 교사는 총 162명이고 이들 중 108명(66.7%)는 20대, 31명(19.1%)는 30대, 23명(14.2%)은 40대 이상입니다. 어린이집 교사는 총 144명이고 이들 중 83명(57.6%)는 20대, 38명(26.4%)는 30대, 23명(16.0%)은 40대 이상입니다. 또한 분석대상 전체 교사 수는 306명이며, 이 중 191명(62.4%)는 20대, 69명(22.5%)는 30대, 46명(15.0%)은 40대 이상이라는 것을 알 수 있습니다.

여기서 빈도값은 [셀(E)...]의 선택과는 무관하게 교차분석에서 기본적으로 산출되는 것입니다. [셀(E)...]을 어떻게 선택하느냐에 따라 % 값이 다르게 나옵니다. 【행】의 퍼센트를 선택하면 여기서처럼 가로의 합이 100%가 되도록 % 값이 산출되어 나옵니다.

소속기관 * 연령급간 교차표

			연령급간			전체
			20대	30대	40대 이상	
소속기관	유치원	빈도	108	31	23	162
		소속기관 중 %	66.7%	19.1%	14.2%	100.0%
	어린이집	빈도	83	38	23	144
		소속기관 중 %	57.6%	26.4%	16.0%	100.0%
전체		빈도	191	69	46	306
		소속기관 중 %	62.4%	22.5%	15.0%	100.0%

② 교차분석 옵션 중 셀(E)...에서 【열】을 선택하면 빈도수에는 변함이 없으나 다음과 같이 세로의 합이 100%가 되도록 %가 산출되어 나옵니다.

소속기관 * 연령급간 교차표

			연령급간			전체
			20대	30대	40대 이상	
소속기관	유치원	빈도	108	31	23	162
		연령급간 중 %	56.5%	44.9%	50.0%	52.9%
	어린이집	빈도	83	38	23	144
		연령급간 중 %	43.5%	55.1%	50.0%	47.1%
전체		빈도	191	69	46	306
		연령급간 중 %	100.%	100.%	100.0%	100.0%

③ 교차분석 옵션 중 셀(E)...에서 【전체】를 선택하면 전체 사례 중에서 각 셀에 해당되는 사례의 빈도와 퍼센트를 나타내 줍니다.

소속기관 * 연령급간 교차표

			연령급간			전체
			20대	30대	40대 이상	
소속기관	유치원	빈도	108	31	23	162
		전체 %	35.3%	10.1%	7.5%	52.9%
	어린이집	빈도	83	38	23	144
		전체 %	27.1%	12.4%	7.5%	47.1%
전체		빈도	191	69	46	306
		전체 %	62.4%	22.5%	15.0%	100.0%

④ 교차분석 옵션 중 셀(E)...에서 【행】, 【열】, 【전체】를 모두 선택하면 표가 매우 복잡하게 나옵니다. 따라서 연구자가 필요한 것만 선택하는 것이 좋습니다.

4) 보고서 제시 양식

보고서에 교차분석의 결과를 제시할 때는 알아보고자 하는 변수에 대한 빈도와 비율을 나타내 주면 됩니다. 모든 결과를 다 제시하면 표가 복잡해지기만 할 뿐이지요. 소속기관별 교사의 연령대를 알아보고자 한다면 다음과 같이 표를 제시해 줍니다. 이러한 표는 보통 연구대상에 대한 정보를 제시할 때 사용하게 됩니다.

〈표 6-2〉 소속기관별 교사의 연령대 (N=306)

소속기관 \ 연령대	20대	30대	40대 이상	전 체
유치원	108(66.7%)	31(91.1%)	23(14.2%)	162(100%)
어린이집	83(57.6%)	38(26.4%)	23(16.0%)	144(100%)
전체	191(62.4%)	69(22.5%)	46(15.0%)	306(100%)

해석 연구대상 중 유치원 교사는 162명, 어린이집 교사는 144명이고, 이 중 20대 교사는 191명(62.4%), 30대 교사는 69명(22.5%), 40대 이상 교사는 46명(15.0%)입니다.

요약

교차분석

- 교차분석 【메뉴 → 분석 → 기술통계량 → 교차분석】
- [셀(E)...]에서 필요한 항목 선택 → [계속]
- [확인]

3. 기술통계

메뉴 → 분석 → 기술통계량 → 기술통계

기술통계는 빈도분석과 비슷하지만 양적 변수에 대해 사용하기에 적합한 방법입니다. 기술통계를 사용하여 양적 변수의 정보를 가장 잘 요약해 주는 평균과 표준편차에 대해 알 수 있습니다. 또한 표준점수(Z점수)를 자동으로 계산하여 저장하여 주기 때문에 개인 내 또는 개인 간의 점수를 상호 비교하고자 할 때 편리하게 사용할 수 있습니다.

1) 기술통계 실행

(1) 기술통계는 【메뉴 → 분석 → 기술통계량 → 기술통계】를 선택하면 실행할 수 있습니다. 이제 【6장 교사인식.sav】 파일을 불러와서 직접 해봅시다. 【6장 교사인식.sav】 파일이 열린 상태에서 【메뉴 → 분석 → 기술통계량 → 기술통계】를 선택하면 기술통계 창이 열립니다.

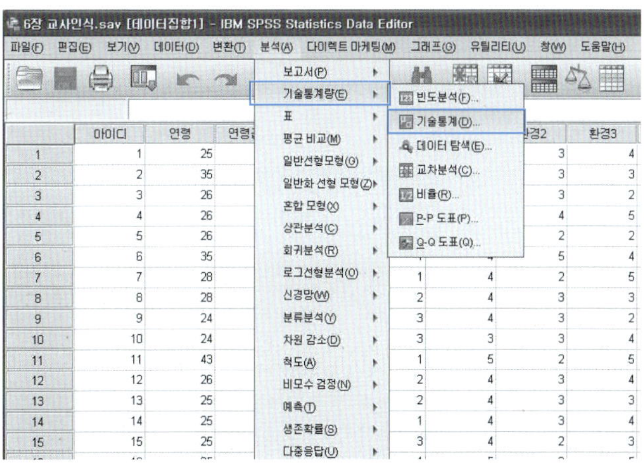

(2) 기술통계 창이 아래와 같이 열리면 평균과 표준편차 등을 알고 싶은 변수, 즉 기술통계를 실행할 변수를 마우스로 선택하고 [→]을 클릭하여 오른쪽의 변수 창으로 이동시킵니다. 여기서는 환경합, 상호작용합, 행정합, 동료합, 전체합 변수를 넣어보겠습니다. 왼편 아래에 있는 ☑ 표준화 값을 변수로 저장(Z) 을 선택하면 변수에 대해 Z점수를 계산하여 데이터 창에 Z점수를 생성하여 줍니다.

2) 옵션 선택

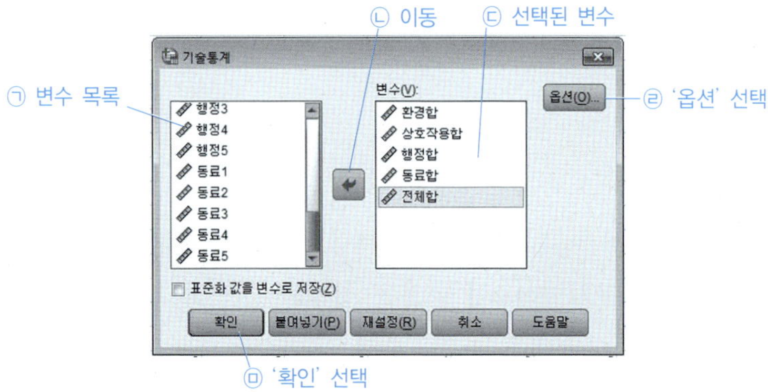

① 위와 같이 기술통계를 실시할 변수를 선택한 후 아래쪽의 [확인]을 클릭하면 기술통계가 실행됩니다. 그러나 [확인]을 선택하기 전에 [옵션(O)...]을 적절히 선택해 주어야 합니다. [옵션(O)...]을 선택하면 다음과 같은 창이 열립니다.

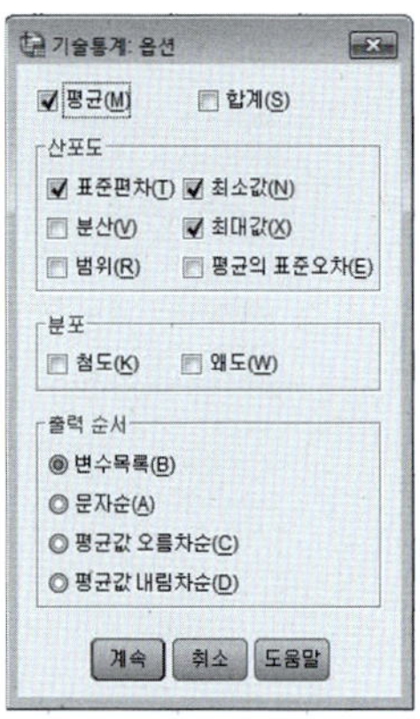

② 평균과 표준편차 그리고 최소값과 최대값을 선택하는 것이 일반적이며 필요에 따라서 다른 것을 선택하면 됩니다. 옵션 선택이 끝나면 [계속]을 클릭합니다.

③ 출력 순서는 네 가지 중에서 한 가지만 선택할 수 있습니다. 각각의 내용은 아래와 같으며 일반적으로는 변수목록을 선택합니다.

- **평균값 오름차순** : 평균값이 작은 것부터 배열되어 출력됩니다.
- **평균값 내림차순** : 평균값이 큰 것부터 배열되어 출력됩니다.
- **문자순** : 변수들이 abc 또는 ㄱㄴㄷ 순으로 배열되어 출력됩니다.
- **변수목록** : 변수들이 배열된 순서대로 결과가 출력됩니다.

3) 결과표 해석

(1) 기술통계 결과

옵션 선택이 끝났으면 [확인]을 선택하여 기술통계를 실행합니다. 그러면 아래와 같은 Output 화면이 출력됩니다.

기술통계량

	N	최소값	최대값	평균	표준편차
환경합	307	10.00	22.00	15.7752	2.07970
상호작용합	307	10.00	25.00	15.9935	2.67889
행정합	307	10.00	24.00	17.5114	2.48703
등료합	307	11.00	24.00	17.4886	2.11183
전체합	307	48.00	84.00	66.7687	6.74478
유효수(목록별)	307				

위의 결과표에서는 각 변수들의 사례수(N)와 최소값, 최대값, 평균, 표준편차를 보여주고 있습니다. 예를 들어, 응답자는 모두 307명이며, 환경합의 최소점수는 10점, 최대점수는 22점이고, 평균은 15.7752, 표준편차는 2.07970이라는 것을 알 수 있습니다. 평균과 표준편차의 의미에 대해서는 2장을 참고하세요.

(2) 표준화된 값을 변수로 저장

① 기술통계 변수입력 창에서 [☑ 표준화 값을 변수로 저장(Z)]을 선택하면, 데이터 창에 표준화된 값, 즉 Z 점수가 새로운 변수로 생성되어 아래와 같이 저장됩니다.

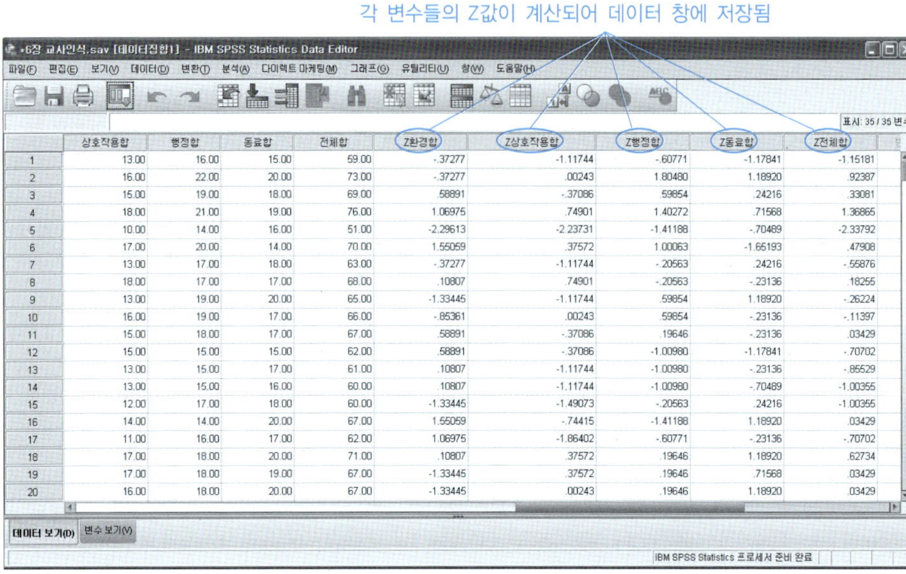

	상호작용합	행정합	동료합	전체합	Z환경합	Z상호작용합	Z행정합	Z동료합	Z전체합
1	13.00	16.00	15.00	59.00	-.37277	-1.11744	-.60771	-1.17841	-1.15181
2	16.00	22.00	20.00	73.00	-.37277	.00243	1.80480	1.18920	.92387
3	15.00	19.00	18.00	69.00	.58891	-.37086	.59854	.24216	.33081
4	18.00	21.00	19.00	76.00	1.06975	.74901	1.40272	.71568	1.36865
5	10.00	14.00	16.00	51.00	-2.29613	-2.23731	-1.41188	-.70489	-2.33792
6	17.00	20.00	14.00	70.00	1.55059	.37572	1.00063	-1.65193	.47908
7	13.00	17.00	18.00	63.00	-.37277	-1.11744	-.20563	.24216	-.55876
8	18.00	17.00	17.00	68.00	.10807	.74901	-.20563	-.23136	.18255
9	13.00	19.00	20.00	65.00	-1.33445	-1.11744	.59854	1.18920	-.26224
10	16.00	19.00	17.00	66.00	-.85361	.00243	.59854	-.23136	-.11397
11	15.00	18.00	17.00	67.00	.58891	-.37086	.19646	-.23136	.03429
12	15.00	15.00	15.00	62.00	.58891	-.37086	-1.00980	-1.17841	-.70702
13	13.00	15.00	17.00	61.00	.10807	-1.11744	-1.00980	-.23136	-.85529
14	13.00	15.00	16.00	60.00	.10807	-1.11744	-1.00980	-.70489	-1.00355
15	12.00	17.00	18.00	60.00	-1.33445	-1.49073	-.20563	.24216	-1.00355
16	14.00	14.00	20.00	67.00	1.55059	-.74415	-1.41188	1.18920	.03429
17	11.00	16.00	17.00	62.00	1.06975	-1.86402	-.60771	-.23136	-.70702
18	17.00	18.00	20.00	71.00	.10807	.37572	.19646	1.18920	.62734
19	17.00	18.00	19.00	67.00	-1.33445	.37572	.19646	.71568	.03429
20	16.00	18.00	20.00	67.00	-1.33445	.00243	.19646	1.18920	.03429

② 여기서 Z환경합, Z상호작용합, Z행정합, Z동료합, Z전체합은 각각 환경합, 상호작용합, 행정합, 동료합, 전체합의 Z점수를 말합니다. Z점수는 서로 다른 척도의 값을 비교할 수 있게 해주는 표준점수의 하나입니다(2장 표준점수 참고). 환경합, 상호작용합, 행정합, 동료합, 전체합는 서로 총점이나 분포가 다른 값이라서 원점수로는 서로 비교할 수가 없습니다. 그러나 표준점수인 Z점수로는 상호 비교가 가능하지요. Z점수는 평균이 0이고 표준편차가 1인 분포입니다. 따라서 Z값이 0보다 크면 평균보다 높은 점수임을 나타내고, 0보다 작으면 평균보다 낮은 점수라는 것을 알 수 있습니다.

③ 위의 데이터 창에서 4번 교사의 경우 행정합의 Z점수가 1.40으로 가장 높고, 동료합의 Z점수가 .71로 가장 낮지요. 이것으로 4번 교사는 행정에 대한 인식이 가장 높고, 동료에 대한 인식이 가장 낮다는 것을 알 수 있습니다.

④ 이번에는 2번 교사와 4번 교사를 비교해 볼까요. 행정합과 동료합에서 2번 교사의 Z점수는 각각 1.80. 1.18, 4번 교사의 Z점수는 각각 1.40, .71로 행정과 동료에 대한 인식은 2번 교사가 더 높다는 것을 알 수 있습니다. 그러나 환경합과 상호작용합에서 2번 교사의 Z점수는 -.37, .00, 4번 교사의 Z점수는 1.06, .74로서 환경과 상호작용에 대한 인식에서는 4번 교사가 더 높다는 것을 알 수 있습니다.

⑤ 또한 변수 계산을 이용하여 Z점수를 간단하게 T점수로 변환시킬 수도 있습니다. T점수는 평균이 50이고, 표준편차가 10인 표준점수입니다. T점수로 변환하면 소수점이나 음수값이 나오지 않아 보기에 훨씬 편합니다(4장 변수계산 참고).

$$T = 10 \times Z + 50$$

⑥ 자동으로 산출된 Z 점수를 데이터 창에 저장하려면 【파일 → 저장하기】 또는 파일의 이름을 바꾸고자 할 때에는 【파일 → 다른 이름으로 저장】을 하시면 됩니다.

4) 보고서 제시 양식

보고서에 기술통계의 결과를 제시할 때는 SPSS의 출력결과를 모두 나타내 줄 필요는 없습니다. 기술통계의 결과는 사례수, 평균, 표준편차를 제시해 주는 것이 일반적입니다. 소수점 이하 세 자리에서 반올림하여 두 자리 수까지 제시해 주면 됩니다.

〈표 6-3〉 교사인식의 영역별 평균 및 표준편차 (N=307)

	사례수(N)	평균(M)	표준편차(SD)
환경	307	15.78	2.08
상호작용	307	15.99	2.68
행정	307	17.51	2.49
동료	307	17.49	2.11
합	307	66.77	6.74

해석 행정에 대한 교사의 인식은 평균 17.51(SD=2.49)로 가장 높았고, 동료에 대한 인식이 평균 17.49(SD=2.11)로 두 번째로 높았으며, 상호작용에 대한 인식이 평균 15.99(SD=2.68)로 그 다음이었고, 환경에 대한 인식은 평균 15.78(SD=2.08)로 가장 낮게 나타났다.

요약

기술통계

- 기술통계 【메뉴 → 분석 → 기술통계량 → 기술통계】
- 필요한 옵션(O)... 선택 후 → 계속
- 확인 선택

연 · 습 · 문 · 제

01 【6장 (연습문제) 유아선별.sav】 파일을 이용하여 성별과 기관에 대한 빈도분석을 실시하고 그 결과를 표와 그래프로 나타내 봅시다. 각 문항에 대해서는 평균과 표준편차를 산출해 봅시다.

02 【6장 (연습문제) 유아선별.sav】 파일을 이용하여 유아선별의 하위영역, 즉 시각총점, 언어총점, 대근총점에 대한 평균과 표준편차를 산출해 봅시다. 또한 하위영역의 값들을 표준화된 점수(Z점수)로 저장하고 이를 T 점수로 변환하여 각 값들을 비교하여 봅시다.

숫자의 아름다움에 대하여(첫 번째 이야기)

숫자들의 배열에 뜻밖의 아름다움이 숨어 있는 경우가 많이 있습니다. 한번 살펴볼까요?

$$12345679 \times 9 = 111111111$$

$$12345679 \times 18 = 222222222$$

$$12345679 \times 27 = 333333333$$

$$12345679 \times 36 = 444444444$$

$$12345679 \times 45 = 555555555$$

$$12345679 \times 54 = 666666666$$

$$12345679 \times 63 = 777777777$$

$$12345679 \times 72 = 888888888$$

$$12345679 \times 81 = 999999999$$

chapter

07

중복응답의 분석

chapter 07

중복응답의 분석

중복응답이란 하나의 질문에 2개 이상 응답할 수 있는 경우를 말합니다. 이때는 빈도분석이나 교차분석 정도가 가능하지만 자료를 입력하는 방법이 일반적인 경우와 조금 다릅니다. 자료를 입력할 때부터 중복응답의 유형에 따라 다르게 입력을 해주는 것이 중요합니다. 2개 이상의 응답이 있을 경우, 즉 중복응답의 경우 자료 입력과 분석하는 방법에 대해 하나씩 알아봅시다.

- 제시된 답지 중에서 정해진 수만큼(예 - 2개 선택) 선택하도록 한 경우에는 범주형으로 입력하여 자료 분석을 합니다.
- 제시된 답지 중에서 해당하는 것을 모두 선택하도록 한 경우에는 이분형으로 입력하여 자료 분석을 해야 합니다.
- 중요한 것의 순서대로 선택하도록 한 경우(예 - 1순위, 2순의)에는 범주형으로 입력을 하고 가중치를 주어 분석해야 합니다.

1. 범주형 : 답지 중에서 정해진 수만큼 선택하도록 하는 경우

복수응답 문항 중에서 좋아하는 것 2개, 바람직한 것 3개 등 답지에서 정해진 수만큼 선택하도록 하는 경우에 사용할 수 있는 방법입니다. 즉, 설문지 문항이 아래와 같은 경우에는 범주형으로 입력하고 분석해야 합니다.

[예제 1] 사회성 발달 평가활동 기록물을 어떤 형태로 남겨두는 것이 효율적이라고 생각하십니까? (2가지만 선택)

① 유아관찰기록지 ② 일화기록
③ 표준화검사 결과물 ④ 교사·부모 면담자료
⑤ 자유선택활동 평가표 ⑥ 유아작품 수집 및 분석 자료
⑦ 기타( )

1) 자료 입력

(1) 위의 예시는 응답자가 효율적이라고 생각되는 방법 두 가지를 선택하도록 되어 있습니다. 응답자들은 한 문항에 대해 2개의 답을 선택하게 됩니다. 하나의 문항에 답이 2개가 되는 거지요. 이럴 경우에는 1번 문항에 대하여 두 칸에 코딩을 해주어야 합니다. 2개의 선택을 각각 다른 칸에 입력하는 것입니다. 만약 3개를 선택하도록 했다면 세 칸에 코딩을, 4개를 선택하도록 했다면 네 칸에 코딩을 해야 합니다.

(2) 예를 들어, 어떤 응답자가 위의 문항1에 대하여 ③ 표준화 검사 결과물과 ⑤ 자유선택활동 평가표를 선택하였다면 코딩할 때는 문항1의 선택1에는 3을, 문항1의 선택2에는 5를 입력해 주어야 합니다.

(3) 아래에서 보는 것처럼 1번 문항에 대해 선택1과 선택2 두 칸에 입력이 되었지요. 이때는 선택의 우선순위가 없기 때문에 2개의 선택을 입력하는 순서는 상관없습니다.

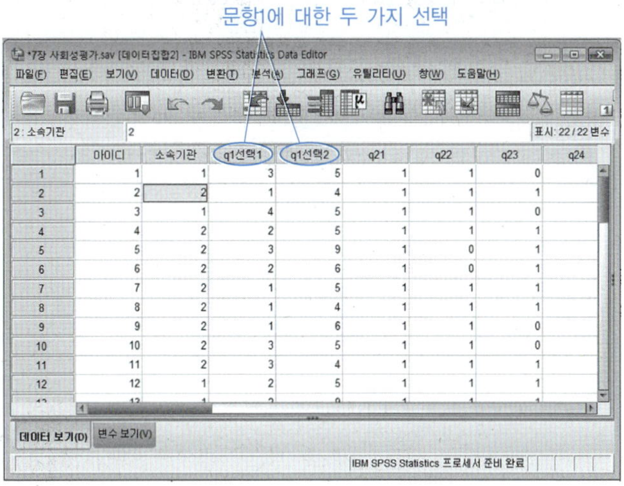

(4) 만약 어떤 응답자가 하나만 선택하였다면 선택1에는 응답자가 선택한 답지의 번호를 입력하고 선택2에는 무응답(일반적으로 9)를 입력해 주면 됩니다.

2) 변수군 정의

메뉴 → 분석 → 다중응답 → 변수군 정의

(1) 한 문항에 대한 두 가지 선택을 각각의 다른 칸에 입력하였으면 이제 이 두 칸에 입력된 값을 하나의 범주로 묶어주어야 합니다. 그래야 분석을 할 때 하나의 문항에 대한 응답으로 함께 분석할 수가 있습니다. 이런 작업을 변수군 정의라고 합니다.

(2) 변수군 정의는 【메뉴 → 분석 → 다중응답 → 변수군 정의】에서 할 수 있습니다. 【7장 사회성평가.sav】을 열어서 변수군 정의를 해봅시다.

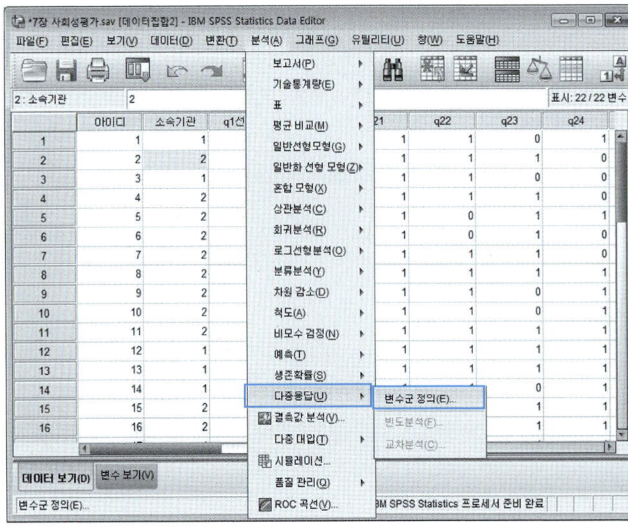

(3) 【7장 사회성평가.sav】 파일이 열린 상태에서 【메뉴 → 분석 → 다중응답 → 변수군 정의】을 선택하면 변수군 정의 창이 열립니다.

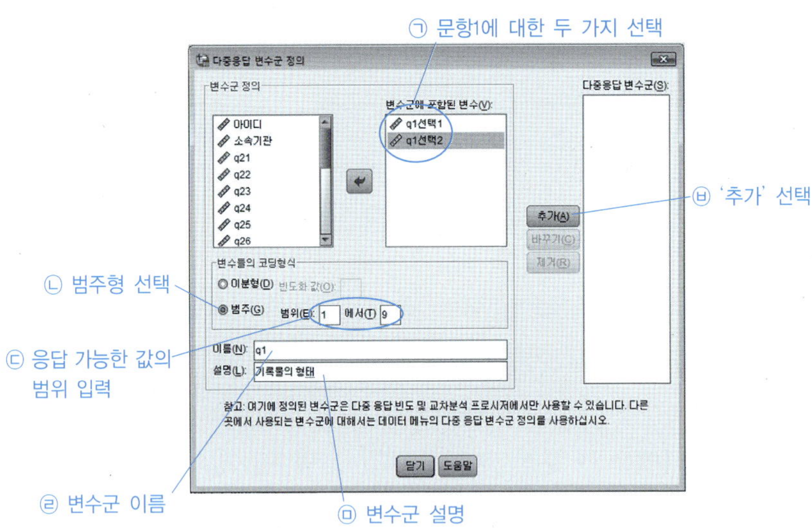

(4) 변수군에 포함된 변수(V): 상자에 분석하고자 하는 변수를 선택하여 넣습니다. 여기서는 q1선택1과 q1선택2를 지정하여 주면 됩니다.

(5) 변수 선택이 끝났으면 변수들의 코딩형식을 지정하여 줍니다. 여기서 분석하고자 하는 문항은 제시된 답지 중에서 정해진 수만큼(예 2개 선택) 선택하도록 한 경우이기 때문에 ◉ 범주(G)를 선택합니다. 범위는 답지에서 선택될 수 있는 경우의 수, 즉 전체 응답지의 수를 입력하여 주면 됩니다. 위의 경우 응답지가 1번에서 7번까지이며 무응답을 포함하면 범위는 9까지이므로 <1에서 9>라고 입력해 줍니다.

(6) 다음으로 변수군에 포함된 변수들을 모두 포괄할 수 있는 이름(N): 과 설명(L): 을 적어 넣습니다. 여기서는 q1과 <기록물의 형태>라고 입력하였습니다.

(7) 마지막으로 추가(A) 를 클릭하면 오른쪽의 다중응답 변수군(S): 이라는 상자에 $q1이 옮겨갑니다. 모든 과정을 다 마쳤으면 닫기 를 클릭해 줍니다.

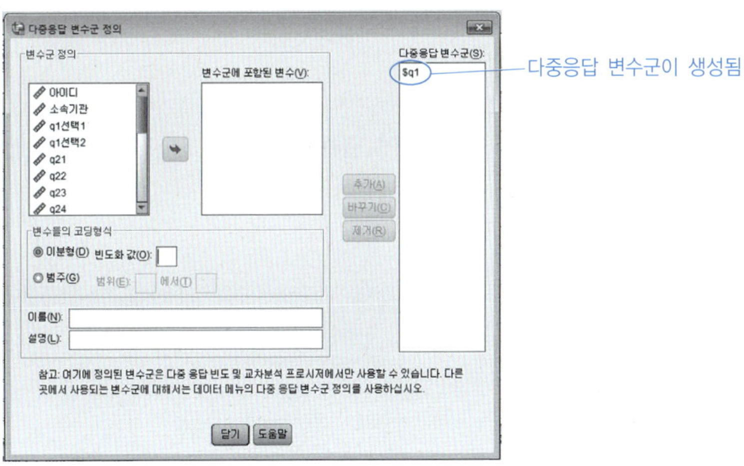

3) 범주형 자료 분석 실행

메뉴 → 분석 → 다중응답 → 빈도분석 또는 교차분석

(1) 변수군에 포함된 변수와 변수들의 코딩형식을 지정해 주었으면 이제 분석에 들어갈 수 있습니다. 중복 응답한 자료의 경우에는 빈도분석과 교차분석만이 가능합니다.

(2) 빈도분석을 한번 해볼까요? 중복응답에 대한 빈도분석은 【메뉴 → 분석 → 다중응답 → 빈도분석】에서 할 수 있습니다.

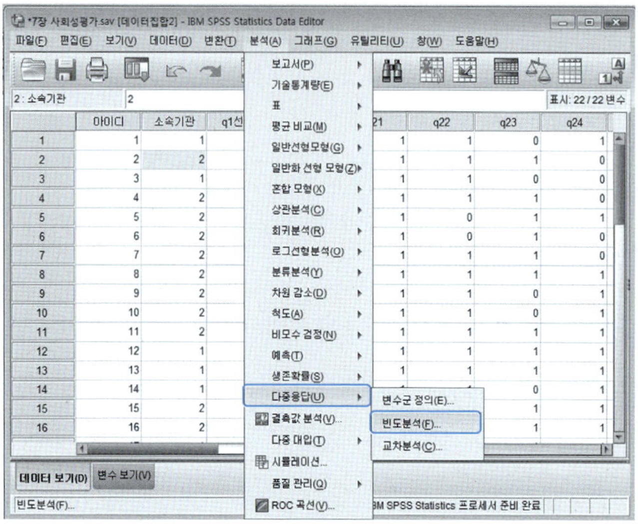

(3) 【7장 사회성평가.sav】 파일이 열린 상태에서 【메뉴 → 분석 → 다중응답 → 빈도분석】을 선택하면 다음과 같은 창이 열립니다.

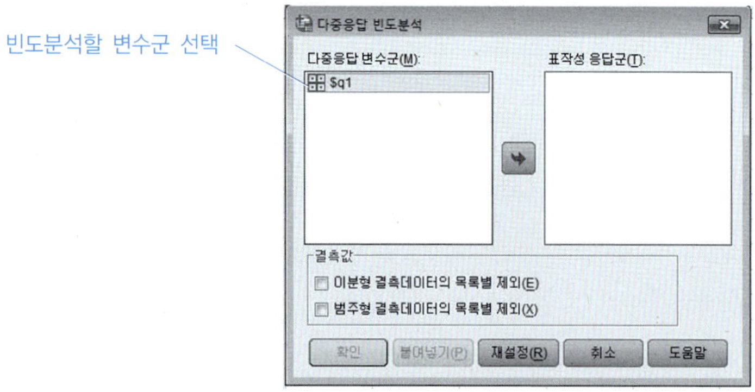

(4) 다중응답 빈도분석 창이 열리면 왼쪽 다중응답 변수군(M): 에 있는 변수들 중 빈도분석을 하고자 하는 변수, 여기서는 <$q1>을 선택하여 오른쪽 표작성 응답군(T): 상자로 옮긴 후 확인 을 클릭하면 빈도분석이 실행됩니다.

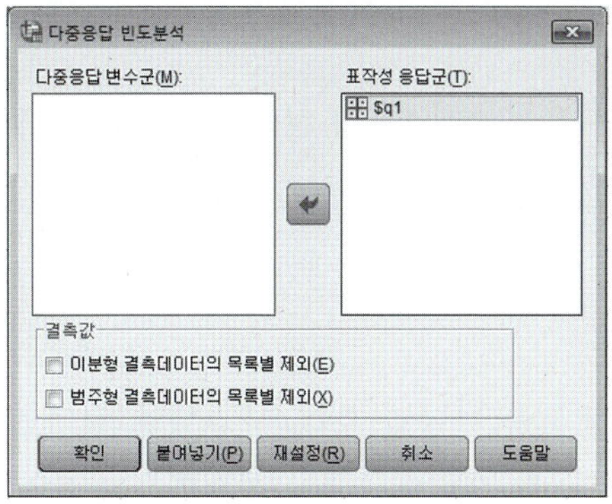

4) 결과표 해석

변수군 정의와 빈도분석할 변수 선택이 끝나면 확인 을 클릭하여 빈도분석을 실행합니다. 그러면 다음과 같은 결과표가 화면에 나타납니다.

케이스 처리 요약 (1)

	케이스					
	유효		결측		합계	
	N	퍼센트	N	퍼센트	N	퍼센트
$q1[a]	20	100.0%	0	0.0%	20	100.0%

a. 집단설정

$q1 빈도 (3) (4) (5)

		응답		
		N	퍼센트	케이스 퍼센트
기록물의 형태 a	1	7	17.5%	35.0%
	2	8	20.0%	40.0%
	3	4	10.0%	20.0%
	4	6	15.0%	30.0%
	5	11	27.5%	55.0%
	6	2	5.0%	10.0%
	9	2	5.0%	10.0%
합계		40	100.0%	200.0%

a. 집단설정 (2)

(1) 케이스 요약

전체 응답자의 수를 나타냅니다. 전체 응답자는 20명이며, 결측값은 없다는 것을 알 수 있습니다.

(2) 1, 2, 3, 4, 5, 6, 9

응답지의 번호를 말합니다. <기록물의 형태>라는 문항1에서 선택할 수 있는 응답지가 1~9까지 있다는 것을 의미합니다.

(3) 응답 N

각 응답지가 선택된 빈도를 나타냅니다. 보기1번을 선택한 사람은 7명, 보기2번을 선택한 사람은 8명입니다. 한 사람이 2개씩 선택했으니 N의 합계는 20(명)×2(회)=40(회)입니다.

(4) 응답 퍼센트

전체 응답 빈도 중에서 각 응답지가 선택된 퍼센트를 말합니다. 전체 반응 빈도가 40이고 응답지1이 선택된 빈도는 7개이므로 응답지1의 응답 퍼센트는 (7/40)×100=17.5%가 됩니다.

(5) 케이스 퍼센트

전체 응답자 중 각 응답지를 선택한 사람의 비율을 말합니다. 전체 응답자는 20명이고, 그중 응답지 1번을 선택한 사람이 7명이므로 응답 퍼센트는 (7/20)×100=35.0%가 됩니다. 한 사람이 2개씩 선택했기 때문에 케이스 퍼센트의 합은 200%가 됩니다.

5) 보고서 제시 양식

보고서에는 선택1과 선택2를 따로 제시해 줄 필요는 없습니다. 선택1과 선택2가 중요도 순으로 되어 있는 것이 아니기 때문에 선택 순서는 의미가 없기 때문입니다. 따라서 위의 빈도분석 결과에 나타난 대로 각 답지가 선택된 전체 빈도와 퍼센트만을 제시합니다. 이때 응답 퍼센트(응답지의 선택 비율)나 케이스 퍼센트(응답지를 선택한 사람의 비율) 중 연구자가 적절하다고 생각되는 퍼센트를 하나만 적고 그에 따른 해석을 하면 됩니다. 여기서는 케이스 퍼센트를 제시하였습니다. 또한 중복응답이기 때문에 응답인원과 응답의 합이 다르게 나옵니다. 따라서 중복응답 문항에 대한 분석이라는 것을 표 제목에 반드시 표시해 주어야 합니다.

〈표 7-1〉 사회성 발달 평가활동 기록물의 효율적인 형태(중복응답) (N=20)

기록물의 형태	빈도	퍼센트
유아관찰기록지	7	35.0
일화기록	8	40.0
표준화검사 결과물	4	20.0
교사 · 부모 면담자료	6	30.0
자유선택활동 평가표	11	55.0
유아작품 수집 및 분석 자료	2	10.0
기타	2	10.0
전 체	40	200.0

해석 사회성 발달 평가활동 기록물의 효율적인 형태에 대하여 중복응답으로 답하도록 한 결과 전체 20명 중 11명(55%)이 자유선택활동 평가표를 선택하여 자유선택활동 평가표가 사회성 발달을 평가하기 위한 가장 효율적인 기록물의 형태라고 생각하고 있는 것으로 나타났다. 그 다음은 일화기록(8명, 40%), 유아관찰기록지(7명, 35%), 교사 · 부모 면담자료(6명, 30%) 순서로 나타났다.

2. 이분형 : 선택 수에 제한이 없는 경우

복수응답 문항 중 응답지에서 원하는 만큼 선택하도록 하는 경우, 즉 선택의 수에 제한을 두지 않는 경우에는 이분형으로 자료를 입력하고 분석해야 합니다. 다음과 같은 문항의 경우에 사용할 수 있는 방법이지요.

[예제 2] 사회성 발달 평가 시 적절한 평가방법이라고 생각되는 것을 모두 선택해 주십시오. (   )

① 사회성숙도 검사	② 유아성격 검사	③ 교사제작 검사
④ 부모와의 면담	⑤ 유아와의 면담	⑥ 일화기록
⑦ 시간표집	⑧ 사건표집	⑨ 평정척도
⑩ 체크리스트	⑪ 비디오테이프	⑫ 녹음기록
⑬ 소시오그램	⑭ 유아작품 분석	⑮ 자유선택 평가표

1) 자료 입력

위의 예에서처럼 해당하는 모든 것을 선택하도록 하는 경우에는 각각의 답지를 하나의 문항처럼 간주하여 각각 다른 칸에 다른 이름으로 입력을 해야 합니다. 위의 경우에는 응답지가 15개 있으니 코딩도 15칸에 해야 하지요. 여기서는 2번 문항의 응답지 1번은 q21이라는 변수명으로, 응답지 2번은 q22이라는 변수명으로 지정하여 q215까지 입력을 하였습니다. 각각에 대하여 답지가 선택이 된 경우에는 1, 선택이 되지 않은 경우에는 0이라고 입력을 합니다.

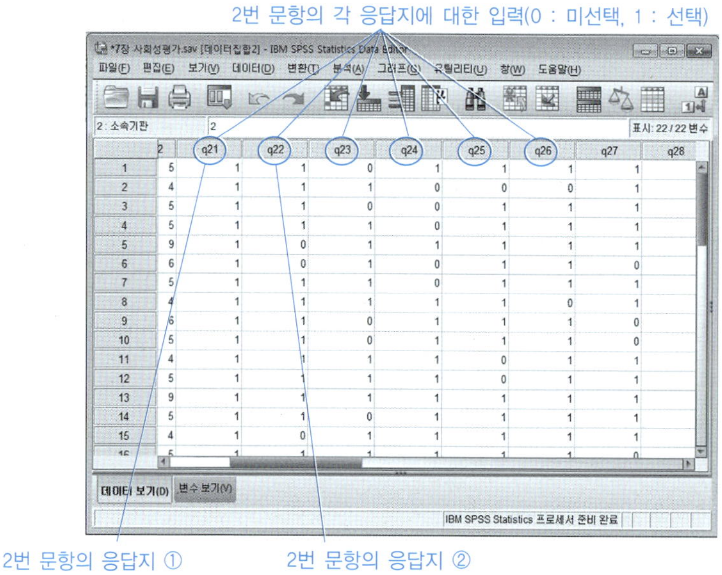

2) 변수군 정의

메뉴 → 분석 → 다중응답 → 변수군 정의

(1) 한 문항의 답지 각각에 대하여 선택의 유무를 여러 칸에 걸쳐 입력을 하였으면 여러 칸에 입력된 값을 하나의 범주로 묶어주어야 합니다. 그래야 분석을 할 때 하나의 문항에 대한 응답으로 함께 분석할 수가 있습니다. 이런 작업을 변수군 정의라고 했었지요.

(2) 변수군 정의는【메뉴 → 분석 → 다중응답 → 변수군 정의】에서 할 수 있습니다.【7장 사회성평가.sav】을 열어서 변수군 정의를 해봅시다.

(3)【7장 사회성평가.sav】 파일이 열린 상태에서【메뉴 → 분석 → 다중응답 → 변수군 정의】를 선택하면 다음과 같은 창이 열립니다. 분석하고자 하는 변수를 선택하여 변수군에 포함된 변수(V): 상자로 보냅니다. 여기서는 q21에서 q215까지 모두 지정하여 주면 됩니다.

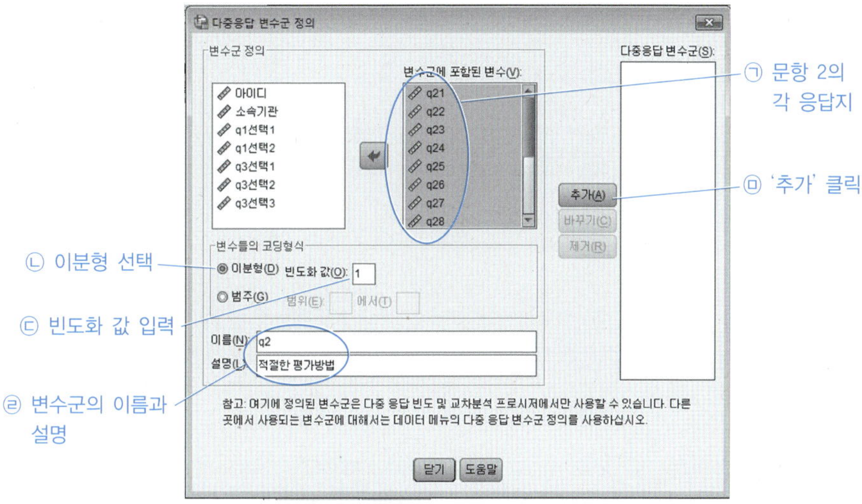

(4) 변수 선택이 끝났으면 변수들의 코딩형식을 지정하여 줍니다. 여기서 분석하고자 하는 문항은 제시된 답지 중에서 해당되는 것을 모두 선택하도록 한 경우이지요. 이때 각 답지는 선택이 되었는지 또는 되지 않았는지에 따라 0과 1로 입력됩니다. 따라서 ◉ 이분형(D)을 선택합니다. <빈도화 값>에는 답지가 선택된 경우 입력한 값, 여기서는 1을 기입하면 됩니다.

(5) 다음으로 변수군에 포함된 변수들을 모두 포괄할 수 있는 이름(N): 과 설명(L): 을 적어 넣습니다. 여기서는 q2와 <적절한 평가방법>이라고 입력하였습니다.

(6) 마지막으로 추가(A) 를 클릭하면 오른쪽의 다중응답 변수군(S): 이라는 상자에 $q2가 옮겨갑니다. 모든 과정을 다 마쳤으면 닫기 를 클릭합니다.

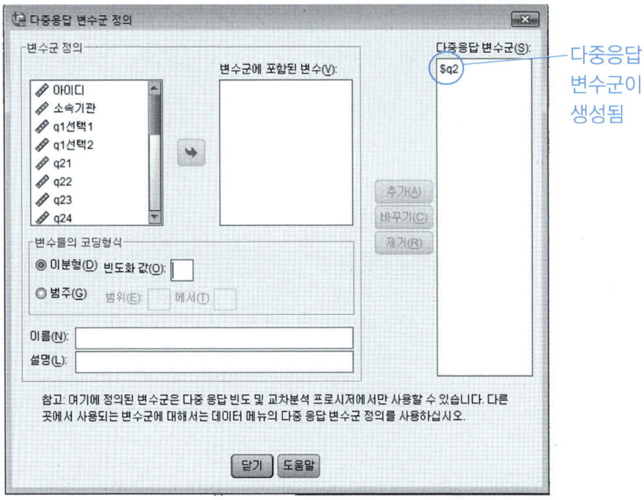

3) 이분형 자료 분석 실행

메뉴 → 분석 → 다중응답 → 빈도분석 또는 교차분석

(1) 변수군에 포함된 변수와 변수들의 코딩형식을 지정해 주었으면 이제 분석에 들어갈 수 있습니다. 중복응답한 자료의 경우에는 빈도분석과 교차분석만이 가능합니다.

(2) 【7장 사회성평가.sav】 파일이 열린 상태에서 【메뉴 → 분석 → 다중응답 → 빈도분석】을 선택하면 다음과 같은 창이 열립니다.

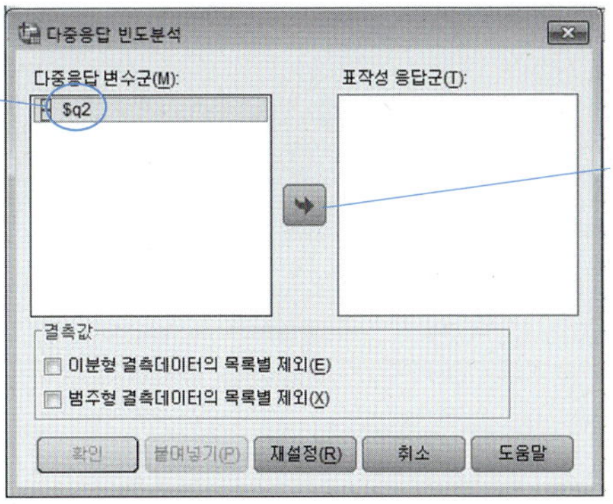

(3) 다중응답 빈도분석 창이 열리면 빈도분석을 하고자 하는 변수, 여기서는 적절한 평가방법 $q2을 오른쪽 표작성 응답군(T): 상자로 이동시킨 후 확인 을 클릭하면 됩니다.

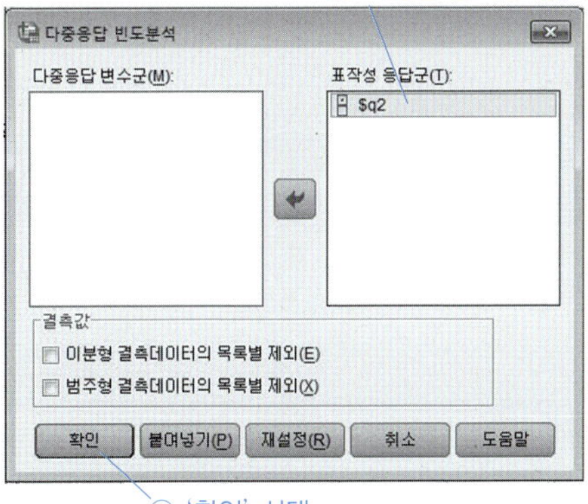

4) 결과표 해석

변수군 정의와 빈도분석할 변수 선택이 끝나면 확인 을 선택하여 이분형 자료에 대한 빈도분석을 실행합니다. 그러면 아래와 같은 결과가 출력됩니다.

케이스 요약 —(1)

	케이스					
	유효		결측		합계	
	N	퍼센트	N	퍼센트	N	퍼센트
$q2[a]	20	100.0%	0	0.0%	20	100.0%

a. 값 1에서 표로 작성된 이분형 집단입니다.

(3) (4) (5)

$q2 빈도

		응답		케이스 퍼센트
		N	퍼센트	
적절한 평가방법[a]	q21	19	8.7%	95.0%
	q22	17	7.8%	85.0%
	q23	14	6.4%	70.0%
(2)	q24	15	6.9%	75.0%
	q25	15	6.9%	75.0%
	q26	18	8.3%	90.0%
	q27	15	6.9%	75.0%
	q28	9	4.1%	45.0%
	q29	16	7.3%	80.0%
	q210	16	7.3%	80.0%
	q211	12	5.5%	60.0%
	q212	7	3.2%	35.0%
	q213	19	8.7%	95.0%
	q214	10	4.6%	50.0%
	q215	16	7.3%	80.0
합계		218	100.0%	1090.0%

a. 값 1에서 표로 작성된 이분형 집단입니다.

(1) 케이스 요약

전체 응답자의 수를 나타냅니다. 전체 응답자는 20명이며, 결측값은 없다는 것을 알 수 있습니다.

(2) q21, q22 … q215

응답지의 번호를 말합니다. 문항2 <적절한 평가방법>에서 선택할 수 있는 응답지가 1~15까지 있다는 것을 의미합니다.

(3) 응답 N

각 응답지가 선택된 빈도를 나타냅니다. 적절한 평가방법 중 <① 사회성숙도 검사>가 선택된 빈도는 19번입니다.

(4) 응답 퍼센트

전체 응답 빈도 중에서 각 응답지가 선택된 퍼센트를 말합니다. 응답 빈도의 합계는 218번입니다. 해당되는 것을 모두 선택하도록 하였기 때문에 응답자마다 선택한 개수가 다를 수 있으며 응답 빈도의 합계도 이에 따라 변동될 수 있습니다. 응답 빈도의 합계가 218번이고 응답지1(사회성숙도 검사)이 선택된 빈도는 19개이므로 응답지1의 응답 퍼센트는 (19/218)×100=8.7%가 됩니다. 응답 빈도의 합계, 여기서는 218이 100%가 됩니다.

(5) 케이스 퍼센트

전체 응답자 중 각 응답지를 선택한 사람의 비율을 말합니다. 전체 응답자는 20명이고, 그중 응답지1번을 선택한 사람은 19명이므로 케이스 퍼센트는 (19/20)×100=95.0%가 됩니다.

5) 보고서 제시 양식

보고서에는 각각의 응답지가 선택된 빈도와 퍼센트를 제시해 주면 됩니다. 퍼센트에는 위에서 살펴본 것처럼 응답 퍼센트와 케이스 퍼센트가 있는데 연구자의 필요에 따라 이들 중 적절한 것을 선택하여 제시하고 그에 맞는 해석을 해주면 됩니다. 여기서는 케이스 퍼센트를 제시하였습니다.

〈표 7-2〉 사회성 발달 평가 시 적절한 평가방법 (N=20)

기록물의 형태	빈도(N)	퍼센트(%)
사회성숙도 검사	19	95.0
유아성격 검사	17	85.0
교사제작 검사	14	70.0
부모와의 면담	15	75.0
유아와의 면담	15	75.0
일화기록	18	90.0
시간표집	15	75.0
사건표집	9	45.0
평정척도	16	80.0
체크리스트	16	80.0
비디오테이프	12	60.0
녹음기록	7	35.0
소시오그램	19	95.0
유아작품 분석	10	50.0
자유선택 평가표	16	80.0
합계	218	1090.0

해석 사회성 발달의 평가방법으로 가장 적절하다고 생각하는 것을 모두 선택하도록 한 결과는 위의 <표 7-2>와 같다. 응답 교사 20명 중 95%인 19명이 사회성 발달을 평가하는 가장 적절한 방법으로 사회성숙도 검사와 소시오그램을 선택하였다. 그 다음은 일화기록으로 전체 응답자 20명 중 90%인 18명이 적절한 방법이라고 응답하였으며, 세 번째는 유아성격 검사로 전체 20명 중 85%인 17명이 적절하다고 응답하였다. 녹음기록에 대해서는 7명(35%)이 응답하여 사회성 발달을 평가하는 방법으로 적절하다고 생각하는 응답자가 가장 적은 것으로 나타났다.

3. 순위형 : 순서를 매겨 응답하도록 하는 경우

복수응답을 하는 것 중에서 가장 중요한 순서대로, 또는 가장 좋아하는 순서대로 선택을 하도록 하는 경우, 즉 선택에 순위가 있는 경우에는 그 중요도에 따라 가중치를 주어야 합니다.

[예제 3] 유아의 사회성 발달 평가에 있어 현재 겪고 있는 어려움에는 어떤 것이 있습니까? 가장 심각한 순서대로 3가지만 선택해 주세요.
(1순위 :　　　, 2순위 :　　　, 3순위 :　　　)

① 평가도구를 구하기 힘들다.
② 평가도구가 아동의 발달 정도를 정확하게 측정해 주지 못한다.
③ 평가결과가 교육계획 작성이나 평가에 도움을 주지 못한다.
④ 평가과정이 복잡하고 어렵다.
⑤ 평가를 할 시간이 부족하다.
⑥ 기타

1) 자료 입력

(1) 코딩하는 방법은 범주형과 같은 방식으로 각각의 답지를 하나의 문항처럼 입력합니다. 첫째 칸에는 1순위 값을, 둘째 칸에는 2순위 값을, 셋째 칸에는 3순위 값을 입력해야 하지요.

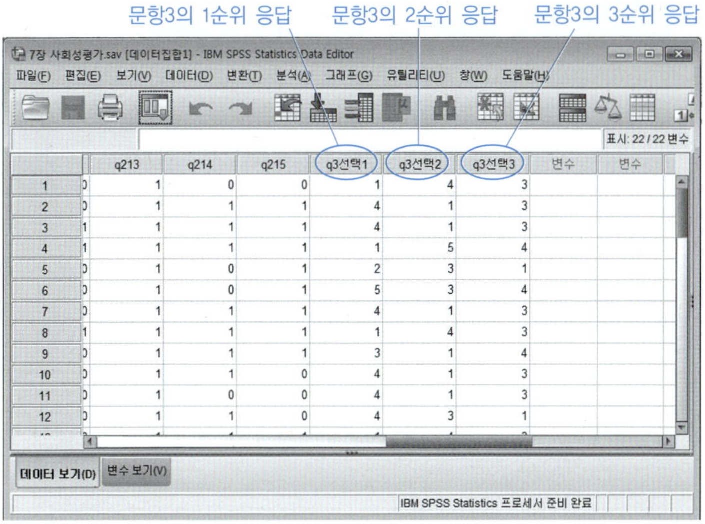

(2) 만약 어떤 응답자가 1순위와 2순위만 선택하고 3순위를 선택하지 않았다면 1순위와 2순위에 대해서는 응답자가 선택한 번호를 입력하고 3순위에 대해서는 무응답(일반적으로 9)을 입력해 주면 됩니다.

(3) 순위형 자료는 1순위, 2순위, 3순위 각각에 대하여 따로 분석을 하기 때문에 변수군 정의를 해줄 필요 없이 바로 분석에 들어갑니다.

2) 순위형 자료 분석 실행

메뉴 → 분석 → 기술통계량 → 빈도분석

(1) 순위형 자료는 중복응답이라 하더라도 각각의 답지를 하나의 문항처럼 분석합니다. 따라서 다른 중복응답에 대한 분석처럼 변수군 정의를 할 필요가 없고, 일반적인 빈도분석처럼 【메뉴 → 분석 → 기술통계량 → 빈도분석】에서 실시합니다. 빈도분석은 앞의 6장에서 살펴보았지요?

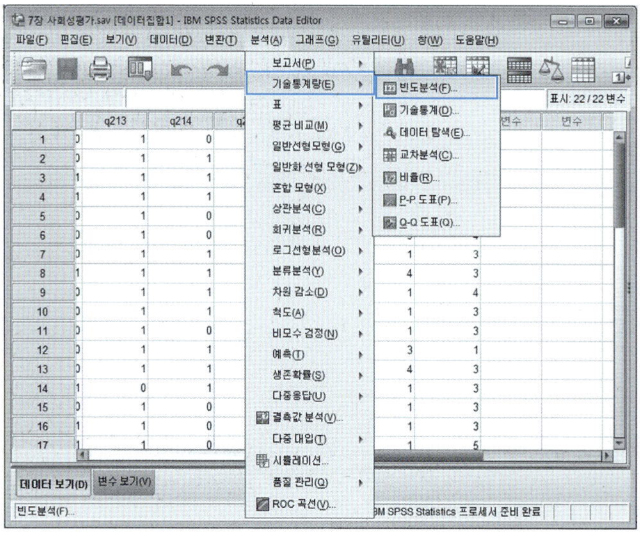

(2) 빈도분석 창이 뜨면 분석하고자 하는 변수, 여기서는 중요도 순으로 각각 입력해 둔 세 변수를 선택하여 오른쪽 상자로 보냅니다.

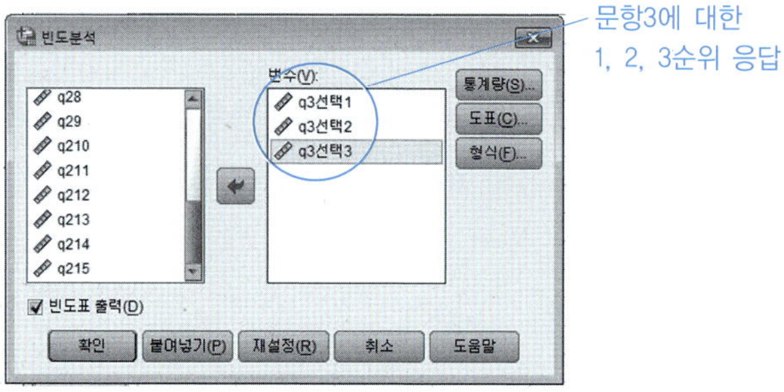

3) 결과표 해석

빈도분석할 변수 선택이 끝나면 확인 을 클릭하여 순위형 자료에 대한 빈도분석을 실행합니다. 그러면 아래와 같은 결과가 출력됩니다.

(1) 통계량

통계량

		q3선택1	q3선택2	q3선택3
N	유효	20	20	20
	결측	0	0	0

문항3번의 1순위, 2순위, 3순위에 응답한 사례수를 나타내 줍니다. 각 순위에 대하여 20명씩 응답했고 결측값은 없다는 것을 알 수 있습니다.

(2) 빈도표

q3선택1

		빈도	퍼센트	유효퍼센트	누적퍼센트
유효	1	4	20.0	20.0	20.0
	2	1	5.0	5.0	25.0
	3	3	15.0	15.0	40.0
	4	10	50.0	50.0	90.0
	5	2	10.0	10.0	100.0
	합계	20	100.0	100.0	

q3선택2

		빈도	퍼센트	유효퍼센트	누적퍼센트
유효	1	11	55.0	55.0	55.0
	3	4	20.0	20.0	75.0
	4	4	20.0	20.0	95.0
	5	1	5.0	5.0	100.0
	합계	20	100.0	100.0	

q3선택3

		빈도	퍼센트	유효퍼센트	누적퍼센트
유효	1	2	10.0	10.0	10.0
	2	1	5.0	5.0	15.0
	3	12	60.0	60.0	75.0
	4	4	20.0	20.0	95.0
	5	1	5.0	5.0	100.0
	합계	20	100.0	100.0	

① 위의 표는 빈도분석을 한 결과입니다. 빈도분석의 결과표를 읽는 방법은 앞의 6장에서 살펴보았습니다. 빈도분석을 실행하면 각각의 응답지에 대한 반응빈도와 퍼센트, 유효퍼센트, 누적퍼센트가 산출됩니다. 응답자들이 사회성 발달 평가에서 어려움을 가장 많이 느낀다고 응답한 내용, 즉 1순위(q3선택1)로 1번(평가도구를 구하기 힘들

다)을 선택한 사람은 4명이며 전체 응답자의 20%입니다. 1순위로 2번(평가도구가 아동의 발달 정도를 정확하게 측정해 주지 못한다)을 선택한 사람은 1명(5%)이고, 3번(평가결과가 교육계획 작성이나 평가에 도움을 주지 못한다)을 선택한 사람은 3명(15%)이며, 4번(평가과정이 복잡하고 어렵다)에 응답한 사람은 10명(50%), 5번(평가를 할 시간이 부족하다)에 대해서는 2명(10%)이 응답한 것으로 나타났습니다. 2순위에 대한 응답(q3선택2)과 3순위에 대한 응답(q3선택3)도 같은 방식으로 결과가 제시되어 있습니다.

② 위의 결과를 하나의 표에 간단히 정리해 보면 다음과 같습니다.

응답지 번호	1순위	2순위	3순위
1	4(20%)	11(55%)	2(10%)
2	1(5%)	0(0%)	1(5%)
3	3(15%)	4(20%)	12(60%)
4	10(50%)	4(20%)	4(20%)
5	2(10%)	1(5%)	1(5%)
	20(100%)	20(100%)	20(100%)

③ 빈도분석의 결과가 위와 같을 때 1순위와 2순위, 3순위를 같은 비중으로 분석할 수는 없지요. 당연히 1순위로 느끼는 어려운 점이 가장 중요할 겁니다. 따라서 중요도 순으로 가중치를 주어서 해석해야 합니다.

④ 이 경우처럼 1순위, 2순위, 3순위가 있다면 1순위에는 300%, 2순위에는 200%, 3순위에는 100%의 가중치를 부여한 값으로 계산할 수 있습니다. 만약 1순위의 중요도가 매우 높다면 1순위에 가중치를 500% 부여할 수도 있습니다. 가중치를 부여하는 비율은 연구자가 이론적 · 경험적 근거에 입각하며, 순위의 중요성에 기초하여 다르게 부여할 수 있습니다.

⑤ 위의 경우를 다시 예로 들어봅시다. 만약 1순위에는 300%, 2순위에는 200%, 3순위에는 100%의 가중치를 부여한다면 아래와 같이 계산될 수 있습니다.

응답지 번호	1순위	2순위	3순위	전체
1	4×300=1200	11×200=2200	2×100= 200	3600
2	1×300= 300	0×200= 0	1×100= 100	400
3	3×300= 900	4×200= 800	12×100=1200	2900
4	10×300=3000	4×200= 800	4×100= 400	4200
5	2×300= 600	1×200= 200	1×100= 100	900
빈도	20	20	20	

⑥ 가중치를 부여하여 계산한 결과, 답지 4번(평가과정이 복잡하고 어렵다)의 점수가 4200으로 가장 높게 나타났고, 답지 2번(평가도구가 아동의 발달 정도를 정확하게 측정해 주지 못한다)이 가장 낮게 나타났습니다. 즉, 응답자들이 느끼는 어려움에 대하여 순위에 따라 다르게 가중치를 부여하여 종합적으로 분석한 결과 가장 많은 어려움을 느끼는 것은 4번(평가과정이 복잡하고 어렵다)이고, 가장 어려움을 적게 느끼는 것은 2번(평가도구가 아동의 발달 정도를 정확하게 측정해 주지 못한다)인 것을 알 수 있습니다.

4) 보고서 제시 양식

순위형으로 응답하게 한 결과를 보고서에 제시하는 방법에는 다음과 같은 것들이 있습니다. 다음과 같은 방법들 중에서 연구자가 연구의 결과를 가장 잘 나타낼 수 있다고 판단되는 방식으로 기술하면 됩니다.

① 가중치를 주어 빈도분석을 하게 되면 대부분의 경우 1순위 선택에 대한 빈도분석 결과와 같은 경향을 나타냅니다. 즉, 가중치를 주기 전에 1순위에서 가장 높은 빈도로 나타난 응답지가 가중치를 준 후에도 가장 높게 나타나는 경우가 많습니다. 따라서 1순위 선택에 대한 결과만을 제시해 줄 수도 있습니다.

〈표 7-3〉 사회성 발달 평가에서의 어려움 (*N*=20)

평가에서의 어려움	빈도	퍼센트
① 평가도구를 구하기 힘들다.	4	20%
② 평가도구가 아동의 발달 정도를 정확하게 측정해 주지 못한다.	1	5%
③ 평가결과가 교육계획 작성이나 평가에 도움을 주지 못한다.	3	15%
④ 평가과정이 복잡하고 어렵다.	10	50%
⑤ 평가를 할 시간이 부족하다.	2	10%
전 체	20	100%

해석 사회성 발달 평가에서의 어려움에 대하여 응답자의 50%인 10명이 '평가과정이 복잡하고 어렵다'고 응답하여 평가과정상의 복잡성 때문에 가장 큰 어려움을 느끼고 있는 것으로 나타났다. 두 번째로는 '평가도구를 구하기 힘들다'에 대하여 4명(20%)이 응답하였고, 그 다음으로는 '평가결과가 교육계획 작성이나 평가에 도움을 주지 못한다'에 대하여 전체 응답자 중 3명(15%)이 어려움을 느낀다고 응답하였다.

② 각 순위별로 응답한 빈도와 퍼센트를 모두 제시하여 줄 수도 있습니다. 이 경우에는 1순위, 2순위, 3순위별로 따로 해석해 주어야 합니다.

③ 각 순위별로 응답한 빈도 및 퍼센트와 함께 가중치를 주어 나타난 값도 함께 제시해 줄 수 있습니다. 이때 가중치를 주어 나타난 값은 임의로 주어진 수이며 빈도나 퍼센트를 의미하는 것은 아닙니다. 따라서 구체적인 값을 해석하기보다는 어떤 것이 가장 큰지 혹은 작은지에 대한 비교를 중심으로 해석해 주어야 합니다.

요약

중복응답

- 자료의 종류에 따라 다르게 코딩(범주형, 이분형, 순위형)
- 범주형과 이분형은 변수군 정의 【메뉴 → 분석 → 다중응답 → 변수군 정의】 후 분석 【메뉴 → 분석 → 다중응답 → 빈도분석 또는 교차분석】
- 순위형의 경우는 범주형으로 코딩 → 빈도분석 → 가중치 부여 → 해석

연 · 습 · 문 · 제

01 설문지를 이용하여 〈유아체력 검사도구 개발을 위한 교사 요구도〉를 조사하였습니다. 설문지의 내용과 10명의 응답자가 한 응답이 다음과 같다고 할 때 이를 적절한 방법으로 코딩하여 빈도분석을 실시하고 결과를 해석해 보시오.

〈설문지〉

유아체력 검사도구 개발을 위한 교사 요구도 조사

1. 현재 유아체력 검사를 하고 계시다면 언제 실시하고 계십니까? 귀 원에서 실시하는 시기에 모두 표시하여 주십시오.
   ① 3월 ② 4월 ③ 5월
   ④ 9월 ⑤ 10월 ⑥ 기타 (   )

2. 유아체력 검사를 하는 데 중요하다고 생각하는 체력요인은 무엇입니까? 아래 중에서 3가지만 선택하여 주십시오.
   ① 심폐지구력 ② 유연성 ③ 속도
   ④ 민첩성 ⑤ 평형성 ⑥ 신체구성(체지방)
   ⑦ 근력 및 근지구력 ⑧ 순발력 ⑨ 기타(   )

3. 유아체력 검사를 실시함에 있어 현재 겪고 있는 어려움에는 어떤 것이 있습니까? 어려움의 순서대로 3가지만 선택해 주십시오.
   (1순위 :   , 2순위 :   , 3순위 :   )
   ① 검사도구를 구하기 힘들다.
   ② 검사도구가 유아의 체력 정도를 정확하게 측정해 주지 못한다.
   ③ 검사결과가 교육계획 작성이나 평가에 도움을 주지 못한다.
   ④ 검사과정이 복잡하고 어렵다.
   ⑤ 검사를 할 시간이 부족하다.
   ⑥ 기타

〈응답자의 선택〉

응답자	문항1에 대한 응답	문항2에 대한 응답	문항3에 대한 응답		
			1순위	2순위	3순위
A	1, 5	1, 6	5	4	무응답
B	1, 3, 5	2, 5, 7	3	5	무응답
C	2, 5	1, 6, 7	3	5	1
D	4	2, 5, 8	2	3	1
E	4, 5, 6	3, 5	4	5	3
F	1, 4, 5, 6	4, 7, 8	5	무응답	무응답
G	2, 3	1	5	2	4
H	4, 5	2, 4, 5	5	3	2
I	2, 4	2, 8, 7	5	3	2
J	3	2, 7, 9	3	2	5

쉬어가기

숫자의 아름다움에 대하여(두 번째 이야기)

숫자의 배열에 숨어 있는 아름다움에는 또 어떤 것들이 있을까요?

$$9\times9=81$$

$$99\times89=8811$$

$$999\times889=888111$$

$$9999\times8889=88881111$$

$$99999\times88889=8888811111$$

$$3\times3+6\times6=45$$

$$33\times33+66\times66=5445$$

$$333\times333+666\times666=554445$$

$$3333\times3333+6666\times6666=55544445$$

$$33333\times33333+66666\times66666=5555444445$$

chapter

08

카이검증

chapter 08

카이검증

이 장에서는 비연속적 자료를 처리하는 데 유용하게 사용할 수 있는 교차분석과 카이검증에 대해 알아봅시다. 카이검증은 왜 할까요?

➤ 카이검증은 차이검증을 하고자 하는 변수가 비연속적인 변수일 때 사용하기에 적절한 방법입니다.

1. 카이검증(χ^2)을 실시하기 전에

1) 카이검증은 언제 할까요?

카이검증은 독립변수와 종속변수가 모두 비연속 변수일 때 실시할 수 있는 방법입니다. 카이검증을 이용하여 두 집단에서의 빈도의 차이검증을 실시할 수 있습니다. 예를 들어, 대공원으로 소풍 가는 것에 대한 찬성과 반대가 학급별로 차이가 있는지를 검증하기 위하여 다음과 같은 자료를 수집하였다고 합시다.

	3세반	4세반	5세반	전체
찬성	6명	10명	14명	30명
반대	14명	10명	6명	30명
전체	20명	20명	20명	60명

위의 자료에서 보면, 3세반에서 찬성은 6명, 반대는 14명, 4세반에서 찬성은 10명, 반대는 10명, 5세반에서 찬성은 14명, 반대는 6명으로 차이가 있습니다. 이러한 차이가 통계적으로 유의미한 것인지를 알아보고자 할 때, 즉 학급별로 대공원으로 소풍 가는 것에 대한 찬성과 반대 의견에 차이가 있는 지를 알아보기 위해서는 카이검증을 실시할 수 있습니다.

2) 카이검증의 기본 가정

(1) 검증을 하고자 하는 변수들은 상호 독립적이어야 합니다. 위의 예에서 유아들에게 대공원으로 소풍 가는 것에 대한 의견을 물었지요. 한 유아가 찬성과 반대를 모두 선택할 수 있다면 한 유아의 반응이 여러 칸에 나타나게 되겠지요. 이것은 독립적이라고 할 수 없습니다. 또한 유아를 아토피 피부 유무에 따라 분류하고 주거형태에 따라 분류할 때 같은 유아가 중복되어 분류되어서는 안 됩니다. 즉, 어떤 셀에 분류

된 유아가 다른 셀에 중복되어서 분류되지 않고 상호 독립적이어야만 카이검증을 실시할 수 있습니다.

(2) 관측빈도가 0 또는 1인 셀이 많은 경우에는 카이검증을 실시할 수 없습니다. 이것은 응답이 나오지 않은 범주가 많이 있다는 것이며 따라서 연구의 이론적 검토가 충분하지 않았다고 볼 수 있습니다.

(3) 전체 사례수가 30 이상이며 기대빈도가 5 이하인 셀이 전체의 20% 이하일 때만 카이검증을 실시할 수 있습니다.

3) 카이검증의 원리

(1) χ^2분포는 Z분포의 표준점수를 제곱하여 만들어진 분포입니다. 따라서 자유도가 1인 경우 Z점수 -1과 $+1$ 사이에는 전체 사례의 68.26%가 존재하지요. 이를 χ^2로 변환하면 Z점수의 제곱이 되므로 χ^2값이 0과 1 사이에 68.26%가 존재하게 됩니다. 또한 Z점수가 ±1.96 사이에 95%가 존재하므로 χ^2분포에서는 1.96의 제곱인 $\chi^2 = 3.84$에 95%가 존재하게 됩니다.

(2) 카이검증은 이론적 계산에 의한 기대빈도와 실제 관측빈도 간의 차이에 의해서 검증하게 됩니다. 카이검증에서의 영가설과 대립가설은 다음과 같이 진술될 수 있습니다.

$H_O : P_{ij} = P'_{ij}$ (어떤 셀의 기대빈도와 관측빈도에는 차이가 없다)

$H_A : P_{ij} \neq P'_{ij}$ (어떤 셀의 기대빈도와 관측빈도에는 차이가 있다)

(3) 카이검증을 할 때 기대빈도를 구하는 공식은 아래와 같습니다.

기대빈도=(행의 합계)×(열의 합계)÷전체 합계

예를 들어, 유치원에서 대공원으로 소풍 가는 것에 대한 찬성과 반대의 빈도가 학급별로 차이가 있는지를 알기 위해 카이검증을 실시한다고 할 때 위의 공식에 의해서 산출된 기대빈도는 다음과 같습니다.

$$\text{기대빈도} = (30 \times 20) \div 60 = 10$$

	3세반		4세반		5세반		전체
	기대빈도	관측빈도	기대빈도	관측빈도	기대빈도	관측빈도	
찬성	10명	6명	10명	10명	10명	14명	30명
반대	10명	14명	10명	10명	10명	6명	30명
전체	20명		20명		20명		60명

(4) χ^2값은 이렇게 산출된 기대빈도(10)와 실제 조사에 의해서 나타난 관측빈도 간의 차이를 이용한 다음의 공식에 의해 계산됩니다. 계산 결과값이 크면 관측빈도와 기대빈도 간에 차이가 크다는 것, 즉 집단 간 빈도의 차이가 크다는 것을 의미합니다.

$$\chi^2 = \frac{(\text{셀1의 관측빈도} - \text{셀1의 기대빈도})^2}{\text{셀1의 기대빈도}} + \frac{(\text{셀2의 관측빈도} - \text{셀2의 기대빈도})^2}{\text{셀2의 기대빈도}} \cdots$$

(5) 여기서 계산된 χ^2값으로 2개 이상의 질적 변수의 빈도 간에 차이가 없다고 하는 영가설이 수용될 확률(p)을 χ^2값과 자유도를 통해 검증하게 됩니다. 각 변수들의 빈도의 차이가 우연히 발생할 수 있는 것인지, 혹은 의미가 있는 차이인지를 검증하는 것입니다.

형제 순위별로 현재 다니고 있는 학원의 수에 대한 빈도에 관심이 있다면 교차분석을 실시하여 알아볼 수 있습니다. 이러한 빈도의 차이가 실제로 유의미한 것인지를 알아보고자 할 때 카이검증을 하면 좋습니다. 좋아하는 과일을 선택하도록(예 포도, 딸기, 복숭아) 한 다음 성별로 좋아하는 과일 간에 차이가 있는지 알아보고자 할 때, 또는 유아들의 주거형태(아파트, 단독, 통나무집)를 조사한 후 주거형태에 따라 아토피 피부의 발생 유무에 차이가 있는지를 알아보고자 할 때 사용할 수 있는 방법입니다.

4) 연구문제의 예

- 유아의 성별에 따라 놀이유형에는 차이가 있는가?
- 유아의 성별에 따라 좋아하는 TV 프로그램의 종류에는 차이가 있는가?
- 지역에 따라 학급당 원아 수에 차이가 있는가?

2. 카이검증(χ^2)의 실행

메뉴 → 분석 → 기술통계량 → 교차분석

카이검증은 2개 이상의 비연속적 변수의 빈도 간에 유의한 차이가 있는지에 대한 검증을 하는 것을 말합니다. 예를 들어, 유아들의 놀이에서 전쟁놀이가 나타나는 지의 여부가 성별에 따라 차이가 있는지를 알고자 한다면 다음과 같은 카이검증을 실시하여 분석할 수 있습니다.

1) 카이검증의 실행

(1) 카이검증은 교차분석과 같이 【메뉴 → 분석→ 기술통계량 → 교차분석】을 선택한 후 [통계량(S)...] 중 【카이제곱(H)】을 선택하면 됩니다. 【8장 전쟁놀이.sav】 파일을 불러와서 카이검증을 실행해 봅시다.

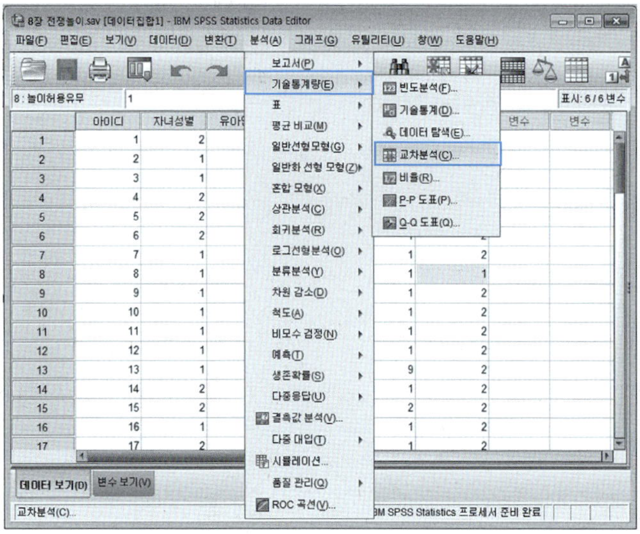

(2) 【8장 전쟁놀이.sav】 파일이 열린 상태에서 【메뉴 → 분석 → 기술통계량 → 교차분석】을 선택하면 다음과 같은 창이 열립니다. 【행】과 【열】 및 【레이어】에는 앞의 교차분석에서 했던 것과 같은 방식으로 선택해 줍니다. 만약 자녀의 성별에 따라 전쟁놀이를 허용하는 것에 차이가 있는지를 알고자 한다면 아래와 같이 선택해 주면 됩니다. 여기까지는 교차분석과 똑같습니다.

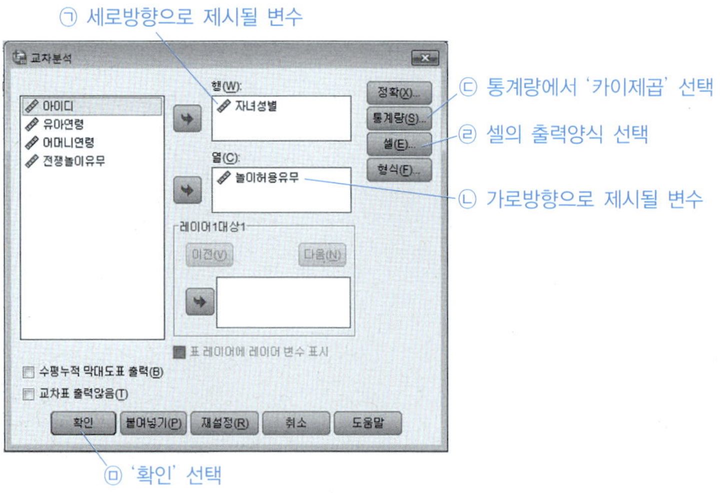

(3) 【행】에는 세로방향으로 제시될 변수를 선택하여 넣습니다. 여기서는 독립변수인 성별을 입력하였습니다. 【열】에는 가로방향으로 제시될 변수를 선택합니다. 여기서는 놀이허용 유무를 선택하였습니다.

(4) 【레이어】는 세 변수 이상에 대한 교차분석을 할 때 편리하게 사용할 수 있습니다. 즉, 각 학급별로 성별에 따른 소풍의견에 대한 분석을 하고 싶을 때 또는 어머니 연령별로 유아의 성별에 따른 전쟁놀이 허용 여부를 분석하고 싶을 때 사용할 수 있는 방법이지요. 이때 어머니 연령이 연속변인이라면 코딩변경을 하여 비연속변인으로 묶어주어야 합니다.

(5) 【수평누적 막대도표 출력(B)】을 선택하면 교차분석의 결과를 막대도표로 나타내어 줍니다.

(6) 【교차표 출력 않음(T)】을 선택하면 교차분석의 결과표를 출력하지 않고 바로 카이검증의 대한 분석결과만을 제시하여 줍니다.

2) 옵션 선택

(1) 통계량

교차분석 창의 오른쪽에 있는 통계량(S)... 을 선택하면 다음과 같은 창이 열립니다. 필요한 선택을 마치면 아래쪽의 계속 을 클릭합니다.

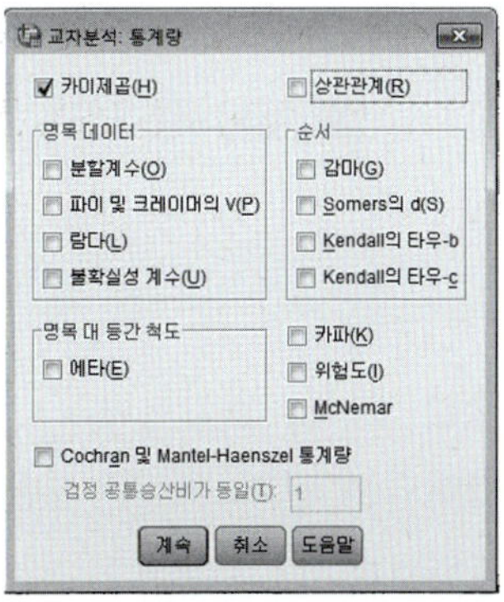

① 통계량 중에서 【카이제곱(H)】을 선택하면 카이검증이 실시됩니다.

② 상관관계를 검증하고자 할 때에는 변수의 종류에 맞는 상관방법을 선택해 주면 됩니다. 자료들이 명명변수일 때는 분할계수, 파이 및 Cram의 V(P), 람다, 불확실성 계수들 중에서 선택할 수 있으며, 파이 및 Cram의 V(P)를 선택하는 것이 일반적입니다. 자료들이 서열변수일 경우에는 감마, Somers의 d(S), Kendall의 타우-b(B), Kendall의 타우-c(C) 중에서 선택할 수 있습니다. 독립변수가 명명척도이고 종속변수가 등간척도일 경우에는 에타를 선택해 줍니다.

③ 여기서 분석하고자 하는 두 변수(유아성별, 놀이허용 유무)는 명명척도이므로 만약 두 변수 간 상관을 알고자 한다면 파이 및 Cram의 V(P)를 선택해 줍니다.

(2) 셀 선택

교차분석 창에서 [셀(E)...]을 클릭하면 다음과 같은 창이 열립니다. 필요한 선택을 마치고 나면 [계속]을 클릭합니다.

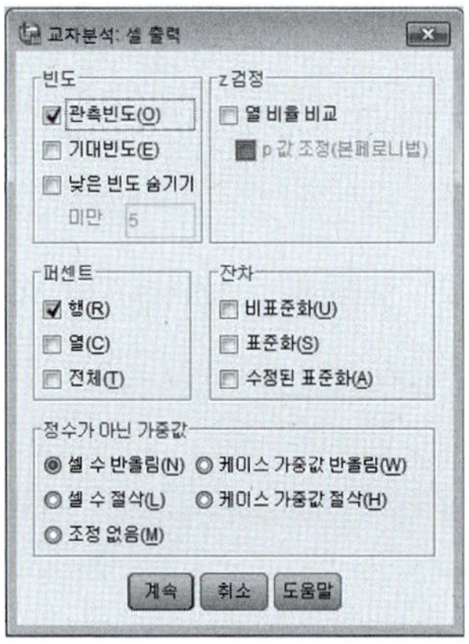

① 빈도

- **관측빈도** : 조사결과 나타난 빈도를 말합니다.
- **기대빈도** : 이론적으로 기대되는 빈도, 즉 두 집단 간 분포가 같다는 영가설에 의해 기대되는 빈도를 말합니다.

② **퍼센트**

- **행** : 행의 퍼센트를 의미하며 가로방향의 합계가 100%가 됩니다. 여기서는 독립변수인 유아의 성별을 행에 입력하였기 때문에 행의 퍼센트를 선택하였습니다.
- **열** : 열의 퍼센트를 의미하며 세로방향의 합계가 100%가 됩니다.
- **전체** : 가로, 세로 전체 빈도에 대한 각 셀의 퍼센트를 말하며 가로, 세로 방향을 모두 합친 합계가 100%가 됩니다.
- 퍼센트는 연구자가 보고자 하는 것에 맞게 선택해 주어야 표가 복잡해지는 것을 막을 수 있습니다. 일반적으로 독립변수가 입력된 방향의 퍼센트를 선택해 주는 것이 해석하는 데 편리합니다.

퍼센트의 옵션을 모두 선택하면 결과표가 매우 복잡해집니다. 보통의 경우는 독립변수에 해당하는 옵션만 선택하면 표를 보고 읽기에 훨씬 편리합니다. 만약 독립변수를 열에 입력하였다면 열의 퍼센트만을 선택해 주면 좋습니다.

3) 결과표 해석

옵션 선택이 끝났으면 확인 을 클릭하여 카이분석을 실행합니다. 그러면 다음과 같은 Output 화면이 출력됩니다.

(1) 케이스 처리 요약

케이스 처리 요약

	케이스					
	유효		결측		전체	
	N	퍼센트	N	퍼센트	N	퍼센트
자녀성별 * 놀이허용유무	57	95.0%	3	5.0%	60	100.0%

유효 응답자와 무응답의 빈도를 알려주는 케이스 처리 요약표가 먼저 나옵니다. 전체 대상은 60명이며 그중 분석된 자료는 57명이고, 무응답이 3명 있다는 것을 알 수 있습니다.

(2) 변인 간 교차표

자녀성별 * 놀이허용유무 교차표

			놀이허용유무			전체
			허용	제한적허용	금지	
자녀성별	남	빈도	7	25	1	33
		자녀성별 중 %	21.2%	75.8%	3.0%	100.0%
	여	빈도	6	14	4	24
		자녀성별 중 %	25.0%	58.3%	16.7%	100.0%
전체		빈도	13	39	5	57
		자녀성별 중 %	22.8%	68.4%	8.8%	100.0%

① 자녀성별에 따른 전쟁놀이 허용 유무에 대한 빈도와 퍼센트를 나타내고 있습니다. 퍼센트 중에서 【행】을 선택하면 위와 같이 나옵니다.

② 응답자의 자녀 중 남아는 33명이며, 여아는 24명입니다. 33명의 남아에 대하여 부모가 전쟁놀이를 허용하는 경우는 7명(21.2%)이고 제한적으로 허용하는 경우는 25명(75.8%), 금지하는 경우는 1명(3.0%)입니다. 24명의 여아에 대하여 부모가 전쟁놀이를 허용하는 경우는 6명(25.0%), 제한적으로 허용하는 경우는 14명(58.3%), 금지하는 경우는 4명(16.7%)입니다. 전체적으로는 57명 중에서 전쟁놀이를 허용하는 경우는 13명(22.8%), 제한적으로 허용하는 경우는 39명(68.4%), 금지하는 경우는 5명(8.8%)입니다.

(3) 카이검증 결과표

카이제곱검정

	값	자유도	점근 유의확률 (양측검정)
Pearson카이제곱	3.649[a]	2	.161
우도비	3.722	2	.155
선형 대 선형결합	.447	1	.504
유효 케이스 수	57		

a. 2셀(33.3%)은(는) 5보다 작은 기대 빈도를 가지는 셀입니다. 최소기대빈도는 2.11입니다.

① 카이제곱

검정 결과표에서 읽어주어야 할 것은 Pearson카이제곱의 값과 자유도, 점근 유의확률, 그리고 유효 케이스 수입니다.

② Pearson 카이제곱 값

피어슨의 카이제곱 검증 결과 산출된 χ^2값입니다. 여기서는 3.649입니다.

③ 자유도

Degree of Freedom을 나타내는 것으로써 (독립변수의 범주 수−1)×(종속변수의 범주 수−1)로 계산됩니다. 여기서는 성별이 2개 범주(남, 여), 놀이허용 유무가 3개 범주(허용, 제한적 허용, 금지)이므로 자유도는 2입니다.

④ 점근 유의확률

양방검증의 유의도로서 두 집단의 빈도차이가 없을 때 영가설을 기각할 오류, 즉 1종 오류의 확률을 나타내 줍니다. 이 값이 .05보다 크면 영가설을 수용하여 두 집단의 빈도에 차이가 없다는 결론을 내리게 되며, 이 값이 .05보다 작으면 영가설을 기각하여 두 집단의 빈도에 유의미한 차이가 있다는 결론을 내리게 됩니다. 여기서는 유의확률이 .161이므로 p>.05이기 때문에 영가설을 기각할 수 없습니다. 즉, 전쟁놀이를 허용하는 것에는 자녀의 성별에 따라 차이가 없다는 것을 알 수 있습니다.

⑤ 유효 케이스 수

분석에 사용된 사례수를 말합니다. 여기서는 총 57명의 자료에 대하여 분석이 이루어졌다는 것을 알 수 있습니다.

4) 보고서 제시 양식

보고서에 카이검증의 결과를 제시할 때는 알아보고자 하는 변수에 대한 빈도와 백분율, 그리고 카이검증 값과 자유도를 제시해 주면 됩니다. 유의확률은 유의미한 차이가 있을 경우에만 χ^2값에 *로 표시해 줍니다. 자녀의 성별에 따라 전쟁놀이 허용에 차이가 있는지를 알아보고자 한다면 다음과 같이 표를 제시해 주면 됩니다.

〈표 8-1〉 자녀 성별에 따른 전쟁놀이 허용 유무에 대한 카이검증 $N=(\%)$

구분	놀이허용 유무			전체	χ^2
	허용	제한적 허용	금지		
남아	7(21.2)	25(75.8)	1(3.0)	33(100.0)	3.65 ($df=2$)
여아	6(25.0)	14(58.3)	4(16.7)	24(100.0)	
전체	13(22.8)	39(68.4)	5(8.8)	57(100.0)	

해석 33명의 남아에 대하여 부모가 전쟁놀이를 허용하는 경우는 7명(21.2%)이고, 제한적으로 허용하는 경우는 25명(75.8%), 금지하는 경우는 1명(3.0%)입니다. 24명의 여아에 대하여 부모가 전쟁놀이를 허용하는 경우는 6명(25.0%), 제한적으로 허용하는 경우는 14명(58.3%), 금지하는 경우는 4명(16.7%)입니다. 자녀의 성별에 따라서 전쟁놀이를 허용하는 정도에 차이가 있는지를 알아보기 위하여 자녀의 성별을 독립변인으로, 전쟁놀이 허용을 종속변인으로 하여 카이검증을 실시한 결과 $\chi^2=3.65(df=2)$로 통계적으로 유의미한 차이가 없는 것으로 나타났다($p>.05$). 따라서 부모가 전쟁놀이를 허용하는 방식은 자녀의 성별에 따라 차이가 없다고 할 수 있다.

요약

카이검증(χ^2)

- 교차분석 【메뉴 → 분석 → 기술통계량 → 교차분석】
- 통계량(S)...에서 【카이제곱(H)】 선택
- 필요한 경우 적절한 상관검증 선택
- 셀(E)...에서 필요한 항목 선택 → 계속
- 확인

연·습·문·제

01 【8장 (연습문제) 가정환경조사.sav】 파일을 이용하여 형제 순위에 따라 다니고 있는 학원 수에 차이가 있는지 카이검증을 실시하고 이를 해석하시오.

쉬어가기

금간 물항아리

한 아낙이 물지게를 지고 먼 길을 오가며 물을 날랐습니다. 양쪽 어깨에 항아리가 하나씩 걸쳐져 있었는데 왼쪽 항아리는 살짝 실금이 간 항아리였습니다. 그래서 물을 가득 채워서 출발했지만, 집에 오면 왼쪽 항아리의 물은 항상 반쯤 비어 있었습니다. 왼쪽 항아리는 금 사이로 물이 흘러내렸고, 오른쪽 항아리의 물은 그대로였습니다. 왼쪽 항아리는 항상 미안한 마음이 들었고, 그러던 어느 날 아낙에게 말했습니다.

"주인님, 저 때문에 항상 일을 두 번씩 하는 것 같아서 죄송해요. 금이 가서 물이 새는 저 같은 항아리는 버리고 새것으로 쓰시지요."

아낙이 빙그레 웃으면서 금이 간 항아리에게 말했습니다.

"나도 네가 금이 간 항아리라는 것을 알고 있단다. 그렇지만 괜찮아. 우리가 지나온 길의 양쪽을 보거라. 물 한 방울 흘리지 않는 오른쪽 길은 아무 생명도 자라지 못하는 황무지가 되었지만, 네가 물을 뿌려준 왼쪽 길에는 아름다운 꽃과 풀과 생명이 무성하게 자라고 있잖아."

"너는 금이 갔지만, 너로 인해서 많은 생명이 자라나고, 나는 그 생명을 보면서 행복하단다. 너는 지금 그대로 네 역할을 아주 잘 하고 있는 것이란다."

사람들은 완벽함을 추구하며 자신의 조금 부족한 모습을 수치스럽게 여기고 자기 자신을 가치 없는 존재로 여겨 낙심에 빠질 때도 있습니다. 그렇지만 세상은 금이 간 항아리 때문이 아니라, 오히려 너무 완벽한 항아리들 때문에 삭막할 때가 더 많습니다. 약간은 부족해도 너그럽게 허용하는 것이 세상을 좀 더 여유롭게 만드는 배려입니다.

chapter 09

t-검증

chapter 09

t-검증

이 장에서는 두 집단 간 평균 차이를 비교하는 방법인 t-검증에 대해 알아봅시다. t-검증에는 독립표본 t-검증과 대응표본 t-검증이 있습니다.

- t-검증은 두 집단 간 평균이 유의미한 차이가 있는지를 검증하는 방법입니다. 이때 독립변수는 질적 변수이고, 종속변수는 양적 변수이어야 합니다.
- 독립표본 t-검증은 표본을 추출하는 과정이 상호 독립적일 경우 두 집단 간 평균 차이를 비교하기 위해 사용할 수 있는 방법입니다.
- 대응표본 t-검증은 표본을 추출하는 과정이 상호 비독립적일 경우 두 집단 간 종속변수에 차이가 있는 지를 알아보고자 할 때 사용할 수 있는 방법입니다.

1. t-검증을 실시하기 전에

1) t-검증은 언제할까요?

t-검증은 모집단을 대표하는 표본으로부터 추정된 분산이나 표준편차를 가지고 모집단의 평균 간 차이가 있는지를 검증하는 방법입니다.

예를 들어, 우리나라 5세 유아들의 언어능력에 성별 간 차이가 있는지를 알아보는 연구를 한다고 합시다. 모집단을 대표하는 표본, 즉 우리나라 5세 유아 중 남녀 유아를 무선적으로 500명을 선정하고 이들의 언어능력을 측정한 다음 여기서 나온 점수를 가지고 우리나라 전체 5세 유아의 언어능력에 성별 간 차이가 있는지를 추정하고자 할 때 t-검증을 사용할 수 있습니다.

t-검증을 하기 위해서는 독립변수는 성별과 같은 질적 변수이고 종속변수는 집단별 언어능력 점수나 창의성 점수와 같은 양적 변수이어야 합니다. 만약 종속변수가 질적 변수일 경우에는 카이검증을 하여야 합니다. 카이검증에 대해서는 8장을 참고하세요.

2) t-검증의 기본 원리

(1) t-검증은 모집단의 분산이나 표준편차를 알지 못할 때 모집단을 대표하는 표본으로부터 추정된 분산이나 표준편차를 가지고 모집단의 평균 간 차이가 있는지를 검증하는 방법입니다. 두 표본의 분산과 두 표본을 합한 전체 집단의 분산을 이용하여 평균의 차이가 어느 정도 유의한가를 검증하게 됩니다.

$$t = \frac{\text{집단1의 평균} - \text{집단2의 평균}}{\text{두 집단 간 평균 차의 표준오차}}$$

(2) 여기서 계산된 t값을 토대로 통계적인 유의도를 검증하는데, 두 집단의 종속변수에 평균 차이가 없다고 하는 영가설이 발생할 확률(p)을 t값과 자유도를 통해 산출하게 됩니다. 표본들의 평균값의 차이가 우연히 발생할 수 있는 것인지, 혹은 의미가 있는 차이인지를 검증하는 것이지요.

(3) 예를 들어, 우리나라 5세 유아들의 언어능력에 성별 간 차이가 있는지를 알아보는 연구를 할 때, 먼저 모집단을 대표하는 표본, 즉 우리나라 5세 유아 중 남녀 유아 일정 수를 표집해야 합니다. 그리고 이 표본집단의 언어능력을 측정한 다음 여기서 나온 점수를 가지고 우리나라 전체 5세 유아의 언어능력에 성별 간 차이가 있는지를 추정하게 됩니다. t-검증은 두 집단 간 평균 차이를 검증하기 위해서 사용되기 때문에 이를 검증하기 위한 영가설과 대립가설은 다음과 같이 설정될 수 있습니다.

H_0(영가설) : $\mu_1 = \mu_2$(5세 유아들의 언어능력에는 성별 간 차이가 없다)
H_a(대립가설) : $\mu_1 \neq \mu_2$(5세 유아들의 언어능력에는 성별 간 차이가 있다)

(4) 여기서 산출된 t값과 유의확률(p)을 통해 영가설을 수용할 것인지 대립가설을 수용할 것인지를 결정하게 됩니다. 유의확률이 $p > .05$보다 큰 경우, 즉 영가설을 기각했을 때 틀릴 확률, 다시 말하면 5세 유아들의 언어능력에 성별 간 차이가 없다는 영가설을 기각하고 언어능력에 성별 간 차이가 있다고 할 경우 틀릴 확률이 5%보다 크면($p > .05$) 영가설을 수용하여 두 집단 간 언어능력에 차이가 없다고 하게 됩니다.

그러나 $p < .05$인 경우, 즉 영가설을 기각했을 때 틀릴 확률, 다시 말하면 5세 유아들의 언어능력에 성별 간 차이가 없다는 영가설을 기각하고 언어능력에 성별 간 차이가 있다고 할 경우 틀릴 확률이 5%보다 작으면($p < .05$) 영가설을 기각하고 성별에 따라 언어능력에는 차이가 있다고 말할 수 있게 됩니다(2장 가설검증 참고).

3) 연구문제의 예

- 유아의 성별에 따라 언어능력에는 차이가 있는가?
- 실험집단과 통제집단 간에 창의성 점수에 차이가 있는가?
- 결혼만족도(높은 집단, 낮은 집단)에 따라 양육효능감에 차이가 있는가?
- 실험 전과 후에 유아의 스트레스 정도는 차이가 있는가?

2. 독립표본 t-검증

메뉴 → 분석 → 평균 비교 → 독립표본 T검정

독립표본 t-검증은 표본을 추출하는 과정이 상호 독립적인 경우 두 집단 간 종속변수에 차이가 있는 지를 알아보고자 할 때 사용할 수 있는 방법입니다. 여기서 독립적이라는 말은 하나의 사례가 선택되는 것이 다른 사례를 선택하는 데 영향을 미치지 않는다는 것을 말합니다. 예를 들어, 성별(독립변수)에 따라 유아의 수학능력점수(종속변수)에 차이가 있는지를 알아보고자 하는 경우 한 사례를 선택하는 것이 다른 사례를 선택하는 것에 영향을 미치지 않기 때문에 독립표본 t-검증을 사용할 수 있습니다.

이때 독립변수는 하나이며(예 성) 하나의 독립변수는 2개의 집단(예 남, 여)으로 구성되어 있어야 합니다. 만약 독립변수가 개월수, 언어능력점수 등 연속변수로 입력되어 있을 경우에는 집단으로 코딩변경한 후(예 3세 집단과 4세 집단, 또는 원점수의 상위집단과 하위집단) t-검증을 실시하여야 합니다.

자격에 따라 교사가 직무를 인식하는 데 차이가 있는지를 알아보고자 하는 연구를 실시한다고 해봅시다. 이 경우 개별 교사에 대하여 직무인식 정도를 조사하여 그 점수를 구할 수가 있겠지요. 여기서 자격에 따라 교사의 직무인식 정도에 차이가 있는지를 알아보고자 할 때 독립표본 t-검증을 실시할 수 있습니다. 독립변수가 두 집단(1급, 2급)으로 이루어져 있고, 종속변수는 연속변수(교사인식총점)이기 때문이지요.

1) 독립표본 t-검증 실행

(1) 【9장 교사직무인식.sav】을 열어봅시다. 이 파일에는 교사의 학력, 자격, 담당학급연령과 수행, 난이도, 타당성에 대한 인식점수가 입력되어 있습니다. 교사의 자격이 두 집단(1급, 2급)으로 구성되어 있으므로 교사의 자격에 따라 수행, 난이도, 타당성 인식에 차이가 있는지 알아보고자 할 때 독립표본 t-검증을 실시하면 됩니다. 독립표본 t-검증은 【메뉴 → 분석 → 평균 비교 → 독립표본 T검정】을 선택하면 실행할 수 있습니다.

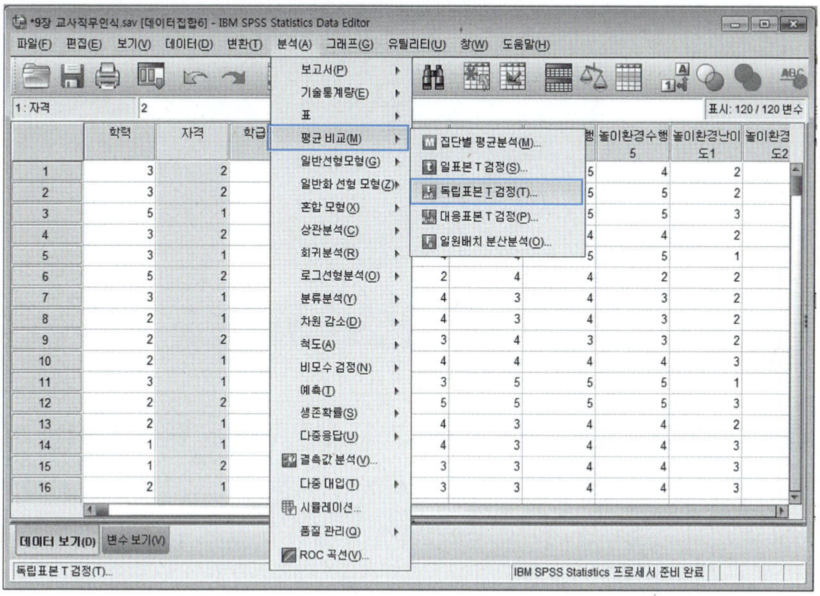

(2) 【9장 교사직무인식】 파일이 열린 상태에서 【메뉴 → 분석 → 평균 비교 → 독립표본 T검정】을 선택하면 독립표본 t-검증 창이 아래와 같이 열립니다.

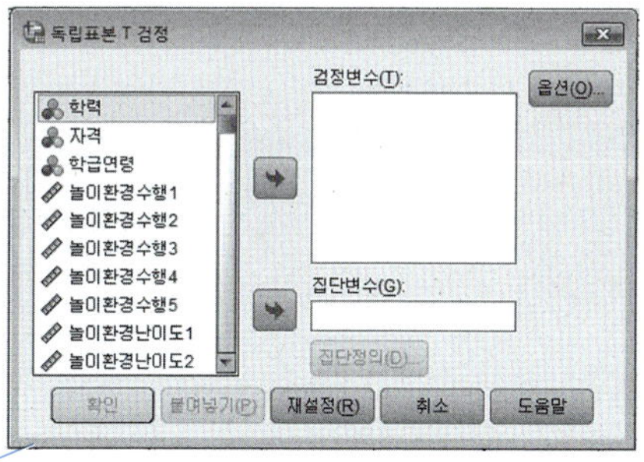

㉠ 변수목록

(3) 독립표본 t-검증 창이 열리면 【검정변수】에는 종속변수를, 【집단변수】에는 독립변수를 넣습니다. 여기서는 자격에 따라 수행, 난이도, 타당성 인식에 차이가 있는지를 알아보고자 하기 때문에 독립변수는 교사의 자격, 종속변수는 수행합, 난이도합, 타당성합이 됩니다. 따라서 자격을 【집단변수】에, 수행합, 난이도합, 타당성합을 【검정변수】로 옮깁니다.

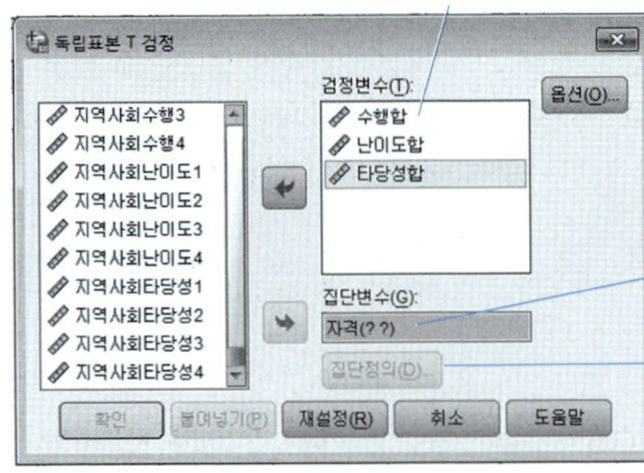

(4) 그러면 【집단변수】에 자격(? ?)이라고 표시가 됩니다. 【집단변수】의 각 집단, 여기서는 1급과 2급을 나타내는 값을 입력하라는 뜻이지요. 【집단정의(D)】를 눌러 원하는 값을 입력해 줍니다. 【집단정의(D)】를 누르면 아래와 같은 창이 열립니다. 그러면 각 집단을 나타내는 값, 여기서는 집단 1에는 1(1급), 집단 2에는 2(2급)를 입력한 후 [계속]을 클릭합니다.

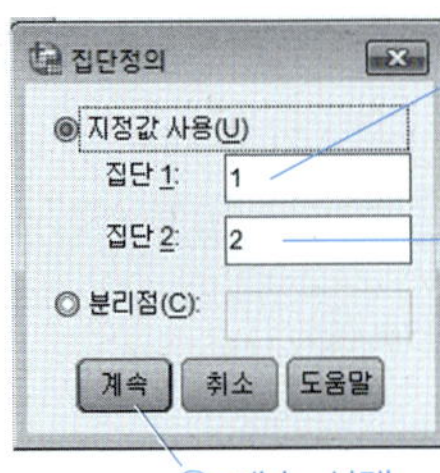

(5) 마지막으로 [옵션(O)...]을 선택하면 t-검증에서의 신뢰구간을 정하는 창이 열립니다. 아무 선택도 하지 않으면 SPSS에는 95%신뢰구간이 기본으로 설정되어 있으며 필요에 따라 값을 변경해 줄 수 있습니다. 모든 선택을 마쳤으면 [계속]과 [확인]을 클릭하여 t-검증을 실행시킵니다.

2) 결과표 해석

확인 을 클릭하여 독립표본 *t*-검증을 실행하면 다음과 같은 화면이 출력됩니다.

(1) 집단통계량

사례수

집단통계량

	자격	N	평균	표준편차	평균의 표준오차
수행합	1급	124	128.5000	25.39525	2.28056
	2급	91	131.8242	24.75192	2.59471
난이도합	1급	124	118.2903	23.63124	2.12215
	2급	91	120.8242	24.45295	2.56337
타당성합	1급	124	139.1855	25.09214	2.25334
	2급	91	140.4505	24.99034	2.61970

독립표본 *t*-검증을 실행하면 독립변수별로 종속변수의 평균, 표준편차, 평균의 표준오차가 나타납니다. 여기서는 자격급별 수행합, 난이도합, 타당성합의 평균, 표준편차, 평균의 표준오차가 제시되어 있습니다. 전체 조사대상 중 1급은 124명이고 2급은 91명입니다. 수행합의 평균은 1급이 128.50이고 표준편차는 25.39, 2급은 평균 131.82, 표준편차가 24.75입니다. 난이도합은 1급 평균이 118.29(SD=23.63), 2급 평균이 120.82(SD=24.45), 타당성합은 1급 평균이 139.18(SD=25.09), 2급 평균이 140.45(SD=24.99)입니다.

(2) 독립표본 *t*-검증 결과

독립표본검정

		Levene의 등분산 검정		평균의 동일성에 대한 *t*-검정						
		F	유의확률	t	자유도	유의확률 (양쪽)	평균차	차이의 표준오차	차이의 95% 신뢰구간 하한	차이의 95% 신뢰구간 상한
수행합	등분산이 가정됨	.027	.871	-.958	213	.339	-3.32418	3.46818	-10.16052	3.51217
	등분산이 가정되지 않음			-.962	196.819	.337	-3.32418	3.45448	-10.13673	3.48838
난이도합	등분산이 가정됨	.068	.795	-.765	213	.445	-2.53385	3.31033	-9.05905	3.99134
	등분산이 가정되지 않음			-.761	190.252	.447	-2.53385	3.32781	-9.09801	4.03030
타당성합	등분산이 가정됨	.370	.544	-.366	213	.715	-1.26507	3.45765	-8.08066	5.55053
	등분산이 가정되지 않음			-.366	194.526	.715	-1.26507	3.45548	-8.08009	5.54996

① Levene의 등분산 검정

변량의 동일성을 검증하는 것으로 두 독립집단, 여기서는 1급과 2급의 변량이 동일한지를 검사하여 알려주는 것입니다. 여기서의 유의확률이 .05보다 크면 두 집단의 변량이 동일하다는 영가설이 수용되며 따라서 <등분산이 가정됨>이라고 된 윗줄의 값을 읽으면 됩니다. 위의 표에서는 Levene의 등분산 검정의 유의확률이 .871, .795, .544로 모두 p>.05이므로 두 집단의 변량이 동일하다는 것을 뜻하며 따라서 <등분산이 가정됨>의 값, 즉 윗줄의 t값을 읽어주어야 합니다. 만약 Levene의 등분산 검정에서의 유의확률이 .05보다 작으면 두 집단의 변량이 동일하다는 영가설을 수용할 수 없게 됩니다. 즉, 두 집단의 변량이 같지 않다는 뜻이지요. 그럴 경우에는 <등분산이 가정되지 않음>이라고 되어있는 아랫줄의 t값을 읽어야 합니다.

② ***t***

t-검증 결과 나타난 t값을 제시해 주고 있습니다. 여기서는 t값이 수행합, 난이도합, 타당성합 각각 -.95, -.76, -.36입니다. t값에서 음수와 양수는 큰 의미가 없으며 절대값으로 읽어주면 됩니다. t값의 절대값이 클수록 두 집단 간 차이가 크다는 것을 의미합니다.

③ 유의확률(양쪽)

양방검증의 유의도로서 두 집단의 평균 차이가 없을 때 영가설을 기각할 오류, 즉 1종 오류의 확률을 나타내 줍니다. 이 값이 .05보다 크면 영가설을 수용하여 두 집단 평균 차이가 없다는 결론을 내리게 되며, 이 값이 .05보다 작으면 영가설을 기각하여 두 집단 간에 유의미한 평균 차이가 있다는 결론을 내리게 됩니다. 여기서는 유의확률이 각각 .339, .445, .715이므로 모두 .05보다 크기 때문에(p>.05) 영가설을 기각할 수 없으며, 따라서 두 집단 간 평균 차가 유의미하지 않다고 결론을 내릴 수 있습니다.

3) 보고서 제시 양식

보고서에 t-검증 결과를 제시할 때는 각 집단별 사례수, 평균 및 표준편차, 그리고 t값을 제시해 주면 됩니다. 유의확률은 수치를 표에 직접 기입하지 않고, 유의미한 차이가 있을 경우에만 t값에 *로 표시해 줍니다. 일반적으로 p<.05인 경우에는 *,

p<.01인 경우에는 **, p<.001인 경우에는 *** 으로 표시해 줍니다. 위의 t-검증 결과는 다음과 같이 표로 제시될 수 있습니다. 일반적으로 소수점 이하 세 자리에서 반올림하여 소수점 두 자리까지 제시해 주면 됩니다.

〈표 9-1〉 교사의 자격급에 따른 수행, 난이도, 타당성에 대한 독립표본 t-검증 (N=215)

	집단	사례수	평균	표준편차	t
수행합	1급	124	128.50	25.40	-.96
	2급	91	131.82	24.75	
난이도합	1급	124	118.29	23.63	-.77
	2급	91	120.82	24.45	
타당성합	1급	124	139.19	25.09	-.37
	2급	91	140.45	24.99	

해석 수행합에서 1급은 평균 128.50(SD=25.40), 2급은 평균 131.82(SD=24.75)로 나타났으며, 이러한 차이는 t=-.96(p>.05)로 유의미한 차이가 없는 것으로 나타났다. 난이도합 1급 평균 118.29(SD=23.63), 2급 평균 120.82(SD=24.45)로 나타났으며, 이러한 차이는 t=-.77(p>.05)로 유의미한 차이가 없는 것으로 나타났다. 타당성합에서 1급은 평균 139.19(SD=25.09), 2급은 평균 140.45(SD=24.99)로 나타났으며, 이러한 차이는 t=-.37(p>.05)로 유의미한 차이가 없는 것으로 나타났다. 따라서 수행합, 난이도합, 타당성합에서 1급 자격을 가진 교사와 2급 자격을 가진 교사 간에는 차이가 없다고 할 수 있다.

3. 대응표본 t-검증

메뉴 → 분석 → 평균 비교 → 대응표본 T검정

대응표본 t-검증은 표본을 추출하는 과정이 상호 독립적인 경우가 아니라 비독립적일 경우 집단 간 종속변수에 차이가 있는지를 알아보고자 할 때 사용할 수 있는 방법입니다. 여기서 비독립적이라는 말은 하나의 사례가 선택되는 것이 다른 사례를 선택하는 데 영향을 미치는 경우를 말합니다.

비독립적으로 표본을 추출하는 것에는 크게 두 가지 경우가 있습니다. 첫째는 부부나 남매간의 차이를 알아보기 위하여 부부 또는 남매들을 대상으로 조사하거나, 같은 부모의 첫째 자녀와 둘째 자녀를 대상으로 형제간의 차이를 조사하는 경우, 원장과 교사의 인식 차이를 알아보기 위해 같은 기관의 원장과 교사를 짝지어 조사하는 경우 등이 그것입니다. 이런 경우 두 표본은 서로 종속적인 것이 되지요.

두 번째는 사전검사점수와 사후검사점수를 추출하는 것입니다. 동일한 표본에서 두 변수의 평균 차이를 비교하는 경우, 예를 들어 창의성 프로그램을 실시하기 전과 실시한 후의 유아 창의성 점수를 비교하는 경우에 두 표본은 상호 종속적인 것이 되지요. 두 점수 간 상호 비교하는 것이기 때문에 이때는 독립변수와 종속변수가 따로 존재하지 않습니다. 단지, 두 집단 간 평균에 차이가 있는지의 유무를 검증하는 것입니다.

컴퓨터를 활용한 수학활동이 유아의 수학능력에 어떤 영향을 미치는지 알아보고자 하는 연구를 실시한다고 해봅시다. 먼저 실험을 실시하기 전 유아들을 대상으로 수학능력검사를 실시하겠지요. 그 다음 컴퓨터를 활용한 수학활동을 하고, 다시 수학능력검사를 실시하게 될 겁니다. 만약 컴퓨터를 활용한 수학활동이 유아의 수학능력을 향상시킨다면 유아의 수학능력점수는 실험 전과 후에 유의미한 차이가 있을 것입니다. 이처럼 컴퓨터를 활용한 수학활동을 실시하기 전의 수학능력점수와 실시한 후의 수학능력점수 간에 차이가 있는지를 알아보고자 할 때 대응표본 t-검증을 실시하면 됩니다.

1) 대응표본 t-검증의 실행

① 【9장 수학능력점수.sav】을 열어 봅시다. 수학능력검사의 실험 전 점수와 실험 후 점수가 입력되어 있습니다. 실험 전과 실험 후의 유아의 수학능력검사점수에 차이가 있는지 알아보고자 할 때 대응표본 t-검증을 실시하면 됩니다. 대응표본 t-검증은 【메뉴 → 분석 → 평균 비교 → 대응표본 T검정】을 선택하면 대응표본 t-검증 창이 다음과 같이 열립니다.

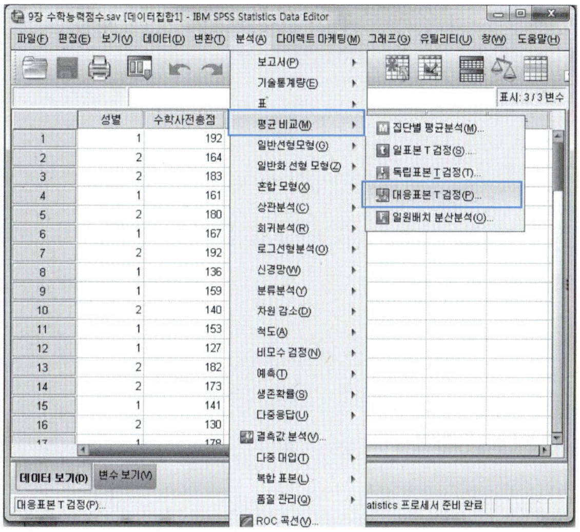

② 대응표본 t-검증 창이 열리면 【대응 변수】에 비교하고자 하는 두 변수를 선택해줍니다. 여기서는 실험 전 수학능력점수와 실험 후 수학능력점수의 차이를 알아보고자 하는 것이므로 수학사전총점과 수학사후총점을 선택하여 줍니다.

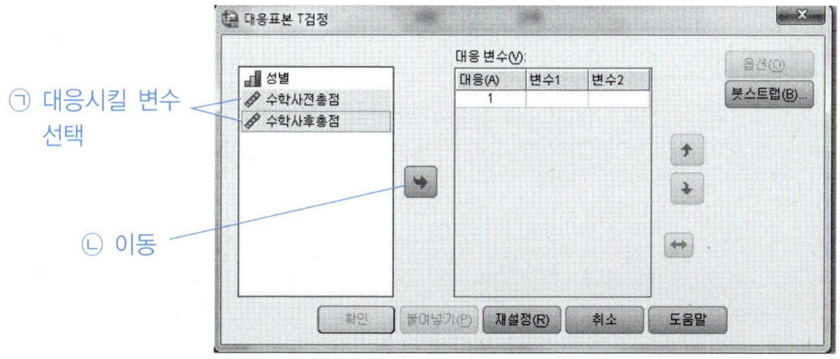

③ 대응표본 t-검증을 실시하고자 하는 변수들을 선택한 후 ➡ 버튼을 누르면 아래와 같이 【대응 변수】 상자에 분석하고자 하는 변수의 쌍이 나타납니다.

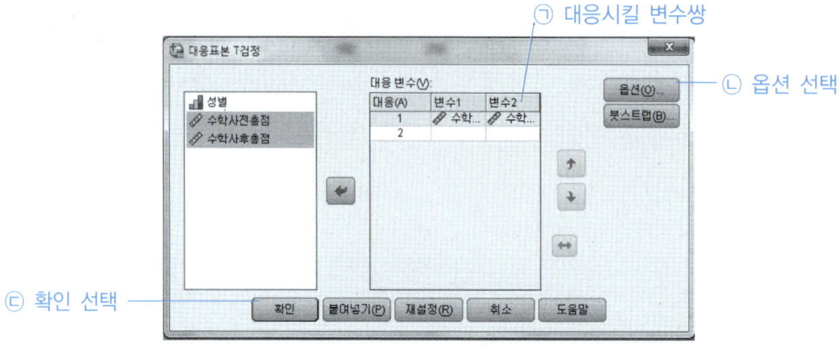

④ 마지막으로 옵션(O)... 을 선택하면 아래와 같이 t-검증에서의 신뢰구간을 정하는 창이 열립니다. 아무 선택도 하지 않으면 SPSS에는 95% 신뢰구간이 기본으로 설정되어 있으며 필요에 따라 값을 변경해 줄 수 있습니다. 모든 선택을 마쳤으면 계속 과 확인 을 클릭하여 t-검증을 실행시킵니다.

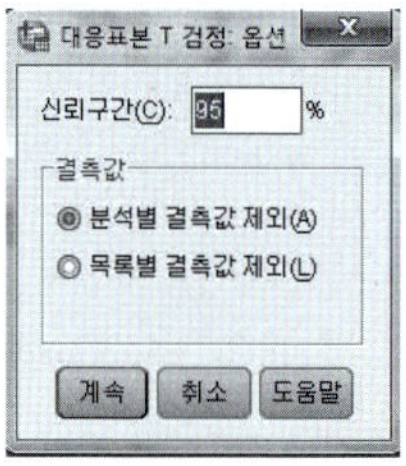

2) 결과표 해석

(1) 집단 통계량

대응표본 통계량

		평균	N	표준편차	평균의 표준오차
대응1	수학점수 실험 전	175.33	60	23.091	2.981
	수학점수 실험 후	203.23	60	26.376	3.405

대응표본 t-검증을 실행하면 위와 같은 대응표본 통계량이 먼저 산출됩니다. 비교하고자 하는 두 변수, 여기서는 수학점수 실험 전과 수학점수 실험 후의 평균과 사례수, 표준편차, 평균의 표준오차가 산출됩니다. 전체 사례수는 60입니다. 실험 전 수학점수의 평균은 175.33이고 실험 후 수학점수의 평균은 203.23으로 사후검사의 점수가 더 높게 나타났습니다.

(2) 대응표본 상관계수

대응표본 상관계수

	N	상관계수	유의확률
대응1 수학점수 실험 전 & 수학점수 실험 후	60	.094	.476

대응표본 t-검증을 실행해 보면 또한 위와 같이 두 변수 간 상관이 산출됩니다, 비교하고자 하는 두 변수, 여기서는 수학점수 실험 전과 수학점수 실험 수의 상관와 유의도 사례수가 산출됩니다. 두 변수, 즉 실험 전과 실험 후의 수학점수의 상관은 .094(p>.05)로 매우 낮습니다. 이는 실험 전 수학점수와 실험 후 수학점수 간의 상관이 낮다는 것을 말해 줍니다.

(3) 대응표본 t-검증

대응표본검정

	대응차					t	자유도	유의확률 (양쪽)
	평균	표준편차	평균의 표준오차	차이의 95% 신뢰구간 하한	차이의 95% 신뢰구간 상한			
대응 1 수학점수 실험 전 & 수학점수 실험 후	-27.9000	33.386	4.310	-36.525	-19.275	-6.473	59	.000

마지막으로 대응표본 t-검증 결과표가 위와 같이 산출됩니다. 여기서 평균은 실험 전 점수에서 실험 후 점수를 뺀 값의 평균을 의미합니다. 실험 전 점수 평균(175.33)－실험 후 점수 평균(203.23)＝-27.900입니다.

t값은 대응표본 t-검증 결과 나타난 t값을 제시해 주고 있습니다. 여기서는 t값이 -6.473입니다. t값에서 음수와 양수는 큰 의미가 없으며 절대값으로 읽어주면 됩니다. t값의 절대값이 클수록 두 평균 간 차이가 크다는 것을 의미합니다.

유의확률(양쪽)은 영가설을 기각할 때 틀린 가능성, 즉 1종 오류의 확률을 나타내줍니다. 이 값이 .05보다 크면 영가설을 수용하여 두 평균 간에 차이가 없다는 결론을 내리게 되며, 이 값이 .05보다 작으면 영가설을 기각하여 두 평균 간에 유의미한 차이가 있다는 결론을 내리게 됩니다. 여기서는 유의확률이 .000이므로 .001수준에서 유의한 차이가 있다고 말할 수 있습니다.

3) 보고서 제시 양식

보고서에서 t-검증 결과를 제시할 때는 각 집단별 사례수, 평균 및 표준편차, 그리고 t값을 제시해 주면 됩니다. 유의확률은 유의미한 차이가 있을 경우에만 t값에 *로 표시해 줍니다. 위의 t-검증 결과는 다음과 같이 표로 제시될 수 있습니다.

〈표 9-2〉 수학능력 사전점수와 사후점수에 대한 대응표본 t-검증 (N=60)

구 분	평 균	표준편차	t
실험 전 수학점수	175.33	23.09	-6.47^{***}
실험 후 수학점수	203.23	26.38	

*** p<.001

해석 실험 전 수학점수의 평균은 175.33, 실험 후 수학점수의 평균은 203.23으로 실험 후의 수학점수가 실험 전 수학점수보다 높게 나타났다. 이러한 차이는 t=-6.47 (p<.001)로 통계적으로 유의미하였다. 따라서 컴퓨터를 활용한 수학활동을 실시하는 것은 유아의 수학능력 발달에 긍정적인 영향을 미친다고 할 수 있다.

요약 / t-검증

- 【메뉴 → 분석 → 평균 비교 → 독립표본 T검정 또는 대응표본 T검정】
- 분석할 변수 선택
  ⇒ 독립표본 t-검증일 경우 : 검정변수와 집단변수 선택
  ⇒ 대응표본 t-검증일 경우 : 대응변수의 쌍 선택
- 확인

연 · 습 · 문 · 제

01 【9장 (연습문제) 양육효능감.sav】 파일을 이용하여 다음의 연구문제를 해결하기 위한 분석을 하시오.

1. 자녀의 성에 따라 어머니의 양육효능감 정도에는 차이가 있는가?

2. 자녀의 성에 따라 어머니의 양육스트레스 정도에는 차이가 있는가?

3. 어머니의 양육기대와 양육실제는 차이가 있는가?

쉬어가기

우리들이 사용하는 수는 일, 십, 백, 천, 만, 억, 조 등 각 자리마다 이름이 있습니다. 이들보다 더 큰 수의 이름은 무엇일까요?

만(10^4) → 억(10^8) → 조(10^{12}) → 경(10^{16}) →

해(10^{20}) → 자(10^{24}) → 양(10^{28}) → 구(10^{32}) →

간(10^{36}) → 정(10^{40}) → 재(10^{44}) → 극(10^{48}) →

항하사(10^{52}) → 아승기(10^{56}) → 나유타(10^{60}) →

불가사의(10^{64}) → 무량대수(10^{68})

여기서 항하사라는 수는 인도의 갠지스 강의 모래알 개수와 같은 수라고 합니다. 그럼 항하사의 경배인 무량대수는 얼마나 큰 수일까요?

chapter

10

분산분석

chapter 10

분산분석

이 장에서는 집단 간 차이검증의 방법 중 분산분석에 대해 알아봅시다. 분산분석에는 일원배치 분산분석, 일반선형모형 등이 있습니다. 이들은 각각 어떤 경우에 사용할까요?

➤ 분산분석은 집단 간 평균 차이가 유의미한지를 알고자 할 때 사용됩니다. 이때 독립변수는 질적 변수로, 각 집단이 2개 이상이며, 종속변수는 등간척도 이상의 양적 변수로 평균을 구할 수 있는 경우에 사용할 수 있습니다.

➤ 일원배치 분산분석(One-Way Anova)은 F-검정, 일원분산분석, ANOVA 등으로 불리우며, 독립변수와 종속변수가 각각 하나씩일 경우에 사용합니다.

➤ 사후검증은 독립변수의 모든 집단을 2개의 조합으로 만들어 두 집단 간의 차이를 비교해 줍니다. 분산분석 결과 집단 간 차이가 유의미하게 나왔을 때 구체적으로 어느 집단과의 차이인지를 알려줍니다.

➤ 일반선형모형은 독립변수가 2개 이상일 경우의 집단 간 차이 검증을 실시할 수 있습니다. 이 경우 두 독립변수 간의 상호작용 효과도 같이 분석할 수 있습니다.

1. 분산분석을 실시하기 전에

1) 분산분석의 기본 원리

① 분산분석의 기본 원리는 집단을 구분해 주는 독립변수의 차이에 따른 종속변수의 분포(집단 간 분산)와 동일한 독립변수값을 갖는 집단 내에서 종속변수의 변화(집단 내 분산)를 비교하여 통계적으로 유의미한 차이를 보이는지의 여부를 검증하는 방법입니다.

② 분산분석을 이용하기 위해서는 "각 표본들이 정규분포를 이루며, 각 모집단은 동일한 분산(σ^2)을 갖는다"는 기본 가정으로 합니다.

③ 다음의 그림 A와 B 중에서 두 집단 간 차이가 더 크게 나타나는 쪽은 어느 쪽일까요? 실제 평균값의 차이는 A의 경우가 0.22이고 B의 경우가 0.08로서 A의 경우가 더 크지만 통계적 검증 결과는 B의 경우가 더 큰 차이가 나는 것으로 나타납니다. 그 이유는 B의 경우 집단 간의 분산의 절대치는 작지만 집단 내의 분산이 이에 비해 상대적으로 작음으로써 집단 내의 분산에 대한 집단 간의 분산의 비(F ratio)가 커짐으로써 통계적 유의성이 높아지게 되는 것입니다. 통계적 유의성이 높아진다는 것은 *F* probability(p)가 작은 값을 갖게 됨을 나타내는 것이지요.

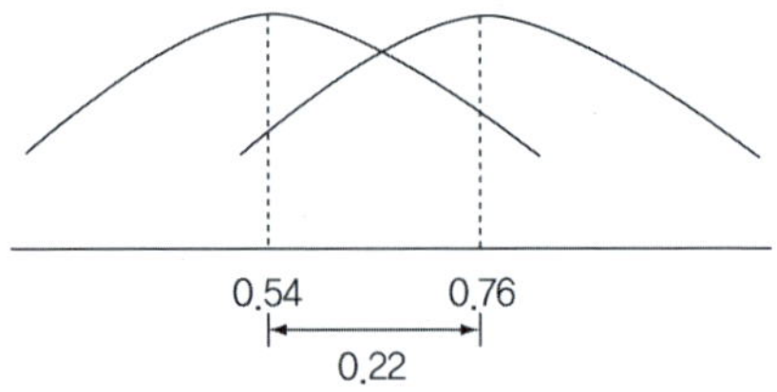

A : 집단 내의 분산이 큰 경우

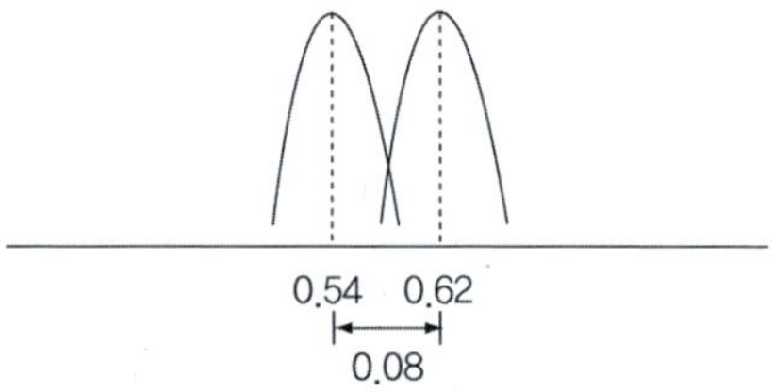

B : 집단 내의 분산이 작은 경우

④ 예를 들면, 유아의 산수문장제 해결과정에서 다음의 세 가지 전략을 사용해서 문제를 해결한 집단 간에 획득점수를 비교해 보기로 하였습니다.

전략 1 : 암산으로 해결한다.

전략 2 : 손가락을 사용해서 해결한다.

전략 3 : 제공된 구체물(바둑알)을 이용해서 해결한다.

각 전략을 사용해서 문장제를 해결한 유아의 획득점수들을 구합니다.

분산분석은 종속변수에 대한 독립변수의 집단 간 평균 차이를 검증하기 위해서 사용됩니다. 집단 간 평균 차이를 검증하기 위한 영가설(null hypothesis)과 대립가설(alternative hypothesis)은 다음과 같이 설정될 수 있겠지요.

$H_0 : \mu_1 = \mu_2 = \mu_3$ 사용된 전략 간에 획득점수에는 차이가 없다.

$H_1 : \mu_1 \neq \mu_2 \neq \mu_3$ 사용된 전략에 따른 획득점수 중 적어도 하나는 차이가 있다.

가설검증은 모든 집단의 평균이 동일한지를 비교합니다. 즉, 사용전략에 따른 획득점수가 같은지를 비교합니다. 만약 세 가지 사용전략에 따른 획득점수에 유의한 차이가 없다면 영가설을 채택하게 되고, 사용전략에 따른 획득점수 간에 유의한 차이가 있다면 대립가설을 채택하게 되는 것입니다.

2) 분산분석의 주요 개념

(1) 집단 내 분산(Within group variation : Sum of Squares Within groups, SSW)

각 집단의 개별 자료의 값들이 각 집단의 평균값을 중심으로 각 집단 내의 자료들이 우연적인 오차에 의해서 어떻게 흩어져 있는가를 나타냅니다. 집단 내 분산은 종속변수의 총분산 중 독립변수에 의해 설명되지 않는 분산을 말합니다.

(2) 집단 간 분산(Between group variation : Sum of Squares Between groups, SSB)

각 집단의 평균이 전체 평균을 중심으로 어떻게 흩어져 있는가를 나타냅니다. 집단 간 분산은 종속변수의 총분산 중 독립변수에 의해 설명되는 분산을 말합니다.

(3) 총분산(Total sum of squares : SST)

각 자료들이 전체 평균으로부터 흩어진 정도를 나타냅니다. 또한 총분산은 집단 간 분산에 집단 내 분산을 더한 값입니다.

총분산(SST) = 집단 내 분산(SSW) + 집단 간 분산(SSB)

(4) 제곱합의 평균과 자유도

집단 간 분산과 집단 내 분산이 구해지면 집단 간의 평균 차이를 검증할 수 있습니다. 분산분석에서 집단 간 평균 차이가 유의하기 위해서는 집단 간 분산의 비율이 집단 내 분산의 비율보다 상대적으로 커야 합니다. 집단 내 분산과 집단 간 분산을 각각의 자유도로 나누면 다음과 같습니다.

$$* \text{집단 간 평균 제곱합(MSB)} = \frac{\text{집단 간 분산(SSB)}}{\text{자유도}(k-1)}$$

$$* \text{집단 내 평균 제곱합(MSW)} = \frac{\text{집단 내 분산(SSW)}}{\text{자유도}(N-k)}$$

(5) *F*-검증 통계량

분산분석에서는 집단 간 분산과 집단 내 분산의 상대적 비율을 나타내는 F통계량을 이용하여 집단 간 평균 차이 검증을 합니다. F통계량을 수식으로 나타내면 다음과 같습니다.

$$* F\text{ratio} = \frac{\text{집단 간 분산(SSB)}}{\text{집단 내 분산(SSW)}}$$

F값이 크면 클수록 집단 간의 차이는 크다고 볼 수 있습니다. 집단 내 분산이 작다는 것은 해당 집단이 특정 속성에 대해 보다 동질적인 특성을 나타낸다는 뜻이며, 집단 간 분산이 크다는 것은 두 집단의 평균 간 차이가 크다는 것을 의미합니다. 따라서 분모에 해당하는 집단 내 분산은 작을수록, 분자에 해당하는 집단 간 분산은 클수록 집단 간 차이가 커진다는 뜻입니다.

(6) 사후검증

분산분석의 결과 집단 간 평균이 동일하다는 영가설이 기각되었다고 하여 모든 집단 간에 통계적으로 유의한 차이가 있다고 말할 수는 없습니다. 왜냐하면 집단들 중 하나의 집단이라도 다른 집단과 평균의 차이가 있다면 영가설은 기각되는 것이기 때문입니다. 집단 간 평균 차이가 어느 집단에서 발생하는지를 규명하고 그 평균 차이가 무엇을 의미하는지 설명하여야 합니다. 따라서 각 집단 간에 차이가 발생했는지를 확인하는 사후검증을 실시하여야 합니다. 사후검증은 F-검증 결과의 원인을 보다 구체적으로 밝히기 위한 목적으로 개발된 통계적 검증절차를 분산분석 이후에 수반한다고 해서 사후중다비교(post hoc multiple comparison)라고 부릅니다.

3) 연구문제의 예

- 유아의 연령(3세, 4세, 5세)에 따른 산수문장제 해결능력에는 차이가 있는가? (일원분산분석 : One-way ANOVA)
- 부모의 양육태도(방임형, 억압형, 민주형)에 따른 유아의 창의성에는 차이가 있는가? (일원분산분석 : One-way ANOVA)
- 유아의 연령과 성에 따른 산수문장제 해결능력에는 차이가 있는가? (이원분산분석 : Two-way ANOVA)

2. 일원배치 분산분석(일원분산분석, One-way ANOVA)

메뉴 → 분석 → 평균 비교 → 일원배치 분산분석

분산분석은 독립변수의 각 집단이 2개 이상인 질적 변수이며, 종속변수가 연속 변수로 되어 있어 평균을 구할 수 있을 경우 집단 간 평균 비교를 위해 사용하는데, 특히 일원배치 분산분석은 독립변수와 종속변수가 각각 하나일 경우에 사용할 수 있습니다.

> 유아의 연령에 따른 산수문장제 해결능력에 대한 연구를 수행한다고 합시다.
> 유아의 연령(6, 7, 8세)을 독립변수로 두고, 산수문장제 해결능력 총점을 종속변수로 두고 일원배치 분산분석을 실시하면 연령에 따른 산수문장제 해결능력의 차이를 알 수 있습니다.

1) 일원배치 분산분석의 실행

① 【10장 산수문장제.sav】 파일을 불러와서 일원배치 분산분석을 실행해 봅시다. 일원배치 분산분석은 【메뉴 → 분석 → 평균 비교 → 일원배치 분산분석】을 선택하면 실행할 수 있습니다.

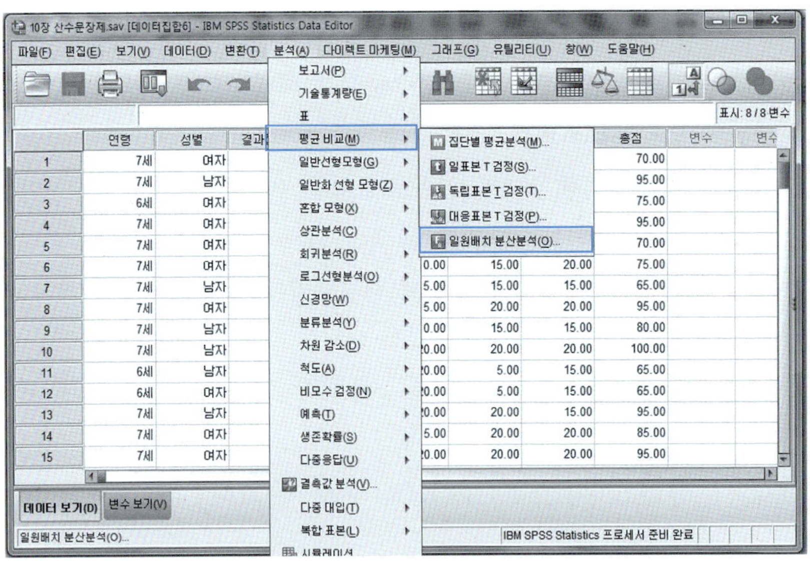

② 유아의 연령에 따른 산수문장제 수행 결과의 차이가 모집단의 평균 차이에 의한 유의미한 차이인지, 우연한 표본의 평균 차이에 의한 것인지 알아보기 위하여 일원분산분석을 실시할 수 있습니다. 다음의 창이 열리면 종속변수인 총점을 【종속변수】로 이동한 후 독립변수인 연령은 【요인】으로 이동합니다.

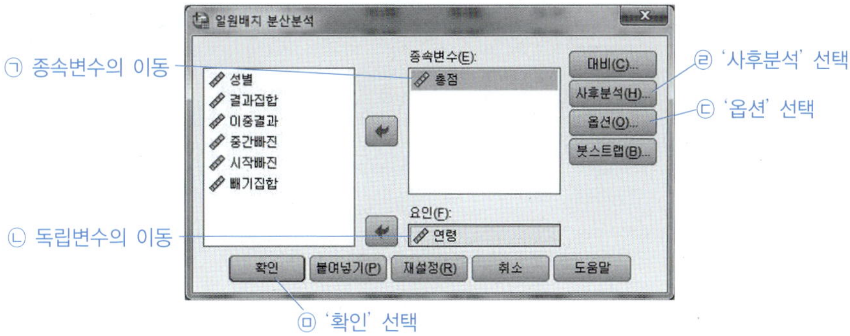

2) 옵션 선택

옵션을 선택하면 기술통계 자료에 대한 정보를 얻을 수 있습니다.

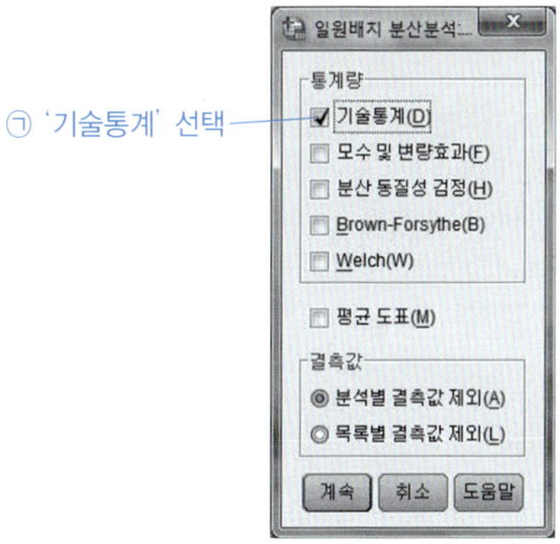

3) 사후분석

사후분석은 Tukey, Duncan, Scheffe 등이 주로 사용됩니다. 본 자료의 경우 비교되는 집단 간의 사례수가 다르므로 Scheffe 검증이 적절합니다. 즉, 연령 6세*7세, 6세*8세, 7세*8세 간의 차이검증을 시행한 결과를 보여줍니다.

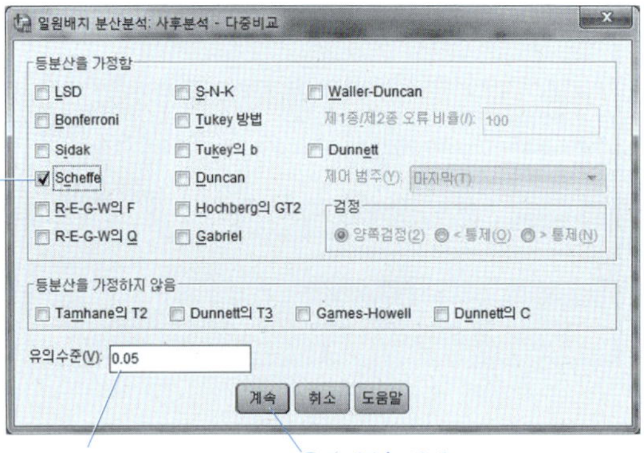

㉠ 사후검증 방법 선택

㉡ 유의 수준 $p<.05$ 지정

㉢ '계속' 선택

사후검증	특징 및 적용
Tukey의 HSD검증법	• 독립변수 수준의 수가 4개 이하인 실험절차에서는 Tukey검증법을 주로 사용함 • 처치집단의 표집의 크기가 같은 경우에만 적용 가능함
Scheffe 검증법	• 모든 사후중다비교법 중에서 융통성 있고 보수적이며 제1종 오류에 가장 내강한 방법임 • 처치집단의 사례수가 다를 경우에도 사용 가능함 • 유의 수준은 대단히 낮음 • 대단히 보수적인 방법임 • 다른 검증보다 검증력이 높지 않음

4) 결과표 해석

옵션 선택과 사후분석 선택이 끝났으면 확인을 선택하여 일원배치 분산분석을 실행합니다. 그러면 다음과 같은 Output 화면이 출력됩니다.

(1) 기술통계

기술통계

총점

	N	평균	표준편차	표준오차	평균에 대한 95% 신뢰 구간		최소값	최대값
					하한값	상한값		
6세	18	58.8889	15.86298	3.73894	51.0004	66.7774	35.00	100.00
7세	40	77.0000	15.76266	2.49230	71.9589	82.0411	35.00	100.00
8세	66	90.3030	9.68261	1.19185	87.9227	92.6833	60.00	100.00
합계	124	81.4516	16.91411	1.51893	78.4450	84.4582	35.00	100.00

독립변수의 각 집단별 응답자수, 평균, 표준편차, 표준오차, 95% 신뢰구간, 최소값, 최대값이 나타나 있습니다. 8세 유아의 문장제 수행능력검사의 평균은 90.30(*SD*=9.68)으로 가장 높으며, 7세 유아가 77.00(*SD*=15.76), 6세 유아가 58.89(*SD*=15.86)의 순입니다.

(2) 분산분석표

독립변수의 각 집단별 평균 차이가 유의미한지 *F*-검증을 한 결과가 나와있습니다.

일원배치 분산분석

총점

	제곱합	df	평균제곱	F	유의확률
집단-간	15126.993	2	7563.496	45.618	.000
집단-내	20061.717	121	165.799		
합계	35188.710	123			

① 집단-간

집단 간 분산의 제곱합은 15126.993이며, 자유도는 2(3집단−1)입니다. 따라서 제곱합÷자유도는 평균제곱, 즉 분산이 됩니다. 여기서는 모집단의 추정치가 되겠지요. 즉, 모집단 분산의 추정치는 7563.496입니다.

② 집단-내

각 집단 내 분산으로 오차분산을 의미합니다. 각 집단 내에 있는 잔차분산으로 전체 분산에서 집단 간 분산을 뺀 나머지 분산입니다(35188.710−15126.993). 자유도는 121(123−2)이며, 모집단에서 오차분산의 추정치는 165.799입니다.

③ 합계

전체 분산을 의미합니다(15126.993+20061.717=35188.710).

④ *F*

F ratio, 즉 *F* 또는 *F*값을 의미합니다. *F*값(45.618)은 집단 간 분산÷집단 내 분산의 비율로 이 *F*값과 자유도에 의하여 유의확률을 결정하게 됩니다.

⑤ 유의확률

유의도를 의미합니다. 즉, 집단 간 평균의 차이가 없다라는 영가설이 맞을 확률

(Probability, p)로 0.000는 $p<.001$이므로, 영가설이 발생할 확률이 낮아 영가설을 기각할 수 있는 것으로 볼 수 있습니다. 영가설을 기각할 경우 오류가 발생할 확률은 $p<.001$입니다. 즉, 연령에 따라 유아의 산수문장제 수행능력에는 유의미한 평균 차이가 있다고 할 수 있습니다.

(3) 사후검증표(다중 비교)

각 집단별로 평균의 차이를 검증하는 t-검증을 경우의 수만큼 실행한 값과 표준오차, 유의확률, 95% 신뢰 구간을 검증하는 Scheffe 검증의 결과가 제시되어 있습니다.

다중비교

종속변수 : 총점

Scheffe

(I) 연령	(J) 연령	평균 차이(I-J)	표준오차	유의확률	95% 신뢰 구간	
					하한값	상한값
6세	7세	-18.11111*	3.65459	.000	-27.1685	-9.0537
	8세	-31.41414*	3.42391	.000	-39.8998	-22.9284
7세	6세	18.11111*	3.65459	.000	9.0537	27.1685
	8세	-13.30303*	2.58013	.000	-19.6975	-6.9085
8세	6세	31.41414*	3.42391	.000	22.9284	39.8998
	7세	13.30303*	2.58013	.000	6.9085	19.6975

*. 평균 차이는 .05 수준에서 유의합니다.

① 평균차($I-J$)

두 집단의 평균 차이로, I는 왼쪽에 있는 집단을, J는 오른쪽에 있는 집단을 의미합니다. 즉, 연령 6세 집단과 연령 7세 집단 간의 평균차가 -18.11로 6세 유아 집단이 산수문장제 수행에 있어 평균점수가 더 낮은 것을 알 수 있습니다.

② 유의확률

연령 6세와 7세, 6세와 8세, 7세와 8세 등 각각 조합으로 된 집단 간의 차이에 대한 유의확률은 0.000($p<.001$)으로 집단 간 평균에 유의미한 차이가 있는 것으로 나타났습니다.

5) 보고서 제시 양식

보고서에 일원배치 분산분석의 결과를 제시할 때는 다음과 같이 표로 제시하면 됩니다.

먼저 비교되는 각 집단의 기술통계치(평균, 표준편차)를 표로 제시합니다.

〈표 10-1〉 연령에 따른 산수문장제 해결능력의 평균과 표준편차 (N=124)

	사례수(N)	평균(M)	표준편차(SD)
6세	18	58.89	15.86
7세	40	77.00	15.76
8세	66	90.30	9.68
합계	124	81.45	16.91

해석 6세아의 산수문장제 해결능력은 평균이 58.89(SD=15.86)이고, 7세는 77.00(SD=15.76), 8세는 90.30(SD=9.68)으로 나타났다. 유아의 연령이 증가함에 따라 산수문장제 해결능력이 향상되고 있음을 알 수 있다.

〈표 10-2〉 연령에 따른 산수문장제 해결능력에 대한 일원배치 분산분석 (N=124)

변인	변산원	제곱합	자유도	평균제곱	F
연령	집단 간	15126.99	2	7563.50	45.62***
	집단 내	20061.72	121	165.80	
	전체	35188.71	123		

***p<.001

해석 연령 집단 간 평균의 차이가 통계적으로 유의미한지를 알아보기 위하여 F-검증을 실시한 결과 유아의 산수문장제 수행능력에는 유아의 연령에 따라 유의한 차이가 있는 것으로 나타났다(F=45.62, p<.001).

이러한 연령에 따른 차이가 어떤 집단 간의 차이에서 기인한 것인지를 알아보기 위하여 Scheffe 사후검증을 실시한 결과는 <표 10-3>과 같이 나타났다.

〈표 10-3〉 Scheffe 사후검증 결과 요약표

평균	8세	7세	6세
연령 8		13.30***	31.41***
연령 7			18.11***
연령 6			

***$p<.001$

해석 연령에 따른 산수문장제 수행결과에 대해 사후검증을 실시한 결과 6세와 7세, 7세와 8세 각 연령 집단에 따른 산수문장제 수행능력에는 유의미한 차이가 있는 것으로 나타났다. 이러한 결과는 산수문장제 해결능력이 연령에 따라 증가하는 발달적 양상을 보이고 있음을 나타낸다.

요약

일원배치 분산분석

- 【메뉴 → 분석 → 평균 비교 → 일원배치 분산분석】
- [옵션(O)...]에서 필요한 항목 선택 → [계속]
- [사후분석(H)...]에서 필요한 항목 선택 → [계속]
- [확인]

3. 일반선형모델 분석(GLM : General Linear Model)

메뉴 → 분석 → 일반선형모형 → 일변량

SPSS에서는 독립변수가 2개 이상인 다원 분산분석의 경우 일반선형모델을 사용합니다. 여기에서는 일원배치 분산분석에서 사용했던 산수문장제 자료를 이용해서 성별과 연령에 따른 산수문장제 해결능력에 차이가 있는지를 알아보고자 합니다. 일반선형모형을 이용할 경우 성별과 연령의 상호작용 효과도 함께 분석해 낼 수 있습니다.

유아의 연령(6, 7, 8세)과 성에 따른 산수문장제 해결능력에 차이가 있는지를 알아보기 위해 유아의 연령과 성을 2개의 독립변수로 두고, 산수문장제 해결능력 총점을 종속변수로 해서 연령과 성에 따른 산수문장제 해결능력의 차이를 알 수 있습니다.

■ 성별과 연령에 따른 차이라 함은?

연령에 따른 집단 간 차이를 일원배치 분산분석으로 실행할 경우는 단순히 산수문장제 해결능력이 각 연령 간에 통계적으로 유의미한 차이가 있는지를 알아보는 것입니다.

연령

6세	7세	8세

반면 같은 자료를 사용하더라도 성별과 연령에 따른 차이 검증의 경우는 연령(3집단)×성(2집단)의 형태로 되어 있어 연령에 따른 차이 및 성에 따른 차이(주 효과)뿐만 아니라 연령과 성에 따른 상호작용 효과까지 검증이 가능해집니다.

연령

성별	6세(남)	7세(남)	8세(남)
	6세(여)	7세(여)	8세(여)

1) 일반선형모델의 실행

① 【10장 산수문장제.sav】 파일을 이용해서 일반선형모델을 실행해 봅시다.

일반선형모델을 이용한 분석은 【메뉴 → 분석 → 일반선형모형 → 일변량】을 선택하면 실행할 수 있습니다.

② 다음의 창이 나타나면 【종속변수】에는 총점을, 독립변수 연령과 성별은 【모수요인】으로 이동합니다.

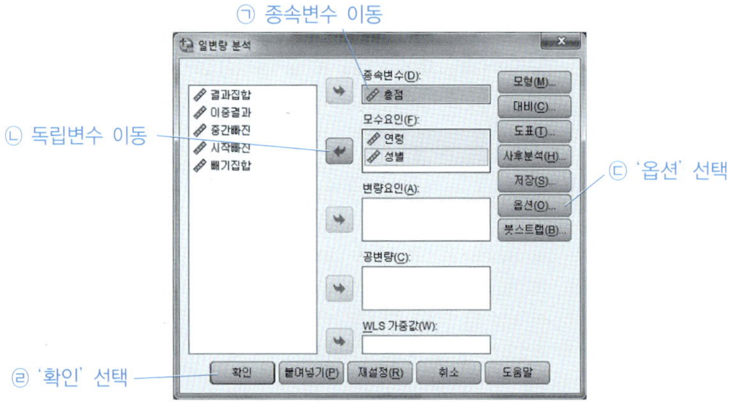

2) 옵션의 선택

옵션 중 출력에서 각종 통계량을 선택하면 됩니다. 특히 기술통계량에 대한 자료는 반드시 필요합니다.

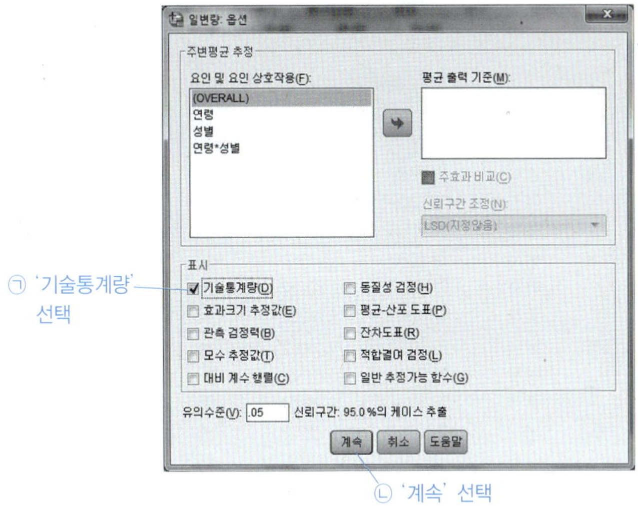

3) 결과표 해석

옵션 선택이 끝났으면 확인 을 선택하여 일반선형모델을 실행합니다. 그러면 다음과 같은 Output 화면이 출력됩니다.

(1) 개체-간 요인

일반선형모델 검증을 한 결과 각 집단별 사례수를 알려줍니다.

개체-간 요인

		변수값 설명	N
연령	6.00	6세	18
	7.00	7세	40
	8.00	8세	66
성별	1.00	남자	59
	2.00	여자	65

(2) 기술통계량

기술통계량

종속변수 : 총점

연령	성별	평균	표준편차	N
6세	남자	53.8889	11.39566	9
	여자	63.8889	18.67113	9
	합계	58.8889	15.86298	18
7세	남자	78.1250	16.11159	16
	여자	76.2500	15.82857	24
	합계	77.0000	15.76266	40
8세	남자	89.7059	9.45012	34
	여자	90.9375	10.03522	32
	합계	90.3030	9.68261	66
합계	남자	81.1017	17.22237	59
	여자	81.7692	16.75725	65
	합계	81.4516	16.91411	124

기술통계 분석 결과를 나타내 줍니다. 대상유아가 6세, 7세, 8세인 경우 각각 남아와 여아의 평균과 표준편차, 그리고 유아의 수가 얼마인지를 알려줍니다. 6세이면서 남자인 경우는 9명으로 산수문장제 해결점수의 평균이 53.89이며, 표준편차가 11.40입니다.

그리고 합계의 경우는 6세 전체의 평균은 58.89이고, 표준편차는 15.86이며 나머지 연령도 동일하게 읽을 수 있습니다. 또한 전체 남아의 평균 점수는 81.10이고 표준편차가 17.22이며 여아의 경우는 평균이 81.77이고 표준편차가 16.76입니다.

(3) 개체-간 효과 검정

2개의 독립변수에 따른 종속변수의 차이가 통계적으로 유의미한지 F-검증을 한 결과가 나와있습니다.

개체-간 효과 검정

종속변수 : 총점

소스	제 III 유형 제곱합	자유도	평균제곱	F	유의확률
수정 모형	15635.748[a]	5	3127.150	18.872	.000
절편	529709.382	1	529709.382	3196.739	.000
연령	15047.747	2	7523.873	45.406	.000
성별	226.188	1	226.188	1.365	.245
연령 * 성별	435.596	2	217.798	1.314	.273
오차	19552.962	118	165.703		
합계	857850.000	124			
수정 합계	35188.710	123			

a. R 제곱 = .444(수정된 R제곱 =.421)

① 수정 모형

수정된 분산분석의 모형을 나타냅니다. 이 모형은 분석한 자료가 분산분석 모형으로 적합한가를 보는 것으로 F값은 18.87이며, 유의확률이 $p<.001$이므로 본 분산분석의 모형은 타당한 모형임을 알 수 있습니다

② 연령

연령에 따라 종속변수의 차이가 유의미한지 알려줍니다. $p<.001$ 수준에서 유의미한 차이가 있는 것으로 나타났습니다. 즉, 연령에 따라 산수문장제 해결능력에 차이가 있다는 것입니다.

③ 성별

성별이 종속변수에 미치는 영향이 유의미한지 알려줍니다. $p>.05$ 수준에서 유의미한 차이가 없는 것으로 나타났습니다. 즉, 유아의 성에 따라 산수문장제 해결능력에는 차이가 없다는 것입니다.

④ 연령 * 성별

연령과 성별의 상호작용이 종속변수 산수문장제 해결능력에 미치는 영향이 어떤지를 보여줍니다. 연령과 성별의 상호작용을 알아보았을 때 산수문장제 해결능력에 미치는 영향이 유의미하지 않음을 알 수 있습니다($p<.05$).

⑤ 오차

잔차(residual), 즉 오차분산으로 집단 내 분산(within group variance)을 의미합니다.

⑥ 합계

전체 분산을 의미합니다.

⑦ 수정 합계

수정된 전체 분산의 값을 나타냅니다.

개체-간 효과 검정을 통해 나온 F-검증 결과를 보고서로 제시할 때 제곱합의 합계는 수정된 전체 분산의 값인 수정합계를 제시해야 합니다.

4) 보고서 제시 양식

보고서에 일반선형모델 분석의 결과를 제시할 때는 다음과 같이 표로 제시하면 됩니다.

먼저 비교되는 각 집단의 기술통계치(평균, 표준편차)를 표로 제시합니다.

〈표 10-4〉 연령과 성에 따른 산수문장제 해결능력의 평균과 표준편차 (*N*=124)

연령	성별	사례수	평균	표준편차
6세	남자	9	53.89	11.40
	여자	9	63.89	18.67
	합계	18	58.89	15.86
7세	남자	16	78.13	16.11
	여자	24	76.25	15.83
	합계	40	77.00	15.76
8세	남자	34	89.71	9.45
	여자	32	90.94	10.04
	합계	66	90.30	9.68
전체	남자	59	81.10	17.22
	여자	65	81.77	16.76
	합계	124	81.45	16.91

해석 6세 남아의 산수문장제 해결능력은 평균이 53.89(*SD*=11.40)이고, 여아는 63.89(*SD*=18.67)이며, 7세 남아는 78.13(*SD*=16.11), 여아는 76.25(*SD*=15.83), 8세 남아 89.71(*SD*=9.45), 여아는 90.94(*SD*=10.04)로 나타났다. 연령별 점수를 살펴보면, 6세 58.89(*SD*=15.86), 7세 77.00(*SD*=15.76), 8세 90.30(*SD*=9.68)로 연령이 증가함에 따라 산수문장제 해결능력이 향상되고 있음을 알 수 있다. 또한 남아와 여아 간의 산수문장제 수행능력 평균은 7세의 경우, 남아가 여아보다 높았으며, 6세와 8세는 여아가 남아보다 높은 평균을 보이고 있다.

〈표 10-5〉 연령과 성에 따른 산수문장제 해결능력에 대한 분산분석 (N=124)

변산원	제곱합	자유도	평균제곱	F
연령	15047.75	2	7523.87	45.41***
성	226.19	1	226.19	1.37
연령 × 성	435.60	2	217.80	1.31
오차	19552.96	118	165.70	
합계	35188.71	123		

***p<.001

해석 유아의 연령과 성에 따른 주 효과와 상호작용 효과가 있는지를 알아본 결과 유아의 산수문장제 해결능력은 연령에 따라 유의미한 차이가 있는 것으로 나타났으며(F=45.41, p<.001), 성에 따른 차이는 없는 것으로 나타났다. 또한 연령과 성과의 상호작용 효과도 없는 것으로 나타났다. 즉, 유아의 연령이 증가함에 따라 산수문장제 해결능력이 증가함을 알 수 있다.

요약

일반선형모델 분석(GLM : General Linear Model)

- 【메뉴 → 분석 → 일반선형모형 → 일변량】
- [옵션(O)...]에서 필요한 항목 선택 → [계속]
- [확인]

연 · 습 · 문 · 제

01 연습문제 CD의 【10장 산수성적(연습).sav】 파일을 이용하여 집단(교수법 1, 교수법 2, 교수법 3)에 따른 적성의 차이를 검증해 보시오.

02 연습문제 CD의 【10장 산수성적(연습).sav】 파일을 이용하여 집단(교수법 1, 교수법 2, 교수법 3)과 성에 따른 산수성적의 차이를 검증해 보고 상호작용 효과가 있는지 알아보시오.

쉬어가기

소리 지르는 아내

집을 나서서 고속도로를 한참 달리고 있을 때 갑자기 소리 지르는 아내.

"어머! 전기다리미를 안 끄고 온 것 같아요." 되돌아가 봤지만 전기다리미는 꺼져 있었다. 이러기를 여러 번. 그러던 어느 날 집을 나서서 고속도로를 한참 달리고 있을 때 또 소리 지르는 아내.

"어머! 전기다리미를 안 끄고 온 것 같아요." 그때 남편은 차를 도로변에 세우더니 트렁크를 열었다.

"여기 있다! 전기다리미!"

chapter

11

공분산분석

chapter 11

공분산분석

이 장에서는 독립변수 외에 종속변수에 영향을 미치는 제3의 변수를 통계적인 방법으로 통제하기 위해 사용하는 공분산분석에 대해 알아봅시다.

➤ 공분산분석은 양적 자료(등간척도 또는 비율척도)로 측정된 종속변수, 질적 자료로 측정된 독립변수와 양적 자료로 측정된 독립변수가 포함되었을 때 사용할 수 있는 분석방법입니다. 공분산분석은 이러한 독립변수 중 양적 자료로 측정된 독립변수가 종속변수에 미치는 영향을 설명하거나 통제하기 위한 것입니다.

1. 공분산분석을 실시하기 전에

1) 공분산분석의 기본 원리

공분산분석의 기본 원리를 이해하기 쉬운 경우를 예를 들어 생각해 봅시다. 포트폴리오 평가가 유아의 사회성 증진에 미치는 효과를 검증하기 위하여 유아들의 사전 사회성을 측정하고(사전검사), 그들을 실험집단과 통제집단으로 배정합니다. 실험집단은 포트폴리오 평가를 실시하였고, 통제집단은 포트폴리오 평가를 실시하지 않고 두 달 후에 사회성을 재측정(사후검사)하였습니다.

사후검사에서 실험집단과 통제집단 간의 차이가 발견된다면 그 차이는 실험처치에 의해 유발된 것일 수도 있고, 사전검사에서의 두 집단 차이가 반영된 것일 수도 있습니다. 이런 경우 사전검사와 사후검사는 필연적으로 높은 상관관계를 가지게 됩니다. 즉, 원래부터 낮은 사회성을 보였던 유아의 사후검사점수는 비록 본인의 사전검사 점수보다는 높아졌겠지만, 다른 유아들의 사후점수보다는 여전히 낮은 사회성을 보일 수 있을 것입니다. 따라서 사전검사와 사후검사의 산포도를 각 집단별로 나누어 그리면 다음과 같은 양상이 나타날 것입니다.

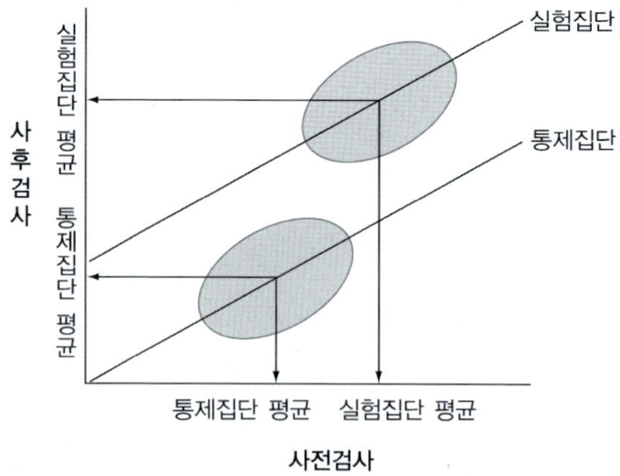

위의 도표에서 사선은 사후검사를 종속변인으로, 사전검사를 독립변인으로 하는 회귀분석을 각 집단별로 수행했을 때 산출되는 회귀선입니다. 이 도표에 의하면, 사후검사(Y축)에서 처치집단과 통제집단이 매우 큰 평균 차이를 보이고 있습니다. 그러나 두 집단은 사전검사(X축)에서도 평균 차이를 보이므로 사후검사에서의 평균 차이가 모두 실험처치에 의한 것이 아닙니다. 그중 일부는 사전검사에서의 평균 차이를 반영하고 있다고 볼 수 있지요.

공분산분석에서는 사전검사에서 두 집단의 평균들이 동일하도록 자료를 변환한 후, 사후검사에서의 평균 차이를 산출해 냅니다. 이때 자료를 변환하는 방법은 앞 도표에 나타난 두 집단의 산포도들을 각각 그들의 회귀선을 따라 이동시키는 것과 같습니다. 즉, 실험집단의 산포도는 회귀선을 따라 밑으로 이동시키고, 통제집단의 산포도는 그들의 회귀선을 따라 위로 이동시켜서, 두 집단의 사전검사 평균이 동일해지는 지점에 배열한 후 그때 나타난 사후검사의 평균 차이를 검증하는 것입니다. 이 절차를 도식으로 표현하면 다음과 같습니다.

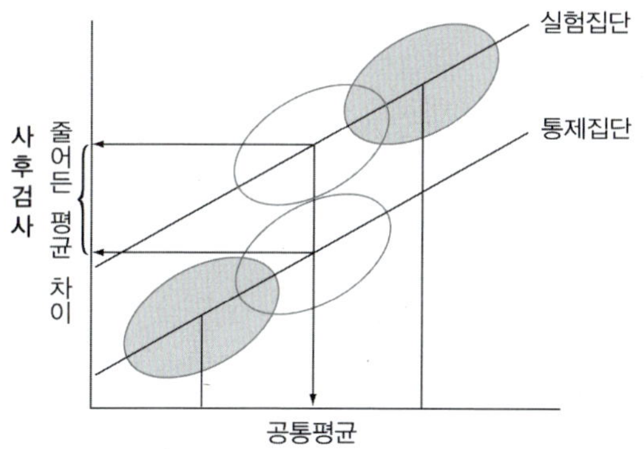

공분산분석은 두 집단의 사전검사 평균이 동일해지도록 통제합니다. 이때 동일해지는 공통평균은 두 집단을 취합해서 산출한 전체 평균(두 집단의 사례수가 같은 경우에는 두 평균들의 평균)입니다. 회귀방정식을 이용하여 두 집단의 사전검사 평균을 전체 평균에 통일시킨 후 그에 따라 변하는 사후검사 평균을 산출합니다. 이 변화된 사후검사 평균을 '조정평균(adjusted mean)'이라고 부릅니다.

그런데 두 회귀선의 기울기가 동일한 경우 조정평균들 사이의 차이는 두 회귀선의 절편의 차이와 같습니다. 따라서 조정평균들 사이의 차이는 다름 아닌 두 회귀선의 절편계수들의 차이이고, 결국 공분산분석은 절편계수에 대한 집단 간 차이검증이라고 할 수 있습니다.

2) 공분산분석의 주요 개념

(1) 공변인이란?

실험연구를 할 때 실험자는 실험처치가 이루어지기 전에 종속변인의 측정에 혼입될 수 있는 개인차 변인을 측정할 수 있는데 이러한 목적을 위해 채택된 개인차 변인을 특히 공변인이라고 합니다.

(2) 사용목적

Fisher(1932)에 의해 처음으로 개발된 공분산분석(ANCOVA : analysis of covariance)은 분산분석(ANOVA)과 회귀분석(regression analysis)이 결합된 분석방법이라고 할 수 있습니다. 공분산분석의 궁극적 목적은 변량분석과 마찬가지로 집단 간 차이를 검증하는 것입니다. 공분산분석은 일반적으로 다음과 같은 두 가지 경우에 사용됩니다. 첫째는 실험 전에 이미 존재하는 집단차이를 수학적으로 통제하기 위해 공분산분석을 하는 경우이고, 둘째는 집단차이 검증의 검증력을 높이기 위하여 공분산분석을 활용하는 경우입니다.

① 공변인의 정보를 이용하여 종속변수의 측정치를 사전에 조정함으로써 실험 전에 존재할 수 있는 처치집단 간의 차이를 같도록 조정하는 경우

예를 들어, 앞의 예에서와 같이 새로운 교수법을 실시할 집단을 선정할 때 피험자를 실험집단과 통제집단에 배치하는 과정이 완전무선배치되는 상황이 아닌 '학급'과 같이 이미 다른 목적을 위해 형성되어 있는 집단을 각 실험처치 조건에 하나씩 무선배치해서 실험을 하게 되면 피험자들이 각 실험처치 조건에 완전무선배치되지 않게 됩니다. 이러한 상황에서 교수법의 효과를 비교해 보고자 할 때 두 집단의 학습능력이 동일하다고 볼 수는 없겠지요.

이런 경우에 실험처치가 끝난 뒤 얻은 처치집단 간의 차이를 반드시 교수법에 의한 차이라고만 할 수는 없을 것입니다. 왜냐하면 이미 실험처치가 이루어지기 전에 종속변인에서 집단 간 차이를 낳을 수 있는 개인차 변인의 분포가 집단 간에 동일하지 않았기 때문에 설령 처치효과가 없을지라도 이들 개인차 변인들의 영향으로 인해서 두 집단 간에 차이가 있는 것으로 나타날 수 있기 때문입니다. 이러한 경우에 공분산분석을 실시하면, 집단 내 오차분산의 감소효과뿐만 아니라 실험 전에 존재할 수 있는 실험집단 간의 차이가 공변인을 통해 조절됨으로써 실험의 내적 타당도가 향상됩니다.

이때 공변인 혹은 공분산분석이라는 용어의 '공변(covariation)'은 독립변수와 함께 변한다는 뜻입니다. 즉, 독립변수의 수준에 따라 평균값이 변하는 변수를 공변인으로 사용해야 한다는 뜻입니다. 만약 공분산의 평균이 독립변수의 수준들, 즉 집단 간에 동일하다면 공분산분석을 할 필요가 없습니다. 예를 들어, 실험집단과 통제집단에서 사전검사의 평균이 동일하다면 사전검사를 공변인으로 사용한 공분산분석은 필요하지 않습니다. 이때에는 사후검사만을 가지고 일반적 t-검증이나 분산분석을 통해 실험처치의 효과를 검증하면 됩니다.

> 실험 전의 집단차이를 통제하기 위한 목적으로 공변량분석을 할 때에는
> 독립변수와 긴밀한 관계를 가지는 공변인을 사용하여야 합니다.

② 오차변인의 효과를 간접적인 방법으로 통제함으로써 실험설계의 효율성을 증가시키고자 하는 경우

이것은 분산분석에서 구획설계의 역할과 동일한 특징을 가집니다. 분산분석에서 구획변수가 포함되면 연구관심의 주 대상인 독립변수에 의한 집단 간 차이는 변하지 않지만, 그 집단차이의 유의미도를 결정하기 위한 오차(MSW)가 줄어듭니다. 오차가 줄어들면 모집단에서 집단차이가 실제로 존재하는 경우에, 실험집단 간의 평균 차이가 유의미해질 가능성이 증가합니다. 공분산분석에서도 같은 원리에 의해 집단차이 검증의 통계적 검증력이 증가합니다. 즉, 모집단에서 실제로 집단차이가 존재하는 경우, 공분산분석은 그것을 보다 정확히 알아낼 수 있습니다. 이 목적으로 공분산분석을 사용하기 위해서는 종속변수와 긴밀한 관계 혹은 높은 상관관계를 가지는 '공변인(covariate)'을 선택하여야 합니다. 종속변수와 긴밀한 관계 혹은 높은 상관관계를 가지는 공변인을 다른 말로 표현하면, 종속변수에 대해 피험자 간에 개인차를 많이 유발하게 하는 변인이라고 할 수 있습니다. 따라서 공변인은 구획설계에서 구획변수가 하는 것과 동일한 역할을 하는 변수를 말합니다. 다만, 공분산분석에서의 공변인은 연속변수라는 점이 구획변인과 다른 점입니다.

> 집단차이 검증에 검증력을 높이기 위한 목적으로 공분산분석을 하는 경우에는 종속변수와 긴밀한 관계를 가지는 공변인을 사용하여야 합니다.

3) 연구문제의 예

- 포트폴리오 평가실시 유무에 따른 유아의 사회성 발달에는 차이가 있는가? (공변인 : 사전 사회성 점수)
- 세 가지 언어교수법에 따라 유아의 어휘력에 차이가 있는가? (공변인 : 사전 어휘력 점수)
- 유아의 연령에 따른 산수문장제 총점에는 차이가 있는가? (공변인 : 지능)

2. 종속변수의 측정치를 사전에 조정함으로써 실험 전에 존재할 수 있는 처치집단 간의 차이를 같도록 조정하는 경우(독립변인이 2개인 경우)

> 메뉴 → 분석 → 평균 비교 → 독립표본 T검정 또는 일원배치 분산분석
> 메뉴 → 분석 → 일반선형모형 → 일변량

공분산분석은 t-검증과 일원배치 분산분석의 경우처럼 독립변수의 집단 수가 두 집단인 경우와 세 집단 이상인 경우 조정평균을 이용해서 사후검증을 실시하는 과정에서 차이가 있습니다.

두 경우 모두 공변인으로 통제할 변수는 연속변수이어야 합니다.

포트폴리오 평가가 유아의 사회성 증진에 미치는 효과를 알아보는 연구를 수행하고자 합니다. 이때 포트폴리오 평가를 실시할 실험집단과 통제집단의 사회성 검사의 사전점수를 측정하고 포트폴리오 평가 실시 후 사후검사를 통해 사회성을 다시 측정합니다. 이때 실험집단과 통제집단의 사후검사 간의 차이가 포트폴리오 평가의 효과인지 사전에 존재하던 개인차 변인인 사전점수의 효과인지 명확히 알아보기 위해서 사전점수를 공변인으로 통제하고 공분산분석을 실시할 수 있습니다.

1) 공분산분석의 실행

① 부록 CD에 있는 예제폴더의 【11장 사회성.sav】 파일을 불러와서 공분산분석을 실행하려고 합니다.

위의 문제를 해결하기 위해서 공분산분석을 실시하기 전에 먼저 집단 간 차이검증을 실시하여 공변인으로 통제하고자 하는 사전 사회성점수와 종속변수인 사후 사회성점수의 평균 간에 유의미한 차이가 있는지를 알아보아야 합니다. 이 경우는 독립변수의 집단수가 두 집단이므로 t-검증을 실시해야겠지요.

만약 사전검사에서 두 집단 간에 유의미한 차이가 없을 경우는 공분산분석을 실시할 필요가 없이 바로 t-검증의 결과를 이용해서 사후검사의 차이검증이 가능합니다.

② t-검증은 【 메뉴 → 분석 → 평균 비교 → 독립표본 T검정】의 순으로 실행합니다.

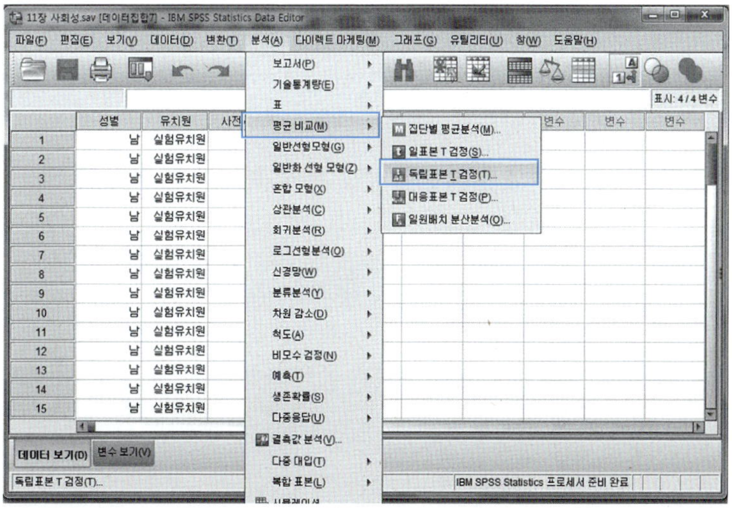

③ 검정변수에 【사전사회성】을 이동시키고, 집단변수에는 【유치원】을 이동시킵니다.

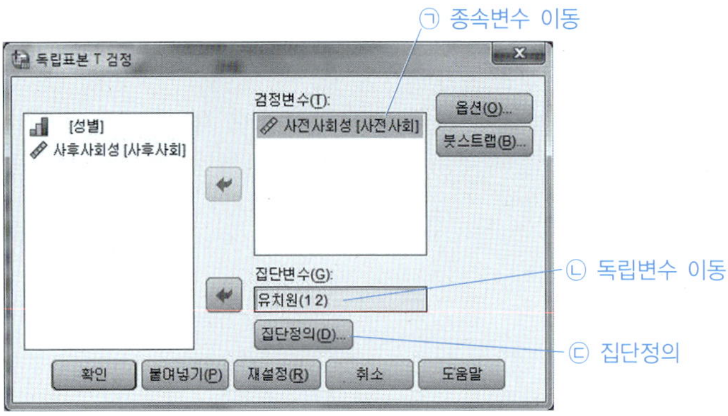

④ 확인 을 누른 다음 Output 파일의 결과를 확인합니다.

집단통계량

		N	평균	표준편차	평균의 표준오차
사전사회성	실험유치원	30	165.77	21.652	3.953
	통제유치원	30	184.90	20.654	3.771

독립표본 검정

		Levene의 등분산 검정		평균의 동일성에 대한 t-검정						
		F	유의확률	t	자유도	유의확률 (양쪽)	평균차	차이의 표준오차	차이의 95% 신뢰구간 하한	차이의 95% 신뢰구간 상한
사전사회성	등분산이 가정됨	.513	.477	-3.502	58	.001	-19.133	5.463	-30.069	-8.198
	등분산이 가정되지 않음			-3.502	57.871	.001	-19.133	5.463	-30.070	-8.197

t-검증 결과 사전 사회성점수가 t=-3.50(p<.01)으로 실험집단과 통제집단 간에 유의미한 차이가 있는 것으로 나타났습니다. 그러므로 사후 사회성점수의 차이 유무가 사전에 존재했던 사전 사회성점수의 영향에 의한 것인지를 밝힐 필요가 있습니다.

만약 사전검사에서 유의미한 차이가 나타나지 않는다면 공분산분석을 실시하지 않고 사후검사에 대한 t-검증을 실시하면 됩니다.

⑤ 이제 본격적으로 공분산분석을 실시해 보아야겠지요. 다시 데이터 파일로 돌아와서 【메뉴 → 분석 → 일반선형모형 → 일변량】을 선택하면 실행할 수 있습니다.

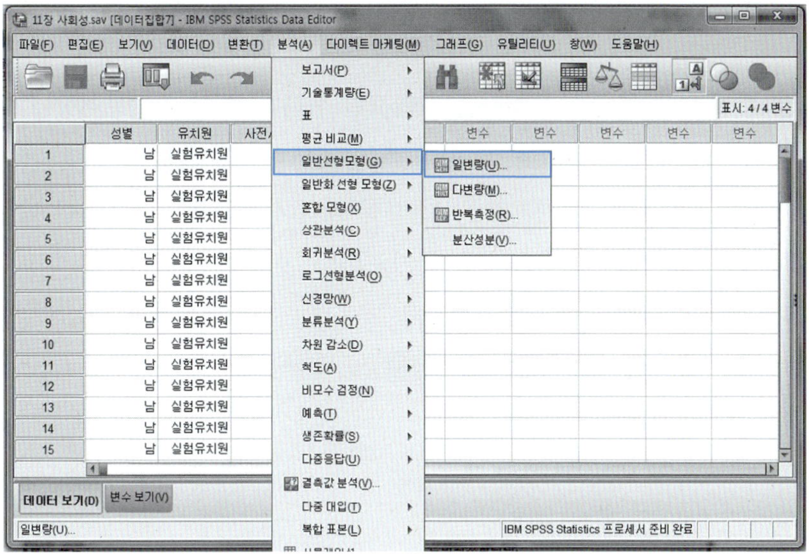

⑥ 다음의 창이 나타나면 종속변수에는 【사후사회성(사후 사회성점수)】를, 독립변수인 【유치원】은 모수요인으로, 공변인인 【사전사회성(사전 사회성점수)】을 공변량으로 이동합니다.

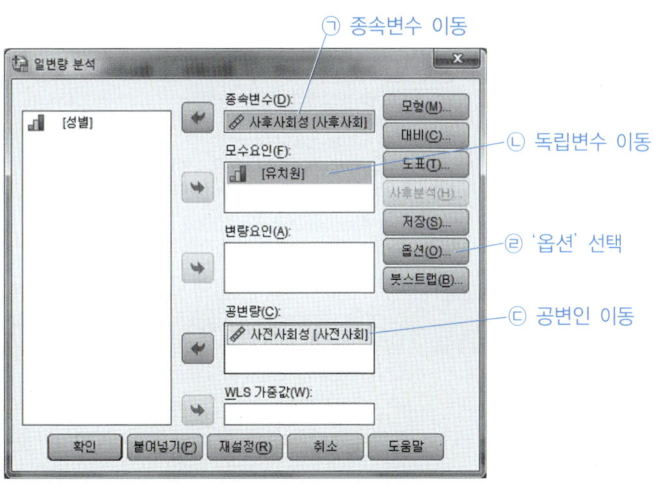

2) 옵션 선택

옵션(O)... 중 출력에서 각종 통계량을 선택하면 됩니다. 특히 기술통계량에 대한 자료는 반드시 필요합니다. 그리고 각 집단 간의 공통평균을 이용해 공변인을 통제한 후의 추정평균을 산출하고자 할 경우, 요인 및 요인 상호작용에서 추정이 필요한 요인인 【유치원】을 선택한 후 【평균 출력 기준】으로 이동하면 됩니다.

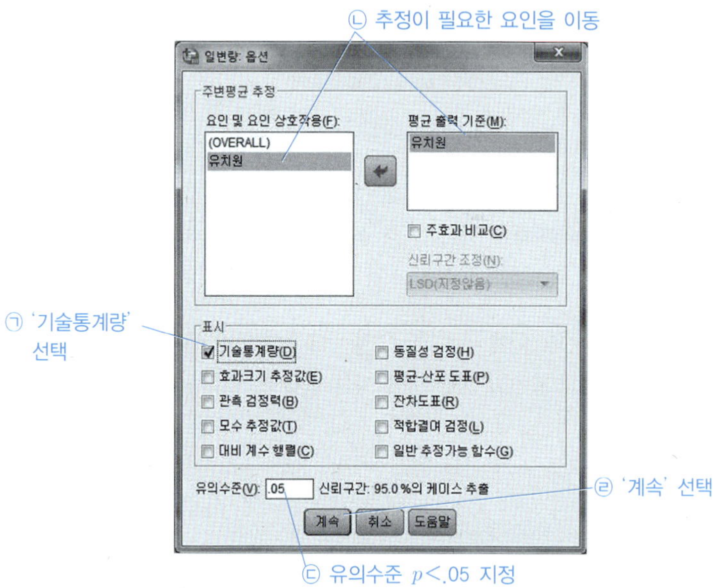

3) 결과표 해석

옵션 선택이 끝났으면 확인 을 선택하여 일반선형모델을 실행합니다. 그러면 다음과 같은 Output 화면이 출력됩니다.

(1) 개체-간 요인

개체-간 요인

	변수값 설명	N
1	실험유치원	30
2	통제유치원	30

각 집단별 사례수를 알려줍니다.

(2) 기술통계량

기술통계량

종속변수 : 사후사회성

	평균	표준편차	N
실험유치원	221.73	16.909	30
통제유치원	184.73	20.527	30
합계	203.23	26.376	60

기술통계 분석 결과를 나타내 줍니다. 실험유치원 유아들의 사회성 사후점수의 평균은 221.73(SD=16.91)이고, 통제유치원 유아들의 사후 사회성점수의 평균은 184.73(SD=20.53)으로 실험유치원 유아들의 사후 사회성점수가 높게 나타났습니다. 이 표에서 제시되는 평균은 독립변수가 두 집단이므로 사후 사회성점수 간의 차이를 t-검증한 결과와 같으며, 공변인의 영향을 통제한 상태의 조정평균을 의미하는 것은 아닙니다.

(3) 개체-간 효과 검증

개체-간 효과 검정

종속변수 : 사후사회성

소스	제 III 유형 제곱합	자유도	평균제곱	F	유의확률
수정 모형	28071.815[a]	2	14035.908	61.661	.000
절편	9854.579	1	9854.579	43.292	.000
사전사회	7536.815	1	7536.815	33.110	.000
유치원	27710.718	1	27710.718	121.736	.000
오차	12974.918	57	227.630		
합계	2519274.0	60			
수정 합계	41046.733	59			

a. R 제곱 = .684(수정된 R제곱 =.673)

공변인이 미치는 영향을 통제한 상황에서 독립변수가 종속변수에 미치는 영향이 유의미한지 F-검증을 한 결과가 제시됩니다.

① 수정 모형

수정된 분산분석의 모형을 나타냅니다. 이 모형은 분석한 자료가 공분산분석 모형으로 적합한가를 보는 것으로 F값은 61.66이며, 유의확률이 $p<.001$이므로 본 공분산분석의 모형은 타당한 모형임을 알 수 있습니다.

② 사전사회

공변인인 사회성 사전 사회성점수가 종속변수인 사후 사회성점수에 미치는 영향이 유의미한지 알려줍니다.

p<.001 수준에서 유의미한 차이가 있는 것으로 나타났습니다. 즉, 사전 사회성점수가 사후 사회성점수에 영향을 미치고 있다는 것입니다.

③ 유치원

독립변인의 주효과를 검증해 줍니다. 즉, 사전 사회성점수의 영향을 통제한 후 실험유치원과 통제유치원 사이의 사후 사회성점수의 차이를 검증해 줍니다.

p<.001 수준에서 유의미한 차이가 있는 것으로 나타났습니다. 즉, 포트폴리오 평가 실시 유무에 따라 유아의 사회성점수에 차이가 있다는 것입니다.

④ 오차

잔차(residual), 즉 오차분산으로 집단 내 분산(within group variance)을 의미합니다.

⑤ 합계

전체 분산을 의미합니다.

⑥ 수정 합계

수정된 전체 분산의 값을 나타냅니다.

(4) 추정된 주변 평균

종속변수 : 사후사회성

	평균	표준오차	95% 신뢰 구간	
			하한값	상한값
실험유치원	226.887[a]	2.897	221.087	232.688
통제유치원	179.579[a]	2.897	173.779	185.379

a. 모형에 나타나는 공변량은 다음 값에 대해 계산됩니다. : 사전사회성 = 175.33.

회귀방정식을 이용하여 두 집단의 사전검사 평균을 공통평균인 175.33에 통일시킨 후, 그에 따라 변화된 사후검사 평균값을 집단에 따라 산출한 값입니다. 즉, 검사를 통해 측정된 두 집단의 평균은 각각 221.73(실험유치원), 184.73(통제유치원)이었지만 사전검사에 의해 측정된 평균값이 각각 165.77(실험유치원), 184.90(통제유치원)으로 통제유치원의 사회성점수가 유의미하게 높은 차이를 나타내었으므로, 이를 공변인으로 통제한 후 산출된 조정평균값은 실험유치원의 유아들이 226.89($SD=2.90$), 통제유치원 유아들이 179.58($SD=2.90$)로 실험유치원의 유아들이 높게 나타난 것을 알 수 있습니다. 이 값들에 대한 유의도 검증은 개체 간 효과 검증표의 '유치원'칸에 있는 주효과로 나타나 있습니다. 따라서 포트폴리오 평가가 유아의 사회성 향상에 유의미한 영향을 미치고 있음을 알 수 있습니다.

4) 보고서 제시 양식

공분산분석을 실시한 결과를 보고서에 제시하기 위해서는 우선 t-검증 결과를 표로 제시합니다.

〈표 11-1〉 사전 사회성점수의 차이검증 ($N=60$)

실험집단($N=30$)		통제집단($N=30$)		t
평균	표준편차	평균	표준편차	
165.77	21.65	184.90	20.65	-3.50**

$^{**}p<.01$

해석 두 집단 평균에 대해서 차이검증을 실시한 결과를 살펴보면, 사전검사에서 $p<.01$의 수준에서 유의미한 차이가 있는 것으로 나타났다. 따라서 실험집단과 통제집단이 동질적이지 않으므로 사전 사회성점수를 공변인으로 통제하여 사후 사회성점수에 대해 공분산분석을 실시한 결과가 다음 <표 11－2>와 <표 11－3>에 제시되어 있다.

〈표 11-2〉 사전 · 사후 사회성 검사와 조정된 사회성 사후검사의 평균과 표준편차 ($N=60$)

	사전 사회성		사후 사회성		조정된 사후 사회성	
	평균	표준편차	평균	표준편차	평균	표준편차
실험집단($N=30$)	165.77	21.65	221.73	16.91	226.89	2.90
통제집단($N=30$)	184.90	20.65	184.73	20.53	179.58	2.90

해석 사전 사회성점수는 통제집단(M=184.90, SD=20.65)이 실험집단(M=165.77, SD=21.65)에 비해 높았으며, 포트폴리오 평가를 실시한 이후에 다시 측정한 사후 사회성점수에서는 실험집단(M=221.73, SD=16.91)이 통제집단(M=184.73, SD=20.53)보다 높은 사회성점수를 받은 것으로 나타났다. 사전 사회성점수에서 집단 간에 유의미한 차이가 있는 것으로 나타났으므로 공분산분석을 실시하여 두 집단의 사전 사회성점수를 이용해 조정 평균을 산출한 결과, 실험집단의 사회성점수(M=226.89, SD=2.90)와 통제집단의 사회성점수(M=179.58, SD=2.90) 간의 차이가 더 커졌음을 알 수 있다.

〈표 11-3〉 사회성 검사 총점 공분산분석

변량원	제곱합	자유도	평균제곱	F
공변량(사전검사)	7536.82	1	7536.82	33.11***
주 효과(유치원)	27710.72	1	27710.72	121.74***
잔차	12974.92	57	227.63	
합계	41046.73	59		

***p<.001

해석 사전 사회성점수를 공변인으로 통제한 후 사후 사회성점수에 대해 분산분석을 실시한 결과, 주 효과는 F=121.74(p<.001)로 포트폴리오 평가 실행에 따른 실험집단과 통제집단의 사후 사회성점수에서 유의미한 차이가 있는 것으로 나타났다. 따라서 포트폴리오 평가가 유아의 사회성 향상에 긍정적인 영향을 미친다는 것을 알 수 있다.

요약

종속변수의 측정치를 사전에 조정함으로써 실험 전에 존재할 수 있는 처치집단 간의 차이를 같도록 조정하는 경우

- 【메뉴 → 분석 → 평균 비교 → 독립표본 T검정 또는 일원배치 분산분석】
- 【메뉴 → 분석 → 일반선형모형 → 일변량】
- [옵션(O)...]에서 필요한 항목 선택 → [계속]
- [확인]

3. 오차변인의 효과를 간접적인 방법으로 통제함으로써 실험설계의 효율성을 증가시키고자 하는 경우

메뉴 → 분석 → 일반선형모형 → 일변량

교수법이 산수학습 정도에 미치는 효과를 알아보기 위해 세 집단에 각각 다른 교수법을 실험 처치하여 6주 동안 수업을 진행한 다음 산수시험을 실시하여 효과를 측정하였습니다. 이때 연구자가 피험자들의 산수에 대한 적성이 처치효과 이외에 종속변수(산수성적)에 영향을 미칠 수 있는 요인이고, 이 변수은 실험처치를 통해 통제하기 어려운 변수이므로 공분산이라는 통계적 방법을 적용하면 이러한 변수의 영향력을 제외한 실험결과를 알 수 있습니다. 그래서 교수법에 따른 실험처치가 이루어지기 전에 각 피험자들에게 적성검사를 실시하여 공변인을 측정하여 자료를 얻었습니다.

기본적인 절차는 집단 간 동질성 처치를 위한 공분산분석의 절차와 같습니다. 단, 독립변수의 집단 수가 세 집단 이상인 경우는 적성의 영향을 통제한 교수법의 효과에 대한 공분산분석을 실시하여 집단 간 차이검증을 실시한 후, 얻어진 조정평균을 이용한 사후검증을 실시해서 어느 집단 간에 차이가 있는지를 알아낼 수 있습니다.

1) 공분산분석의 실행

① 【11장 산수성적.sav】 파일을 불러와서 공분산분석을 실행하려고 합니다. 공분산분석은 【메뉴 → 분석 → 일반선형모형 → 일변량】을 선택하면 실행할 수 있습니다.

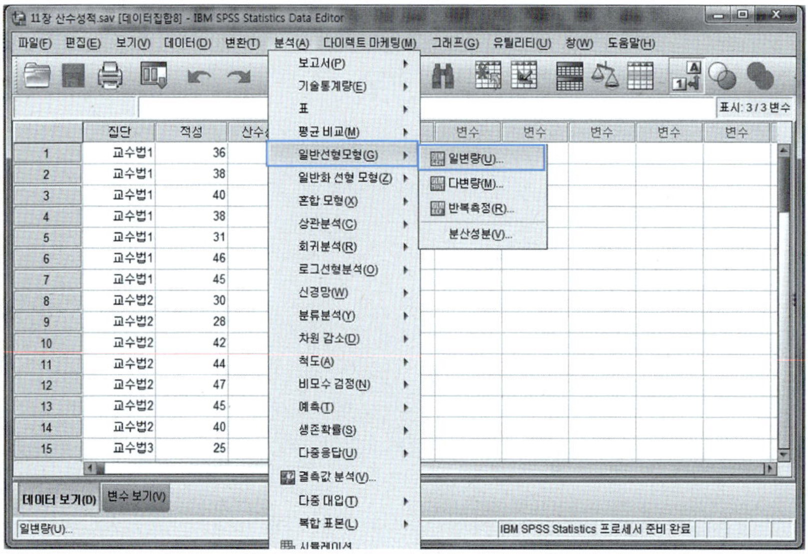

② 다음의 창이 나타나면 종속변수에는 【산수성적】을, 독립변수인 【집단】은 모수요인으로, 공변인인 【적성】은 공변량으로 이동합니다.

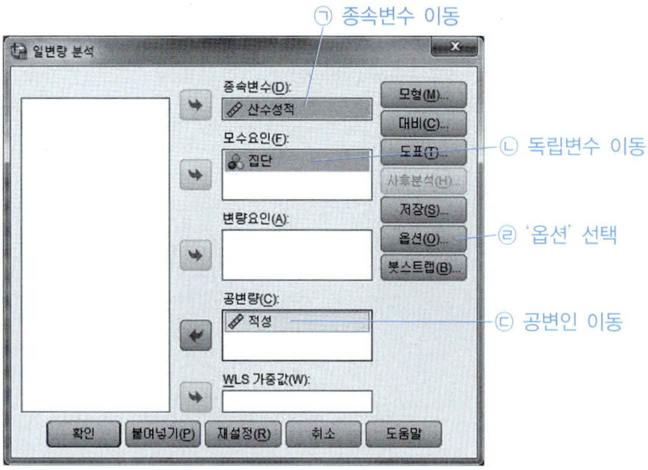

2) 옵션 선택

[옵션(O)...] 중 출력에서 각종 통계량을 선택하면 됩니다. 특히 기술통계량에 대한 자료는 반드시 필요합니다. 그리고 각 집단 간의 공통평균을 이용해 공변인을 통제한 후의 추정평균을 산출하고자 할 경우, 요인 및 요인 상호작용에서 추정이 필요한 요인인 【집단】을 선택한 후 평균 출력 기준으로 이동하면 됩니다.

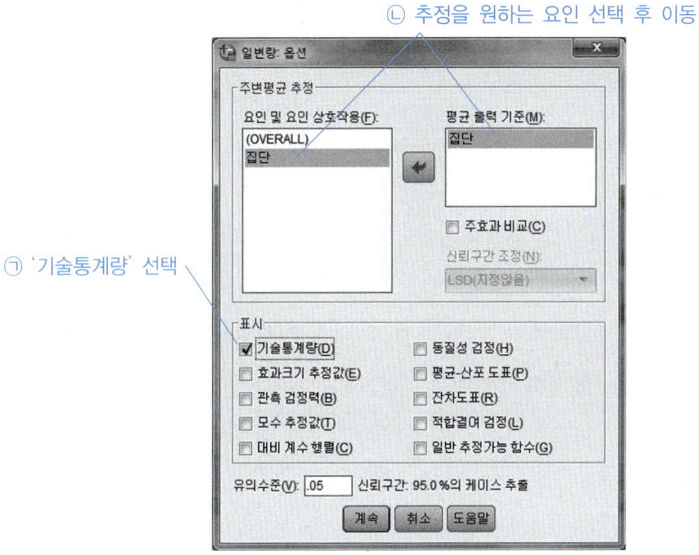

3) 저장하기

독립변수의 집단이 세 집단 이상일 경우는 조정평균을 이용한 사후검증이 필요하므로 조정된 종속변인의 값을 저장해 둘 필요가 있습니다.

[저장(S)]에서 【예측값】에 있는 【비표준화】를 선택하고 [계속]을 누릅니다.

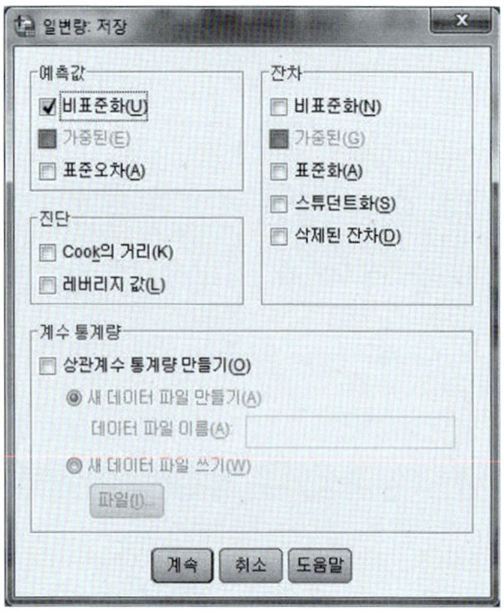

4) 결과표 해석

옵션 선택이 끝났으면 확인을 선택하여 일반선형모델을 실행합니다. 그러면 다음과 같은 Output 화면이 출력됩니다.

(1) 개체-간 요인

개체-간 요인

		변수값 설명	N
집단	1	교수법 1	14
	2	교수법 2	14
	3	교수법 3	14

각 집단별 사례수를 알려줍니다.

(2) 기술통계량

기술통계량

종속변수 : 산수성적

집단	평균	표준편차	N
교수법 1	107.86	19.670	14
교수법 2	101.14	12.272	14
교수법 3	119.86	18.953	14
합계	109.62	18.593	42

기술통계 분석 결과를 나타내 줍니다. 교수법3을 적용한 집단의 산수성적 평균은 119.86(SD=18.95)으로 가장 높게 나타났고, 교수법1을 적용한 집단의 산수성적 평균은 107.86(SD=19.67), 교수법2를 적용한 집단의 산수성적 평균은 101.14(SD=12.27)의 순으로 나타났습니다. 이 표에서 제시되는 평균은 공변인의 영향을 통제하지 않은 상태의 평균값입니다.

(3) 개체-간 효과검증

개체-간 효과 검정

종속변수 : 산수성적

소스	제 III 유형 제곱합	자유도	평균제곱	F	유의확률
수정 모형	6025.606[a]	3	2008.536	9.367	.000
절편	3510.493	1	3510.493	16.371	.000
적성	3508.844	1	3508.844	16.364	.000
집단	2066.774	2	1033.387	4.819	.014
오차	8148.299	38	214.429		
합계	518860.000	42			
수정 합계	14173.905	41			

a. R 제곱 = .425(수정된 R제곱 =.380)

공변인이 미치는 영향을 통제한 상황에서 독립변수가 종속변수에 미치는 영향이 유의미한지 F-검증을 한 결과가 나와있습니다.

① 수정 모형

수정된 분산분석의 모형을 나타냅니다. 이 모형은 분석한 자료가 공분산분석 모형으로 적합한가를 보는 것으로 F값은 9.37이며, 유의확률이 $p<.001$이므로 본 공분산분석의 모형은 타당한 모형임을 알 수 있습니다.

② 적성

공변인인 적성이 종속변수인 산수성적에 미치는 영향이 유의미한지 알려줍니다. $p<.001$ 수준에서 유의미한 차이가 있는 것으로 나타났습니다. 즉, 적성이 산수성적에 영향을 미치고 있다는 것입니다.

③ 집단

독립변수의 주 효과를 검증해 줍니다. 즉, 적성의 영향을 통제한 후 교수법에 따른 산수성적의 차이를 검증해 줍니다.

p<.05 수준에서 유의미한 차이가 있는 것으로 나타났습니다. 즉, 교수법에 따라 산수성적에 차이가 있다는 것입니다.

④ 오차

잔차(residual), 즉 오차분산으로 집단 내 분산(within group variance)을 의미합니다.

⑤ 합계

전체 분산을 의미합니다.

⑥ 수정 합계

수정된 전체 분산의 값을 나타냅니다.

(4) 추정된 주변 평균

집단

종속변수 : 산수성적

집단	평균	표준오차	95% 신뢰구간	
			하한값	상한값
교수법1	108.640[a]	3.918	100.708	116.573
교수법2	101.534[a]	3.915	93.609	109.459
교수법3	118.683[a]	3.924	110.738	126.627

a. 모형에 나타나는 공변량은 다음 값에 대해 계산됩니다. : 적성 = 39.71.

회귀방정식을 이용하여 세 집단의 산수성적을 공통평균인 39.71에 통일시킨 후, 그에 따라 변화된 산수성적의 평균을 집단에 따라 산출한 값입니다. 즉, 검사를 통해 측정된 세 집단의 산수성적 평균은 각각 교수법1(107.86), 교수법2(101.14), 교수법3(119.86)이었지만, 산수성적과 관련이 높은 변수인 적성을 공변인으로 통제한 후 산출된 조정 평균값은 교수법1(108.64), 교수법2(101.53), 교수법3(118.68)으로 값들이 조정된 것을 알 수 있습니다. 이 값들에 대한 유의도 검증은 개체 간 효과 검증표의 '집단' 칸에 있는 주 효과로 나타나 있습니다. 따라서 교수법에 따른 산수성적에는 차이가 있음을 알 수 있습니다. 어떤 교수법이 가장 효과적인지는 사후검증을 통해 알아볼 수 있겠지요.

5) 사후검증

공분산분석을 위한 일반선형모형을 실행한 후 Output 화면에서 데이터 파일로 이동합니다. 그러면 【pre-1】이라고 하는 새로운 변수가 생긴 것을 볼 수 있습니다. 이 【pre-1】가 종속변수인 산수성적의 예측값입니다. 공분산분석에서 사후검증을 할 때는 일원배치 분산분석과 동일한 방법으로 실시하면 되지만, 이때는 공변인을 통제한 상태에서의 예측값을 가지고 사후검증을 실시해야 합니다.

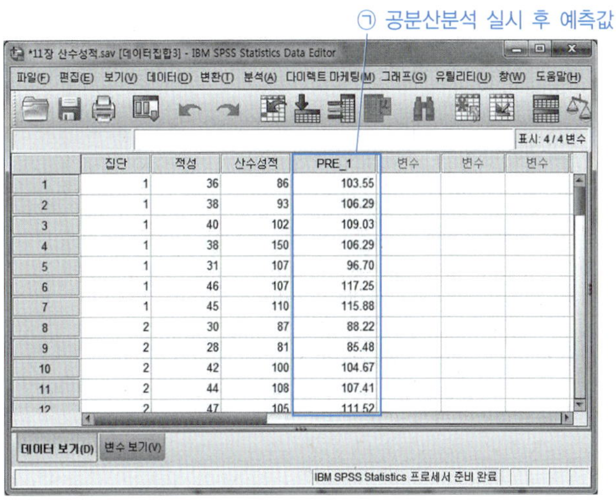

① 【메뉴 → 분석 → 일반선형모형 → 일변량】을 선택합니다.

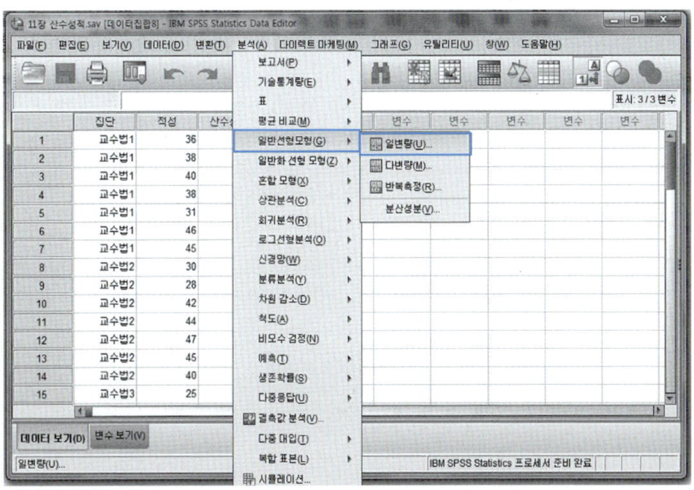

② 종속변수에 있던 【산수성적】과 공변량에 있던 【적성】은 왼쪽으로 이동시킵니다. 그런 다음 【산수성적의 예측값(pre-1)】을 선택해서 종속변수로 이동시킵니다. 모수요인에 있던 【집단】은 그냥 두면 됩니다.

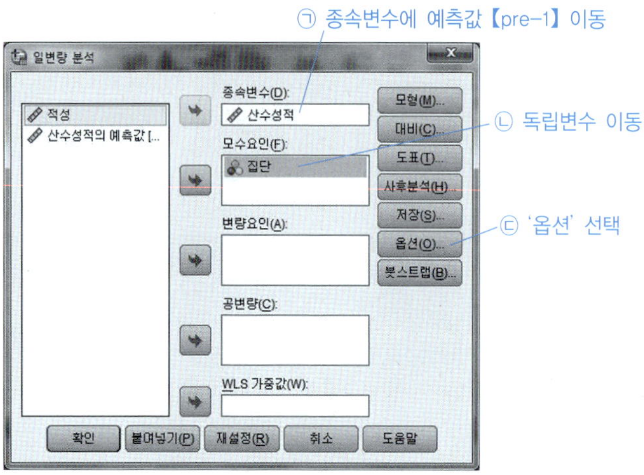

③ 옵션(O)... 중 출력에서 각종 통계량을 선택하면 됩니다. 특히 기술통계에 대한 자료는 반드시 필요합니다.

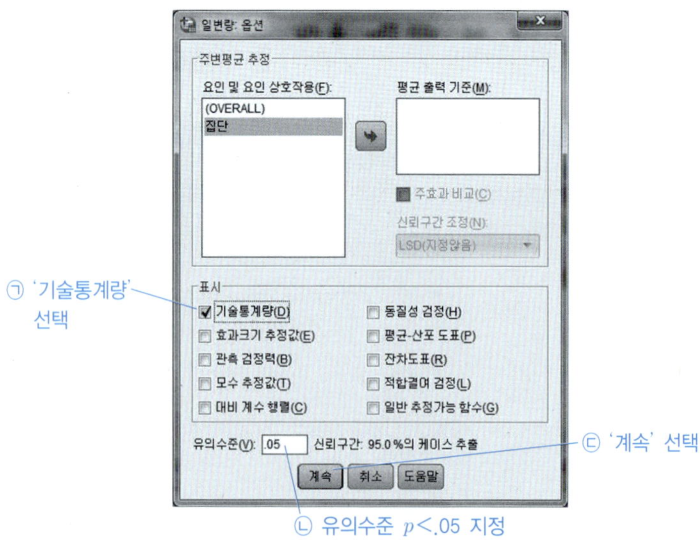

④ [사후분석(H)...]에서 요인의 【집단】을 사후검정변수로 이동시키면 사후검증 방법을 선택할 수 있습니다. 사후검증 방법으로 Scheffe를 선택한 다음 [계속]을 누릅니다.

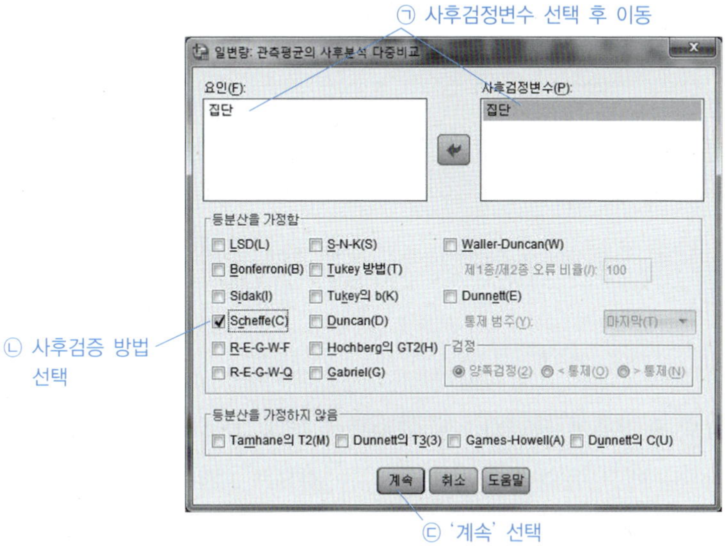

⑤ [확인]을 한 다음 Output 파일의 결과를 확인합니다.

개체-간 요인

		변수값 설명	N
집단	1	교수법 1	14
	2	교수법 2	14
	3	교수법 3	14

일반선형모델 검증을 한 결과 각 집단별 사례수를 알려줍니다.

기술통계량

종속변수 : 산수성적의 예측값

집단	평균	표준편차	N
교수법 1	107.8571	6.81696	14
교수법 2	101.1429	9.84817	14
교수법 3	119.8571	11.24517	14
합계	109.6190	12.12295	42

교수법에 따른 산수성적 예측값의 평균과 표준편차를 알려줍니다.

개체-간 효과 검정

종속변수 : 산수성적의 예측값

소스	제III유형 제곱합	자유도	평균제곱	F	유의확률
수정 모형	2516.762[a]	2	1258.381	13.987	.000
절편	504686.095	1	504686.095	5609.470	.000
집단	2516.762	2	1258.381	13.987	.000
오차	3508.844	39	89.970		
합계	510711.701	42			
수정 합계	6025.606	41			

a. R 제곱 = .418(수정된 R제곱 =.388)

독립변수가 종속변수(산수성적의 예측값)에 미치는 영향이 유의미한지 F-검증을 한 결과가 나와있습니다.

① 집단

독립변인의 주 효과를 검증해 줍니다. 즉, 교수법에 따른 산수성적의 차이를 검증해 줍니다. $p<.001$ 수준에서 유의미한 차이가 있는 것으로 나타났습니다($F=13.99$). 즉, 교수법에 따라 산수성적에 차이가 있다는 것입니다.

② 오차

잔차(residual), 즉 오차분산으로 집단 내 분산(within group variance)을 의미합니다.

③ 합계

전체 분산을 의미합니다.

④ 수정 합계

수정된 전체 분산의 값을 나타냅니다.

다중비교

종속변수 : 산수성적의 예측값

Scheffe

(I) 집단	(J) 집단	평균차이(I-J)	표준오차	유의확률	95% 신뢰구간	
					하한값	상한값
교수법 1	교수법 2	6.7143	3.58510	.187	-2.4092	15.8378
	교수법 3	-12.0000*	3.58510	.007	-21.1235	-2.8765
교수법 2	교수법 1	-6.7143	3.58510	.187	-15.8378	2.4092
	교수법 3	-18.7143*	3.58510	.000	-27.8378	-9.5908
교수법 3	교수법 1	12.0000*	3.58510	.007	2.8765	21.1235
	교수법 2	18.7143*	3.58510	.000	9.5908	27.8378

관측된 평균에 기초합니다.

*. .05 수준에서 평균차는 유의합니다.

각 집단별로 평균의 차이를 검증해 준 결과에 대한 Scheffe 검증한 결과가 제시되어 있습니다.

① 평균차($I-J$)

두 집단의 평균 차이로 I는 왼쪽에 있는 집단을, J는 오른쪽에 있는 집단을 의미합니다. 즉, 교수법1을 적용한 집단과 교수법2를 적용한 집단 간의 평균차가 6.71로 이 차이는 유의도 검증결과 유의미한 차이가 없는 것으로 나타났습니다. 또한 교수법1을 적용한 집단과 교수법3을 적용한 집단 사이에는 $p<.001$ 수준에서 유의미한 차이가 있는 것으로 나타났습니다. 이러한 결과는 교수법의 영향이 산수성적에 미치는 영향이 교수법3 집단이 크다는 것을 알 수 있으며 다음으로 교수법1, 교수법2의 순인 것을 알 수 있습니다.

② 유의확률

교수법1과 교수법2, 교수법1과 교수법3, 교수법2와 교수법3 등 각각 집단 간의 차이에 대한 유의확률이 제시되어 있습니다. 교수법1과 교수법2는 $p>.05$이므로 두 교수법 간에는 산수성적 향상에 미치는 영향에 차이가 없으며, 교수법1과 교수법3($p<0.01$), 교수법2와 교수법3($p<0.001$)은 평균 간에 유의미한 차이가 있는 것으로 나타났습니다.

5) 보고서 제시 양식

공분산분석을 실시한 결과를 보고서에 제시하기 위해서는 우선 세 집단의 기술통계 결과를 표로 제시합니다.

〈표 11-4〉 적성, 산수성적, 조정된 산수성적의 평균과 표준편차 ($N=42$)

	적성		산수성적		조정된 산수성적	
	평균	표준편차	평균	표준편차	평균	표준편차
교수법1($N=14$)	39.14	4.97	107.86	19.67	108.64	3.92
교수법2($N=14$)	39.43	7.19	101.14	12.27	101.53	3.92
교수법3($N=14$)	40.57	8.21	119.86	18.95	118.68	3.92

해석 세 가지 교수법을 실시한 집단 간에 사전에 측정된 적성의 평균은 교수법3을 적용한 집단이 40.57(SD=8.21), 교수법2를 적용한 집단이 39.43(SD=7.19), 교수법1을 적용한 집단이 39.14(SD=4.97)의 순이었고, 산수성적의 평균은 교수법3을 적용했던 집단이 119.62(SD=18.59)였고, 교수법1은 107.86(SD=19.67), 교수법2는 101.14(SD=12.27)의 순으로 나타났다.

〈표 11-5〉 산수성적에 대한 공분산분석

변량원	제곱합	자유도	평균제곱	F
공변량(적성)	3508.84	1	3508.84	16.36^{***}
주효과(교수법)	2066.77	2	1033.39	4.82^{*}
잔차	8148.30	38	214.43	
합계	14173.91	41		

$^{*}p<.05$, $^{***}p<.001$

해석 적성을 공변인으로 통제한 후 세 가지 교수법에 따른 산수성적에 대해 분산분석을 실시한 결과, 주 효과는 F=4.82(p<.05)로 교수법에 따른 세 집단 간의 산수성적에 유의미한 차이가 있는 것으로 나타났다.

이러한 교수법에 따른 차이가 어떤 집단 간의 차이에서 기인한 것인지를 알아보기 위하여 Scheffe 사후검증을 실시한 결과는 <표 10-6>와 같이 나타났다.

〈표 11-6〉 사후검증 결과 요약표

평균	교수법3	교수법2	교수법1
교수법3		18.71^{***}	12.00^{**}
교수법2			-6.71
교수법1			

$^{**}p<.01$ $^{***}p<.001$

해석 공분산분석 결과 조정된 산수성적의 예측값에 대해 사후검증을 실시한 결과 교수법3과 교수법2, 교수법3과 교수법1 간에는 유의미한 차이가 있는 것으로 나타났다. 그러나 교수법2와 교수법1 간에는 차이가 없는 것으로 나타났다. 따라서 산수성적 향상에 가장 효과적인 교수법은 교수법3인 것을 알 수 있다.

요약

오차변인의 효과를 간접적인 방법으로 통제함으로써 실험설계의 효율성을 증가시키고자 하는 경우

- 【메뉴 → 분석 → 일반선형모형 → 일변량】
- [옵션(O)...]에서 필요한 항목 선택 → [계속]
- [저장(S)]에서 예측값 선택 → [계속]
- [확인] → Output 파일 화면 확인 후 → 다시 데이터 파일
- 【메뉴 → 분석 → 일반선형모형 → 일변량】
- [사후분석(H)...]에서 사후검증 방법 선택 → [계속]
- [확인]

연 · 습 · 문 · 제

01 연습문제 CD의 【11장 창의성(연습).sav】 파일을 이용하여 실험집단과 통제집단 간의 창의성에 차이가 있는지를 알아보기 위해 공분산분석을 실시하시오.

02 연습문제 CD의 【11장 문장제(연습).sav】 파일을 이용하여 지능을 공변인으로 하여 연령(6세, 7세, 8세)에 따른 산수문장제 총점에 대한 차이를 검증해 보시오.

쉬어가기

천 원을 수표로 바꾸는 방법

1. 천 원짜리를 들고 화장실에 가서 '변기통에 빠뜨려서 물을 내릴까? 말까?' 고민하는 척한다. 그러면 천 원짜리가 노랗게 질려서 오천 원짜리가 된다.

2. 아까 만든 오천 원짜리를 '가위로 자를까? 말까?' 고민하는 척 한다. 그러면 오천 원짜리가 파랗게 질려서 만 원짜리가 될 것이다.

3. 이 만 원짜리를 가지고 소각장으로 가서 '태울까? 말까?' 고민하는 척한다. 그러면 만 원짜리가 하얗게 질려서 하얀 백지 수표가 될 것이다.

* 주의사항 : 너무 성급한 사람은 천 원에서 바로 백지 수표로 바꾸려 할 것이다. 그러면 심장마비로 폭발할 수 있으니 절차를 거쳐서 하시길…

chapter

12

상관분석

chapter 12

상관분석

이 장에서는 두 변수 또는 그 이상의 변수 간의 관계를 추정하고 기술하는 데 사용되는 상관분석에 대해서 알아봅시다.

- 상관, 상관분석, 상관계수, 산점도의 개념에 대해서 먼저 알아봅니다.
- 이변량 상관관계(단순상관관계)는 두 변수의 상관관계를 알아보는 것으로 독립변수, 종속변수가 양적 변수인 경우 사용하는 방법입니다.
- 편상관계수는 어떤 변수를 통제한 상태에서 두 변수의 상관관계를 알아보는 것입니다.

1. 상관분석을 실시하기 전에

1) 상관분석의 기본 개념

(1) **상관**(Correlation)

어떤 것과 다른 것의 관계를 말하는 것, 즉 두 변수의 관계를 말합니다.

> 유아교사의 과학교수능력이 과학지식(인지적 능력)과 과학교수태도(정의적 능력) 간에 어떠한 관계가 있으며, 이 두 변수 중 어느 것이 유아교사의 과학교수능력과 높은 상관관계에 있는지의 여부를 분석하고자 할 때 유용하게 이용할 수 있는 통계기법입니다.

(2) **상관분석**(Correlation Analysis)

두 변수 또는 그 이상의 변수 간에 상관관계가 존재하는지를 파악하고, 상관관계의 정도를 알아보는 방법으로 한 변수가 커지거나(높아지거나) 작아질(낮아질) 때, 다른 변수가 어떻게 변화하는지를 그 변동의 정도와 방향을 예측하여 알아보는 방법입니다. 여기서 주의할 점은 상관분석에서는 독립변수와 종속변수의 개념이 없기 때문에 어떤 변수에 따라 어떤 변수가 변한다는 식의 해석은 하지 않으며, 다만 두 변수가 함께 변하는 정도라고만 설명할 수 있습니다. 또한 일반적으로 상관분석의 기본 가정은 두 변수나 그 이상의 변수는 모두 등간 및 비율척도로 측정된 것으로 Pearson 상관분석을 지향합니다.

> 변수의 특성에 따라 변수가 가지고 있는 정보의 질도 달라지고, 변수에 대한 통계적 처리방법도 결정되기에 상관분석에서도 유의할 필요가 있습니다.

	X 변수			
Y 변수	구분	명명척도	서열척도	등간/ 비율척도
	명명척도	*Phi* 계수 Cramer의 *V*		
	서열척도	등위 양분상관계수	Kendall의 *W* Spearman *r s*	
	등간/ 비율척도	양류상관계수 양분상관계수		Pearson *r*

* 위의 표에서 가로와 세로 중 어떤 쪽이 X 또는 Y가 되어도 상관없습니다.

(3) 상관계수(Correlation Coefficient)

변수들 간의 상관관계의 정도와 방향을 하나의 수치로 요약해 표시해 주는 지수로서 가장 많이 사용되는 것이 "Pearson(피어슨)의 상관계수"입니다.

상관계수 r은 0에서 1 사이의 절대값, 즉 −1.00에서 +1.00 사이의 값을 취할 수 있습니다. 이때 0에 가까워질수록 상관관계는 낮아지는 것이고, 절대값 1에 가까워질수록 상관관계는 높아지는 것입니다.

상관계수와 변수들 간의 관련 정도 : 상관계수의 해석에 대한 절대적 기준은 없으나 일반적으로 다음 표의 기준을 따르며, 두 변수의 관계가 정적이든 부적이든 그 해석은 동일하며, 다음과 같이 해석할 수 있습니다.

상관계수 범위	상관관계 정도
±0.9 이상	상관관계가 매우 높다.
±0.7 ~ ±0.9 미만	상관관계가 높다.
±0.4 ~ ±0.7 미만	상관관계가 다소 높다.
±0.2 ~ ±0.4 미만	상관관계가 있으나 낮다.
±0.2 미만	상관관계가 거의 없다.

예를 들어, 한 연구에서 지능과 창의성의 상관계수가 .85로 나타났을 경우, .85가 의미하는 것은 지능과 창의성의 인과관계를 설명해 주는 것이 아니라 .85로 상관관계성이 높다는 것을 의미합니다.

(4) **산점도**(산포도, Scatter Plot)

두 변수의 관계를 알아보기 위하여 두 변수값을 나타내는 점을 도표에 나타낸 것으로 산점도를 이용하면 여러 형태의 두 변수 간의 상관관계를 파악할 수 있습니다.

산점도의 종류는 크게 4종류로 나타낼 수 있는데, 4종류의 산점도를 볼 때 흩어진 정도의 폭이 점점 커질수록 상관은 없어지며 상관계수가 낮아짐을 알 수 있습니다.

① 정적 상관관계

예를 들어, 지능과 창의성에 관한 연구에서 지능이 높을수록 창의성도 높은 점수를 받고, 지능이 낮을수록 창의성에서도 낮은 점수를 받는다는 것을 나타내어 주는 정적 상관관계를 보여줍니다.

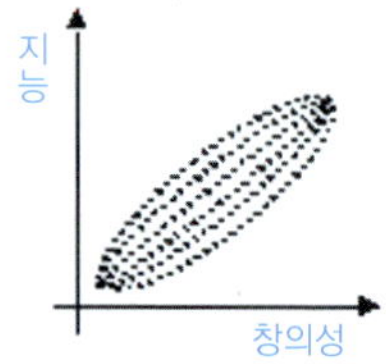

② 부적 상관관계

예를 들어, 부모의 양육형태에 따른 자율성에 관한 연구에서 부모의 권위성이 높을수록 유아의 자율성이 낮아지고, 권위성이 낮을수록 유아의 자율성이 낮아지는 부적 상관관계를 보여줍니다.

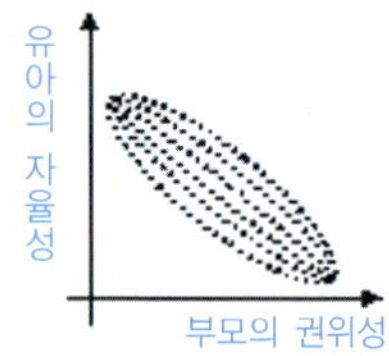

③ 무 상관관계

예를 들어, 머리둘레와 지능에 관한 연구에서 머리둘레와 지능은 전혀 상관이 없는 무 상관을 보여줍니다.

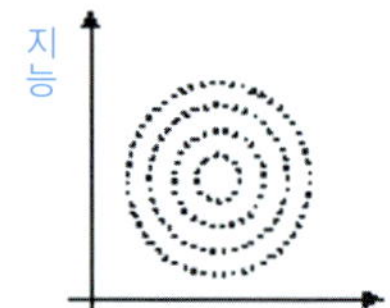

④ 곡선 상관관계

예를 들어, 학업성적과 시험불안에 대한 연구에서 시험불안이 적절하게 증가할 때까지는 학업성적이 높아지지만, 지나치게 시험불안이 높아지게 되면 학업성적이 낮아지게 되어 전체적으로 곡선관계를 보여줍니다. 그러나 학업성적과 시험불안 간의 상관을 상관계수로 나타내면 상관이 거의 없는 결과가 나오므로 X축의 범위에 따라 상관관계의 양상이 달라질 수 있습니다.

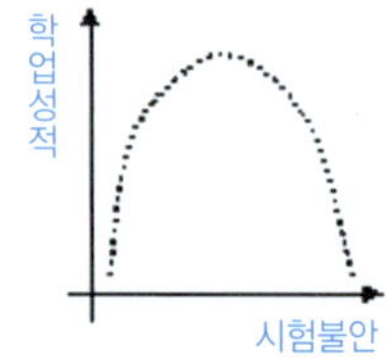

2) 연구문제의 예

- 어머니의 양육스트레스와 양육효능감 간에는 어떤 상관관계가 있는가?
- 어머니의 양육스트레스와 양육효능감 전체 및 하위영역 간의 상관은 어떠한가?
- 유아의 성별을 통제하였을 때 어머니의 양육스트레스와 양육효능감 간의 상관은 어떠한가?

2. 상관분석

어머니의 양육효능감에 대한 연구를 실시한다고 해봅시다. 연구대상은 영유아 자녀를 둔 어머니로 양육스트레스와 양육효능감 검사를 실시합니다. 양육효능감 검사는 일반양육, 건강양육, 의사소통양육, 훈육양육, 학습지도양육으로 나누어져 있습니다. 여기서는 어머니의 양육스트레스와 양육효능감과의 상관관계를 알아봅시다.

1) 산점도

메뉴 → 그래프 → 레거시 대화상자 → 산점도/점도표

변수들 간의 상관관계를 통계량으로 산출하는 방식 이외에 산점그래프(scatter plot)를 이용하여 두 변수들 간의 관계를 분석해 볼 수 있습니다.

① 상관분석을 실행하기 전에 두 변수 간의 상관관계를 파악하기 위하여 【12장 양육효능감.sav】 파일을 불러와서 【메뉴 → 그래프 → 레거시 대화상자 → 산점도/점도표】를 실행합니다.

② 산점도를 누르면 산점도의 종류를 선택할 수 있는 대화상자가 나타나게 됩니다. 여기서는 【단순 산점도】을 선택하고 정의를 선택합니다.

③ 다음과 같은 창이 나오면 X-축에는 양육스트레스, Y-축에는 양육효능감을 넣은 후 확인을 누르면 아래와 같은 산점도가 나타나게 됩니다.

※ 다른 변수도 넣어서 실행해 보세요. 그리고 제목(T)...을 누르면 산점도의 제목을 넣을 수가 있답니다.

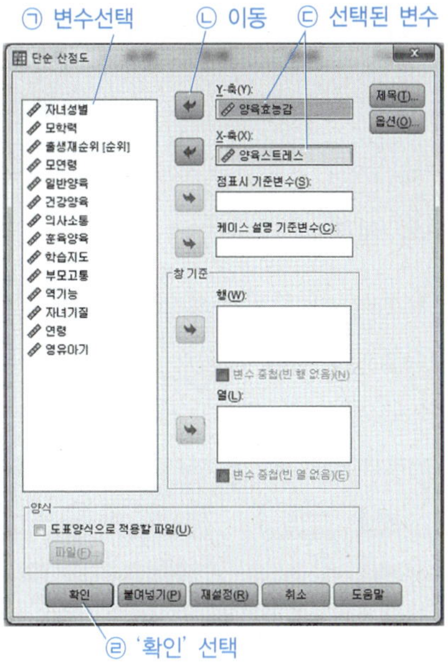

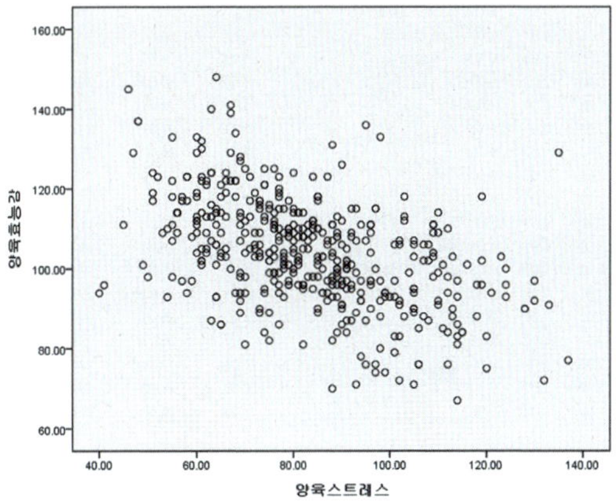

해석 양육스트레스와 양육효능감의 산점도는 두 변수가 음의 상관관계를 보이고 있으며, 이는 양육스트레스가 증가함에 따라 양육효능감이 낮아진다는 것을 의미합니다.

2) 이변량 상관계수(단순상관관계)

메뉴 → 분석→ 상관분석 → 이변량 상관계수

(1) 이변량 상관관수의 실행

① 상관분석은 【메뉴 → 분석 → 상관분석 → 이변량 상관계수】를 선택하면 실행할 수 있습니다. 【12장 양육효능감.sav】 파일을 불러와서 상관분석을 실행해 봅시다.

상관분석	설명
이변량 상관계수	• 단순상관계수라고도 하며 Pearson(피어슨) 상관계수, Spearman(스피어만)의 Rho(로), Kendall(켄달)의 타우−b(비)와 이들의 유의수준을 계산합니다. • 상관계수는 변수나 순위 순서의 관련성을 측정합니다. 상관계수를 계산하기 전에 잘못된 결과를 나타낼 수 있는 이상값의 유무와 데이터의 선형성 여부를 확인합니다.
편상관 계수	• 1개 이상의 추가 변수의 효과를 제어하는 동시에 두 변수 간 선형관계를 설명하는 편상관계수를 계산합니다.
거리측도	• 대응 케이스나 대응변수 간에 유사성이나 상이성(거리)을 측정하는 여러 통계량을 계산합니다.

※ 보통 상관계수에서는 이변량 상관계수만을 사용합니다.

② 【12장 양육효능감.sav】 파일이 열린 상태에서 【메뉴 → 분석 → 상관분석 → 이변량 상관계수】를 선택하면 아래와 같은 창이 열립니다.

여기서 상관관계를 알아보기 위한 변수 【양육스트레스, 일반양육, 건강양육, 의사소통, 훈육양육, 학습지도, 양육효능감】을 지정하여 오른쪽 창으로 이동시키고, 상관계수와 유의성 검정을 선택합니다. 기본값으로는 【Pearson】이 설정되어 있습니다.

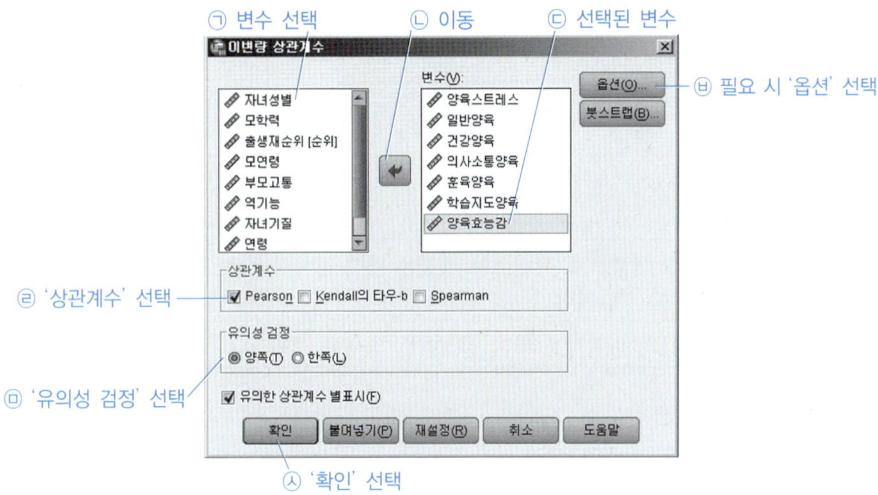

■ Pearson 상관계수

적률상관관계 계수로서 두 변수가 연속변수이면서 등간 또는 비율척도로 측정된 변수인 경우에 가장 많이 사용하는 상관관계입니다.

상관분석에 포함된 두 변수 중의 하나, 혹은 둘 다가 비모수적인 것(등간이나 비율척도가 아니라면)이라면 비모수적 상관관계 검증법인 Spearman의 rho와 Kendall의 타우 B를 사용해야 합니다. SPSS 절차상에서는 Pearson 대신에 Spearman 혹은 Kendall의 타우-b를 선택한다는 것 외에 Pearson의 r을 구하는 방법과 동일합니다.

■ Kendall의 타우-b

독립변수와 종속변수가 서열변수인 경우에 사용하며, 순위상관계수를 산출합니다.

■ Spearman

독립변수와 종속변수가 서열변수인 경우(주어진 자료의 등간성이 의문시되거나, 변수들 점수가 극단적 분포를 나타내거나, 척도나 점수의 의미가 서열적인 경우)에 사용합니다. 예를 들어, 교실의 아동 수와 소음 정도를 알아보고자 할 때 사용됩니다.

■ 명목변수의 상관

자료들이 명목척도일 때는 분할계수, 파이 및 Cramer V, 람다, 불확실성 계수를 산출합니다. 이것은 카이검증(8장)의 통계량 대화창에서 실행할 수 있습니다.

■ 유의성 검증

양쪽	가설검증의 방법으로 관련성의 방향을 미리 정하지 않은 경우에 사용되며, 기본설정으로 되어 있습니다.
한쪽	두 변수 간의 관련성을 미리 설정하는 경우에 사용합니다.

■ 유의한 상관계수별 표시(F)

기본설정으로 되어 있으며, 유의수준이 있는 항목을 *표시로 보여주는데, 유의수준이 0.05이면 *표시가 1개이고, 0.01이면 *표시가 2개로 나타납니다.

※ 옵션(O)... 을 선택하면 아래와 같은 창이 열리면서 통계량과 결측값을 표시할 수 있습니다.

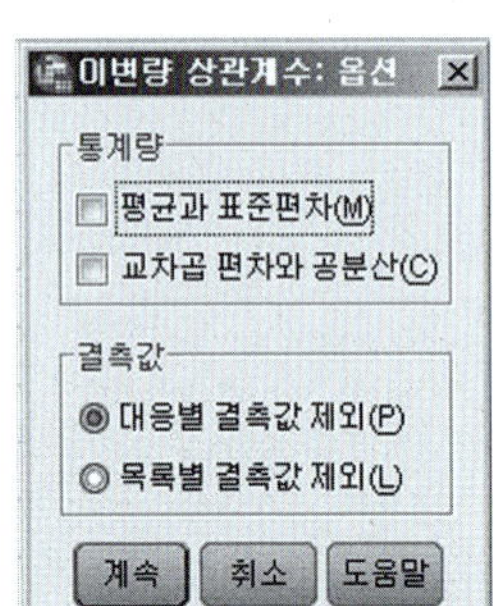

키워드		설명내용
통계량	평균과 표준편차	각 변수의 평균과 표준편차를 나타냅니다.
	교차곱 편차와 공분산	변수쌍의 교차곱 편차와 공분산이 함께 나타냅니다.
결측값	대응별 결측값 제외	두 변수들 중에서 하나 이상의 무응답이 있는 사례를 제거하는데, 기본적으로 설정되어 있다. 이는 기본적으로 많은 사례수의 소실을 막기 위함입니다.
	목록별 결측값 제외	어떤 변수에 대해서 무응답이 있는 사례를 목록에서 제거하고 분석합니다.

(2) 결과표 해석

값을 선택한 후 [확인]을 눌러서 상관분석을 실행시키면 다음과 같은 Output 화면이 출력됩니다.

㉠ 유의확률 확인

㉡ 상관계수 *표 확인

상관계수

		양육스트레스	일반양육	건강양육	의사소통양육	훈육양육	학습지도양육	양육효능감
양육스트레스	Pearson 상관계수	1	-.377**	-.357**	-.359**	-.456**	-.404**	-.492**
	유의확률(양쪽)		.000	.000	.000	.000	.000	.000
	N	454	452	453	451	452	454	450
일반양육	Pearson 상관계수	-.377**	1	.466**	.423**	.440**	.361**	.679**
	유의확률(양쪽)	.000		.000	.000	.000	.000	.000
	N	452	456	454	454	454	456	453
건강양육	Pearson 상관계수	-.357**	.466**	1	.558**	.591**	.541**	.780**
	유의확률(양쪽)	.000	.000		.000	.000	.000	.000
	N	453	454	456	454	455	456	453
의사소통양육	Pearson 상관계수	-.359**	.423**	.558**	1	.706**	.566**	.829**
	유의확률(양쪽)	.000	.000	.000		.000	.000	.000
	N	451	454	454	455	454	455	453
훈육양육	Pearson 상관계수	-.456**	.440**	.591**	.706**	1	.661**	.868**
	유의확률(양쪽)	.000	.000	.000	.000		.000	.000
	N	452	454	455	454	455	455	453
학습지도양육	Pearson 상관계수	-.404**	.361**	.541**	.566**	.661**	1	.741**
	유의확률(양쪽)	.000	.000	.000	.000	.000		.000
	N	454	456	456	455	455	458	453
양육효능감	Pearson 상관계수	-.492**	.679**	.780**	.829**	.868**	.741**	1
	유의확률(양쪽)	.000	.000	.000	.000	.000	.000	
	N	450	453	453	453	453	453	453

** 상관계수는 0.01 수준(양쪽)에서 유의합니다.

㉢ 동일 변수 교차점

해석 이변량 상관계수를 실행하면 위와 같은 상관계수표가 산출됩니다. 여기서 양육스트레스와 양육스트레스처럼 동일한 변수가 교차되는 지점의 상관관계 계수는 모두 1.00으로 나타나며, 각 변수 간의 상관계수는 변수가 교차되는 지점의 Pearson 상관계수를 읽어주면 됩니다.

양육스트레스와 양육효능감의 상관관계 계수는 -.492로 양육스트레스가 높을수록 양육효능감은 낮아지는 음의 상관관계로 나타났고, 유의확률(양쪽)은 0.000으로 $p<.01$ 보다 작기 때문에 적률상관계수에서 별표 2개(**)로 표시됩니다. 다른 것도 이와 같은 방식으로 표를 읽으면 됩니다.

상관관계 표를 쉽게 보는 방법 : 상관계수 옆에 *표의 여부를 확인하여 *표시가 있는 변수만이 관계를 가진 것으로 보면 간단하게 상관관계 표를 볼 수 있습니다.

(3) 보고서 제시 양식

보고서에서 상관분석의 결과를 제시할 때는 알아보고자 하는 변수에 대한 상관관계 계수만을 나타내어 주되, 자릿수는 소수점 이하 세 자리에서 반올림하여 두 자리까지 제시해 주면 됩니다. 상관계수표는 대각선을 중심으로 대칭되어 있는 특징을 갖기에 다른 표와는 달리 다음과 같이 제시됩니다.

〈표 12-1〉 양육스트레스와 양육효능감 전체 및 하위영역 간의 상관관계 (N=458)

변수	양육 스트레스	일반양육	건강양육	의사소통 양육	훈육양육	학습지도 양육	양육 효능감
양육스트레스	1.00						
일반양육	-.38**	1.00					
건강양육	-.36**	.47**	1.00				
의사소통양육	-.36**	.42**	.56**	1.00			
훈육양육	-.46**	.44**	.59**	.71**	1.00		
학습지도양육	-.40**	.36**	.54**	.57**	.66**	1.00	
양육효능감	-.49**	.68**	.78**	.83**	.87**	.74**	1.00

$^{**}p<0.01$

해석 어머니의 양육스트레스와 양육효능감 전체 및 하위영역 간의 상관은 -.49~.87의 범위를 지니며 각 변수 간의 관련성이 높은 것으로 나타났다. 양육스트레스와 양육효능감은 -.49로 부적 상관을 나타내 양육스트레스가 높을수록 어머니의 양육효능감이 낮아지는 것을 볼 수 있다.

양육스트레스와 양육효능감 하위영역 간의 상관을 구체적으로 살펴보면, 첫째, 양육스트레스와 일반양육의 관련성은 -.38, 양육스트레스와 건강양육의 관련성은 -.36, 양육스트레스와 의사소통양육과의 관련성은 -.36, 양육스트레스와 훈육양육은 -.47, 양육스트레스와 학습지도양육의 관련성은 -.40으로 나타나 어머니의 양육스트레스가 높아질수록 어머니의 일반양육, 건강양육, 의사소통양육, 훈육양육, 학습지도양육에 대한 효능감이 낮아지는 것을 알 수 있다. 이 중에서도 어머니의 양육스트레스는 영유아에 대한 훈육양육과 가장 높은 부적 상관(-.47)을 보이는 것으로 나타났다.

둘째, 양육효능감 하위영역 간의 상관범위는 .36~.71이며 각 하위영역 간에 정적 상관을 보였으며, 그중에서도 훈육양육과 의사소통양육 간(.71)에 가장 높은 상관을 보이는 것으로 나타났다.

요약

상관분석

- 【메뉴 → 분석 → 상관분석 → 이변량 상관계수】
- 상관변수, 상관계수, 유의성 검증 선정 → 확인

3) 편상관계수(부분상관관계)

편상관관계는 두 변수의 관계에 영향을 주는 제 3의 변수가 있다는 가정하에서 이에 대한 영향을 제거하기 위한 방법으로 사용됩니다. 즉, 제 3의 변수를 통제하였을 때, 두 변수가 가지는 상관관계를 구하는 것으로 제 3의 변수를 통제변수라고 합니다.

예를 들어, 과학교수태도와 과학지식이라는 두 변수에 영향을 주는 다른 변수를 통제한다면 더욱 확실하게 두 변수 간의 상관관계를 알 수 있을 것입니다. 따라서 유아교사의 경력이라는 변수를 통제한 상태에서 과학교수태도와 과학지식 간의 상관관계를 구하는 것이 바로 편상관계수입니다.

메뉴 → 분석→ 상관분석 → 편상관계수

(1) 편상관계수의 실행

① 상관분석은 【메뉴 → 분석 → 상관분석 → 편상관계수】를 선택하면 실행할 수 있습니다. 【12장 양육효능감.sav】 파일을 불러와서 상관분석을 실행해 봅시다.

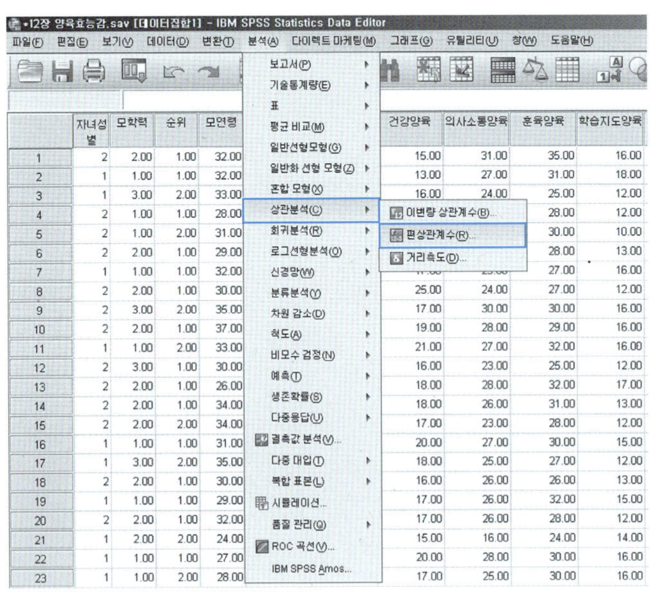

② 【12장 양육효능감.sav】 파일이 열린 상태에서 【메뉴 → 분석 → 상관분석 → 편상관계수】를 선택하면 아래와 같은 창이 열립니다.

여기서 상관관계를 알아보기 위한 변수에는 【양육스트레스, 양육효능감】, 통제변수에는 【성별】을 지정하여 오른쪽 창으로 이동시키고, 유의성 검정을 선택합니다.

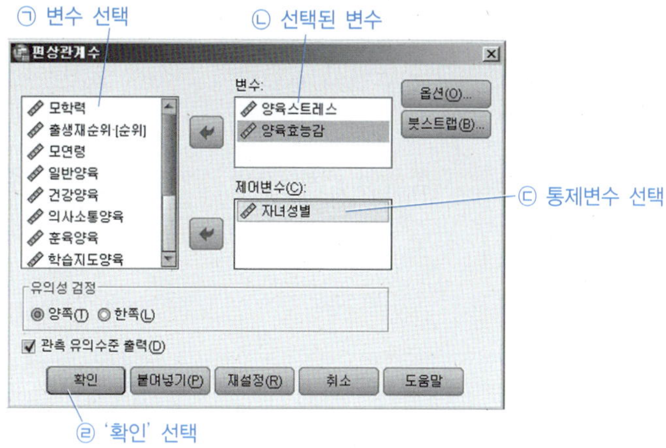

■ 관측 유의수준 출력에 체크하면 결과에서 유의수준과 자유도를 제시하여 주며, 이를 해제하면 유의한 상관계수별 표시(F)의 옵션처럼 간략하게 유의수준을 보여줍니다.

※ 옵션(O)... 을 선택하면 통계량과 결측값을 표시할 수 있는데, 결측값 부분은 같지만 통계치 부분에서 조금 다른 점이 있습니다.

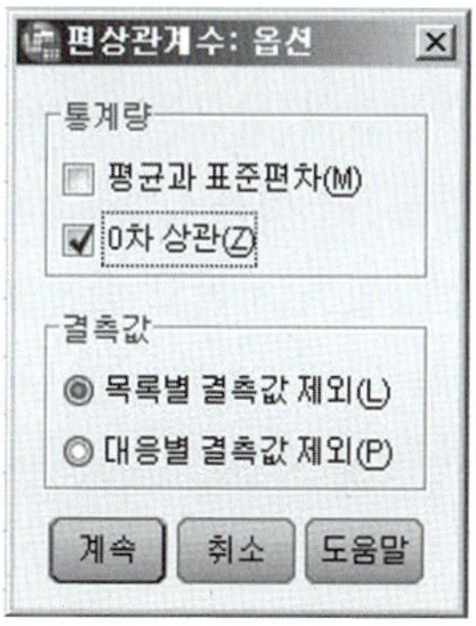

■ 0차 상관(Z) : 통제되었을 때의 편상관계수와 함께 통제되지 않은 상태를 함께 제시합니다. 즉, 단순상관계수를 함께 제시합니다.

(2) 결과표 해석

값을 선택한 후 [확인]을 눌러서 상관분석을 실행시키면 다음과 같은 Output 화면이 출력됩니다.

결과표는 통제변수를 포함하여 변수 간의 상관관계를 보여주는 부분과 성별변수가 통제되었을 때의 두 변수 간의 상관관계가 표로 제시됩니다.

상관

통제변수			양육스트레스	양육효능감	자녀성별
- 지정않음 -[a]	양육스트레스	상관	1.000	-.492	.003
		유의수준(양측)		.000	.952
		df	0	446	446
	양육효능감	상관	-.492	1.000	-.019
		유의수준(양측)	.000		.696
		df	446	0	446
	자녀성별	상관	.003	-.019	1.000
		유의수준(양측)	.952	.696	
		df	446	446	0
자녀성별	양육스트레스	상관	1.000	-.492	
		유의수준(양측)		.000	
		df	0	445	
	양육효능감	상관	-.492	1.000	
		유의수준(양측)	.000		
		df	445	0	

㉠ 상관관계수 확인

㉡ 유의수준 확인

㉢ 성별을 통제변수로 한 편상관계수 확인

해석 양육스트레스와 양육효능감의 상관은 -.49로 유의미한 수준(p<.001)에서 부적 관계로 나타났다. 따라서 어머니의 양육스트레스와 양육효능감은 성별을 통제하더라도 서로 통계적으로 유의한 상관을 가지고 있음을 알 수 있으며, 이는 성별에 상관없이 양육스트레스가 증가할수록 양육효능감은 낮아진다고 해석할 수 있다.

성별이 통제되지 않을 때의 상관계수(앞의 이변량 상관계수 참조)와 통제되었을 때의 상관계수를 비교해 보면 단순상관계수와 편상관계수가 -.49로 같게 나타났음을 알 수 있다. 이는 성별을 통제한 상태, 즉 자녀의 성별에 상관없이 양육스트레스와 양육효능감의 상관계수가 동일하고 성별의 통계적 검증력이 유의미하지 않았기에 어머니의 양육스트레스와 양육효능감 간의 상관관계는 성별이라는 제 3의 변수에 의해 영향을 거의 받지 않는다고 해석할 수 있다.

상관분석 결과 표에 제시된 용어

Zero Order Correlation : 0차 상관계수, 단순상관계수

Partial Correlation : 편상관계수, 순수상관계수

Part Correlation : 부분상관계수

요약

상관분석

- 【메뉴 → 분석 → 상관분석 → 편상관계수】
- 상관변수, 통제변수, 유의성 검증 선정 → 확인

연 · 습 · 문 · 제

01 【12장 양육효능감.sav】 파일을 이용하여 영유아기(영유아기 : 영아기1, 유아기2)에 따른 어머니의 양육스트레스와 양육효능감 간의 관련성을 알아보시오.

쉬어 가기

살아가는 것 vs 살아지는 것

어느 심리학자가 공사현장에서 흥미로운 한 인부를 발견했습니다.

모든 인부들이 바퀴 2개짜리 수레를 쳐다보면서 손잡이로 밀고 가는데, 딱 한 인부만 앞에서 수레를 끌고 갔습니다.

심리학자는 다른 행동을 하는 그에게 이유를 물었습니다.

"다른 사람들은 모두 수레를 보면서 밀고 가는데 어째서 당신만 끌고 갑니까?"

그러자 인부는 별 이상한 것을 다 물어 본다는 표정으로 퉁명스럽게 말했습니다.

"수레를 하도 밀고 다니다보니 꼴 보기 싫어서 그렇네요."

심리학자는 순간 뒤통수를 맞은 기분이었습니다.

수레를 밀고 가는 사람은 평생 수레만 봐야 하지만 …

수레를 끌고 가는 사람은 하늘과 땅, 세상을 볼 수 있다는 …

내 삶의 주인공은 바로 나 자신인데 …

인생의 수레는 많습니다.

인생을 살면서 우리는 "살아가는 건지" 아니면 "살아지는 건지" 잘 구별해야 합니다.

인생의 주인공이 '나'라면, 살아간다는 말이 맞지만, 누구를 위해 살고 있다면 그것은 살아지는 것입니다.

내 인생은 분명히 나의 것입니다.

chapter

13

회귀분석

chapter 13

회귀분석

이 장에서는 하나 혹은 여러 개의 독립변수와 하나의 종속변수가 어떠한 관계가 있는지를 확인하고, 한 변수의 값을 기초로 다른 변수의 값을 추정해 주는 회귀분석에 대해서 알아봅시다.

- 회귀분석의 개념에 대하여 알아봅시다.
- 단순선형 회귀분석은 하나의 독립변수와 하나의 종속변수 간의 관계를 알아보는 방법입니다.
- 중다선형 회귀분석은 여러 독립변수와 하나의 종속변수 간의 관계를 알아보는 것으로 여기서는 입력과 단계선택 방법을 알아봅시다.

1. 회귀분석을 실시하기 전에

1) 회귀분석의 개념

두 변수가 일관된 관계일 때 한 변수의 알려진 값을 이용하여 다른 쪽의 대응값을 예측할 수 있습니다. 예를 들어, 지능과 창의성 간에 상관관계가 있다고 하면 한 유아의 지능을 앎으로써 그 유아의 창의성을 예언하는 것과 창의성을 앎으로써 지능을 예언하는 것이 가능하게 됩니다. 이와 같이 한 변수를 다른 변수로부터 예언하는 문제를 회귀(regression)라고 부릅니다.

기본적으로 회귀분석은 독립변수가 종속변수에 영향을 미치는 정도를 예측하고, 이들의 관계를 하나의 선형방정식으로 표현한다는 점에서 회귀식으로 불리기도 합니다. 두 변수 간의 선형적인 상관관계가 있을 때 관계의 모양을 정확하게 표현해 주는 직선의 방정식을 찾아내어 수집된 자료를 기초로 한 관계뿐만 아니라 알지 못하는 값들의 예측도 가능하게 합니다.

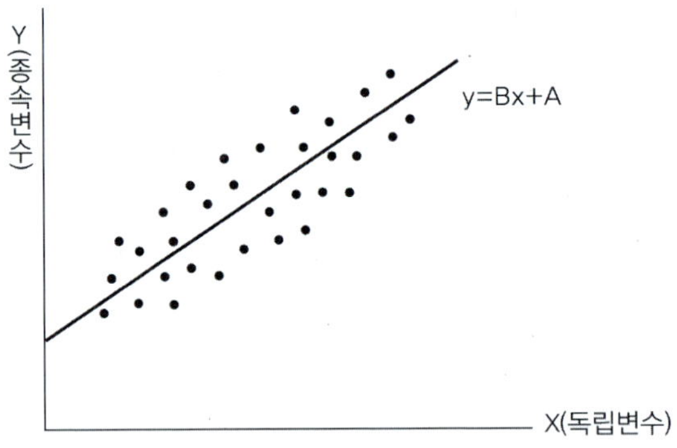

위의 그림과 같이 분포되어 있는 점들은 실제의 조사를 통해 관측된 값들이고, 이들을 가장 잘 보여줄 수 있는 선을 찾는 것이 바로 회귀분석의 기초가 됩니다. 이를 수식으로 나타내면 다음과 같습니다.

회귀방정식 : y=Bx+A

위의 수식에서 B는 기울기로서 회귀계수라고 하며, A는 상수(절편)라고 합니다. 이러한 회귀식은 이론적으로 설정된 하나의 회귀모형이 되고, 앞으로의 분석은 추정된 모형과 실제의 자료가 얼마나 부합하는지의 여부를 결정하는 과정이 됩니다. 즉, 조사된 값을 가장 잘 나타내는 회귀선을 찾고, 그 모형이 연구자의 실제 자료와 얼마나 잘 맞는지 분석하는 것이라 할 수 있습니다.

따라서 회귀분석에서는 분산된 변량들이 하나의 선형방정식에 어느 정도의 오차를 가지고 회귀하는지를 분석해 봄으로써 투입된 독립변수들이 종속변수를 예측하는 설명력이 어느 정도인지 검증할 수 있습니다.

- 회귀모형의 적합도 분석(회귀식 산출 : F검증)
- 독립변수들이 종속변수를 설명하는 정도 이해(R^2 결정계수)
- 종속변수에 대한 독립변수들의 상대적 기여도 파악(β 표준화된 회귀계수)

2) 회귀분석의 목적

회귀분석은 독립변수(원인)와 종속변수(결과) 간의 상호 연관성 정도를 파악하는 분석방법입니다. 즉, 한 변수의 변화가 원인이 되어 다른 변수에 어느 정도 영향을 미치는지 측정하는 방법으로, 두 변수 간의 인과관계를 분석할 때 많이 사용됩니다.

(1) 가설의 형태로 되어 있는 종속변수와 독립변수 간의 관계를 실제 현상에서 확인해 보는 것과 독립변수를 기초로 하여 종속변수를 예측하는 것이라 볼 수 있습니다.

(2) 독립변수가 종속변수에 미치는 영향력의 크기를 측정하여 독립변수의 일정한 값에 대응하는 종속변수의 값을 예측하기 위한 방법으로서 변수들 간의 인과관계를 알아보기 위한 통계적 분석을 의미합니다.

3) 회귀분석의 종류

(1) 단순선형 회귀분석(simple regression analysis)은 하나의 독립변수와 하나의 종속변수 사이의 관계, 즉 독립변수가 종속변수에 영향을 미치는지, 인과관계가 있는지를 분석하는 방법입니다($y = Bx + A$).

(2) 중다선형 회귀분석(multiple regression analysis)은 여러 독립변수들과 하나의 종속변수간의 관계를 분석하는 방법입니다($y = Bx + B'x' + B''x'' + ... + A$).

회귀분석의 구분

1차 구분 요인	2차 구분 요인	구분
독립변수의 수	1개	단순 회귀분석
	2개 이상	다중(중다) 회귀분석
독립변수의 척도	명목척도, 서열척도	더미변수 회귀분석
	등간척도, 비율척도	일반 회귀분석
독립변수와 종속변수 관계	선형	선형 회귀분석
	비선형	비선형 회귀분석

4) 회귀분석의 기본 가정

(1) 종속변수와 독립변수가 모두 양적 변수여야 합니다

물론 독립변수가 질적 변수일 경우 더미(dummy)변수를 사용할 수 있지만 통계적인 무리가 따르므로, 가능한 양적 변수를 사용하는 것이 바람직합니다.

질적 변수(명목척도, 서열척도)는 더미변수로 전환합니다.

(2) 종속변수와 독립변수가 직선의 관계를 가지고 있어야 합니다

이를 위해서는 자료의 분포를 먼저 살펴보는 것이 중요하나, 평정척도로 된 경우 직선의 형태를 가지기 어렵기 때문에 흔히 직선으로 간주하고 분석하는 것이 일반적입니다.

자료의 분포는 산포도를 통해 확인 가능합니다.

(3) 독립변수들 사이에 다중공선성이 없어야 합니다

중다 회귀분석 전에 독립변수들 간의 상관관계를 살펴보아 너무 높은 상관을 가지고 있는 변수가 있을 경우 높은 독립변수 중 하나의 변수를 빼거나 두 변수 간의 상호작용항을 만들어 회귀분석을 실시합니다.

- 공선성 진단으로 공차한계를 이용하여 공차한계가 1에 근접할수록 변수들 간에 다중공선성이 없는 것으로 판단할 수 있습니다.
- 일반적으로 독립변수들 간의 상관계수가 .80을 넘지 않으면 다중공선성을 무시해도 좋습니다.
- VIF(분산팽창계수)의 값이 10 미만이면 다중공선성의 문제가 없다고 판단합니다.

(4) 종속변수 측정치의 오차들 간에는 서로 영향을 미치지 않아야 합니다

Durbin-Watson 검증을 통해 가능합니다. Durbin-Watson의 수치는 0~4까지의 값을 가지며, 2에 가까우면 독립적이라 할 수 있습니다.

(5) 독립변수의 값에 관계없이 오차의 분포가 정상분포를 이루고, 종속변수의 흩어진 정도가 같아야 합니다

히스토그램, 정규확률도표 등 도표(plot)를 통해 확인할 수 있습니다.

5) 연구문제의 예

- 어머니의 양육스트레스가 양육효능감에 미치는 영향력은 어떠한가?
- 어머니의 양육스트레스, 사회적 지지, 양육지식이 양육효능감에 미치는 영향력은 어떠한가?
- 어머니의 양육효능감에 미치는 관련 변수(학력, 양육스트레스, 사회적 지지, 양육지식, 자녀의 성별)의 상대적 영향력은 어떠한가?
- 유아의 성취와 행복감의 관계에서 자존감의 매개효과가 있는가?

2. 단순선형 회귀분석

메뉴 → 분석→ 회귀분석 → 선형

단순선형 회귀분석은 하나의 독립변수와 하나의 종속변수 사이의 관계, 즉 독립변수가 종속변수에 영향을 미치는지, 인과관계가 있는지를 분석하고자 할 때 사용하는 방법입니다.

어머니의 변수가 양육효능감에 미치는 연구를 실시한다고 해봅시다. 여기서 어머니의 변수에는 학력, 연령, 양육스트레스, 사회적 지지, 양육지식이 해당됩니다.

단순선형 회귀분석에서는 어머니의 변수 중 양육스트레스가 양육효능감에 얼마나 영향력을 미치는지 살펴보고자 합니다.

1) 단순선형 회귀분석의 실행

① 【13장 양육효능감.sav】 파일을 불러옵니다. 회귀분석을 실시하려면 본격적인 분석에 앞서 측정된 자료의 산점도를 그려 선형 여부를 확인해 보아야 합니다. 산점도를 확인하기 위해 【메뉴 → 그래프 → 레거시 대화상자 → 산점도/점도표】를 선택합니다.

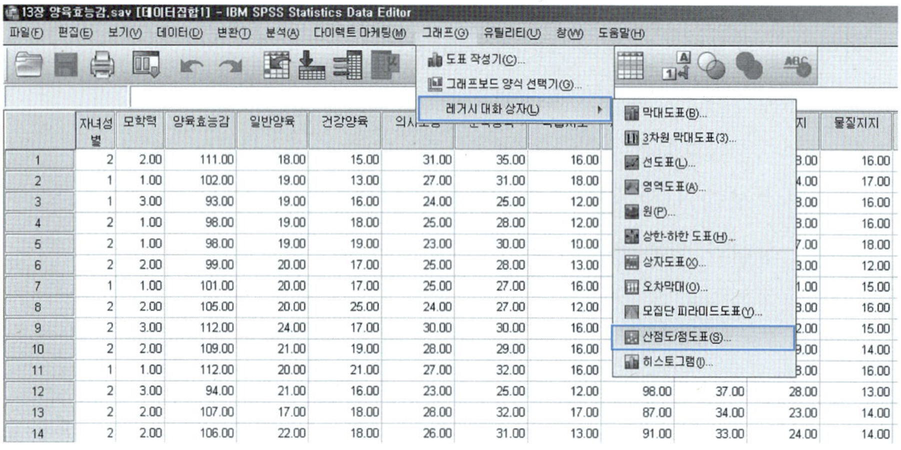

② 산점도/점도표 창에서 단순 산점도와 정의를 선택합니다. 이후 단순 산점도 창의 Y축에 양육효능감을 X축에는 양육스트레스를 옮기고 확인을 선택합니다.

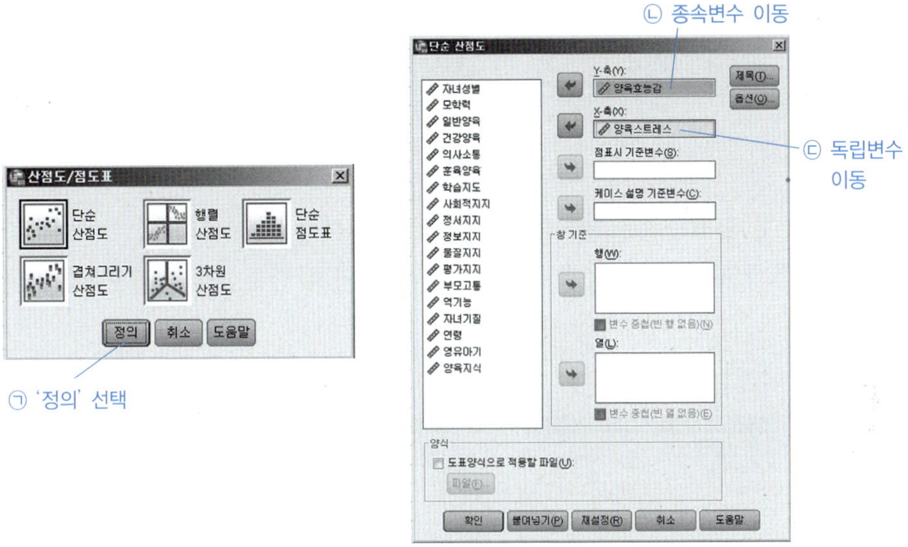

그러면 다음과 같은 그래프를 출력결과 창에서 확인할 수 있습니다. 역선형의 모양을 보이고 있으나 선형이라고 할 수 있으니 이제 회귀분석을 실시해 봅시다.

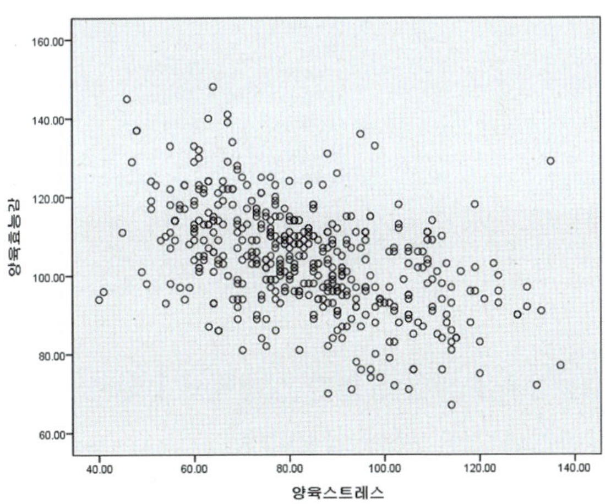

산점도 확인

선형(linear)이라 함은 그래프가 직선으로 나타난다는 의미입니다. 여기서는 그래프의 모양을 보고 판단해야 되는데, 점들의 분포 정도를 보고 '선형이다', '비선형이다'라고 판단하는 것은 연구자의 몫입니다. 여기서는 X값이 증가하면 Y값이 감소하는 모양이 나타나므로 이러한 추세를 확인하여 선형이라고 판정하는 것입니다.

③ 단순선형 회귀분석은 【메뉴 → 분석 → 회귀분석 → 선형】을 선택하면 실행할 수 있습니다. 【13장 양육효능감.sav】 파일을 불러와서 단순선형 회귀분석을 실행해 봅시다.

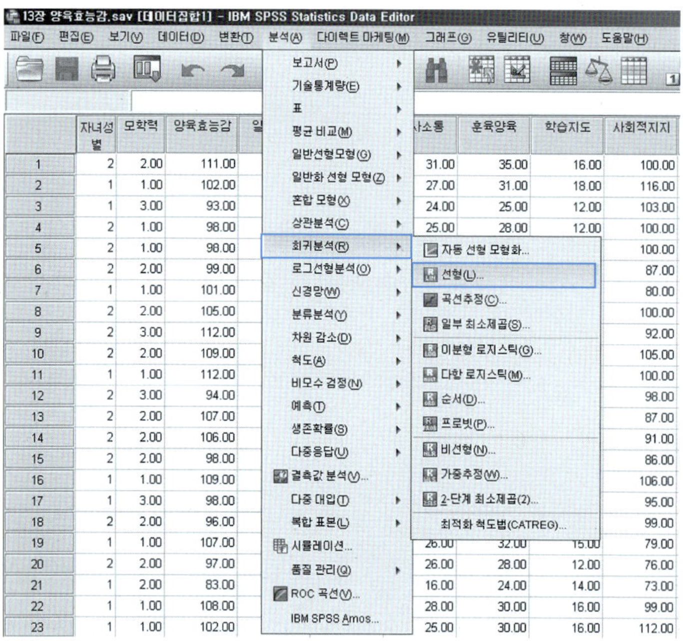

④ 【13장 양육효능감.sav】 파일이 열린 상태에서 【메뉴 → 분석 → 회귀분석 → 선형】을 선택하면 아래와 같은 창이 열립니다.

여기서는 양육스트레스가 양육효능감을 설명하는 정도를 알아보고자 하는 것이기에 종속변수에는 【양육효능감】을, 독립변수에는 【양육스트레스】을 오른쪽 상자로 이동시키며, 독립변수가 하나이므로 입력방법을 선택합니다.

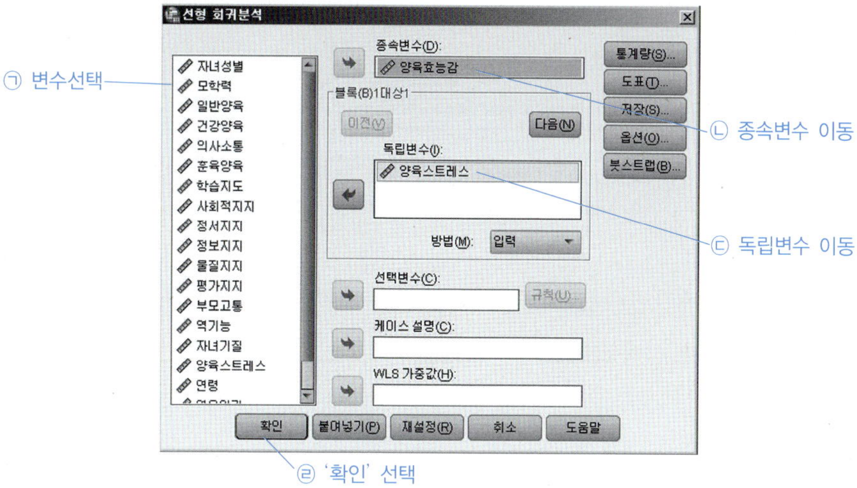

방법	설명내용
입력	선택된 변수를 통계적 의미 여부에 상관없이 모두 모형에 넣는 방법으로, 기본설정되어 있습니다.
단계선택	단계적으로 유의미한 변수가 선택되거나 제거되어 단계를 거치면서 모형을 구성합니다. 컴퓨터 계산에 의해 가장 설명변량이 높은 변수의 순서로 투입됩니다.
제거	모두 변수가 제거되는 모형을 구성합니다.
후진	선택된 독립변수가 의미가 없는 순서로 하나씩 제거되어 모형을 구성합니다.
전진	독립변수가 의미가 있는 순으로 하나씩 모형에 첨가됩니다.

기타 통계량, 최소가중치 등의 키워드는 중다 회귀분석에서 설명합니다.

2) 결과표 해석

값을 선택한 후 확인을 눌러서 회귀분석을 실행시키면 다음과 같은 Output 화면이 출력됩니다.

(1) 진입/ 제거된 변수

진입/제거된 변수[a]

모형	진입된 변수	제거된 변수	방법
1	양육스트레스[b]		입력

a. 종속변수 : 양육효능감
b. 요청된 모든 변수가 입력되었습니다.

진입된 변수는 독립변수를 의미하며, 방법은 입력방식으로 단순선형 회귀분석에서의 방법은 입력만 사용됩니다.

(2) 모형 요약

단순선형 회귀분석의 모형에 대한 설명을 해줍니다.

모형 요약

모형	R	R제곱	수정된 R제곱	추정값의 표준오차
1	.492[a]	.242	.241	11.70970

a. 예측값 : (상수), 양육스트레스

① R

독립변수, 종속변수 간의 적률상관계수입니다. 여기서는 $r=.492$로 정적 상관관계를 보입니다.

② R제곱

설명력 또는 결정계수로 독립변수들이 종속변수를 어느 정도 설명해 주는지를 나타내는 지수로서, 결정계수의 값은 0에서 1 사이에 있으며, 종속변수와 독립변수 사이에 높은 상관관계가 있을수록 1에 가까워집니다. 즉, R^2의 값이 0에 가까운 값을 가지는 회귀모형은 유용성이 낮은 반면 R^2의 값이 클수록 회귀모형의 유용성이 높습니다. 여기서는 종속변수인 양육효능감의 24.2%를 양육스트레스가 설명해 줍니다.

③ 수정된 R제곱

자유도를 고려하여 모집단의 결정계수를 추정할 때 사용합니다.

(3) 분산분석

분산분석은 회귀모형의 통계적 유의성을 결정하기 위한 통계량입니다.

분산분석[a]

모형		제곱합	자유도	평균제곱	F	유의확률
1	회귀모형	19645.573	1	19645.573	143.276	.000[b]
	잔차	61428.427	448	137.117		
	합계	81074.000	448			

a. 종속변수 : 양육효능감
b. 예측값 : (상수), 양육스트레스

분산분석은 모집단의 회귀선의 기울기가 0이라는 가설에 대한 검정입니다. F값이 143.276이고 .001수준에서 통계적으로 유의미하므로 회귀식의 모형이 적합한 것으로 인정됩니다.

(4) 계수

어머니의 양육효능감을 종속변수로 하는 회귀계수가 얼마인지 알려줍니다.

계수[a]

모형		비표준화 계수		표준화 계수	t	유의확률
		B	표준오차	베타		
1	(상수)	133.727	2.544		52.564	.000
	양육스트레스	-.357	.030	-.492	-11.970	.000

a. 종속변수 : 양육효능감

① 상수

Y절편에 해당합니다. 즉, Y절편은 B값 아래와 상수가 만나는 값으로 133.727입니다. $t=52.564$, $p<.001$로 유의미합니다.

② B(회귀계수)

회귀선의 기울기로 기울기의 크기가 독립변수가 종속변수에 미치는 영향입니다. 기울기가 클수록 미치는 영향, 관계의 정도가 커집니다. 기울기가 −(음)이라면 변화의 방향이 반대입니다.

양육스트레스를 독립변수로 하고 양육효능감을 종속변수로 하는 단순선형 회귀분석 결과 기울기(B)는 -.357이고 이에 대한 유의확률은 .000으로 나타났습니다.

③ 베타(β, 회귀가중치)

표준화 계수로서 회귀모형에서 각 변수들의 평균이 0이고, 표준오차 1을 갖도록 조정되었을 때의 회귀계수를 말합니다. 독립변수들이 서로 다른 측정도구를 가지고 있을 때 상대적 기여도를 비교하는 것으로 해당 독립변수에 의하여 설명되는 종속변수의 비율을 의미합니다.

④ t/ 유의확률

각 상수와 기울기에 대한 t-검증을 통하여 유의도를 결정합니다. 상수와 기울기가 .001 이하이므로 유의미한 것으로 볼 수 있으며, 독립변수는 종속변수에 영향을 미친다는 것을 알 수 있습니다.

회귀식으로 나타나면 아래와 같습니다.

양육효능감 = -.357 × 양육스트레스 + 133.727

3) 보고서 제시 양식

보고서에서 회귀분석의 결과를 제시할 때는 회귀계수, 베타, R, R^2, F를 제시하여 주되 상관분석과 마찬가지로 자릿수는 소수점 이하 세 자리에서 반올림하여 두 자리까지 제시해 주면 됩니다.

〈표 13-1〉 어머니의 양육효능감에 미치는 양육스트레스의 영향 (N=458)

독립변수	B	β	t	R	R^2	F
(상수)	133.73					
양육스트레스	-.36	-.49	-11.97***	.49	.24	143.28***

*** p<.001

해석 어머니의 양육스트레스가 양육효능감에 미치는 영향력은 24%라 할 수 있으며, 회귀식 모형(F=143.28)은 유의미한 수준에서 통계적으로 의미가 있음을 나타내고 있다(p<.001).

요약

단순선형 회귀분석

- 【메뉴 → 분석→ 회귀분석 → 선형】
- 독립변수, 종속변수 선정 → 확인

3. 중다선형 회귀분석

메뉴 → 분석→ 회귀분석 → 선형

중다선형 회귀분석은 여러 개의 독립변수와 하나의 종속변수 사이의 관계, 즉 독립변수가 종속변수에 영향을 미치는지, 인과관계가 있는지를 분석하고자 할 때 사용하는 방법입니다.

이에 회귀모형에 포함되어야 할 독립변수들이 명확히 주어지는 것보다는 잠재적인 설명력이 있다고 생각되는 여러 변수들 중에서 꼭 필요하다고 생각되는 변수들을 선택하는 것이 바람직합니다. 이를 유도하는 데 사용되는 변수의 투입방법에는 다섯 가지가 있습니다.

- 입력은 선택한 모든 독립변수를 동시에 투입하는 방법입니다.
- 단계선택은 단계별로 독립변수의 유의도에 따라 추가와 제거를 적절히 조합하여 최적화되도록 회귀식을 도출하는 방법입니다.
- 제거는 지정된 변수들을 동시에 투입한 후 탈락시켜 나가는 방법입니다.
- 후진은 등록된 변수의 제거기준에 따라 한 변수씩 뒤에서부터 제거합니다.
- 전진은 등록된 변수의 제거기준에 따라 한 변수씩 앞에서부터 제거합니다.

여기서는 다섯 가지 방법 중에서 자주 사용하는 입력과 단계선택만을 다룰 것입니다.

어머니의 변수가 양육효능감에 미치는 연구를 실시한다고 해봅시다. 여기서 어머니의 변수에는 학력, 연령, 양육스트레스, 사회적 지지, 양육지식이 해당됩니다.

중다선형 회귀분석에서는 어머니의 변수인 양육스트레스, 사회적 지지, 양육지식이 양육효능감에 미치는 영향력과 상대적 기여도를 살펴보고자 합니다.

1) 중다선형 회귀분석의 실행 – 입력

① 중다선형 회귀분석은 【메뉴 → 분석 → 회귀분석 → 선형】을 선택하면 실행할 수 있습니다. 【13장 양육효능감.sav】 파일을 불러와서 중다선형 회귀분석을 실행해 봅시다.

② 【13장 양육효능감.sav】 파일이 열린 상태에서 【메뉴 → 분석 → 회귀분석 → 선형】를 선택하면 다음과 같은 창이 열립니다.

어머니의 양육효능감을 설명함에 있어 양육스트레스, 사회적 지지, 양육지식이 미치는 영향력을 살펴보고자 하는 것이기에 종속변수에는 【양육효능감】을, 독립변수에는 【양육스트레스, 사회적 지지, 양육지식】을 오른쪽 창으로 이동시킨 후 방법에는 【입력】을 선택합니다.

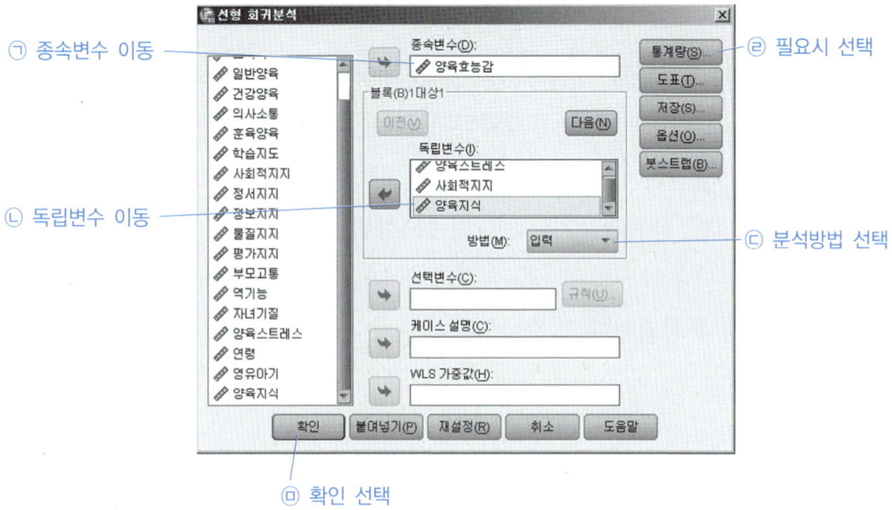

③ 옵션 선택이 필요할 경우는 다음과 같이 해봅시다. 통계량(S)... 을 선택하면 다음과 같은 화면이 나옵니다. 여기서 원하는 값을 선택한 후 계속 을 누릅니다.

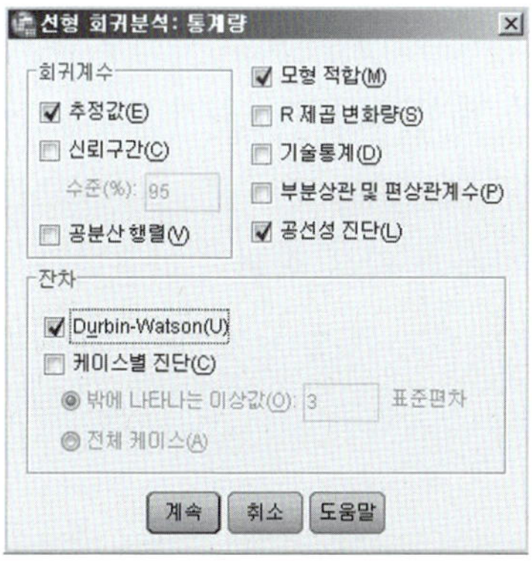

■ 회귀계수

- **추정값** : 회귀계수의 추정치를 알려주며 기본으로 설정되어 있습니다.
- **신뢰구간** : 각 비표준 회귀계수에 대한 95% 신뢰구간을 표시합니다.
- **공분산 행렬** : 비표준 회귀계수에 대한 공분산 행렬을 알려줍니다.

■ 잔차

- **Durbin-Watson** : 잔차를 알아보기 위해서 사용하는 방법으로 기준값은 정상분포곡선을 의미하는 2가 되며, 잔차와의 상관관계는 0에 가까울수록 양의, 4에 가까울수록 음의 상관관계가 있음을 나타냅니다. 만약 이 값이 0 또는 4에 가까울 경우 잔차들 간에 상관관계가 있어 회귀모형이 부적합함을 알 수 있습니다.
- **케이스별 진단** : 사례 잔차의 정규분포성을 파악하는 것으로 이 값이 작을수록 회귀모형이 잘 추정되었다고 진단합니다.

■ 기타

- **모형적합** : 상관관계 R, 결정계수 R^2, 수정된 R^2, 표준추정오차, 자유도, 자승합, 분산의 추정치, F값 등을 알려주며 기본값으로 설정되어 있습니다.
- **R제곱 변화량** : 수정된 결정계수로 나타나는 F검정의 변화를 알려줍니다.
- **기술통계** : 평균, 표준편차, 상관행렬 등을 제시해 줍니다.
- **부분상관 및 편상관계수** : 부분상관계수를 제시해 줍니다.
- **공선성 진단** : 투입되는 독립변수의 수가 증가하게 되면 설명력이 커지며, t값으로 판단하는 각 변수에 대한 모수추정치가 0으로 나타나게 됩니다.

④ [도표(L)...]를 선택하면 다음과 같은 화면이 나옵니다. 여기서 원하는 값을 선택한 후 [계속]을 누릅니다. 도표(정규분포) 등을 보지 않을 경우에는 선택할 필요가 없습니다.

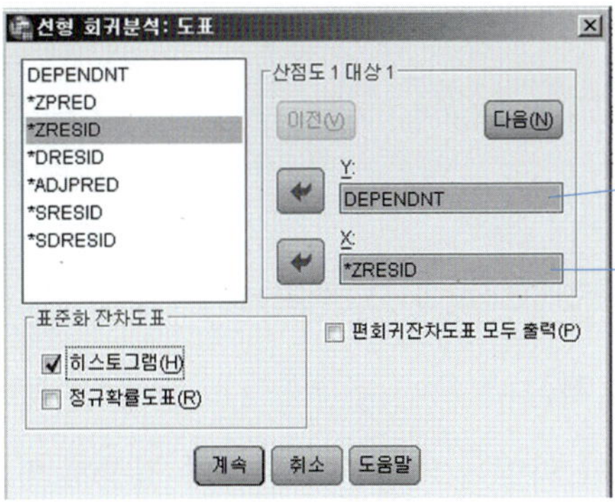

도표(plot)는 분산의 정규성, 선형성, 동일성 등을 한 눈에 알아볼 수 있도록 해주는 기능을 가지고 있으며, 개요나 특별한 관측 그리고 영향을 주는 사례 등을 탐색해 보는 데도 이용될 수 있습니다.

■ 산점도

- DEPENDENT : 종속변수
- *ZPRED : 표준화된 예측치
- *ZRESID : 표준화된 잔차
- *DRESID : 삭제된 잔차
- *ADJPRED : 수정된 예측치
- *SRESID : 잔차의 표준오차
- *SDRESID : 표준화된 삭제 잔차

왼쪽의 목록창에 있는 예측값이나 오차변량 중 두 가지를 선택해서 그래프를 그릴 수 있습니다. 일반적으로 위의 화면에서와 같이 표준화된 예측치(ZPRED)와 표준화된 잔차(ZRESID)를 그래프로 표시해 봄으로써 분산의 선형성과 동일성을 확인할 수 있습니다.

화면상의 왼쪽 목록창에서 ZPRED를 X축으로, ZRESID를 Y축으로 각각 이동시킵니다.

■ 표준화 잔차도표

히스토그램과 정규확률도표는 잔차가 정규분포를 보여야 한다는 가정을 검증할 때 활용할 수 있습니다. 분석결과 잔차들이 정규분포선상에 가까이 분포되어 있으면 예측의 정도가 높다고 판단합니다.

- 히스토그램
- 정규확률도표

■ 편회귀잔차도표 모두 출력

종속변수와 독립변수의 잔차 점그래프입니다.

⑤ 회귀분석의 저장

계산된 결과를 데이터 파일에 저장하기 위해서 저장(S) 버튼을 선택하여 해당 예측치를 선택하거나 체크하지 않고 계속 버튼을 선택합니다.

2) 결과표 해석

값을 선택한 후 확인을 눌러서 회귀분석을 실행시키면 다음과 같은 Output 화면이 출력됩니다.

(1) 진입/ 제거된 변수

진입/제거된 변수[a]

모형	진입된 변수	제거된 변수	방법
1	양육지식, 사회적지지, 양육스트레스[b]		입력

a. 종속변수 : 양육효능감
b. 요청된 모든 변수가 입력되었습니다.

진입된 변수는 독립변수를 의미하며, 3개의 독립변수가 모두 분석에 투입된 입력 방식입니다.

(2) 모형 요약

중다선형 회귀분석의 모형에 대한 설명을 해줍니다.

모형 요약[b]

모형	R	R제곱	수정된 R제곱	추정값의 표준오차	Durbin-Watson
1	.562[a]	.316	.311	11.11283	1.919

a. 예측값 : (상수), 양육지식, 사회적지지, 양육스트레스
b. 종속변수 : 양육효능감

① R

r=.562로 다소 높은 상관관계를 보입니다.

② R제곱

종속변수 양육효능감의 31.6%가 양육스트레스, 사회적 지지, 양육지식에 의하여 설명됩니다. 독립변수의 종속변수에 대한 설명력의 크기로 R^2이 1에 가까울수록 독립변수의 설명력이 크고 추정된 회귀식의 적합도가 높다고 할 수 있습니다.

③ 수정된 R 제곱

자유도를 고려하여 모집단의 결정계수를 추정할 때 사용합니다.

④ Durbin-Watson

Durbin-Watson 값은 1.919로 2에 가깝다고 볼 수 있기에 잔차의 독립성 가정이 충족되었다고 할 수 있습니다.

(3) 분산분석

회귀모형이 통계적으로 유의한지 검증하는 분산분석표입니다.

분산분석[a]

모형		제곱합	자유도	평균제곱	F	유의확률
1	회귀모형	24969.569	3	8323.190	67.397	.000[b]
	잔차	54090.775	438	123.495		
	합계	79060.344	441			

a. 종속변수 : 양육효능감
b. 예측값 : (상수), 양육지식, 사회적지지, 양육스트레스

회귀모형의 적합도를 평가하는 F분석에서는 F값이 67.397이고 p는 유의수준 .001 수준에서 통계적으로 유의미합니다. 따라서 위의 회귀식에 의해 양육효능감을 예측하는 회귀모형은 적합한 것으로 평가할 수 있습니다.

(4) 계수

어머니의 양육효능감을 종속변수로 하는 회귀계수가 얼마인지 알려줍니다.

계수[a]

모형		비표준화 계수		표준화 계수	t	유의확률	공선성 통계량	
		B	표준오차	베타			공차	VIF
1	(상수)	79.564	8.388		9.486	.000		
	양육스트레스	-.261	.032	-.361	-8.228	.000	.810	1.234
	사회적지지	.130	.034	.160	3.801	.000	.880	1.136
	양육지식	.377	.072	.222	5.200	.000	.860	1.163

a. 종속변수 : 양육효능감

① 상수

상수값은 79.564입니다. $t=9.486$, $p<.001$로 유의미합니다.

② B(회귀계수)

양육스트레스는 기울기가 −(음)로 변화의 방향이 사회적 지지와 양육지식과는 반대방향으로 기울어져 있습니다. 여기서 양육스트레스는 -.261, 사회적 지지는 .130, 양육지식은 .377 순으로 나타납니다.

③ 베타(β, 회귀가중치)

표준화 계수로서 회귀모형에서 각 변수들이 평균이 0이고, 표준오차 1을 갖도록 조정되었을 때의 회귀계수를 말합니다. 해당 독립변수에 의하여 설명되는 종속변수의 비율을 의미합니다.

④ t/ 유의확률

각 상수와 기울기에 대한 t-검증을 통하여 유의도를 결정합니다. 상수와 기울기가 .001 이하이므로 유의미한 것으로 볼 수 있으며, 독립변수, 즉 양육스트레스, 사회적 지지, 양육지식 변수 모두가 종속변수인 양육효능감에 영향을 미치는 유의한 변수임을 판정할 수 있습니다.

⑤ 공선성 통계량

상관계수에서 공차는 한 변인과 다른 변인과의 상관관계를 나타내는 계수로 보통 공차값이 1에 접근하거나, VIF 값 또한 10 미만이 되면 변수 간에 다중공선성이 없는 것으로 판단합니다. 위의 중다 회귀분석에서는 세 변수들 간의 공차가 1에 근접하고 VIF가 10을 넘지 않기에 다중공선성이 없는 것으로 해석합니다.

회귀식으로 나타내면 아래와 같습니다.

양육효능감 = -.261 × 양육스트레스 + .130 × 사회적 지지 + .377 × 양육지식 + 79.564

(5) 히스토그램

히스토그램 중의 실선은 표준정규분포를 나타내므로, 표준정규분포와 비교하여 볼 수 있습니다.

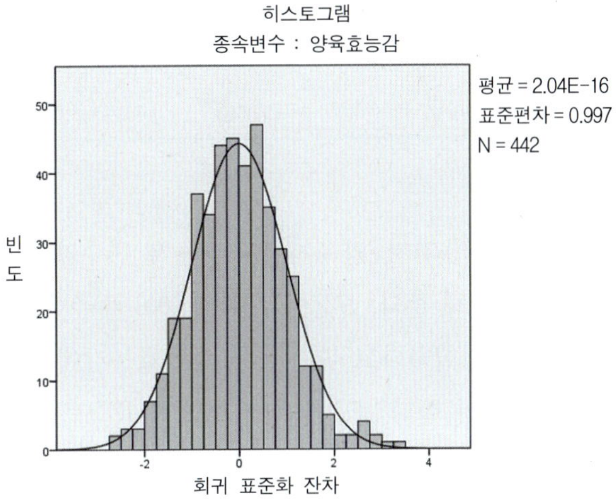

(6) 산점도

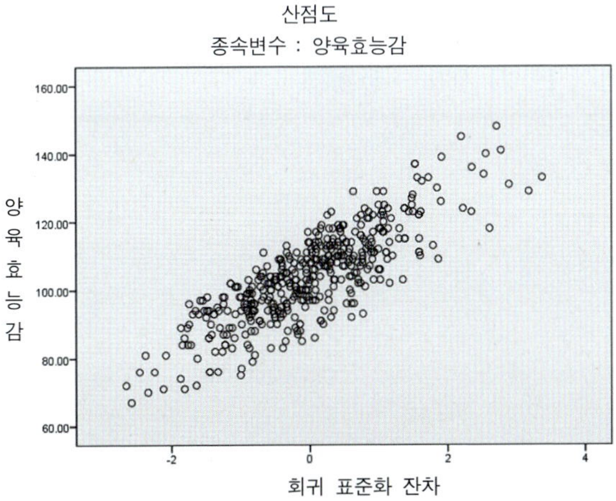

3) 보고서 제시 양식

중다선형 회귀분석의 보고서에서는 단순선형 회귀분석과 마찬가지로 결과를 제시하되 B와 표준화 계수 베타값(β)을 제시하고 각각의 t값을 적어주고 유의성을 *로 표시해 줍니다.

〈표 13-2〉 양육스트레스, 사회적 지지, 양육지식이 양육효능감에 미치는 영향 (N=458)

독립변수	B	β	t
양육스트레스	-.26	-.36	-8.23***
사회적 지지	.13	.16	3.80***
양육지식	.38	.22	5.20***
	상수=79.56	F= 67.40***	R^2 = .32

***p<.001

해석 양육스트레스, 사회적 지지, 양육지식이라는 세 변수가 함께 투입되어 어머니의 양육효능감을 32% 설명해 준다. F값이 67.40로 .001 수준에서 통계적으로 유의미하게 나타나 회귀모형이 적합하다고 판단된다. 양육효능감에 미치는 변수의 상대적 중요도를 살펴보기 위하여 베타값(β)을 살펴보면 양육스트레스, 양육지식, 사회적 지지 순으로 설명력이 높은 것으로 나타났다.

요약

중다선형 회귀분석 – 입력

- 【메뉴 → 분석→ 회귀분석 → 선형】
- 독립변수, 종속변수, 【입력】 선정 → 확인

4) 중다선형 회귀분석의 실행 – 단계선택

① 【13장 양육효능감.sav】 파일이 열린 상태에서 【메뉴 → 분석 → 회귀분석 → 선형】을 선택하면 다음과 같은 창이 열립니다.

여기서는 양육스트레스, 사회적 지지, 양육지식이라는 독립변수들이 양육효능감에 미치는 상대적 영향력을 살펴보고자 하는 것이기에 종속변수에는 【양육효능감】을, 독립변수에는 【양육스트레스, 사회적 지지, 양육지식】을 오른쪽 창으로 이동시킨 후 방법에는 【단계 선택】을 선택합니다.

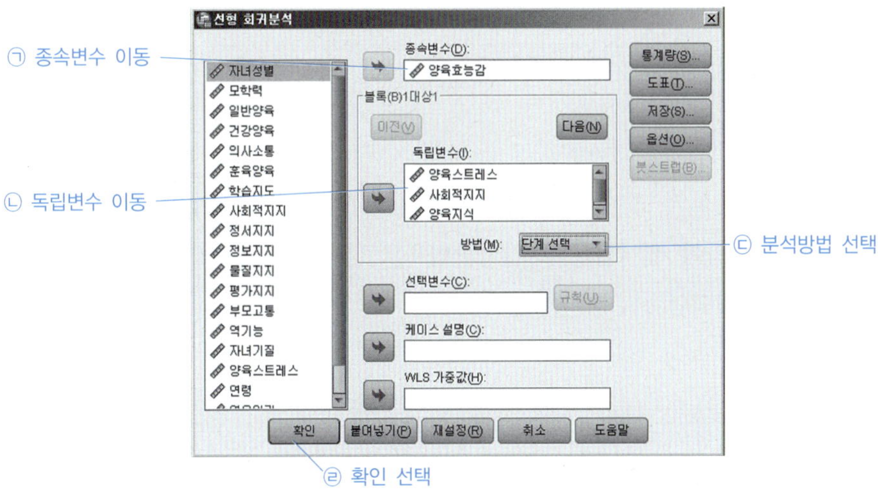

단계선택은 양육효능감을 설명해 주는 유의미한 변수만을 단계적으로 선택해 줍니다.

5) 결과표 해석

통계량을 선택한 후 [확인]을 눌러서 회귀분석을 실행시키면 다음과 같은 Output 화면이 출력됩니다.

(1) 진입/ 제거된 변수

진입된 변수는 독립변수를 의미하며, 방법은 단계선택입니다.

진입/제거된 변수[a]

모형	진입된 변수	제거된 변수	방법
1	양육스트레스	.	단계선택 (기준 : 입력할 F의 확률 <=. 050, 제거할 F의 확률 >=. 100).
2	양육지식	.	단계선택 (기준 : 입력할 F의 확률 <=. 050, 제거할 F의 확률 >=. 100).
3	사회적지지	.	단계선택 (기준 : 입력할 F의 확률 <=. 050, 제거할 F의 확률 >=. 100).

a. 종속변수 : 양육효능감

(2) 모형 요약

중다선형 회귀분석의 모형에 대한 설명을 해줍니다. 3개의 모형에 따른 설명력을 보여주는 모형 요약이 제시됩니다. 입력방법으로 분석을 하면 모형이 1개이지만 여기서는 3개가 선택되었습니다.

모형 요약[d]

모형	R	R제곱	수정된 R제곱	추정값의 표준오차	Durbin-Watson
1	.492[a]	.242	.240	11.66953	
2	.542[b]	.293	.290	11.28179	
3	.562[c]	.316	.311	11.11283	1.919

a. 예측값 : (상수), 양육스트레스
b. 예측값 : (상수), 양육스트레스, 양육지식
c. 예측값 : (상수), 양육스트레스, 양육지식, 사회적지지
d. 종속변수 : 양육효능감

① R

모형1에서는 r=.492로 상관이 있으나 낮은 상관관계를 보이고, 모형2에서는 r=.542로 다소 높은 상관관계를 보이고, 모형3에서는 r=.562로 모형2와 마찬가지로 다소 높은 상관관계를 보입니다.

② R제곱

종속변수인 양육효능감의 24.2%가 양육스트레스에 의하여 설명되고, 29.3%가 양육스트레스와 양육지식에 의하여 설명되고, 31.6%가 양육스트레스와 양육지식, 사회적 지지에 의해 설명됩니다.

③ 수정된 R제곱

자유도를 고려하여 모집단의 결정계수를 추정할 때 사용합니다.

④ Durbin-Watson

Durbin-Watson 값은 1.919로 2에 가깝다고 볼 수 있기에 잔차의 독립성가정이 충족되었다고 할 수 있습니다.

(3) 분산분석

분산분석은 회귀모형의 통계적 유의성을 결정하기 위한 통계량입니다.

분산분석[a]

모형		제곱합	자유도	평균제곱	F	유의확률
1	회귀모형	19142.044	1	19142.044	140.566	.000[b]
	잔차	59918.300	440	136.178		
	합계	79060.344	441			
2	회귀모형	23184.977	2	11592.489	91.080	.000[c]
	잔차	55875.367	439	127.279		
	합계	79060.344	441			
3	회귀모형	24969.569	3	8323.190	67.397	.000[d]
	잔차	54090.775	438	123.495		
	합계	79060.344	441			

a. 종속변수 : 양육효능감
b. 예측값 : (상수), 양육스트레스
c. 예측값 : (상수), 양육스트레스, 양육지식
d. 예측값 : (상수), 양육스트레스, 양육지식, 사회적지지

여기서는 세 번째의 모형을 사용하기에 모형3의 F값과 유의수준만을 확인하면 됩니다. 즉, 회귀모형의 적합도를 평가하는 분산분석 결과에서는 F값이 67.397이고 p는 .001 수준에서 통계적으로 유의미합니다. 따라서 위의 회귀식에 의해 어머니의 양육효능감을 예측하는 회귀모형은 적합한 것으로 평가할 수 있습니다.

(4) 계수

양육효능감을 종속변수로 하는 회귀계수가 얼마인지 알려줍니다. 아래의 표에서 우리는 세 번째 모형을 선택하였기 때문에 모형3 부분만 해석하면 됩니다. 중다 회귀계수는 단순 회귀계수와는 달리 비표준화계수 B값만을 보는 것이 아니라 그 영향의 관계를 알아보기 위해 표준화 계수인 베타값(β)을 함께 보아야 합니다.

계수[a]

모형		비표준화 계수		표준화 계수	t	유의확률	공선성 통계량	
		B	표준오차	베타			공차	VIF
1	(상수)	133.709	2.557		52.286	.000		
	양육스트레스	-.356	.030	-.492	-11.856	.000	1.000	1.000
2	(상수)	91.350	7.912		11.546	.000		
	양육스트레스	-.294	.031	-.406	-9.462	.000	.874	1.144
	양육지식	.411	.073	.242	5.636	.000	.874	1.144
3	(상수)	79.564	8.388		9.486	.000		
	양육스트레스	-.261	.032	-.361	-8.228	.000	.810	1.234
	양육지식	.377	.072	.222	5.200	.000	.860	1.163
	사회적지지	.130	.034	.160	3.801	.000	.880	1.136

a. 종속변수 : 양육효능감

① 상수

모형3에서는 79.564로 $t=9.486$, $p<.001$로 유의미합니다.

② B(회귀계수)

회귀선의 기울기를 나타내는 값으로 기울기의 크기는 독립변수가 종속변수에 미치는 영향을 의미합니다. 비표준화 계수는 양육스트레스가 -.261의 영향을 주며, 양육지식이 .377의 영향을, 사회적 지지가 .130의 영향을 주는 것으로 나타났습니다. 그러나 이는 세 변수가 갖는 값의 단위가 다르므로 서로 단순 비교한다면 별 의미가 없습니다. 따라서 이를 표준화시킨 베타값(β)으로 비교하여야 합니다.

척도가 같다면 비표준화 계수(B)를 통해서도 비교가 가능한 가요?

독립변수의 척도단위가 같다면, 예를 들어 변수들이 모두 5점 척도로 구성되어 있다면 이는 비교 가능합니다. 척도가 같을 땐 비표준화 계수와 표준화 계수가 거의 비슷하기 때문에 당연히 비교가 능하지만 대부분 일반적으로 표준화 계수 베타값을 더 많이 사용합니다.

③ 베타(β, 회귀가중치)

표준화 계수로서 회귀모형에서 각 변수들의 평균이 0이고, 표준오차 1을 갖도록 조정되었을 때의 회귀계수를 말합니다. 해당 독립변수에 의하여 설명되는 종속변수의 비율을 의미합니다. 여기서는 양육스트레스가 -.361, 양육지식이 .222, 사회적 지지가 .160으로 양육스트레스의 베타값이 가장 높게 나타났습니다.

④ t/ 유의확률

각 상수와 기울기에 대한 t-검증을 통하여 유의도를 결정합니다. 양육스트레스, 양육지식, 사회적 지지의 t값 모두가 .001수준에서 통계적으로 유의미한 것을 볼 수 있습니다. 이는 독립변수인 세 변수 모두 종속변수인 양육효능감에 영향을 미친다는 것을 보여줍니다.

6) 보고서 제시 양식

중다선형 회귀분석의 보고서에서는 단순선형 회귀분석과 마찬가지로 결과를 제시합니다. 어머니의 양육효능감에 대해 5% 수준에서 유의한 독립변수들을 단계적으로 투입할 경우 아래의 표처럼 양육스트레스, 양육지식, 사회적 지지가 순차적으로 투입된 모형이 산출됩니다.

〈표 13-3〉 양육스트레스, 사회적 지지, 양육지식이 양육효능감에 미치는 상대적 설명력 (N=458)

	독립변수	B	β	t	R^2	R^2의 변화량	F
양육 효능감	(상수)	79.56					
	양육스트레스	-.26	-.36	-8.23***	.32	.24	67.40***
	양육지식	.38	.22	5.20***		.05	
	사회적 지지	.13	.16	3.80***		.03	

***p<.001

해석 양육스트레스, 양육지식, 사회적 지지는 양육효능감을 32% 정도 설명하며, 그중에서도 양육스트레스는 24%로 가장 많은 설명력을 가진다. 여기에 양육지식이 첨가됨으로써 설명력이 5%가 증가하여 29%의 설명력을 가지며, 사회적 지지가 첨가할 경우에는 2%가 증가하여 전체 31%의 설명력을 가지게 된다. 또한 F값 67.40은 p <.001수준에서 유의미한 것으로 나타나 위의 회귀모형식이 적합하다는 것을 보여준다.

어머니의 양육효능감에 영향을 미치는 독립변수들에 대한 상대적인 설명력에서는 양육스트레스, 양육지식, 사회적 지지 순으로 많은 영향을 미치는 것으로 나타났다.

요약

중다선형 회귀분석

- 【메뉴 → 분석→ 회귀분석 → 선형】
- 독립변수, 종속변수, 【단계 선택】 선정 → 확인

회귀분석 중 회귀식의 검증을 위해 연구자가 가장 중요하게 생각하는 변수부터 차례로 입력방법으로 넣고 이를 순차적으로 반복 분석하여 각 변수의 설명력의 변화량을 알고자 하는 위계적 회귀분석도 있습니다.

예를 들면, 양육효능감을 설명하는 독립변수 중 먼저 연구자가 가장 중요하게 여기는 변수(양육스트레스) 하나만을 입력방식으로 투입하여 설명력을 알아본 다음, 그 다음은 양육스트레스와 양육지식을 함께 입력방식으로 투입하여 분석하고, 그 다음은 다시 양육스트레스와 양육지식, 사회적 지지를 한 번에 입력방식으로 투입하여 분석한 후, 설명력과 각 변수투입 시의 설명력과 그 변화량을 보고자 하는 것입니다.

단계선택과 유사하게 느껴지나 연구자의 의도, 즉 중요하게 여기는 변수부터 투입된다는 점이 가장 큰 차이라고 볼 수 있습니다.

4. 더미변수에 의한 분석

회귀분석은 독립변수와 종속변수의 척도가 등간, 비율척도일 때 가능합니다. 하지만 독립변수가 서열척도나 명목척도인 자료를 분석하고 싶다면 어떻게 해야 할까요? 이럴 경우 0과 1로 구성된 가상변수인 더미변수(dummy variable)로 변경한 후 분석해야 합니다. 더미변수의 수는 변수 간의 선형종속관계 때문에 변수가 지닌 범주의 수보다 하나 적은 더미변수(N−1)를 만들어 냅니다.

또한 더미변수는 0이나 1의 어느 한쪽 값밖에 취하지 않는 가상변수입니다. 예를 들면, 성별(남, 여) 자료는 다음과 같이 수치화해서 다중 회귀분석을 실시할 수 있습니다. 남자라면 X=0, 여자라면 X=1로 전환하여 이를 데이터로 변환한 뒤 다중 회귀분석을 실시합니다.

만약 독립변수가 혈액형과 같이 4종류(A, B, O, AB)로 구분될 때에는 다음과 같이 3개의 더미변수를 사용할 수 있습니다.

기존변수(혈액형)	더미변수B1	더미변수B2	더미변수B3
A형	0	0	0
B형	1	0	0
O형	0	1	0
AB형	0	0	1

기존변수 중 기준이 되는 혈액형(위의 예에서는 A형)을 정하여 그것을 (0, 0, 0)으로 하고, 다른 혈액형은 더미변수 중 어느 하나에 더미변수값 1을, 그리고 더미변수값 1을 부여받은 변수 외의 다른 변수의 값은 0으로 지정합니다.

독립변수가 학력의 수준(고등학교졸, 전문대학졸, 대학교졸)으로 구분되어 있다면 다음과 같이 2개의 더미변수가 생성될 수 있습니다.

기존변수(학력ED)	더미변수ED1	더미변수ED2
고등학교	0	0
전문대학	1	0
대학교	0	1

일반적으로 질적 변수가 N종류의 범주로 구분되어 있을 때 N－1개의 더미변수를 생성하여 질적 데이터를 수치로 바꾸어 놓습니다. 더미변수와 양적 변수가 독립변수 중에 섞여 있는 다중 회귀분석을 더미변수를 포함한 다중 회귀분석이라고 합니다.

'1.5E-006'는 어떻게 읽을까?

숫자 뒤의 E는 0이 생략된 것을 의미합니다. 따라서 1.5앞에 0이 6개 생략되어 있는 것으로 0.0000015라고 수정하거나 해석하면 됩니다. 만약 E-02라면 해당 숫자의 앞에 0이 2개 생략되어 있음을 의미합니다.

1) 더미변수를 포함한 다중 회귀분석 실행

메뉴 → 변환 → 다른 변수로 코딩변경

회귀분석에 투입될 독립변수 중 명목이나 서열변수가 있다면 더미변수로 전환하여 실행합니다. 앞서 언급되었듯이 더미변수로 전환될 독립변수의 범주의 수보다 하나 적은 더미변수가 생성됩니다.

다음은 양육효능감 자료에서 어머니의 학력과 자녀의 성별이라는 변수를 더미변수로 전환하여 어머니의 학력과 자녀의 성별이 양육효능감에 미치는 영향을 회귀모형으로 분석한 예입니다.

기존변수(모학력)	모학력D1	모학력D2
고등학교	0	0
전문대학	1	0
대학교	0	1

자녀성별(sex)	D성별
남	0
여	1

(1) 【13장 양육효능감.sav】 파일이 열린 상태에서 【메뉴 → 변환 → 다른 변수로 코딩변경】을 선택하면 다음과 같은 창이 열립니다.

(2) 새로운 변수로 코딩변경 창의 왼쪽 목록에서 더미변수로 전환할 변수(자녀성별)를 오른쪽으로 이동시키고, 출력변수상에서 이름과 설명을 입력합니다. 여기서는 D성별로 이름 붙이고 성별더미변수로 입력해 봅니다. 바꾸기를 선택하면 자녀성별 → D성별로 바뀜을 확인할 수 있습니다. 그런 다음 아래의 기존값 및 새로운 값을 클릭합니다.

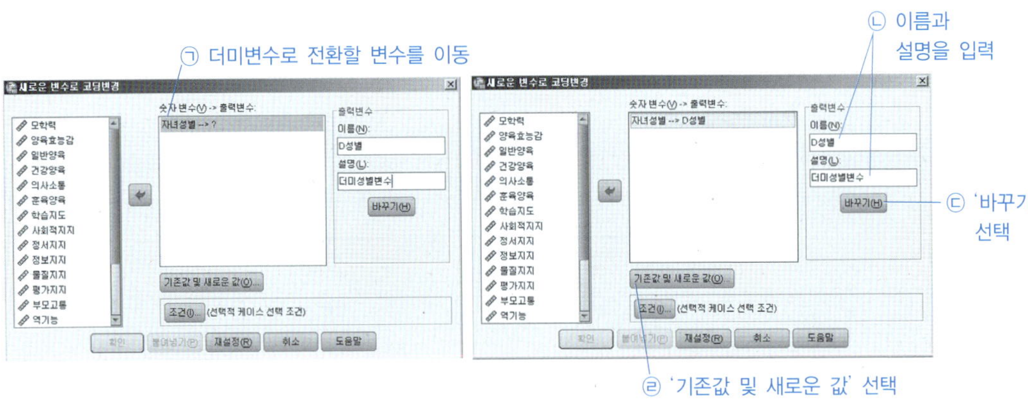

(3) 기존값 및 새로운 값 창이 열리면 기존값에서 값 란에는 남자로 코딩되었던 값 '1'을, 새로운 값에서는 기준값 란에는 더미로 활용하기 위해 '0'을 입력한 후 추가를 클릭합니다. 그러면 기존값 → 새로운 값 란에 남자에 대한 값이 1 → 0이 입력됩니다. 이제 기존값에 여자에 해당하는 '2'를, 새로운 값에서 기준값 란에는 '1'을 입력한 후 추가를 클릭합니다. 그러면 기존값 → 새로운 값 란에 여자에 대한 값인 2 → 1이 입력됩니다. 계속을 클릭합니다.

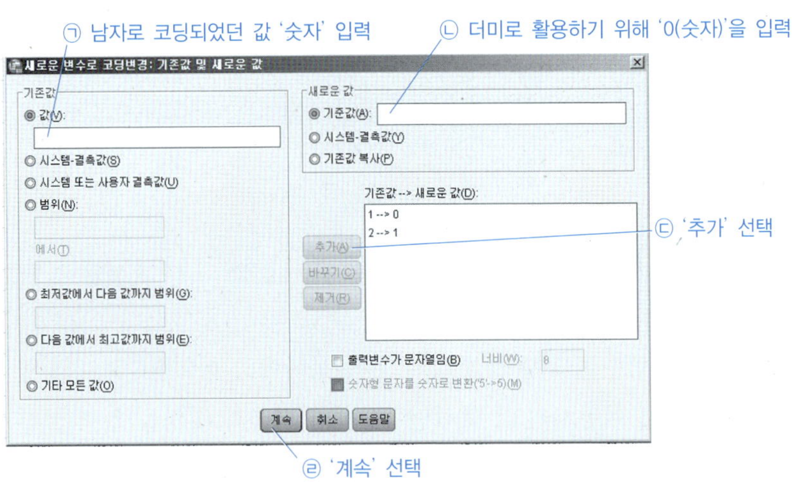

(4) 다시 새로운 변수로 코딩변경 창에서 확인을 클릭하여 코딩변경을 실시합니다.

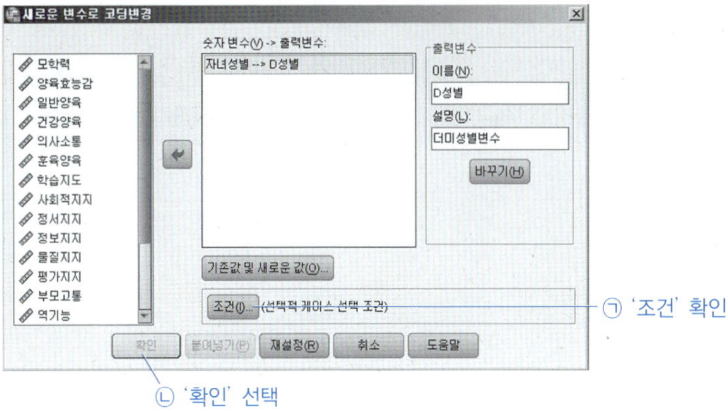

(5) 데이터 보기 탭을 보면, 새로운 더미변수인 'D성별'에 해당하는 변수가 생성되었음을 확인할 수 있습니다.

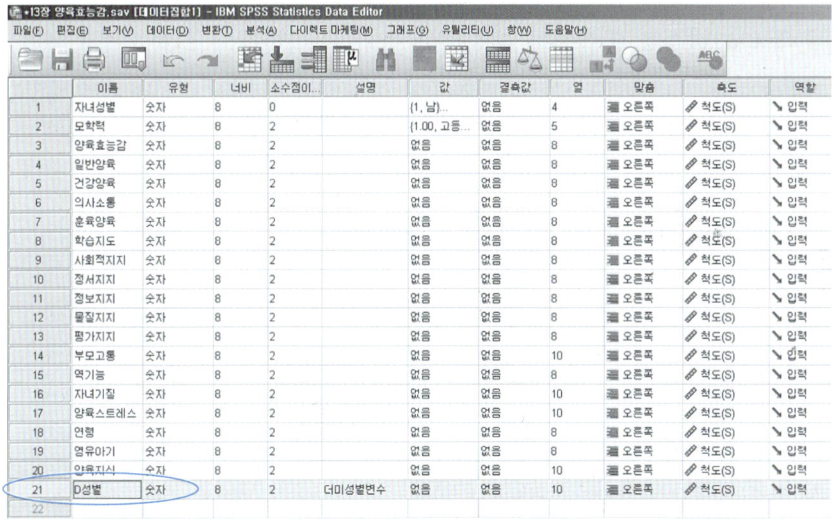

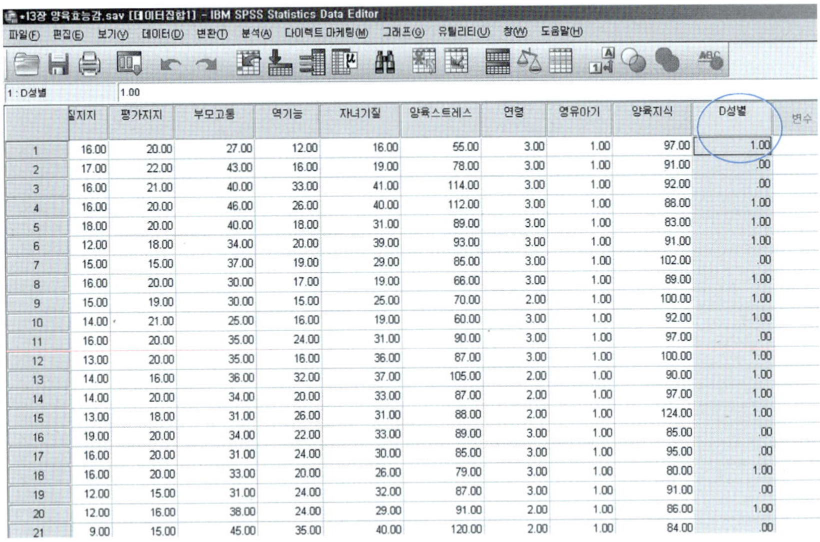

(6) 이제는 모학력에 대한 더미변수를 생성해 봅시다. 어머니의 학력도 명목척도이기 때문에 더미변수로 전환하여 분석해야 합니다. 어머니의 학력(고졸 1, 전문대졸 2, 4년제 대학졸 3)을 더미변수로 만들어 봅시다. 어머니의 학력을 더미변수로 바꾸면 2개가 되며 더미변수를 만드는 방법을 살펴보면 다음과 같습니다.

기존변수(모학력)	모학력D1	모학력D2
고등학교	0	0
전문대학	1	0
대학교	0	1

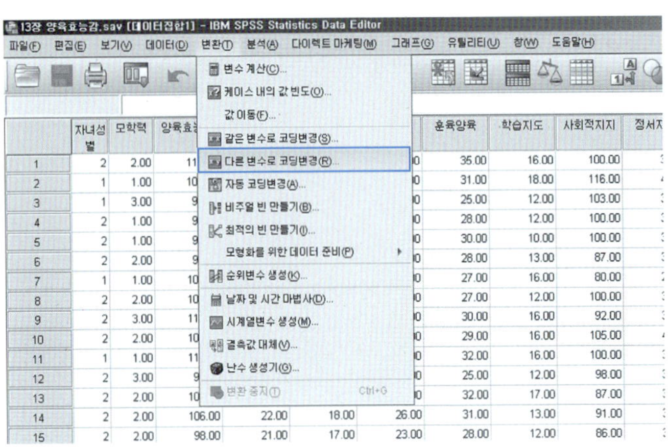

(7) 새로운 변수로 코딩변경 창의 왼쪽 목록에서 더미변수로 전환할 변수(모학력)를 오른쪽으로 이동시키고, 출력변수에 이름과 설명을 입력합니다. 여기서는 '모학력D1'로 이름붙이고 설명에는 모학력 더미변수 1로 입력해 봅니다. 바꾸기를 선택하면 '모학력 → 모학력D1'로 변경됨을 확인할 수 있습니다. 그런 다음 아래의 기존값 및 새로운 값을 클릭합니다.

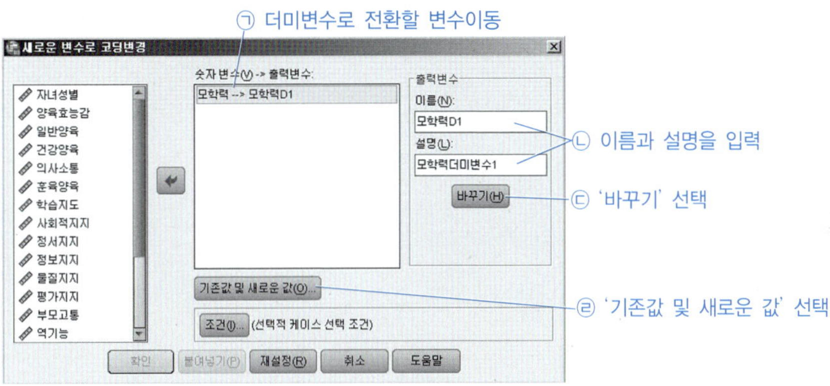

(8) 기존값 및 새로운 값 창이 열리면 기존값에서 값 란에는 고졸로 코딩되었던 값 '1'을, 새로운 값에서는 기준값 란에는 더미로 활용하기 위해 '0'을 입력한 후 추가를 클릭합니다. 그러면 기존값 → 새로운 값 란에 고졸에 대한 값이 '1 → 0'이 입력됩니다. 이제 기존값에 전문대졸에 해당하는 '2'를, 새로운 값에서 기존값 란에는 '1'을 입력한 후 추가를 클릭합니다. 그러면 기존값 → 새로운 값 란에 전문대졸에 대한 값인 '2 → 1'이 입력됩니다. 다시 기존값에 4년제 대졸에 해당하는 '3'을, 새로운 값에서 기존값 란에는 '0'을 입력한 후 추가를 클릭합니다. 그러면 기존값 → 새로운 값 란에 4년제 대졸에 대한 값인 '3 → 0'이 입력됩니다. 다시 계속을 클릭합니다.

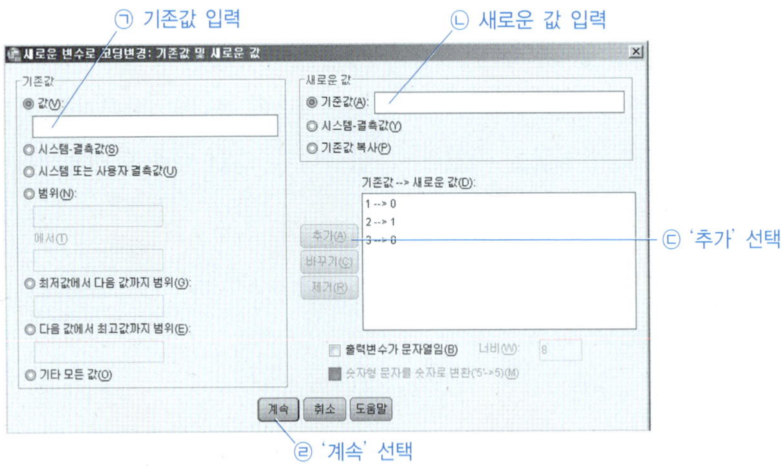

(9) 데이터 보기 탭을 보면, 새로운 더미변수인 모학력D1에 해당하는 변수가 생성되었음을 확인할 수 있습니다.

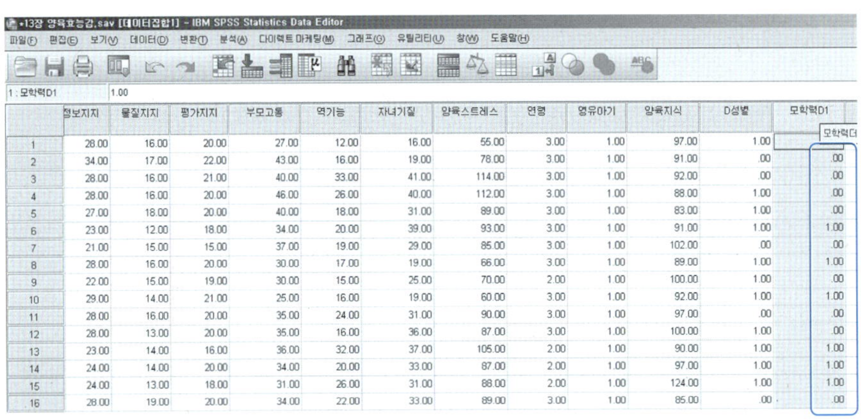

(10) 모학력D2라는 더미변수도 생성해 봅시다. 모학력D2라는 새로운 더미변수를 만드는 과정도 '모학력D1' 변환과정과 동일하니 그 과정은 생략합니다. 모학력D2의 경우 '모학력=1(고졸)'일 경우 '0', '모학력=2(전문대졸)'일 경우도 '0', '모학력=3(4년제 대학졸)'인 경우에는 '1'로 입력합니다.

(11) 모학력D2 변환과정이 끝나면 데이터 편집창 오른쪽 끝에 '모학력D2'라는 변수가 만들어진 것을 볼 수 있습니다.

	평가지지	부모고통	역기능	자녀기질	양육스트레스	연령	영유아기	양육지식	D성별	모학력D1	모학력D2
1	20.00	27.00	12.00	16.00	55.00	3.00	1.00	97.00	1.00	1.00	.00
2	22.00	43.00	16.00	19.00	78.00	3.00	1.00	91.00	.00	.00	.00
3	21.00	40.00	33.00	41.00	114.00	3.00	1.00	92.00	.00	.00	1.00
4	20.00	46.00	26.00	40.00	112.00	3.00	1.00	88.00	1.00	.00	.00
5	20.00	40.00	18.00	31.00	89.00	3.00	1.00	83.00	1.00	.00	.00
6	18.00	34.00	20.00	39.00	93.00	3.00	1.00	91.00	1.00	1.00	.00
7	15.00	37.00	19.00	29.00	85.00	3.00	1.00	102.00	.00	.00	.00
8	20.00	30.00	17.00	19.00	66.00	3.00	1.00	89.00	1.00	1.00	.00
9	19.00	30.00	15.00	25.00	70.00	2.00	1.00	100.00	1.00	.00	1.00
10	21.00	25.00	16.00	19.00	60.00	3.00	1.00	92.00	1.00	1.00	.00
11	20.00	35.00	24.00	31.00	90.00	3.00	1.00	97.00	.00	.00	.00
12	20.00	35.00	16.00	36.00	87.00	3.00	1.00	100.00	1.00	.00	1.00
13	16.00	36.00	32.00	37.00	105.00	2.00	1.00	90.00	1.00	1.00	.00
14	20.00	34.00	20.00	33.00	87.00	2.00	1.00	97.00	1.00	1.00	.00
15	18.00	31.00	26.00	31.00	88.00	2.00	1.00	124.00	1.00	1.00	.00
16	20.00	34.00	22.00	33.00	89.00	3.00	1.00	85.00	.00	.00	.00

(12) 명목척도인 어머니의 학력과 자녀의 성별에 대한 더미변수가 생성되었습니다. 이제 어머니의 학력, 양육스트레스, 사회적 지지, 양육지식, 자녀의 성별이 어머니의 양육효능감에 미치는 영향을 알아보기 위해 중다 회귀분석을 실시하고자 합니다. 【13장 양육효능감.sav】 파일이 열린 상태에서 【메뉴 → 분석 → 회귀분석 → 선형】을 선택합니다. 여기서는 어머니의 학력, 양육스트레스, 사회적 지지, 양육지식, 자녀의 성별이 양육효능감에 미치는 영향과 상대적 기여도를 살펴보고자 하는 것이기에 종속변수에는 【양육효능감】을, 독립변수에는 더미변수로 생성된 변수들과 양적 변수들인 【모학력D1, 모학력D2, D성별, 양육스트레스, 사회적 지지, 양육지식】을 오른쪽 창으로 이동시킨 후 방법에는 입력과 단계선택을 할 수 있으며, 여기서는 【단계선택】을 선택해봅니다. 이후 과정은 동일합니다.

보통 더미변수를 만드는 방법은 【변환 → 다른 변수로 코딩변경】 명령을 이용하기도 하지만, 또 다른 방법으로 【변환 → 변수 계산】 기능을 활용하여 생성하기도 합니다.

2) 결과표 해석

단계분석 과정의 결과와 동일하므로 보고서 제시와 관련된 요약치만을 제시하고자 합니다.

(1) 모형 요약

중다선형 회귀분석의 모형에 대한 설명을 해줍니다. 5개의 모형에 따른 설명력을 보여주는 모형 요약이 제시됩니다.

모형 요약[f]

모형	R	R제곱	수정된 R제곱	추정값의 표준오차	R제곱 변화량	F 변화량	df1	df2	유의확률 F 변화량	Durbin-Watson
1	.492[a]	.242	.240	11.68333	.242	139.625	1	438	.000	
2	.542[b]	.294	.291	11.28762	.052	32.248	1	437	.000	
3	.563[c]	.316	.312	11.11816	.023	14.423	1	436	.000	
4	.571[d]	.326	.320	11.05070	.010	6.339	1	435	.012	
5	.578[e]	.334	.326	11.00058	.008	4.973	1	434	.026	1.956

모형5확인

a. 예측값 : (상수), 양육스트레스
b. 예측값 : (상수), 양육스트레스, 양육지식
c. 예측값 : (상수), 양육스트레스, 양육지식, 사회적지지
d. 예측값 : (상수), 양육스트레스, 양육지식, 사회적지지, 모학력D2
e. 예측값 : (상수), 양육스트레스, 양육지식, 사회적지지, 모학력D2, D1
f. 종속변수 : 양육효능감

① R

모형5에서는 $r=.578$로 다소 높은 상관관계를 보입니다.

② R제곱

종속변수인 양육효능감의 24.2%가 양육스트레스에 의하여 설명되고, 29.4%가 양육스트레스와 양육지식에 의하여 설명되고, 31.6%가 양육스트레스와 양육지식, 사회적 지지에 의하여 설명되고, 32.6%가 양육스트레스, 양육지식, 사회적 지지, 모학력D2, 33.4%가 양육스트레스, 양육지식, 사회적 지지, 모학력D2, 모학력D1에 의해 설명됩니다.

③ Durbin-Watson

Durbin-Watson의 값이 1.956으로 2에 가깝다고 볼 수 있기에 잔차의 독립성가정이 충족되었다고 할 수 있습니다.

(2) 분산분석

분산분석은 회귀모형의 통계적 유의성을 결정하기 위한 통계량입니다.

분산분석[a]

모형		제곱합	자유도	평균제곱	F	유의확률
1	회귀모형	19058.829	1	19058.829	139.625	.000[b]
	잔차	59787.126	438	136.500		
	합계	78845.955	439			
2	회귀모형	23167.576	2	11583.788	90.917	.000[c]
	잔차	55678.378	437	127.410		
	합계	78845.955	439			
3	회귀모형	24950.500	3	8316.833	67.281	.000[d]
	잔차	53895.454	436	123.613		
	합계	78845.955	439			
4	회귀모형	25724.611	4	6431.153	52.663	.000[e]
	잔차	53121.344	435	122.118		
	합계	78845.955	439			
5	회귀모형	26326.380	5	5265.276	43.510	.000[f]
	잔차	52519.574	434	121.013		
	합계	78845.955	439			

모형 5확인

a. 종속변수 : 양육효능감
b. 예측값 : (상수), 양육스트레스
c. 예측값 : (상수), 양육스트레스, 양육지식
d. 예측값 : (상수), 양육스트레스, 양육지식, 사회적지지
e. 예측값 : (상수), 양육스트레스, 양육지식, 사회적지지, 모학력D2
f. 예측값 : (상수), 양육스트레스, 양육지식, 사회적지지, 모학력D2, 모학력D1

여기서는 5번째의 모형을 사용하기에 5번째 모형의 F값과 유의수준만을 확인하면 됩니다. 즉, 회귀모형의 적합도를 평가하는 분산분석 결과에서는 F값이 43.510이고 p는 .001수준에서 통계적으로 유의미합니다. 따라서 위의 회귀식에 의해 어머니의 양육효능감을 예측하는 회귀모형은 적합한 것으로 평가할 수 있습니다.

(3) 계수

5번째 모형을 선택하였기 때문에 모형5 부분만 해석하면 됩니다. 중다 회귀계수는 단순 회귀계수와는 달리 비표준화 계수 B값만을 보는 것이 아니라 그 영향의 관계를 알아보기 위해 표준화 계수인 베타값(β)을 함께 보아야 합니다.

계수[a]

모형		비표준화 계수		표준화 계수	t	유의확률	공선성 통계량	
		B	표준오차	베타			공차	VIF
1	(상수)	133.790	2.576		51.928	.000		
	양육스트레스	-.357	.030	-.492	-11.816	.000	1.000	1.000
2	(상수)	91.076	7.923		11.495	.000		
	양육스트레스	-.295	.031	-.406	-9.444	.000	.876	1.142
	양육지식	.415	.073	.244	5.679	.000	.876	1.142
3	(상수)	79.274	8.400		9.437	.000		
	양육스트레스	-.262	.032	-.361	-8.206	.000	.812	1.232
	양육지식	.381	.073	.224	5.244	.000	.862	1.160
	사회적지지	.130	.034	.160	3.798	.000	.880	1.137
4	(상수)	79.246	8.349		9.491	.000		
	양육스트레스	-.259	.032	-.356	-8.151	.000	.811	1.234
	양육지식	.370	.072	.218	5.123	.000	.859	1.164
	사회적지지	.145	.035	.179	4.207	.000	.852	1.174
	모학력D2	-3.196	1.269	-.101	-2.518	.012	.967	1.034
5	(상수)	80.021	8.319		9.619	.000		
	양육스트레스	-.254	.032	-.349	-8.009	.000	.807	1.240
	양육지식	.362	.072	.212	5.020	.000	.857	1.167
	사회적지지	.150	.034	.186	4.367	.000	.848	1.179
	모학력D2	-4.129	1.331	-.130	-3.102	.002	.872	1.147
	모학력D1	-2.909	1.304	-.092	-2.230	.026	.896	1.117

a. 종속변수 : 양육효능감

① 상수

모형5에서는 80.021로 $t=9.62$, $p<.001$로 유의미합니다.

② B(회귀계수)

회귀선의 기울기로 기울기의 크기가 독립변수가 종속변수에 미치는 영향입니다. 비표준화 계수는 양육스트레스가 -.254의 영향을 주며, 양육지식이 .362의 영향을, 사회적 지지가 .150, 모학력D2가 -4.129, 모학력D1이 -2.909의 영향을 주는 것으로 나타났습니다. 그러나 이는 세 변수가 갖는 값의 단위가 다르므로 서로 단순 비교한다면 별 의미가 없습니다. 따라서 이를 표준화시킨 베타값으로 비교하여야 합니다. 회귀식을 보면 양육스트레스와 양육지식, 사회적 지지를 일단 제외하고 계산을 하면 다음과 같이 나타낼 수 있습니다. 교육수준이 낮을수록(고등학교졸 > 전문대졸 > 대학졸) 양육효능감 점수가 높은 것으로 나타남을 알 수 있습니다.

고　　졸(80.279) : 80.021 - 0.254 + 0.362 + 0.150 − 2.909(0) − 4.129(0)

전문대졸(77.289) : 80.021 - 0.254 + 0.362 + 0.150 − 2.909(1) − 4.129(0)

대　　졸(76.150) : 80.021 - 0.254 + 0.362 + 0.150 − 2.909(0) − 4.129(1)

③ 베타(β, 회귀가중치)

표준화 계수로서 회귀모형에서 각 변수들이 평균이 0이고, 표준오차 1을 갖도록 조정되었을 때의 회귀계수를 말합니다. 해당 독립변수에 의하여 설명되는 종속변수의 비율을 의미합니다. 여기서는 양육스트레스가 -.349, 양육지식이 .212, 사회적 지지가 .186, 모학력D2가 -.130, 모학력D1은 -.092로 양육스트레스의 베타값이 가장 높게 나타났습니다.

④ t/ 유의확률

각 상수와 기울기에 대한 t-검증을 통하여 유의도를 결정합니다. 양육스트레스, 양육지식, 사회적 지지, 교육수준(모학력D2, 모학력D1)의 t값 모두가 .05 수준에서 통계적으로 유의미한 것을 볼 수 있습니다. 이는 5개의 독립변수가 종속변수인 양육효능감에 영향을 미친다는 것을 보여줍니다.

(4) 보고서 제시 양식

중다선형 회귀분석의 보고서에서는 단순선형 회귀분석과 마찬가지로 결과를 제시합니다. 어머니의 양육효능감에 대해 5% 수준에서 유의한 독립변수들을 단계적으로 투입할 경우 아래 표처럼 양육스트레스, 양육지식, 사회적 지지, 교육수준(모학력D1, 모학력D2), D성별이 순차적으로 투입된 모형이 산출됩니다.

〈표 13-4〉 어머니의 학력, 양육스트레스, 사회적 지지, 양육지식, 자녀의 성별이 양육효능감에 미치는 영향과 상대적 설명력 (N=458)

모형		B	β	t	R^2	R^2의 변화량	F
양육 효능감	(상수)	80.02			.33		43.51***
	양육스트레스	-.25	-.35	-8.01***		.24	
	양육지식	.36	.21	5.02***		.05	
	사회적 지지	.15	.19	4.37***		.02	
	모학력D2	-4.13	-.13	-3.10**		.01	
	모학력D1	-2.91	-.09	-2.23*		.01	

***p<.001, **p<.01, *p<.05

해석 양육스트레스, 양육지식, 사회적 지지, 교육수준(모학력D2, 모학력D1)은 어머니의 양육효능감에 영향을 미치는 변수로 나타났다. 즉, 양육지식이 많고 사회적 지지를 많이 받을수록 그리고 양육스트레스를 적게 경험할수록, 그리고 어머니의 학력이 오히려 낮은 경우 어머니의 양육효능감은 높게 나타났다. 이에 비해 자녀의 성별은 어머니의 양육효능감에 영향을 미치지 않는 것으로 나타났다.

이러한 변수들은 양육효능감을 33% 정도 설명해 주는데, 양육스트레스는 24%로 가장 많은 설명력을 지니며 여기에 양육지식이 첨가됨으로써 설명력이 5%가 증가하여 29%의 설명력을 가지며, 사회적 지지가 첨가할 경우에는 2%가 증가하여 전체 31%의 설명력을 가지게 된다. 교육수준(모학력D2와 모학력D1)이 첨가될 경우 각각 1%씩 증가하여 전체 33%의 설명력을 가진다. 또한 F값 43.51은 $p<.001$ 수준에서 유의미한 것으로 나타나 위의 회귀모형식이 적합하다는 것을 보여준다.

어머니의 양육효능감에 영향을 미치는 독립변수들에 대한 상대적인 설명력에서는 양육스트레스, 양육지식, 사회적 지지, 교육수준(모학력D2, 모학력D1) 순으로 많은 영향을 미치는 것으로 나타났으며, 그중에서도 양육스트레스와 양육지식이 가장 영향력 있는 변수로 나타났다.

요약

더미변수를 포함한 중다선형 회귀분석

- 【메뉴 → 변환 → 다른 변수로 코딩변경】
- 【메뉴 → 분석 → 회귀분석 → 선형】
- 독립변수, 종속변수, 【입력 혹은 단계 선택】 선정 → 확인

5. 매개 회귀분석

메뉴 → 분석→ 회귀분석 → 선형

매개효과는 독립변수가 종속변수에 영향을 미치는 관계에서 매개변수가 어떤 작용을 하는지를 살펴는 방법입니다. 매개 회귀분석을 실시할 때는 독립변수, 종속변수, 매개 변수에 대한 명확한 관계에 대해 가설을 세운 뒤 매개효과에 대한 검증을 실시해야 합니다.

매개변수란 무엇일까요?

일반적으로 매개는 독립변수와 종속변수를 연결시켜 주는 것을 의미하는데 독립변수가 종속변수에 영향을 미치는 관계에서 중간에 간접적인 영향을 주는 변수를 매개변수(mediator variable)라고 합니다. 매개변수는 "중매쟁이" 역할을 하는 변수라고 불리기도 하는데 매개변수가 독립변수과 종속변수의 관계에 미치는 효과를 매개효과(mediator effect)라고 부릅니다. 예를 들면, 유아교사의 직무만족도가 행복감에 어떤 영향을 미치는지를 살펴보는 연구를 수행하는 데 교수몰입이라는 변수를 추가하였습니다. 이러한 연구문제에서 독립변수는 직무만족도, 종속변수는 행복감, 매개변수는 교수몰입이 됩니다. 여기서 매개변수의 역할은 유아교사의 직무만족도가 행복감을 높이는 과정에서 교수몰입이 매개효과로 작용할 때 행복감이 얼마나 높아지는지를 살펴보는 것이라고 할 수 있습니다.

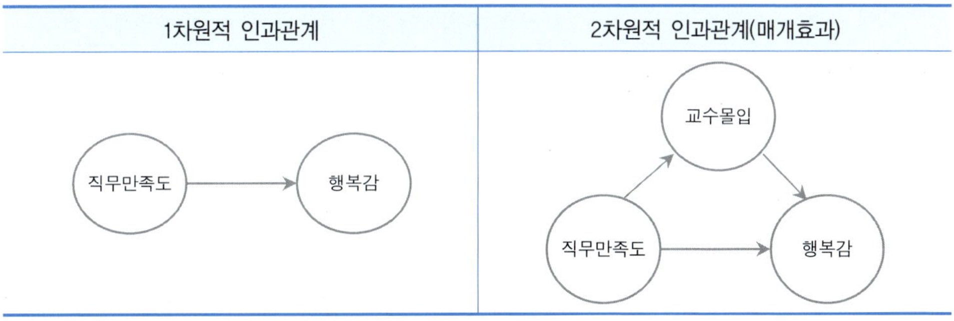

독립변수가 종속변수에 미치는 직접적인 관계를 1차원적인 인과관계라고 본다면 매개변수와의 관계를 살펴보는 것은 2차원적인 인과관계를 살펴보는 것입니다(이일현, 2014). 매개효과 검증은 구조방정식 모형(structural equation modeling)이나 다중 회귀분석(multiple regression analysis) 방법을 통하여 살펴볼 수 있으나 이 장에서는 SPSS를 통한 매개효과 분석을 실시하고자 합니다.

1) 매개효과의 검증방법

일반적으로 매개효과를 검정할 때 Baron과 Kenny의 방법을 이용하여 매개효과 검증을 실시할 수 있습니다. 매개효과 검증은 크게 세 가지 단계로 이루어지는데 독립변수는 X, 종속변수는 Y, 매개변수는 M으로 표기하여 각 단계에 대해 살펴보겠습니다.

【1단계】는 X → M의 관계를 살펴보는 것으로 독립변수가 매개변수에 미치는 영향이 유의미한지를 검정하는 과정입니다. 1단계에서는 독립변수가 매개변수에 유의미한 수준($p<.05$)에서 영향을 미쳐야 합니다. 즉, p값이 .05보다 작아야 합니다.

【2단계】는 X → Y의 관계를 살펴보는 것으로, 독립변수가 종속변수에 유의미한 영향을 미치는지를 검정합니다. 2단계에서는 독립변수가 종속변수의 관계를 검증한 결과에서 p값이 .05보다 작아야 합니다.

【3단계】는 X, M → Y의 관계를 살펴보는 것으로, 독립변수와 매개변수가 동시에 종속변수에 유의미한 영향을 미치는지를 검정합니다. 3단계에서는 매개변수인 M이 종속변수에 유의한 영향을 주어야 매개효과가 있다고 할 수 있으며, 매개변수가 종속변수에 미치는 영향의 유의성을 살펴보는 p값이 .05보다 작아야 합니다.

1단계	2단계	3단계
X → M	X → Y	X, M → Y
X → M 유의해야 함	X → Y 유의해야 함	M → Y 유의해야 함
단순 회귀분석	단순 회귀분석	중다 회귀분석

매개효과 검증방법을 연구문제에 적용해 볼까요?

유아교사의 직무만족도가 행복감에 영향을 미치는 과정에서 교수몰입의 매개효과를 살펴보고자 세 가지 단계에 따라 매개효과 검증을 실시하고자 합니다. 이때 검정과정을 나타내면 다음과 같습니다.

단계	검정과정	선형 회귀분석	
		독립변수 입력값	종속변수 입력값
1단계	X → M	직무만족도	교수몰입
2단계	X → Y	직무만족도	행복감
3단계	X, M → Y	직무만족도, 교수몰입	행복감

2) 매개효과의 종류 : 완전매개효과, 부분매개효과

"매개효과가 있다, 매개효과가 없다"를 판단하는 기준은 독립변수와 매개변수를 동시에 입력하여 종속변수의 영향력을 살펴볼 때 매개변수가 종속변인에 유의한 영향력을 미치는지를 확인하는 것입니다.

매개효과를 검증하는 3단계에서는 독립변수의 유의성도 중요합니다. 독립변수의 비표준화 계수가 유의성이 있는지, 없는지에 따라서 완전매개효과와 부분매개효과로 구분할 수 있기 때문입니다.

완전매개효과는 독립변수가 종속변수에 영향을 주지 않는 경우를 말합니다. 완전매개효과일 경우에는 독립변수가 종속변수에 미치는 과정을 화살표로 표시할 때 점선으로 표시합니다.

부분매개효과는 독립변수가 종속변수에 영향을 주는 경우를 말합니다. 부분매개효과일 경우에는 기존의 연구과 같이 선으로 표시합니다.

종류	완전매개효과	부분매개효과
모형	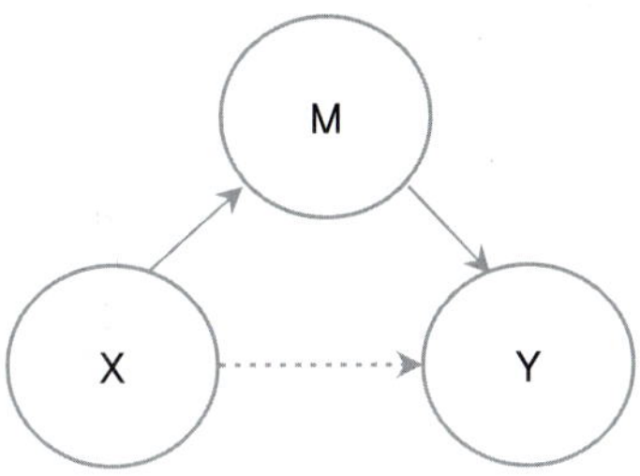	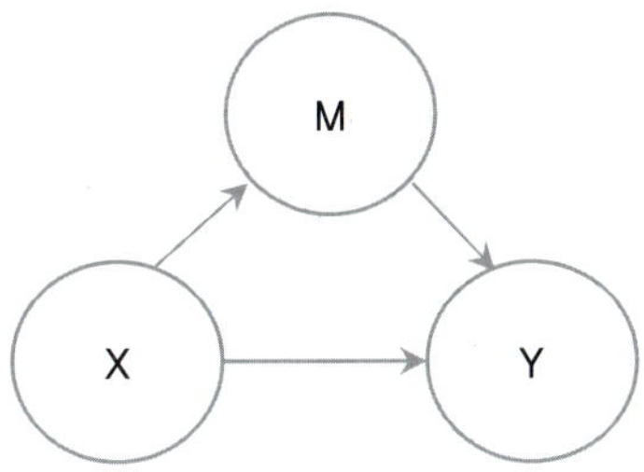
3단계	M → Y 유의미함	M → Y 유의미함
	X ⇢ Y 유의미하지 않음	X → Y 유의미함

⟶ 유의미함 ⋯⋯➤ 유의미하지 않음

유아의 성취가 행복감을 높이는 영향을 줄 때, 자신에 대하여 긍정적으로 인식하고 평가하는 자존감이 매개변수로 작용하는지를 검증하고자 합니다.

3) 매개효과 검증의 실행

(1) 매개효과 검증은 1단계는 단순선형 회귀분석으로, 2단계와 3단계는 중다선형 회귀분석으로 실행할 수 있습니다. 【13장 유아행복감.sav】 파일을 불러옵니다.

(2) 【1단계】는 X → M을 살펴보는 과정으로 독립변수가 매개변수에 미치는 영향력을 검증합니다. 【메뉴 → 분석 → 회귀분석 → 선형】을 선택한 뒤 종속변수에는 【유아자존감】를, 독립변수에는 【유아성취】를 오른쪽 창으로 이동시킨 뒤 【입력】을 선택합니다.

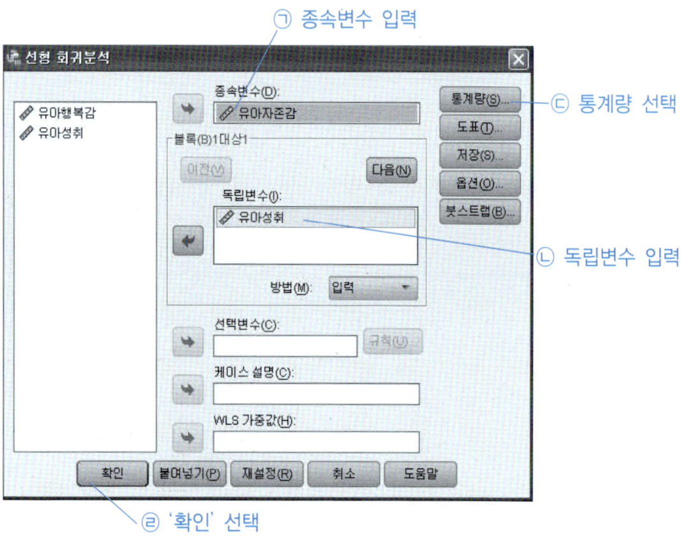

옵션 선택이 필요할 경우에는 [통계량(S)...]을 선택하여 원하는 값을 선택한 후 [계속]을 누릅니다.

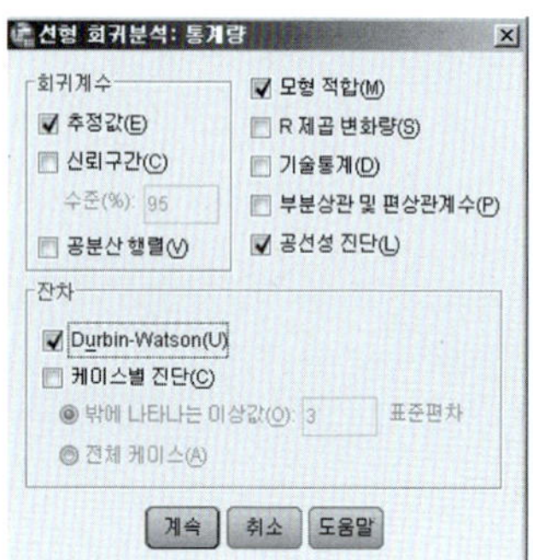

(3) 【2단계】 X → Y을 살펴보는 과정으로 독립변수가 종속변수에 미치는 영향력을 검증합니다. 【메뉴 → 분석 → 회귀분석 → 선형】을 선택한 뒤, 종속변수에는 【유아행복감】을, 【블록(B) 1 대상1】에 위치한 독립변수에는 【유아성취】를 오른쪽 창으로 이동시킨 뒤 【입력】을 선택합니다.

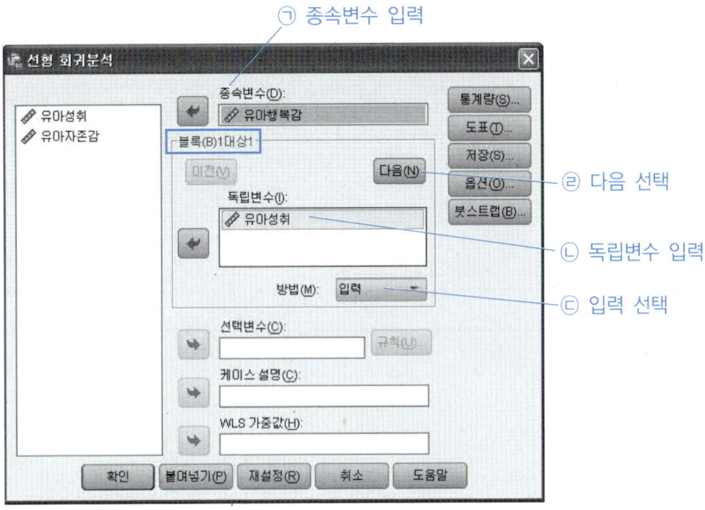

(4) 【3단계】는 X, M → Y을 살펴보는 과정으로 독립변수와 매개변수를 동시에 입력하여 종속변수에 미치는 영향력을 검증합니다. 2단계와 3단계는 위계적 회귀분석 방법을 통하여 한 번에 분석이 가능합니다. 즉, 2단계와 연결하여 3단계 분석을 실시할 수 있습니다. 2단계에서는 종속변수에 【유아행복감】을, 독립변수에는 【유아성취】를 오른쪽 창으로 이동시켰습니다. 3단계 분석은 2단계에서 제시한 변수를 입력한 뒤, 다음(N) 버튼을 누르는 것부터 시작됩니다. 다음(N) 버튼을 누른 뒤 【블록(B) 2 대상 2】에 위치한 독립변수에 【유아자존감】을 입력합니다.

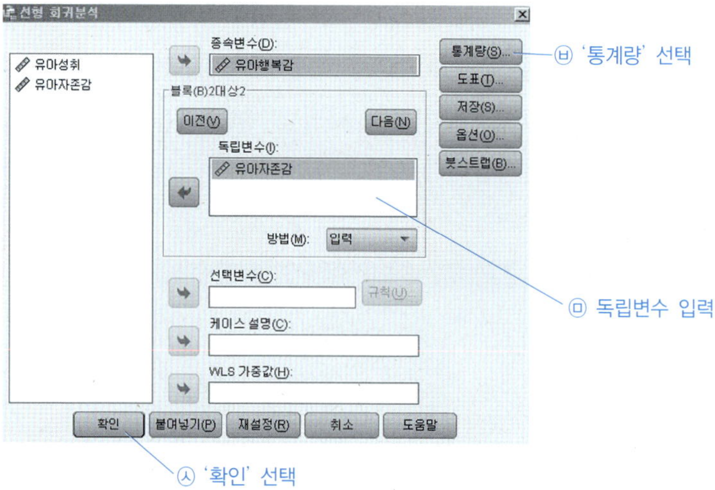

2단계 입력 : X→Y	3단계 입력 : X, M→Y
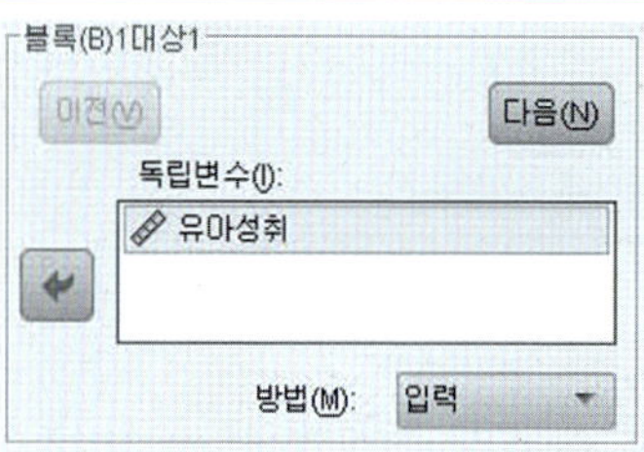	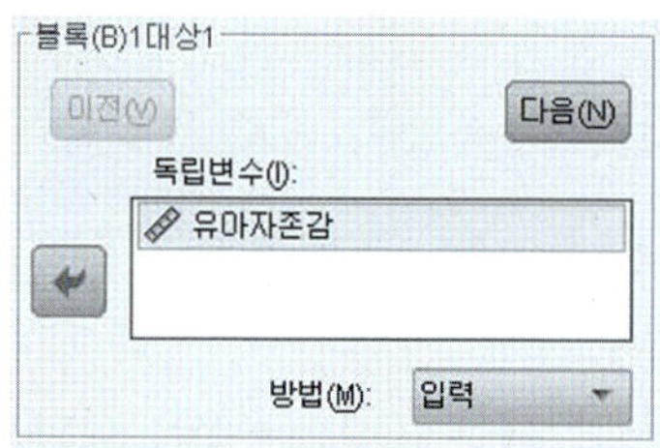

옵션 선택이 필요할 경우에는 [통계량(S)...]을 선택하여 다음과 같이 체크한 후 [계속]을 누릅니다.

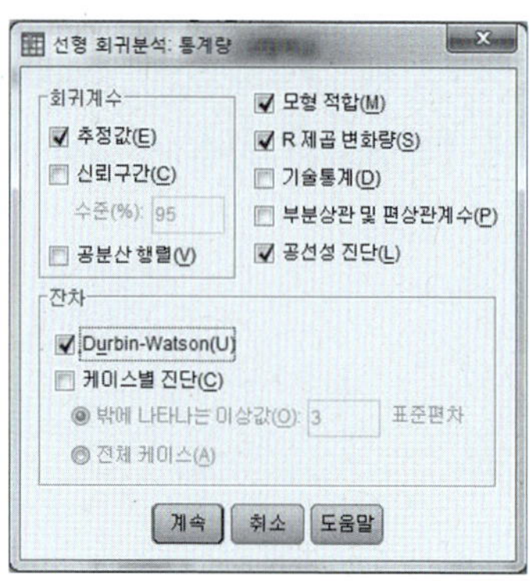

4) 결과표 해석

통계량을 선택한 후 [확인]을 눌러서 회귀분석을 실행시키면 다음과 같은 Output 화면이 출력됩니다.

(1) 【1단계】 분석결과

모형 요약[b]

모형	R	R제곱	수정된 R제곱	추정값의 표준오차	통계량 변화량					Durbin-Watson
					R제곱 변화량	F 변화량	df1	df2	유의확률 F 변화량	
1	.707[a]	.499	.498	.26247	.499	315.005	1	316	.000	1.884

a. 예측값 : (상수), 유아성취
b. 종속변수 : 유아자존감

분산분석[a]

모형		제곱합	자유도	평균제곱	F	유의확률
1	회귀모형	21.700	1	21.700	315.005	.000[b]
	잔차	21.769	316	.069		
	합계	43.469	317			

a. 종속변수 : 유아자존감
b. 예측값 : (상수), 유아성취

계수[a]

모형		비표준화 계수		표준화 계수	t	유의확률	공선성 통계량	
		B	표준오차	베타			공차	VIF
1	(상수)	1.806	.067		26.970	.000		
	유아성취	.325	.018	.707	17.748	.000	1.000	1.000

a. 종속변수 : 유아자존감

독립변수인 【유아성취】가 매개변수인 【유아자존감】에 미치는 영향을 분석한 결과에 따르면, 유아의 성취는 자존감에 유의미한 수준에서 영향을 미치는 것으로 나타났습니다($t=17.75$, $p<.001$). 따라서 매개효과 1단계 검증은 충족한다고 볼 수 있습니다.

(2) 【2단계】와 【3단계】 분석결과

2단계는 독립변수 【유아성취】가 종속변수 【유아행복감】에 미치는 영향을 분석하는 것이고, 3단계는 독립변수 【유아성취】, 매개변수 【유아자존감】이 동시에 투입되어 【유아행복감】에 미치는 영향을 분석하는 것입니다.

(3) 모형 요약

2단계와 3단계는 중다선형 회귀분석의 모형에 대한 설명을 해줍니다. 2개의 모형에 따른 설명력을 보여주는 모형 요약이 제시됩니다. 입력방법으로 분석을 하면 모형이 1개이지만 여기서는 2개가 선택되었습니다. 아래에 제시된 모형 요약을 살펴보면, 모형1은 매개효과 검증을 위한 2단계를 분석한 결과이며, 모형2는 매개효과 검증의 3단계를 분석한 것입니다.

모형 요약[b]

모형	R	R제곱	수정된 R제곱	추정값의 표준오차	통계량 변화량					Durbin-Watson
					R제곱 변화량	F 변화량	df1	df2	유의확률 F 변화량	
1	.703[a]	.495	.493	.34330	.495	309.336	1	316	.000	
	.801[b]	.642	.640	.28931	.148	129.952	1	315	.000	1.460

a. 예측값 : (상수), 유아성취
b. 예측값 : (상수), 유아성취, 유아자존감
c. 종속변수 : 유아행복감

① R

모형1의 R값을 살펴보면 모형1에서는 $r=.703$으로, 모형2에서는 $r=.801$로 높은 상관관계를 보이고 있습니다.

② R제곱

모형1은 종속변수인 유아행복감의 49.5%가 성취에 의하여 설명되고, 모형2에서는 유아행복감의 64.2%가 유아성취와 유아자존감에 의하여 설명됩니다.

③ 수정된 R 제곱

자유도를 고려하여 모집단의 결정계수를 추정할 때 사용합니다.

④ Durbin-Watson

모형2에 대한 Durbin-Watson의 통계값은 1.460으로 2에 가깝다고 볼 수 있기에 잔차의 독립성 가정이 충족되었다고 할 수 있습니다.

(4) 분산분석

분산분석은 회귀모형의 통계적 유의성을 결정하기 위한 통계량입니다.

분산분석[a]

모형		제곱합	자유도	평균제곱	F	유의확률
1	회귀모형	36.457	1	36.457	309.336	.000[b]
	잔차	37.242	316	.118		
	합계	73.699	317			
2	회귀모형	47.334	2	23.667	282.760	.000[c]
	잔차	26.365	315	.084		
	합계	73.699	317			

a. 종속변수 : 유아자존감
b. 예측값 : (상수), 유아성취
c. 예측값 : (상수), 유아성취, 유아자존감

모형1의 F값과 유의수준을 확인함으로써 회귀모형의 적합도를 평가할 수 있습니다. 그 결과에 따르면, F값이 309.34이고 p는 .001수준에서 통계적으로 유의미합니다. 따라서 위의 회귀식에 의해 유아성취가 유아행복감을 예측하는 회귀모형은 적합한 것으로 평가할 수 있습니다.

모형2는 유아성취감과 유아자존감이 유아행복감을 예측하는 회귀모형의 적합성을 평가하는 것으로 F값이 282.76이고 p는 .001수준에서 통계적으로 유의미합니다. 따라서 회귀모형이 적합하다는 것을 알 수 있습니다.

(5) 계수

유아행복감을 종속변수로 하는 회귀계수가 얼마인지에 대한 정보를 제시해 줍니다. 중다 회귀계수는 단순 회귀계수와는 달리 비표준화 계수 B값만을 보는 것이 아니라 그 영향의 관계를 알아보기 위해 표준화 계수인 베타값(β)을 함께 살펴보아야 합니다.

계수[a]

모형		비표준화 계수		표준화 계수	t	유의확률	공선성 통계량	
		B	표준오차	베타			공차	VIF
1	(상수)	2.055	.088		23.461	.000		
	유아성취	.421	.024	.703	17.588	.000	1.000	1.000
2	(상수)	.778	.134		5.803	.000		
	유아성취	.192	.029	.320	6.715	.000	.501	1.997
	유아자존감	.707	.062	.543	11.400	.000	.501	1.997

a. 종속변수 : 유아행복감

① 상수

모형1에서는 2.06으로 $t=23.46$, $p<.001$로 유의미합니다. 모형2는 상수가 .78이며 $t=5.08$, $p<.001$로 유의미합니다.

② B(회귀계수)

회귀선의 기울기로 기울기의 크기가 독립변수가 종속변수에 미치는 영향입니다. 모형1에서의 비표준화 계수는 성취가 .421의 영향을 주는 것으로 비표준화 계수가 양수이므로, 성취가 높아지면 행복감이 높아집니다.

모형2에서는 성취가 .192의 영향을, 자존감이 .707의 영향을 주는 것으로 나타났습니다. 이는 성취와 자존감이 높아질수록 행복감이 높아진다는 것을 알 수 있습니다. 여기서 주의해야 할 점이 있는데, 모형2에서는 두 가지 독립변수가 갖는 값의 단위가 다르므로 서로 단순 비교한다면 별 의미가 없습니다. 따라서 이를 표준화시킨 베타값(β)으로 비교하여야 합니다.

모형1과 모형2에 나타난 독립변수의 회귀계수를 비교하는 과정을 통하여 완전매개효과인지 부분매개효과인지를 구분할 수 있습니다. 모형1에서 성취의 회귀계수는 .421입니다. 모형2에서 성취의 회귀계수는 .192로, 모형1에 비교해 볼 때 .229 감소하였습니다. 따라서 모형2에 제시된 바와 같이, 독립변수가 종속변수에 유의한 영향을 미치고($p<.001$) 모형1에 비하여 모형2에서 독립변수의 값이 감소하였을 경우 매개변수는 부분매개의 역할을 한다는 것을 알 수 있습니다.

Baron과 Kenny의 방법을 통하여 매개효과검증을 실시한 결과이다.

a) 완전매개

단계		B
1	X → M	.33***
2	X → Y	.42***
3	X → Y	.19
	M → Y	.71***

b) 부분매개

단계		B
1	X → M	.33***
2	X → Y	.42***
3	X → Y	.19***
	M → Y	.71***

a)는 2단계에서 X → Y의 B값이 .42로 유의미하였으나($p<.001$), 3단계에서 X → Y의 B값은 .19로 유의미하지 않는 것으로 나타났다($p>.05$). 이런 경우 완전매개라고 한다.

b)는 2단계에서 X → Y의 B값이 .42로 유의미하였으나($p<.001$), 3단계에서 X → Y의 B값은 .19로 값은 감소하였으나 유의미한 것으로 나타났다($p<.001$). 이런 경우 부분매개라고 한다.

③ 베타(β, 회귀가중치)

표준화 계수로서 회귀모형에서 각 변수들이 평균이 0이고, 표준오차 1을 갖도록 조정되었을 때의 회귀계수를 말합니다. 해당 독립변수에 의하여 설명되는 종속변수의 비율을 의미합니다. 모형1에서는 성취는 .703이며, 모형2에서는 성취가 .320, 자존감이 .543입니다. 모형2는 성취와 자존감을 동시에 투입하여 행복감을 설명하는 요인을 찾는 회귀식입니다. 독립변수가 2개 이상이므로, 표준화 계수인 베타값을 확인하는 과정을 통하여 종속변수에 영향을 더 많이 미치는 독립변인을 발견할 수 있습니다. 구체적으로 살펴보면, 성취의 표준화계수는 .320이며 자존감의 표준화계수는 .543이므로 유아의 행복은 자존감이 설명하는 정도가 더 크다고 서로 비교할 수 있습니다.

④ t/ 유의확률

각 상수와 기울기에 대한 t 검증을 통하여 유의도를 결정합니다. 모형1의 t값은 .001 수준에서 통계적으로 유의미한 것을 볼 수 있습니다. 모형1은 독립변수가 종속변수에 유의한 영향을 미친다는 가설을 검정하는 것으로 매개효과 2단계를 만족합니다.

모형2의 t값을 살펴보면, 성취와 자존감 두 가지 독립변수에서 .001 수준으로 통계적인 유의성이 검증되었습니다. 이는 매개효과 3단계를 만족합니다. 즉, 독립변수와 매개변수가 동시에 종속변수에 유의미한 영향을 미치는지를 확인할 수 있습니다.

5) 보고서 제시 양식

매개효과 검증결과는 중다선형 회귀분석의 보고방식과 유사하게 제시하면 됩니다. 보고서 제시 양식은 Baron과 Kenny(1986)가 제시한 3단계에 따라 결과를 보고하면 됩니다.

〈표 13-5〉 유아의 성취가 행복감에 미치는 영향에서 자존감의 매개효과 (N=318)

단계	독립변수	종속변수	B	β	t	R^2	F
1	성취	자존감	.33	.71	17.75***	.50	315.00***
2	성취	행복감	.42	.70	17.59***	.50	309.34***
3	성취	행복감	.19	.32	6.72***	.64	282.76***
	자존감		.71	.54	11.40***		

***p<.001

해석 유아의 성취와 행복감과의 관계에서 자존감의 매개효과를 검증한 결과를 살펴보면 다음과 같다. 독립변수가 매개변수에 영향을 미치는지를 살펴보는 1단계의 결과에 따르면, 유아의 성취는 자존감에 유의미한 수준에서 영향을 주는 것으로 나타났으며(p<.001), 성취(B=.33)가 높을수록 자존감이 높았으며, 성취가 자존감을 설명하는 설명력은 50%인 것으로 나타났다. 독립변수가 종속변수에 미치는 영향력을 살펴보는 2단계에서는 성취가 높을수록 유아의 행복감 정도가 높은 것으로 나타났으며(B=.42, p<.001), 성취가 행복감을 설명하는 정도는 50%인 것으로 나타났다. 독립변수와 매개변수를 동시에 투입하여 종속변수에 미치는 영향력을 살펴보는 3단계에서는 성취(p<.001)와 자존감(p<.001)이 행복감에 유의미한 수준에서 영향을 주는 것으로 나타났다. 유아의 성취가 높을수록(B=.19), 자존감이 높을수록(B=.71) 행복감 정도가 높은 것으로 나타났다. 성취와 자존감을 동시에 투입하였을 경우 행복감의 설명력이 상승하였으며(50% → 64%), 성취가 행복감에 미치는 표준화 계수(.70 → .32)가 감소하였음에 기반해 볼 때 유아의 성취와 행복감과의 관계에서 자존감이 부분매개 역할을 하는 것으로 나타났다.

요약

매개효과

- 【메뉴 → 분석→ 회귀분석 → 선형】
- 1단계 독립변수, 매개변수, 【단계 선택】 선정 → 확인
- 2단계 독립변수, 종속변수, 【단계 선택】 선정 → 확인
- 3단계 독립변수, 매개변수, 종속변수, 【단계 선택】 선정 → 확인

연 · 습 · 문 · 제

01 【13장 양육효능감.sav】 파일을 이용하여 어머니의 양육지식이 양육효능감에 미치는 영향력을 알아보시오.

02 【13장 양육효능감.sav】 파일을 이용하여 어머니의 양육지식, 양육효능감, 사회적 지지가 어머니의 양육스트레스에 미치는 영향력을 알아보시오.

03 【13장 양육효능감.sav】 파일을 이용하여 어머니의 양육스트레스에 미치는 관련 변수(양육지식, 사회적 지지, 양육효능감, 학력)의 상대적 영향력을 알아보시오.

04 【13장 양육효능감.sav】 파일을 이용하여 어머니의 양육스트레스와 양육효능감의 관계에서 사회적 지지의 매개효과가 있는지 알아보시오.

쉬어가기

우리가 만나야 할 열 가지 유형의 사람들

1. 언제나 밝게 웃는 사람 : 그 사람은 멀리 있는 복도 찾아오게 하는 사람입니다.

2. 내일을 이야기하는 사람 : 그 사람은 반드시 성공하는 사람입니다.

3. 내 이야기를 잘 들어주는 사람 : 그 사람은 나를 치유해 주는 사람입니다.

4. 확신에 찬 말을 하는 사람 : 그 사람은 기준 잡힌 인생을 사는 사람입니다.

5. 살아 있음에 감사하는 사람 : 그 사람은 주위를 항상 따뜻하게 해주는 사람입니다.

6. 아무리 작은 일도 소중히 여기는 사람 : 그 사람은 작은 행복이 자주 일어나는 사람입니다.

7. 생각만 해도 대단하다고 느껴지는 사람 : 그 사람은 시대를 이끌어 갈 사람입니다.

8. 독서와 사색을 즐기는 사람 : 그 사람에게는 항상 배울 것이 많은 사람입니다.

9. 부지런히 일하는 사람 : 그 사람의 삶은 항상 풍요롭습니다.

10. 카카오톡 자료나 밴드 자료를 잘 보내는 사람 : 그 사람은 항상 당신을 생각하고 있습니다.

chapter

14

신뢰도 및 타당도 분석

chapter 14

신뢰도 및 타당도 분석

이 장에서는 논문 및 자료조사에 사용된 검사도구의 신뢰도와 타당도에 대해 알아봅니다.

- 신뢰도 분석은 논문 및 자료조사에 사용된 검사도구의 신뢰성과 검사대상자들이 일관되게 응답하였는지 등을 알아보기 위해 사용할 수 있는 방법입니다.
- 타당도 분석은 측정 및 검사도구가 문항 제작 시 의도했던 목적을 어느 정도 충실히 측정했는지를 알아보기 위해 사용할 수 있는 방법입니다.

1. 신뢰도

1) 신뢰도 분석에 들어가기에 앞서

신뢰도 분석은 다음과 같은 경우에 할 수 있습니다.

- 측정하고자 하는 개념이 정확하고 일관되게 측정되었는지를 알아보기 위해서 할 수 있습니다.
- 응답하는 사람이 정확하고 일관되게 응답하였는지를 알아보고자 할 때 사용할 수 있습니다.
- 신뢰도 계수에 대한 판단은 학자마다 다르지만 일반적으로 사회과학에서는 0.6 이상이면 신뢰도에 문제가 없는 것으로 간주하여 내적 일관성이 있다고 판단합니다. 기초 조사의 경우는 0.8 이상이면 신뢰도가 높다고 합니다.
- 신뢰도 계수를 알아볼 때 역점수로 코딩되어 있는 문항은 코딩변경(recode)으로 역산한 다음에 신뢰도 계수를 구해야 합니다.

이상에서 살펴본 바와 같이 신뢰도란 측정하고자 하는 것을 그 검사가 얼마나 신뢰롭게 재고 있는지를 나타내는 것임을 알 수 있습니다. 따라서 어떤 측정에 대해 신뢰도가 높다면, 이는 동일한 대상에 대한 측정결과가 일관성 있고 지속적으로 나타난다는 것을 의미합니다.

2) 신뢰도 추정방법

신뢰도를 추정하는 방법에는 다음과 같은 네 가지 유형들이 있으며, 대체로 상관계수를 통해 추정하지만 각 방법에 따라 신뢰도 계수는 다른 정보를 반영합니다.

(1) 검사-재검사 신뢰도

동일한 검사를 일정 시간 이후에 다시 반복하여 실시하고 이들 간의 신뢰도를 추정하는 방법으로 두 측정 점수 간의 상관계수를 이용합니다.

(2) 동형검사 신뢰도

동일한 유형의 검사를 2개 만들어 응답자에게 각각 적용한 다음 두 동형검사 점수 간의 상관계수를 이용하여 신뢰도를 추정합니다.

(3) 반분신뢰도

한 검사의 문항들을 두 부분으로 나누어, 이들 간의 상관계수를 통해 신뢰도를 구합니다.

(4) 내적 일치도

동일한 개념을 측정하기 위하여 여러 문항으로 이루어진 검사에서 각 문항들의 일치성을 추정하고자 할 때 이용합니다. 각 문항과 문항들의 총점 간에 상관을 구하여 신뢰도 계수 Cronbach α(크론바하 알파)값으로 나타냅니다.

앞서 제시된 검사-재검사법, 동형검사 신뢰도 등은 실제의 조사를 통해 구현하는 것이 힘들기 때문에, 설문의 내용이 내적인 일관성을 가지고 있는지를 통계학적으로 증명하는 내적 일관성 지수인 Cronbach α를 이용합니다. 내적 일관성을 계산하는 지수의 산출은 동일한 척도로 구성된 질문에서만 가능하기 때문에 몇 가지의 하위영역으로 구성된 변수를 선택하여 그 변수 군에 속해 있는 하위영역 간에 얼마나 일관성을 가지고 있는지를 보여줍니다.

검사도구의 신뢰도를 높이는 방안!!!

- 측정항목을 늘리는 것으로, 동일 개념이나 속성을 측정하는 항목이 많을수록 신뢰도는 높아질 수 있습니다.
- 문항별 설명을 명확히 하여 응답하는 사람들 간에 해석상의 차이가 나지 않도록 내용을 구체화하고 명확히 합니다.
- 신뢰도를 낮게 하는 측정항목을 제외하여 다시 신뢰도를 구합니다. 그러나 개념을 재정립해야 합니다.
- 기존의 조사를 통해 신뢰도가 인정된 검사도구를 사용하는 것도 좋은 방법입니다.
- 신뢰도를 검증하기 위해서는 연산척도인 등간척도, 비율척도, 이항척도(정답, 오답)이어야 하며, 비연산척도인 명목척도나 서열척도는 검증할 수 없습니다.

신뢰도・타당도 분석과 다음 장에 나오는 요인분석은 측정도구의 타당화를 검증하기 위한 프로그램으로 활용될 수 있습니다.

3) 연구문제의 예

- 산수문장제검사의 신뢰도는 어떠한가?
- 산수문장제검사는 20문항으로 구성되어 있다. 산수문장제검사에 대한 문항분석으로 신뢰도를 높여보자.
- 산수문장제와 수리력검사(유아지능검사) 간의 공인타당도는 어떠한가?

4) 신뢰도 분석 실행

메뉴 → 분석 → 척도 → 신뢰도 분석

신뢰도 분석 작업을 시작하려면 신뢰도를 내고자 하는 검사도구를 사용한 결과가 코딩되어 있어야 합니다. 신뢰도 분석을 진행하기 위해서는 설문지의 설문문항이 등간척도와 비율척도로 작성되어야 합니다.

코딩방법은 앞장을 참고하시고 여기서는 간략히 몇 개의 문항이 하나의 동일 개념으로 되어있는지를 알아보는 문항 간의 내적 일관성을 알아보겠습니다. 내적 일관성에 의한 신뢰도 추정방식에는 크게 두 가지가 있습니다. 범주형 문항(척도형)에는 K-R 20와 K-R 21 추정방식을 이분형 문항(정답과 오답 구분)에는 Cronbach α 추정방식을 적용합니다. 그러나 일반적으로는 개별항목과 다른 항목들 간의 상관관계를 제시하는 Cronbach α 계수를 가장 많이 사용합니다.

유아의 산수문장제 수행능력에 대한 연구를 수행한다고 합시다. 사용된 산수문장제 검사도구의 신뢰도를 알아봄으로써 일관성 있는 연구결과를 제시할 수 있습니다.

① 신뢰도 분석은 【메뉴 → 분석 → 척도 → 신뢰도 분석】을 선택하면 실행할 수 있습니다. 그럼 【14장 산수문장제.sav】 파일을 불러와서 신뢰도 분석을 실행봅시다.

먼저 【14장 산수문장제.sav】 파일이 열린 상태에서 【메뉴 → 분석 → 척도 → 신뢰도 분석】을 선택하면 다음과 같은 창이 열립니다.

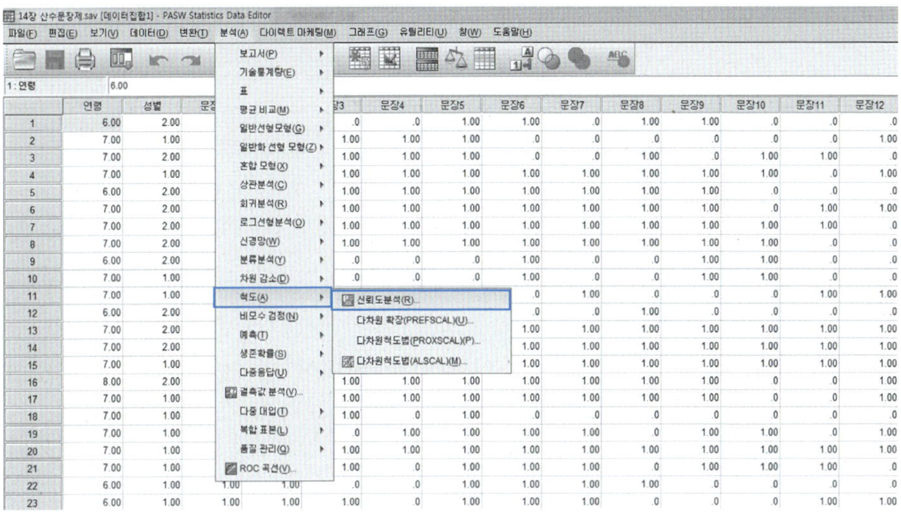

② 신뢰도 분석 창이 열리면 신뢰도 분석을 하고자 하는 변수(문장1~문장20)들을 왼쪽 창에서 선택한 후 ▶ 버튼을 눌러 오른쪽 상자로 이동합니다.

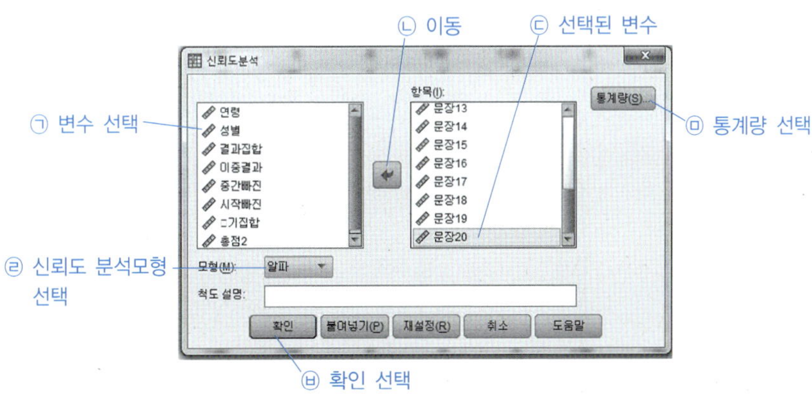

③ 신뢰도의 측정방법 선택

모형(M): 알파 의 내림단추를 누르면 신뢰도를 측정하고자 하는 여러 가지 분석방법이 있습니다.

모형	설명내용
알파	Cronbach α 값을 계산해 주며 기본으로 설정되어 있습니다.
반분계수	반분법에 의한 신뢰도 계수를 계산합니다.
Guttman	신뢰계수에 대한 Guttman의 하한값을 계산합니다.
동형	각 문항이 같은 분산을 갖는다는 가정하에서 최대가능도 추정량을 계산합니다.
절대동형	각 문항이 같은 분산과 평균을 갖는다는 가정하에서 최대가능도 추정량을 계산합니다.

SPSS상에서는 알파신뢰도 모형이 기본으로 설정되어 있지만 연구자는 구하고자 하는 신뢰도 측정방법을 선택할 수 있습니다. 여기서는 기본 설정인 Cronbach α 신뢰도를 구하고자 합니다.

④ 통계량 선택

신뢰도 분석 시 추가로 통계량을 구하기 위해서는 통계량(S)... 을 선택하면 다음과 같은 내용을 살펴볼 수 있습니다.

이 중 기술통계량에 관한 정보는 신뢰도를 낮아지게 하는 변수들에 대한 정보와 이런 변수들을 제외했을 때의 신뢰도 계수를 알려줍니다. 그러므로 각각에 대해 확인할 필요가 있습니다.

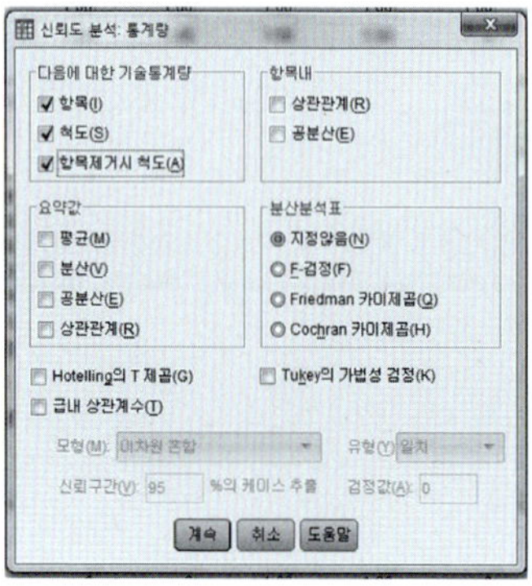

	통계량	설명내용
기술 통계량	항목(I)	해당 항목(맨 좌측의 변수)을 제외한 모든 변수값의 합의 평균을 나타냅니다.
	척도(S)	해당 항목(맨 좌측의 변수)을 제외한 모든 변수값을 더했을 경우의 분산을 나타냅니다.
	항목제거 시 척도(A)	해당 항목(맨 좌측의 변수)을 제외하였을 때 신뢰도 계수를 나타냅니다.
항목-내	상관관계(L)	항목(변수) 간의 상관행렬과 공분산행렬을 알려줍니다.
	공분산(E)	
요약값	평균(M)	해당 항목(변수)의 평균, 분산, 공분산, 상관관계를 나타냅니다.
	분산(V)	
	공분산(O)	
	상관관계(R)	
분산분석표	지정않음(N)	SPSS에서는 기본적으로 설정되어 있습니다.
	F-검증(F)	분산분석들을 실행할 수 있습니다.
	Friedman 카이제곱(Q)	
	Cochran 카이제곱()	

원하는 통계량을 모두 선택하고 난 다음에는 [계속]을 클릭합니다. 여기서는 기술통계량에 대한 부분들을 선택하였습니다.

5) 결과표 해석

옵션 선택이 끝났으면 [확인]을 선택하여 신뢰도 분석을 실행합니다. 그러면 화면상에 다음과 같은 Output 화면이 출력됩니다.

(1) Cronbach α 신뢰도 분석표

케이스 처리 요약

		N	%
케이스	유효	194	98.0
	제외됨[a]	4	2.0
	합계	198	100.0

a. 목록별 삭제는 프로시저의 모든 변수를 기준으로 합니다.

신뢰도 통계량

Cronbach의 알파	항목 수
.878	20

항목 통계량

	평균	표준편차	N
문장1	.9845	.12371	194
문장2	.8608	.34702	194
문장3	.7268	.44675	194
문장4	.7784	.41643	194
문장5	.9227	.26779	194
문장6	.8299	.37670	194
문장7	.6649	.47323	194
문장8	.6649	.47323	194
문장9	.7216	.44935	194
문장10	.6186	.48700	194
문장11	.6598	.47500	194
문장12	.6340	.48295	194
문장13	.8557	.35233	194
문장14	.5412	.49959	194
문장15	.5309	.50033	194
문장16	.5361	.49999	194
문장17	.6134	.48823	194
문장18	.6701	.47139	194
문장19	.5567	.49806	194
문장20	.5619	.49744	194

항목 총계 통계량

	㉠ 항목이 삭제된 경우 척도 평균	㉡ 항목이 삭제된 경우 척도 분산	㉢ 수정된 항목 전체 상관관계	㉣ 항목이 삭제된 경우 Cronbach 알파
문장1	12.9485	23.438	.085	.881
문장2	13.0722	22.357	.328	.877
문장3	13.2062	21.180	.529	.871
문장4	13.1546	21.499	.487	.873
문장5	13.0103	22.518	.380	.876
문장6	13.1031	21.730	.479	.873
문장7	13.2680	20.301	.711	.865
문장8	13.2680	20.829	.579	.869
문장9	13.2113	20.862	.607	.869
문장10	13.3144	21.139	.487	.873
문장11	13.2732	21.246	.476	.873
문장12	13.2990	20.750	.585	.869
문장13	13.0773	21.636	.547	.871
문장14	13.3918	20.488	.823	.868
문장15	13.4021	20.677	.578	.869
문장16	13.3969	20.717	.569	.870
문장17	13.3196	22.426	.193	.883
문장18	13.2629	21.791	.350	.877
문장19	13.3763	21.293	.438	.875
문장20	13.3711	21.012	.503	.872

척도 통계량

평균	분산	표준편차	항목 수
13.9330	23.555	4.85336	20

이제는 위에 제시된 분석에 따른 【결과 해석】을 할 차례입니다. 표에 제시된 순서대로 하나씩 살펴봅시다.

① 신뢰도 통계량

투입된 20개 문항으로 산수문장제검사를 실시할 경우 신뢰도 계수는 .878로 비교적 높은 것으로 나타났으며, 이는 하위 문항들이 산수문장제라는 하나의 동일한 개념을 다루는 것으로 볼 수 있습니다.

② 항목 통계량

투입된 20개의 개별 문항에 대한 평균과 표준편차를 계산하여 제시해 줍니다. 표상에서 대부분의 문항 중 평균점수가 상대적으로 낮은 분포를 보이고 있는 이 문항들의 신뢰도가 낮을 확률이 높습니다.

③ 항목 총계 통계량

측정된 개별 문항이 제외되었을 때 제외된 변수 이외의 모든 문항들 간의 평균, 분산을 알려주며 척도통계량에 나타난 전체 값과의 상관계수와 신뢰도 계수를 나타냅니다. 구체적으로 살펴봅시다.

㉠ **항목이 삭제된 경우 척도 평균** : 좌측의 문항이 제외되었을 때의 나머지 문항들 간의 평균을 알려줍니다. 예를 들면, 문장1을 제외한 나머지 문항 (문장2~문장20) 전체의 평균은 12.948입니다.

㉡ **항목이 삭제된 경우 척도 분산** : 좌측의 문항이 제외되었을 때의 나머지 문항 전체의 분산을 알려줍니다. 예를 들면, 문장1을 제외한 나머지 문항(문장2~문장20) 전체의 분산은 23.438입니다.

㉢ **수정된 항목-전체 상관관계** : 좌측의 문항과 나머지 문항들 간의 상관관계를 의미합니다. 예를 들면, 문장1과 나머지(문장2~문장20) 문항들 간의 상관계수는 .085입니다.

㉣ **항목이 삭제된 경우**(Cronbach α) : 좌측의 문항이 제외되었을 때의 나머지 문항

전체가 가지는 신뢰도 계수값을 의미합니다. 예를 들면, 문장7을 제외한다면 신뢰도 계수가 .865로 이는 전체 신뢰도 .878보다 조금 떨어지므로 이 문항을 제외해서는 안됩니다. 신뢰도 계수가 낮을 시 이와 같은 방법을 통해 신뢰도 계수를 수정할 수 있습니다.

④ 척도 통계량

신뢰도를 구하는 데 사용된 사례수와 항목 수를 나타냅니다. 사례수는 194명이며 문항은 20개입니다. 측정된 문항들을 모두 더했을 때의 평균(13.933), 분산(23.555), 표준편차(4.853)를 알려줍니다.

(2) 반분신뢰도 분석표

신뢰도 측정방법에서 모형(M): 반분계수 를 선택하면 화면상에 다음과 같은 Output 화면이 출력됩니다. 반분신뢰도는 검사내용의 동질성 정도를 재는 것으로, 측정된 문항들을 서로 대등한 두 개의 측정문항들로 나누고 이 두 측정치 간의 상관관계를 조사하여 신뢰성을 측정합니다. 반분신뢰도에서는 이 두 부분 간의 상관에 기초하기에 신뢰도가 과소평가되는 경향이 있어 Spearman-Brown의 공식을 사용해서 교정합니다.

케이스 처리 요약

		N	%
케이스	유효	194	98.0
	제외됨[a]	4	2.0
	합계	198	100.0

a. 목록별 삭제는 프로시저의 모든 변수를 기준으로 합니다.

신뢰도 통계량

① Cronbach의 알파	부분1	값	.804
		항목 수	10[a]
	부분2	값	.796
		항목 수	10[b]
	전체항목 수		20
② 문항간 상관관계			.704
③ Speaman-Brownr 계수	같은 길이		.826 (반분신뢰도 계수)
	다른 길이		.826
④ Gultman 반분계수			.820

a. 항목 : 문장1, 문장2, 문장3, 문장4, 문장5, 문장6, 문장7, 문장8, 문장9, 문장10

b. 항목 : 문장11, 문장12, 문장13, 문장14, 문장15, 문장16, 문장17, 문장18, 문장19, 문장20

항목 통계량

	평균	표준편차	N
문장1	.9845	.12371	194
문장2	.8608	.34702	194
문장3	.7268	.44675	194
문장4	.7784	.41643	194
문장5	.9227	.26779	194
문장6	.8299	.37670	194
문장7	.6649	.47323	194
문장8	.6649	.47323	194
문장9	.7216	.44935	194
문장10	.6186	.48700	194
문장11	.6598	.47500	194
문장12	.6340	.48295	194
문장13	.8557	.35233	194
문장14	.5412	.49959	194
문장15	.5309	.50033	194
문장16	.5361	.49999	194
문장17	.6134	.48823	194
문장18	.6701	.47139	194
문장19	.5567	.49806	194
문장20	.5619	.49744	194

항목 총계 통계량

	항목이 삭제된 경우 척도 평균	항목이 삭제된 경우 척도 분산	수정된 항목 전체 상관관계	항목이 삭제된 경우 Cronbach 알파
문장1	12.9485	23.438	.085	.881
문장2	13.0722	22.357	.328	.877
문장3	13.2062	21.180	.529	.871
문장4	13.1546	21.499	.487	.873
문장5	13.0103	22.518	.380	.876
문장6	13.1031	21.730	.479	.873
문장7	13.2680	20.301	.711	.865
문장8	13.2680	20.829	.579	.869
문장9	13.2113	20.862	.607	.869
문장10	13.3144	21.139	.487	.873
문장11	13.2732	21.246	.476	.873
문장12	13.2990	20.750	.585	.869
문장13	13.0773	21.636	.547	.871
문장14	13.3918	20.488	.623	.868
문장15	13.4021	20.677	.578	.869
문장16	13.3969	20.717	.569	.870
문장17	13.3196	22.426	.193	.883
문장18	13.2629	21.791	.350	.877
문장19	13.3763	21.293	.438	.875
문장20	13.3711	21.012	.503	.872

척도 통계량

	평균	분산	표준편차	항목 수
부분 1	7.7732	5.824	2.41328	10[a]
부분 2	6.1598	8.073	2.84126	10[b]
두 부분	13.9330	23.555	4.85336	20

a. 항목 : 문장1, 문장2, 문장3, 문장4, 문장5, 문장6, 문장7, 문장8, 문장9, 문장10

b. 항목 : 문장11, 문장12, 문장13, 문장14, 문장15, 문장16, 문장17, 문장18, 문장19, 문장20

이제는 위에 제시된 분석에 따른 【결과 해석】을 할 차례입니다. 앞서 Cronbach α 분석표에 나타난 동일한 것들은 제외한 나머지 부분들을 순서대로 하나씩 살펴보면 다음과 같습니다.

① Cronbach 알파

산수문장제검사 20문항을 두 부분으로 나누었을 때 10문항 간의 신뢰도 계수는 .804이며, 또 다른 10문항 간의 신뢰도 계수는 .796임을 나타냅니다.

② 문항 간 상관관계

두 부분으로 나눈 측정항목들 간의 상관계수(.704)를 알려줍니다.

③ Spearman-Brown 계수 : 같은 길이

반분된 두 검사항목 수가 동일할 때 살펴보는 것으로 교정된 신뢰도 계수를 알려줍니다. ①이 절반의 형식에 대한 신뢰도이므로 전체 설문지의 신뢰도를 위해서 Spearman-Brown 공식을 이용하여 수정한 신뢰도로 반분신뢰도는 계수는 .826으로 나타났음을 의미합니다.

④ Guttman 반분계수

Guttman 반분상관 계수(.820)를 알려줍니다.

(3) 신뢰도 검증을 높이는 방안

여기서는 측정도구를 개발하는 과정에서 그 도구가 좋은 도구, 좋은 저울인지 확인하기 위한 신뢰도의 검증방법에 대해서 알아보고자 합니다.

개발된 산수문장제 검사도구의 신뢰도를 검증하기 위해 1차 신뢰도 분석을 실시한 결과는 다음과 같습니다. 일반적으로 신뢰도가 .50이상일 경우 '신뢰성이 있다'라고 할 수 있으므로 본 산수문장제검사의 신뢰도는 상당히 높은 것으로 볼 수 있습니다(r=.878). 그러나 여기서는 검사도구의 신뢰성 검증을 높이는 방안에 대해서 살펴보기에 산수문장제 20문항 가운데 상대적으로 신뢰도가 낮은 개별 문항을 찾아 제거함으로써 전체 신뢰도를 더 높이고자 합니다.

다음 표는 1차, 2차 실시된 신뢰도 분석 결과입니다. 제거지수(alpha if item deleted)는 1차 신뢰도 분석표 우측에 있는 수치로 그 문항을 삭제했을 때 전체 신뢰도의 변경값을 의미합니다. 예를 들면, 제거지수가 가장 높은 문장17번을 제거한 후 19개의 문항을 가지고 재검증을 실시할 경우 신뢰도는 종전의 .878에서 .883으로 높아진다는 뜻입니다. 즉, 제거지수가 높은 문항일수록 신뢰도가 낮은 문항이라고 할 수 있습니다. 그러므로 다음 표에서 제거지수가 높은 문장17번과 문장1번을 제외하고 최종 18개 문항을 선정하여 2차 신뢰도 검증을 실시할 수 있습니다.

2차 신뢰도 검증 결과 총 18개 문장제 문항으로 검사할 경우 신뢰도가 .886으로 나타나 1차 검증 결과치인 .878에 비해 신뢰도가 약 0.8% 정도 높아졌음을 알 수 있습니다.

㉠ 제거지수 확인

항목 총계 통계량

	항목이 삭제된 경우 척도 평균	항목이 삭제된 경우 척도 분산	수정된 항목 전체 상관관계	항목이 삭제된 경우 Cronbach 알파
문장1	12.9485	23.438	.085	.881
문장2	13.0722	22.357	.328	.877
문장3	13.2062	21.180	.529	.871
문장4	13.1546	21.499	.487	.873
문장5	13.0103	22.518	.380	.876
문장6	13.1031	21.730	.479	.873
문장7	13.2680	20.301	.711	.865
문장8	13.2680	20.829	.579	.869
문장9	13.2113	20.862	.607	.869
문장10	13.3144	21.139	.487	.873
문장11	13.2732	21.246	.476	.873
문장12	13.2990	20.750	.585	.869
문장13	13.0773	21.636	.547	.871
문장14	13.3918	20.488	.623	.868
문장15	13.4021	20.677	.578	.869
문장16	13.3969	20.717	.569	.870
문장17	13.3196	22.426	.193	.883
문장18	13.2629	21.791	.350	.877
문장19	13.3763	21.293	.438	.875
문장20	13.3711	21.012	.503	.872

항목 총계 통계량

	항목이 삭제된 경우 척도 평균	항목이 삭제된 경우 척도 분산	수정된 항목 전체 상관관계	항목이 삭제된 경우 Cronbach 알파
문장2	11.4742	21.152	.330	.885
문장3	11.6082	19.970	.540	.879
문장4	11.5567	20.279	.500	.881
문장5	11.4124	21.269	.399	.884
문장6	11.5052	20.500	.494	.881
문장7	11.6701	19.093	.728	.872
문장8	11.6701	19.663	.582	.878
문장9	11.6134	19.689	.611	.877
문장10	11.7185	19.955	.491	.881
문장11	11.6753	20.055	.481	.881
문장12	11.7010	18.527	.602	.877
문장13	11.4794	20.458	.548	.880
문장14	11.7938	19.253	.644	.875
문장15	11.8041	19.464	.592	.877
문장16	11.7990	19.509	.582	.878
문장18	11.6649	20.866	.288	.868
문장19	11.7784	20.215	.416	.884
문장20	11.7732	19.969	.475	.882

Cronbach α=.878 문항 20 : 1차 신뢰도 → Cronbach α=.886, 문항 18 : 2차 신뢰도

검증단계	문항 수	신뢰도
1차 신뢰도	20	0.878
2차 신뢰도	18	0.886

따라서 선정된 18개의 산수문장제검사는 유아들의 산수문장제 능력을 측정하는 데 있어 신뢰도가 높은 매우 우수한 도구라고 할 수 있습니다.

6) 보고서 제시 양식

보고서에 신뢰도 계수를 제시할 때는 SPSS상의 출력결과를 모두 나타내 줄 필요는 없습니다. 신뢰도 계수의 값을 제시해 주는 것이 일반적이며, 소수점 이하 세 자리에서 반올림하여 두 자릿수까지 제시해 주면 됩니다. 앞서 제시된 산수문장제에 대한 내적 일치도, 즉 Cronbach α 지수를 토대로 신뢰도를 제시해 봅시다.

해석 신뢰도 계수(α)는 .88로 신뢰도가 매우 높은 것으로 나타났다.

다음으로 도구개발의 경우 신뢰성을 높이기 위해서는 간단하게 신뢰도 계수만을 제시하는 것이 아니라 각 문항의 평균, 표준편차와 함께 제거했을 때의 알파계수, 그리고 전체 신뢰도 값을 제시해 줍니다.

〈표 14-1〉 산수문장제검사에 대한 신뢰도 분석 결과

문항	평 균	표준편차	제거했을 때의 α 계수
문장 2	.86	.35	.89
문장 3	.73	.45	.88
문장 4	.78	.42	.88
.	.	.	.
.	.	.	.
문장 20	.56	.50	.88

α 계수=.89, N=194

요약

신뢰도 분석하기

- 【메뉴 → 분석 → 척도 → 신뢰도 분석】
- 신뢰도의 측정방법 선택 → 모형(M): 알파
- 통계량(S)... 선택→ 필요한 통계량 선택→ 확인

2. 타당도

타당도는 한 측정도구가 도구 제작 시 의도했던 목적을 어느 정도 충실히 측정했는지를 묻고자 하는 것으로 좋은 측정도구가 갖추어야 할 가장 중요한 조건입니다. 즉, 그 도구가 측정하고자 하는 속성 또는 현상을 얼마나 충실하게 측정하고 있느냐와 관련된 물음들이며 타당도의 종류에는 크게 내용타당도, 준거관련타당도(예언타당도와 공인타당도), 구인타당도가 있습니다.

- 내용타당도는 측정도구가 의도하고 측정하려고 하는 내용을 어느 정도 충실히 측정하고 있는지를 분석·추정하여 검사의 타당성을 보려는 방법입니다. 전문가 입장에서 볼 때 적절하게 판단되면 그 측정도구는 내용타당도를 가졌다고 말합니다.
- 준거관련타당도는 어떤 준거와 관련지어서 측정도구의 타당성을 평가하는 방법으로 주로 다른 준거검사와의 상관관계를 통해 얻는 타당도이므로 수량적으로 표시됩니다.
  - 예언타당도는 한 측정도구의 검사결과가 피험자의 미래의 행동이나 특성을 어느 정도로 정확하게 예언하느냐에 의해 결정되며, 한 측정도구의 검사결과와 준거가 되는 행동 특성 간의 상관계수로 나타낼 수 있습니다.
  - 공인타당도는 개념상 예언타당도와 유사하지만 시간 차원과 준거의 성질이 다릅니다. 즉, 공인타당도는 한 측정도구의 검사결과와 타당성이 이미 인정된 기존의 다른 검사결과나 준거 특성 간의 상관을 토대로 타당성을 검증하는 방법입니다.
- 구인타당도는 어떤 한 검사가 측정하고자 하는 속성과 목적이 이론적 합리성에 비추어 얼마나 적합한가에 대한 정보를 통하여 검사의 타당성을 파악하는 방법입니다. 구인타탕도는 요인분석을 통해 검증될 수 있으니 요인분석 방법(15장)을 참고하면 됩니다.

앞의 신뢰도 분석에서 사용된 예를 다시 사용해 볼까요? 신뢰도 분석에서는 산수 문장제 검사의 신뢰도 계수를 알아보았습니다. 여기서는 산수문장제 검사가 현재 표준화되어 사용되고 있는 유아지능검사(KISC)의 수리력과 어느 정도 일치하는지를 알아봄으로써 타당도를 점검해 볼 수 있습니다.

1) 연구문제의 예

■ 산수문장제와 수리력 간(유아지능검사)의 공인타당도는 어떠한가?

2) 공인타당도 분석 실행

여기서는 공인타당도를 살펴보겠습니다. 구인타당도는 다음의 요인분석 장을 참조하세요. 타당도 분석은 상관관계를 토대로 알아볼 수 있습니다.

메뉴 → 분석 → 상관분석 → 이변량 상관계수

① 타당도 분석은 【메뉴 → 분석 → 상관분석 → 이변량 상관계수】를 선택하면 실행할 수 있습니다. 그럼 【14장 문장제.sav】 파일을 불러와서 타당도 분석을 실행해 봅시다.

먼저 【14장 문장제.sav】 파일이 열린 상태에서 【메뉴 → 분석 → 상관분석 → 이변량 상관계수】를 실행합니다.

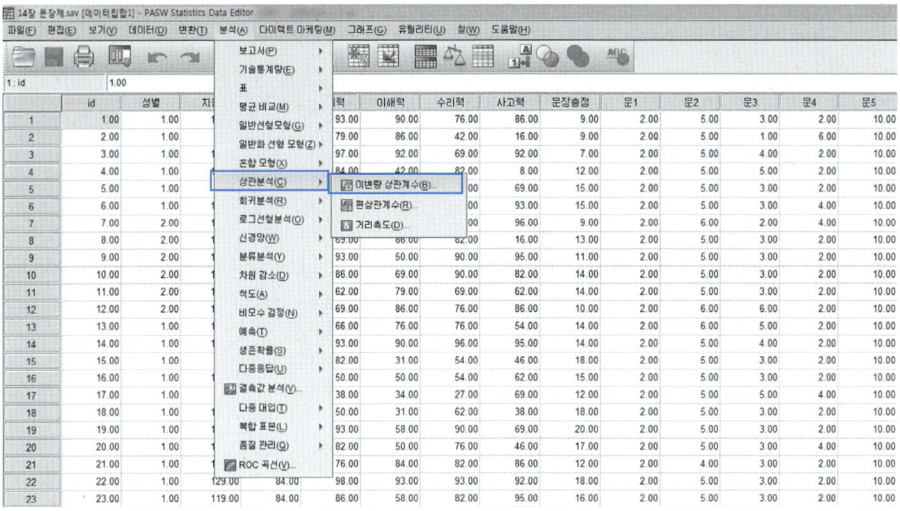

② 다음의 대화창이 열리면 타당도 분석을 하고자 하는 변수들을 왼쪽 상자에서 선택한 후 ▶ 버튼을 눌러 오른쪽 상자로 이동합니다. 문장 총점과 유아지능검사(KISC)의 하위 변수인 수리력을 선택하여 이들 간의 상관을 알아봅니다.

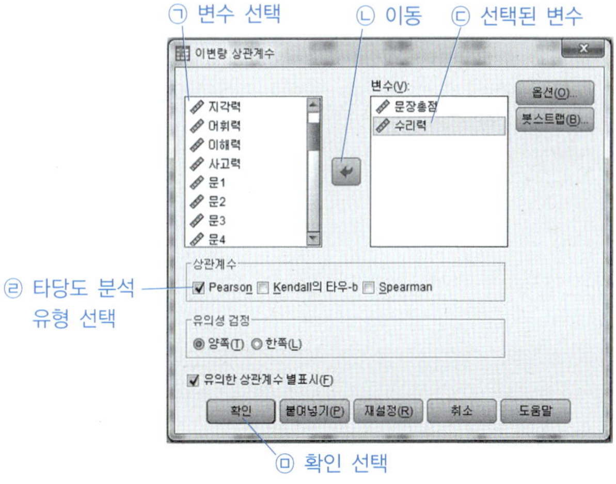

산수문장제, 수리력은 연속변수이므로 Pearson 상관계수을 선택합니다. 기타 옵션이나 대화창에 대한 세부적인 설명은 상관분석(12장)을 살펴봅시다.

3) 결과표 해석

필요한 항목 선택이 끝났으면 [확인]을 클릭하여 타당도 분석을 실행합니다. 그러면 화면상에 다음과 같은 Output 화면이 출력됩니다.

산수문장제검사와 지능의 하위변수인 수리력 간의 상관을 알아봄으로써 공인타당도를 구할 수 있습니다.

상관계수

		문장총점	수리력
문장총점	Pearson 상관계수	1	.416**
	유의확률(양쪽)		.000
	N	161	161
수리력	Pearson 상관계수	.416**	1
	유의확률(양쪽)	.000	
	N	161	161

**. 상관계수는 0.01 수준(양쪽)에서 유의합니다.

Pearson 상관계수를 살펴봅시다. 결과는 좌측의 변수와 우측의 변수가 만나는 셀을 보면 됩니다. 문장총점과 수리력 간의 상관계수는 .416으로 문장총점이 높을수록 수리력 점수도 높아짐을 알 수 있습니다. 그리고 유의도 수준은 .000으로 .01 수준보다 작기 때문에 별표 2개로 표시됩니다.

공인타당도는 검사도구나 측정도구를 개발할 때 거쳐야 할 꼭 필요한 과정입니다. 예를 들면, 새로이 제작한 유아지능검사가 있다고 합시다. 새로운 유아지능검사가 좋은 측정도구인지 알아보기 위해서 기존에 널리 쓰이고 타당성이 높다고 인정된 지능검사(KISC 혹은 KEDI-WISC)와의 상관관계를 통해 새로운 유아지능검사의 타당도를 구할 수 있습니다.

4) 예언타당도 분석

7세 때 측정했던 유아의 산수문장제 점수로 초등학교 입학 후의 수학성적을 예측하고자 할 때 적용해 볼 수 있습니다. 실행방식은 공인타당도의 산출방식과 동일하므로 여기서는 생략하겠습니다.

예언타당도는 동일한 연구대상 아동들의 유아기 때의 학습준비도 검사결과와 초등학교 입학 후 학업성적 점수와의 상관을 통해 산출될 수 있습니다.

5) 보고서 제시 양식

보고서에 타당도 계수를 제시할 때도 SPSS상의 출력결과를 모두 나타내 줄 필요는 없습니다. 공인타당도 및 예언타당도 상관계수를 제시해 주는 것이 일반적이며, 소수점 이하 세 자리 수에서 반올림하여 두 자리 수까지 제시해 주면 됩니다.

해석 공인타당도 계수(r)는 .42로 타당도가 비교적 높은 것으로 나타났다.

요약

타당도 분석하기

- 【메뉴 → 분석 → 상관분석 → 이변량 상관계수】
- 유형 : 내용타당도, 준거관련타당도(예언타당도, 공인타당도), 구인타당도
- 내용타당도는 전문가에게 의뢰
- 준거관련타당도는 상관계수 적용
- 구인타당도는 요인분석 적용

연 · 습 · 문 · 제

01 연습CD의 【14장 직무만족도.sav】 파일을 이용하여 Cronbach α와 반분신뢰도 계수를 구하시오.

02 연습CD의 【14장 문장제.sav】 파일을 이용하여 문장제 총점과 지능과의 공인타당도를 검증하시오.

쉬어가기

학자들에게 이렇게 질문을 한다면… "1+1은 얼마일까?"

- 물리학자 : 즉석에서 (직관적으로) 1이라고 답하고, 온갖 첨단이론으로 설명하려고 한다.
- 화학자 : 역시 즉석에서 3이라고 답하고, 실험으로 확인한다.
- 공학자 : 컴퓨터를 한~ 참 돌린 다음 답을 말한다.
  "답은 1.996이다."
- 수학자 : 팔짱을 끼고 고개를 숙인 채 한참을 생각한 다음, 고개를 들며 한 마디 "답은 존재한다."
  다시 고개를 숙이고 한참 생각에 잠긴 다음, 고개를 들며 다시 한 마디 "답은 유일하다."

출처 : http://www.netian.com

chapter

15

요인분석

chapter

15

요인분석

이 장에서는 측정도구를 개발하는 과정에서 변수들 간의 상호관련성을 분석하고 이를 토대로 각 변수들이 공통으로 측정하고 있는 잠재적인 요인들을 파악하는 요인분석에 대해 살펴보고자 합니다. 즉, 많은 측정변인들을 공통적인 요인(잠재구조)으로 묶어 자료의 복잡성을 줄이고(자료축약), 측정된 변인들이 동일한 구성개념을 측정하고 있는지를 파악할 수 있는 강력한 분석방법입니다. 그래서 요인분석은 주로 검사나 측정도구의 개발과정에서 측정도구의 타당성을 파악하기 위한 방법으로 많이 사용됩니다.

요인분석은 다변량 분석방법의 하나로서 독립변수와 종속변수가 지정되어 변수들 간의 종속관계를 다루는 일반적인 다변량 분석기법과는 달리 변수들 간의 상호관계를 규명합니다.

- 요인분석의 사용목적에 대해서 알아봅니다.
- 요인분석의 주요 개념에 대해서 알아봅니다.
- 요인분석의 실행분석에 대해서 알아봅니다.

1. 요인분석에 들어가기 전에

1) 요인분석의 사용목적

지능이란 무엇인가? 개인 간의 차이를 나타내는 지능의 구조가 무엇이며 인간의 정신능력 밑에 잠재되어 있는 우리의 눈에 보이지 않는 구인이 무엇인지, 그리고 그러한 것들이 어떻게 탐색될 수 있는지… 등의 과제는 많은 연구자들의 주 관심이었습니다. 이런 물음들에 대해 많은 연구자들은 이론적으로 타당한 지능검사를 만들기 위해 수없이 많은 측정문항들을 요인분석하여 지능을 대표하는 요인(잠재구조)들을 추출해 내고 각 요인을 정확하게 측정하는 문항들을 뽑아 일련의 지능검사들을 만들어왔습니다.

우리가 익히 아는 Speareman의 양요인이론과 Thurstone의 다요인, Guilford의 지능구조모형 등은 이처럼 요인분석을 적용하여, 인간의 능력과 능력 사이에 기초하는 상관에서부터 출발하여 능력 사이에 존재하는 잠재적 구인이 무엇인지를 밝히려고 했었던 일련의 노력들이었습니다.

아동들에게 동의어, 반의어, 덧셈, 뺄셈 등에 관한 능력을 측정했다고 가정해 봅시다. 측정결과 동의어, 반의어, 덧셈, 뺄셈 변수 간의 상관행렬을 구한다면 아마도 우리는 동의어와 반의어의 상관계수는 높으며, 덧셈과 뺄셈의 상관계수가 높을 것이라고 예상해 볼 수 있습니다.

이렇게 서로 상관이 높은 변수들을 하나의 잠재적인 요인(요인1, 요인2)들로 묶은 다음에, 그러한 잠재적인 요인을 가장 잘 설명하는 요인명을 부여할 수 있습니다. 연구자는 관련 변수인 동의어와 반의어로 묶인 요인1을 그 성격상 국어능력으로, 덧셈과 뺄셈 변수로 묶인 요인2를 수학능력으로 부여할 수 있습니다.

위의 연구를 적용한다면 연구 수행 시 요인분석은 다음의 목적으로 적용될 수 있습니다.

- 잠재적인 요인의 수를 파악한다(요인1, 요인2, 자료의 요약).
- 잠재요인의 본질을 파악할 수 있다(요인1 : 국어능력, 요인2 : 수학능력).

- 요인의 아이겐값 비교를 통해 잠재요인의 상대적 중요도를 밝힌다.
- 가설적인 이론을 검증한다(측정도구의 타당성 검증).
- 요인점수를 산출하여 추후연구에 활용한다.

요인분석은 변수 간의 상호관계를 규명하는 분석이므로 변수는 등간척도 이상의 연속자료이어야 하며, 대체로 100~200개 정도의 사례수가 필요합니다. 분석할 변수들의 절반 이상은 상관이 ±.30을 초과해야 요인분석 할 가치가 있다고 봅니다. 그러나 지나친 상관을 보이는 변수들은 분석 시 제외될 필요가 있는데 이러한 다중공선성(지나친 상관)도 유념해야 합니다.

2) 요인분석의 주요 용어 및 개념

아래의 그림은 요인분석의 예를 보여주는 개념도로 10개의 변수들이 요인분석을 통해 3개의 요인으로 축약되는 과정을 보여줍니다. 각 요인으로 분류된 변수들은 서로 간에 높은 상관관계를 가지고 있는데, 이러한 변수들은 유사한 성격의 요인을 대변하고 있는 것으로 간주되며 하나의 요인으로 묶일 수 있습니다.

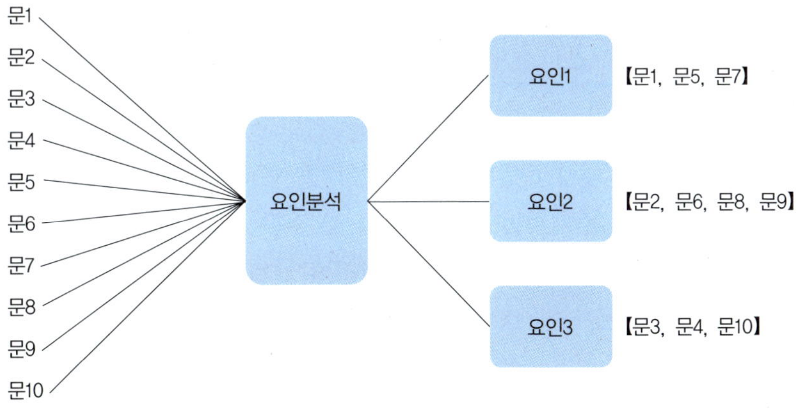

| 그림 15-1 | 요인분석의 개념도

요인분석의 연산과정에 대해서는 이 장에서 설명을 생략하며, 다만 요인분석의 결과로서 도출되는 계산값들을 이해하기 위한 개념들을 소개하고자 합니다.

(1) 요인분석 방법

만약 10개의 변수가 있다면 10개의 요인이 추출될 수 있습니다. 그러나 모든 변수의 수만큼 요인을 추출한다면 요인분석의 의미는 없어집니다. 따라서 몇 개의 요인을 추출할 것인지가 요인분석에서는 중요한 판단사항이 됩니다. 요인추출과 관련된 다양한 방법이 있지만 주로 주성분 분석(PCA)과 공통요인 분석(CFA)을 이용합니다. 정보의 손실을 최소한으로 줄이면서 변수들 사이에 존재하는 요인의 수를 가능한 적은 수의 요인으로 줄이고자 할 때는 주성분 분석(전체분산 이용)을 사용하고, 변수들 간의 내재하는 차원이나 요인을 알고자 할 때는 공통요인 분석(공통분산을 이용)을 실시합니다.

요인분석은 연구의 목적에 따라 탐색적 요인분석(EFA : Exploratory Factor Analysis)과 확인적 요인분석(CFA : Confirmatory Factor Analysis)으로 나눌 수 있습니다. 탐색적 요인분석은 연구하고자 하는 요인에 대한 이론이 정립되어 있지 않은 경우 사전 가설 없이 잠재요인을 탐색하는 것을 목적으로 사용합니다. 반면 확인적 요인분석은 이미 밝혀진 이론에 따라 요인 간 관계를 미리 예측하고 가설을 설정한 후 이것이 성립되는지 아닌지를 증명하는 데 사용합니다. 확인적 요인분석의 경우 SPSS를 활용하여 분석하지 않으므로 여기서는 생략하기로 합니다.

(2) 요인계수(요인적재값, 요인부하량, factor loading)

도출된 요인들과 기존의 변수들 간의 상관관계의 크기 정도를 알려주는 계수로서 일반적으로 .40 이상이면 유의한 변수로 간주하고 .50을 넘으면 중요한 변수로 봅니다. 요인계수값들을 분석해 보면 각 변수들이 각 요인들에 대해 얼마만큼의 의미를 가지고 있는지를 알아볼 수 있습니다. 높은 요인계수를 갖는다는 것은 그 변수가 그 요인에 기여하는 바가 크다는 것을 의미합니다.

(3) 요인의 수 결정방법

① **공통성**(공통요인의 변량, 커뮤낼러티, h^2)

한 변수에 해당하는 행의 요인 계수값들을 각각 제곱한 다음 이를 총합하여 얻은 값으로, 추출된 요인들이 각각의 변수를 설명하는 정도를 가리킵니다. 만약 $h^2 = .90$

일 경우, 이 변수의 전체 변량을 1.00이라 할 때 이 중의 90%만이 공통분산이고 나머지는 오차분산과 특수분산을 의미합니다. 따라서 공통성(h^2)을 관찰하면 요인분석의 적합성을 알 수 있습니다.

② 아이겐값(고유값)

각 요인의 분산의 크기를 나타내는 수치, 즉 각 요인이 얼마나 많은 설명력을 가지는가를 나타내는 지표입니다. 요인분석 시 사용되는 아이겐값은 일반적으로 1.0은 되어야 한다는 기준을 적용하고 있기 때문에 요인추출 과정에서는 아이겐값이 중요하게 고려됩니다. 요인분석이 다수의 변수들을 축약하는 의미를 갖기 때문에, 대개는 아이겐값이 1보다 적은 요인들을 배제하는 선에서 추출될 총 요인의 수를 결정해줍니다. 아이겐값이 크면 클수록 그 요인이 전체 요인구조에서 차지하는 비중이 크다고 할 수 있습니다.

③ 스크리 검정

스크리 검정은 아이겐값의 분포를 시각적으로 나타내는 것으로 요인추출의 하한선을 결정하는 데 도움을 줍니다. 명확한 준거는 없으나 연결선이 급경사를 이루면 각 성분이 하나의 요인이 된다고 판단합니다. 스크리 분포 곡선의 모양은 어디서 요인 수를 끊을 것인가를 평가하는 데 이용되지만, 잠정적인 요인 수를 파악하는 통찰을 제공할 뿐 요인을 직접 추출하는 데는 반영되지 않습니다.

(4) 요인의 명명

연구자는 추출된 요인에 따라 직접 요인명을 부여하는데, 각 요인과 높은 상관관계를 갖는 변수들을 고려하여 그 성격을 가장 잘 대변해 주는 요인명을 부여합니다.

(5) 요인회전

원래의 변수들에서 일정한 수의 요인들을 추출한 다음 새롭게 도출된 요인행렬(초기 요인계수 행렬표)을 얻어 이를 회전시킴으로써 각 요인들은 주어진 변수들을 명확하게 반영하게 됩니다. 이와 같이 주어진 변수들에 가깝도록 요인을 나타내는 선을 회전시키는 것을 요인회전이라 합니다. 요인회전 후에도 요인의 수와 설명되는 분산의 크기는 변하지 않습니다. 단지 기존의 변수들이 각 요인들에 대해 갖는 상관관계의 크기에 있어서 재분배가 이루어질 뿐입니다.

① 직교회전

서로 상관이 없는 요인들로 유도하는 회전방법(요인의 축을 90°로 유지)으로 Varimax, Quartimax, Equimax가 있습니다. 일반적으로 가장 많이 사용되며 SPSS상에서는 기본으로 설정되어 있습니다.

② 사교회전

회전축을 임의적으로 움직이는 회전방법으로 Oblimn 등이 있습니다.

(6) 요인의 해석/ 요인모형에 대한 판단

- 요인행렬을 검토합니다.
- 요인계수(적재값, 부하량)의 유의미성을 판단하고 각 변수에 대한 해당 요인을 선정합니다(±.30 이상).
- 추출 후 통계치에서 각 변수의 공통성(h^2)으로 요인의 적절성을 판단합니다(±.50).
- 요인명명을 부여합니다.

(7) 요인점수의 계산

추후분석을 위하여 산출된 요인점수를 하나의 새로운 변수로 사용하면 효과적인 분석을 수행할 수 있습니다.

3) 요인분석의 수행과정

(1) 변수의 선정

연구문제와 관련된 변수는 측정 가능한 모든 변수를 분석에 포함시킵니다. 변수의 수에 따라 표본의 수도 많아지지만 요인분석의 경우 100~200사례는 확보하는 것이 바람직합니다.

(2) 척도의 형태

요인분석은 상관관계를 바탕으로 이루어지므로 상관관계 계산이 가능한 연산자료(등간 또는 비율척도)가 되어야 합니다.

(3) 표본 수 결정

최소한 100개 이상이 되어야 하며 일반적으로 변수의 수에 4~5배는 되어야 합니다.

(4) 자료입력

원자료를 입력합니다.

(5) 자료의 표준화

원자료의 성격상 측정단위가 다른 경우가 발생하는데 이를 표준화 과정(평균 0, 표준편차 1)을 거쳐 측정단위가 결과에 미치는 영향을 제거합니다.

(6) 요인분석의 적용가능성 점검

변수들 간의 상관관계 행렬표를 산출함으로써 변수 간의 상호관련성을 파악하며, 이러한 상관관계 행렬표가 요인분석의 입력자료가 됩니다.

- **통계량** : 초기해법(고유값, 공통성) 점검
- **상관행렬** : 상관계수, KMO와 Bartlett의 구형성 검정

(7) 요인추출 방법 결정

요인추출 방법에는 주성분 분석, 최대우도법 등의 방법이 있으나 보통 주성분 분석을 주로 이용하며, 추출될 요인의 수도 결정합니다.

- **방법** : 주성분 분석/ 공통요인 분석 선택
- **분석** : 상관행렬(요인적재량 산출)
  각 변수와 요인 간의 상관관계 정도를 나타냅니다.
- **추출** : 고유값 기준
  요인 수는 지정할 수도 있으나 SPSS에서는 기본으로 설정되어 있습니다.
- **출력** : 회전하지 않은 요인해법, 스크리 도표

(8) 요인구조의 회전방법 결정

최초의 해를 보다 명확하게 하기 위한 과정으로, 변수가 하나의 요인에 높게 적재

되고 나머지 요인들에 대해서는 낮게 적재되도록 하여 요인의 구조를 보다 명확하게 합니다.

- **방법** : 직교회전(베리맥스)/ 사교회전 선택
- **출력** : 회전해법, 적재값 도표

(9) 분석결과 해석(요인해석/ 명명)

요인이 추출되면 같은 요인으로 묶여진 변수들의 공통된 특성을 조사하여 연구자가 주관적으로 명명하거나 요인점수를 이용하여 추가적인 분석을 통해 규명할 수 있습니다.

(10) 요인점수의 변수 저장

여러 개의 변수들을 몇 개의 요인으로 축약하였으므로 생성된 요인을 새로운 변수로 취급하여 회귀분석이나 판별분석 등의 추가적인 분석에 이용할 수 있습니다.

(11) 요인분석 보고서 작성

요인분석 보고서 작성방식에 따라 결과를 작성한다.

2. 요인분석의 실행

메뉴 → 분석 → 차원 감소 → 요인분석

유치원 교사의 직무만족도를 측정하는 도구를 개발하고자 합니다. 따라서 먼저 이와 관련된 선행연구를 참조로 직무만족도와 관련된 하위변수들을 직무, 상사, 동료, 승진, 임금 등의 다섯 가지로 정하고 이와 관련된 총 21문항의 직무만족도에 관한 설문지를 제작하고 조사하였습니다. 회수된 설문지에 대한 요인분석을 실행해 봄으로써 직무만족도가 5개의 요인으로 분류되었고, 각 요인들의 하위변수들의 성격을 가장 잘 대변하는 요인명으로 직무, 상사, 동료, 승진, 임금을 부여하여 직무만족도라는 척도의 타당성을 확인할 수 있습니다.

1) 요인분석 실행

요인분석은 【메뉴 → 분석 → 차원 감소 → 요인분석】을 선택하면 실행할 수 있습니다. 그럼 【15장 직무만족도.sav】 파일을 불러와서 요인분석을 실행해 봅시다.

① 먼저 【15장 직무만족도.sav】 파일이 열린 상태에서 【메뉴 → 분석 → 차원 감소 → 요인분석】을 선택하면 다음과 같은 창이 열립니다.

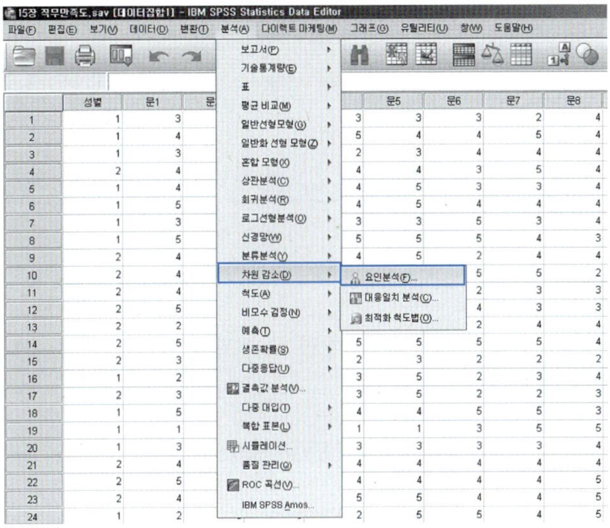

② 분석하고자 하는 변수명을 왼쪽 상자에서 선택한 후 ▶ 버튼을 눌러 오른쪽 상자로 이동합니다. 여기서는 문항1에서 문항21까지 이동합니다.

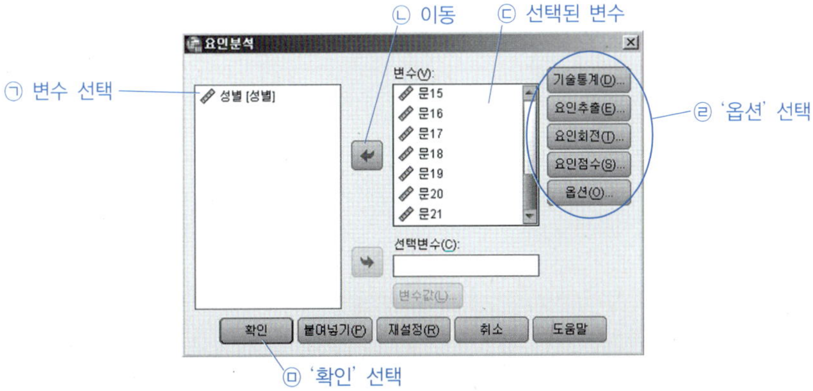

2) 옵션 선택

요인분석에는 5개의 대화상자가 있는데 이를 이용하여 다양한 결과를 도출할 수 있습니다.

옵션대화상자	내용설명
기술통계	기술통계량 선택
요인추출	요인추출 방법과 기준 선택
요인회전	요인회전 방법 선택
요인점수	요인점수 선택
옵션	무응답치 및 결과의 제시방법 선택

(1) 기술통계 대화상자

기술통계(D)... 를 선택하면 통계량과 상관행렬을 선택하여 볼 수 있습니다.

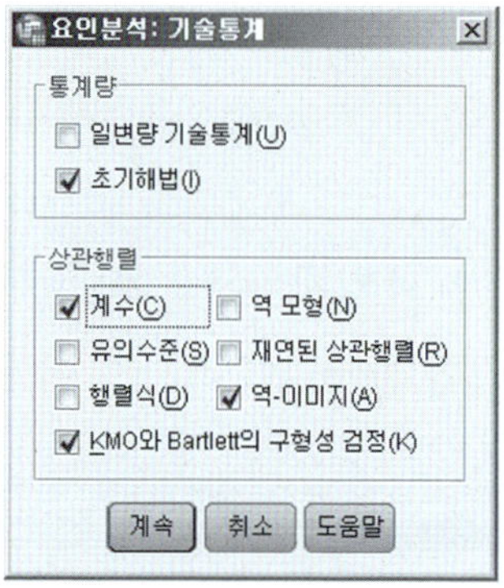

다음은 기술통계 대화상자에 대한 설명입니다.

옵션		내용설명
통계량	일변량기술통계	각 변수에 대한 평균, 표준편차, 사례수를 제시합니다.
	초기해법	초기 커뮤넬러티, 고유치, 설명된 분산의 비율을 제시합니다(기본으로 설정되어 있습니다).
상관행렬	상관계수	지정된 변수들 간의 상관관계 행렬 제시합니다.
	역모형	역상관관계 행렬과 공분산 행렬 제시합니다.
	유의수준	상관관계 행렬에서의 계수에 대한 단측유의도 수준을 제시합니다.
	재연된 상관행렬	재분석된 상관관계 행렬을 제시합니다.
	행렬식	상관계수 행렬의 행렬식의 값을 제시합니다.
	역-이미지	음의 부분상관계수와 음의 부분공분산의 행렬을 제시합니다.
	KMO, Bartlett의 구형성 검정	상관행렬의 적합성을 검증하는 것으로 KMO의 값이 1에 가까울수록 요인분석하기에 적합합니다.

여기서는 요인분석의 검증 가능성을 알아보기 위해 상관계수와 KMO와 Bartlett의 구형성 검정을 선택했습니다.

(2) 요인추출 대화상자

요인추출 과정에서는 어떠한 추출방법을 적용하여 몇 개의 요인을 추출할지를 결정해야 합니다.

① 요인추출 방법

요인분석 시 [요인추출(E)...] 방법을 클릭하면 여러 가지 추출방법이 제시되는데, 원하는 방법을 선택할 수 있습니다. 여기서는 기본으로 설정되어 있는 방법(M): 주성분 을 선택했습니다.

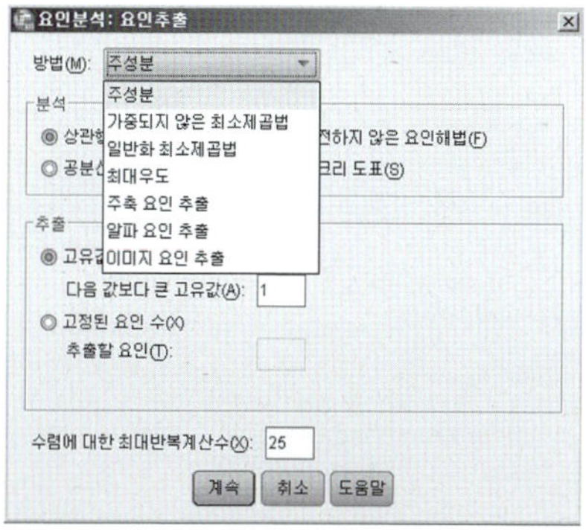

키워드	설명내용
주성분 분석	변수들을 요인들의 선형결합으로 가정하기에 일반적으로 가장 많이 사용하는 방법이며 기본값으로 설정되어 있습니다.
가중화되지 않은 최소제곱법	가중치를 사용하지 않는 최소자승법을 의미합니다.
일반화 최소제곱법	변수들의 유일성에 의해 변수에 가중치를 부여하여 측정치와 추정치의 상관관계의 차이의 제곱을 최소화합니다.
최대우도	다변량 정규 모집단에서 표본이 얻어진 것으로 가정하여 측정된 상관관계에서 가장 유사한 매개변수의 추정치 산출을 의미합니다.
주축요인 추출	초기 공통량의 추정치를 제곱하여 다중 상관관계를 이용합니다.
알파요인 추출	변수들을 가능한 한 변수 전체에서 얻어진 표본으로 가정합니다.

② 분석

상관행렬 또는 공분산행렬을 이용하여 분석할지 결정하는데, 변수들의 측정단위가 다른 경우에는 상관행렬을 이용하여 분석하는 것이 바람직하기에 기본으로 설정되어 있습니다.

③ 추출 : 요인 수의 결정

추출될 요인의 수를 정하는 방법을 선택하는데, 고유값 기준을 선택하거나 요인의 수를 선택할 수 있습니다. 요인의 수는 지정해 줄 수도 있으나 SPSS상에서는 고유값이 1로 기본설정되어 있으며 자동 처리해 줍니다.

④ 표시

표시에서는 회전하지 않은 요인해법과 ☑스크리 도표(S)를 선택하여 [계속]을 클릭합니다.

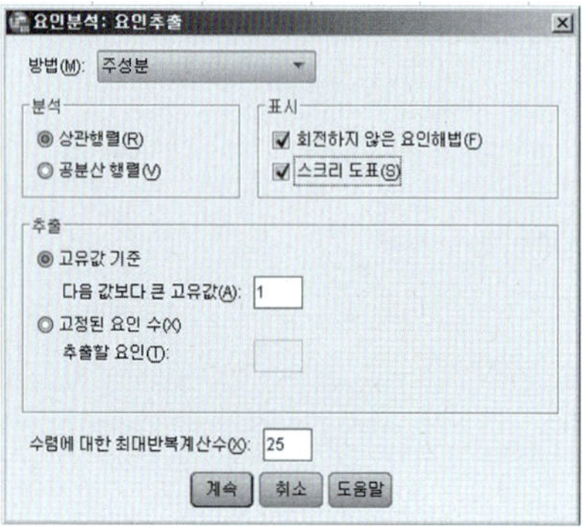

- **회전하지 않은 요인해법** : 기본설정되어 있으며 요인회전하기 이전에 추출되는 요인계수 행렬(적재값)을 나타냅니다.
- **스크리 도표** : 고유값(아이겐값)의 분포를 시각적으로 나타내 줍니다.

(3) 요인회전 대화상자

① 요인분석 시 요인회전(T)... 을 선택하면 다음과 같은 대화창이 열리는데 일반적으로는 직교회전인 베리멕스 방법을 이용합니다.

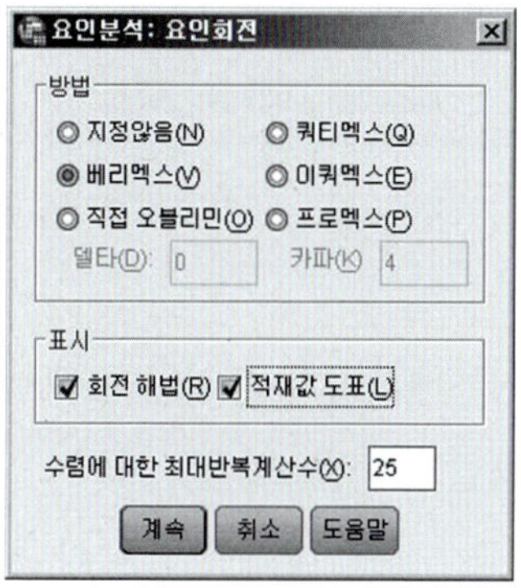

② **표시**

- **회전해법** : 기본으로 설정되어 있으며, 위의 요인회전 방법에 따른 회전요인 성분행렬과 요인변환에 따른 상관관계를 제시해 줍니다.
- **적재값 도표** : 추출된 요인을 축으로 하는 그래프를 그려줍니다.

요인분석의 경우 일반적으로 여기까지 분석사항을 선택하고 그 결과에 따라 해석을 하게 됩니다.

(4) 요인점수 대화상자

요인점수는 회귀분석 등과 같이 추가분석을 원할 경우 실행하는 사항입니다. 요인점수(S)... 를 클릭하면 다음과 같은 대화창이 열립니다. 변수로 저장을 선택하면 요인점수의 추정방법을 지정할 수 있습니다. 추가분석 방법을 선택한 다음(여기서는 회귀분석을 선택함), ☑요인점수 계수행렬 출력(D)을 선택하고 계속 을 클릭합니다.

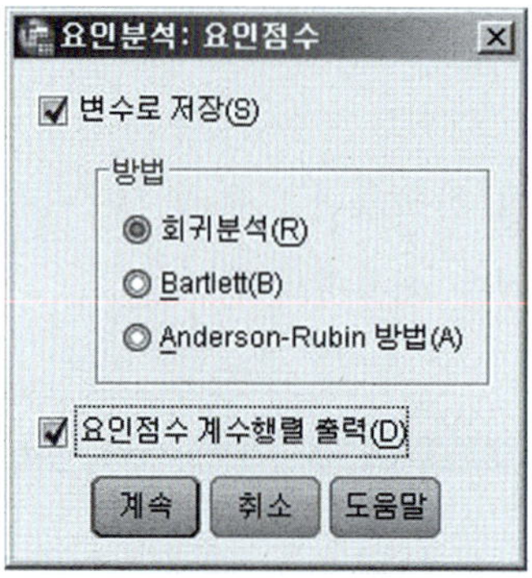

(5) 옵션 대화상자

옵션 대화상자는 무응답치를 배제하거나 평균을 대신 사용하게 하거나 계수값(적재값)에 대한 분석결과를 선택할 수 있습니다.

옵션(O)...을 선택하면 다음과 같은 대화창이 나타나며 원하는 항목을 선택하고 계속 을 클릭합니다.

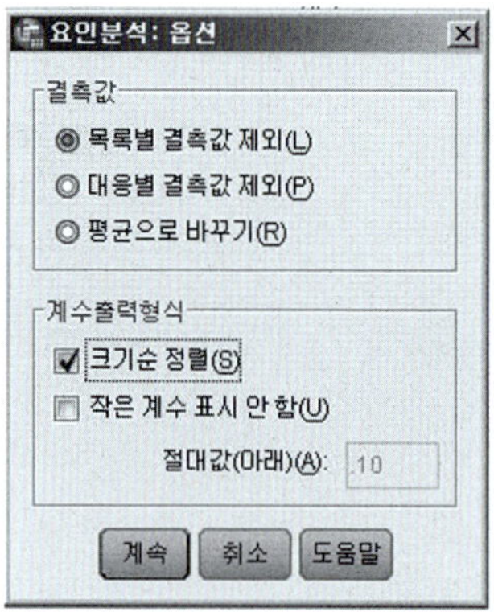

계수출력 형식에서 크기순 정렬을 선택하게 되면 각 요인에 따라 변수들을 집단화하고 요인계수값(적재값)의 크기에 따라 내림차순으로 정렬된 성분점수 계열행렬을 제시해 줍니다.

3. 결과표 해석

옵션 대화상자의 선택이 끝났으면 확인 을 선택하여 요인분석을 실행합니다. 그러면 화면상에 다음과 같은 Output 화면이 출력됩니다. 표에 제시된 순서대로 하나씩 살펴봅시다.

1) 요인분석 적합성 점검

아래의 표는 KMO와 Bartlett의 구형성 검정에 대한 수치를 제공해 줍니다.

KMO와 Bartlett의 검정

표준형성 적절성의 Kaiser-Meyer0Olkin 측도		.740	① KMO 수치
Bartlett의 구형성 검정	근사 카이제곱	645.264	② 구형성 검증치
	자유도	210	
	유의확률	.000	

① KMO 수치는 1에 가까울수록 표본의 상관행렬이 요인분석하기에 적합함을 나타냅니다. 여기서는 .740으로 나타나 1에 근접하기에 요인분석에 적합한 자료임을 확인할 수 있습니다.

② Bartlett의 구형성 검증으로 상관행렬이 요인분석하기에 적합한지를 알아볼 수 있습니다. 구형성 검증 결과 645.264는 .001 수준에서 유의미하므로 상관행렬이 요인분석하기에 적합하다고 볼 수 있습니다.

2) 공통성(h^2) 확인

공통성

	초기	추출
문1	1.000	.736
문2	1.000	.361
문3	1.000	.667
문4	1.000	.730
문5	1.000	.635
문6	1.000	.629
문7	1.000	.412
문8	1.000	.550
문9	1.000	.567
문10	1.000	.440
문11	1.000	.609
문12	1.000	.546
문13	1.000	.423
문14	1.000	.576
문15	1.000	.591
문16	1.000	.681
문17	1.000	.672
문18	1.000	.699
문19	1.000	.622
문20	1.000	.606
문21	1.000	.401

추출방법 : 주성분 분석.

추출 후 공통성(h^2)

①

위의 결과는 전체 21문항에 대한 초기의 공통성과 최종적으로 추출된 공통성을 보여주고 있으며, 추출방법은 주성분 분석을 실시하였습니다. 주성분 분석으로 추출하였기에 초기 통계치에서는 전체 변량이 21.000이 됩니다.

① 초기의 공통성과 비교하여 추출 후의 공통성이 달라졌습니다(문1=1.000 →.736).

② 문1이 추출된 요인들에 의해 설명되는 정도를 의미합니다. 문1의 최종 공통성은 .736이므로 74% 정도는 추출된 요인들에 의해 설명될 수 있음을 알 수 있습니다.

③ 공통성은 성분행렬 결과 산출된 요인계수들을 각각 제곱하여 더한 총합입니다(회전 전의 요인행렬표 참조).

문1의 $h^2(.736)=.462^2+(-.058)^2+(-.276)^2+.620^2+.242^2$

3) 주성분 분석 결과 추출된 요인들의 고유값 및 분산비 확인

설명된 총분산

㉡ 설명분산

성분	초기 고유값			추출 제곱합 적재값			회전 제곱합 적재값		
	합계	%분산	%누적	합계	%분산	%누적	합계	%분산	%누적
1	4.842	23.056	23.056	4.842	23.056	23.056	2.770	13.193	13.193
2	2.157	10.272	33.328	2.157	10.277	33.328	2.609	12.423	25.616
3	1.826	8.693	42.021	1.826	8.693	42.021	2.593	12.350	37.965
4	1.695	8.074	50.094	1.695	8.074	50.094	2.252	10.722	48.687
5	1.631	7.766	57.860	1.631	7.766	57.860	1.926	9.173	57.860
6	.995	4.740	62.601						
7	.935	4.453	67.053						
8	.879	4.183	71.237						
9	.742	3.535	74.772						
10	.694	3.303	78.075						
11	.621	2.958	81.032						
12	.588	2.801	83.834						
13	.551	2.623	86.456						
14	.491	2.336	88.793						
15	.442	2.105	90.897						
16	.410	1.952	92.849						
17	.388	1.845	94.695						
18	.366	1.741	96.436						
19	.304	1.445	97.881						
20	.232	1.106	98.987						
21	.213	1.013	100.000						

㉠ 고유값 (아이겐값)

㉢ 누적분산

추출방법 : 주성분 분석.

위의 표는 주성분 분석을 실행한 결과로, 추출된 요인 중에서 고유값 1을 기준으로 처음 5개의 요인이 추출되고 이들의 설명력이 57.860%임을 보여줍니다.

① 추출 제곱합 적재값 : 합격, 분산, 누적

㉠ **합계** : 총 21문항이 5개의 요인으로 나타난 것을 알 수 있는데, 추출 후의 합계(고유값)을 보면 요인1이 4.842로 가장 크고, 요인5는 1.631로 나타났습니다.

㉡ **설명분산** : 각 요인이 설명해 주는 분산의 양을 보여주는데, 요인1이 설명해 주는 분산의 양이 23.056임을 알 수 있습니다.

㉢ **누적분산** : 5개의 요인 모두가 설명해 주는 분산의 양은 57.860%으로 나타났습니다.

4) 스크리 분포 확인

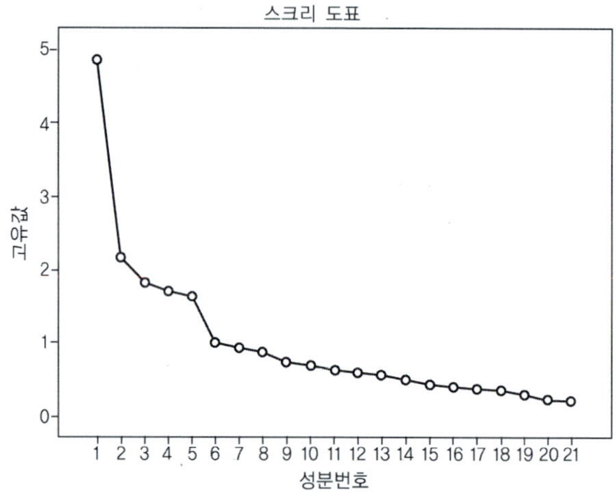

스크리 도표는 요인의 수를 대략적으로 보여줍니다. 실제에 있어서 고유값보다는 스크리 도표상에 1~2개 더 추출되는 경향이 있습니다. 가로축은 요인 수를 나타내며 세로축은 고유치를 나타내고 있습니다. 요인 수를 결정하는 방법은 고유값이 작아지는 점에서 요인 수를 결정할 수 있습니다. 5번과 6번 요인의 고유값 사이에 현저한 차이가 있고, 6번 요인부터는 고유값의 크기가 거의 평준화되어 있으므로 본 도표상에서는 5개의 요인이 추출될 수 있다는 것을 보여줍니다.

5) 회전 전의 요인 행렬표 점검

고유값 1.0을 기준으로 요인을 추출한 결과, 5개의 요인이 산출되었으며 각 요인 계수들(적재값)이 다음과 같이 제시됩니다(±.30~40 이상, 엄격하게 적용할 시는 ±.50 적용).

성분행렬[a]

	성분				
	1	2	3	4	5
문11	.656	.259	-.317	-.095	-.051
문16	.646	.277	.017	-.103	.420
문4	.602	-.262	-.275	.469	.052
문14	.598	.062	-.229	.008	-.403
문21	.566	.121	-.146	-.153	-.146
문18	.557	-.527	.255	-.208	-.041
문20	.549	-.426	.265	-.050	.224
문10	.533	.285	.043	-.022	.269
문19	.529	-.359	-.082	-.161	-.426
문2	.475	.187	-.073	.122	.283
문15	.440	.376	-.099	-.343	-.360
문13	.401	-.177	-.316	-.333	.142
문17	.505	-.576	.188	-.194	.111
문7	.283	.571	.063	-.004	.032
문8	.172	.032	.699	-.065	-.164
문3	.481	.068	.644	.058	-.110
문6	.189	.352	.524	.358	.258
문1	.462	-.058	-.276	.620	.242
문5	.416	-.130	-.016	.596	-.300
문9	.315	.467	.118	.014	-.485
문12	.285	.158	-.088	-.452	.477

요인추출방법 : 주성분 분석.
a. 추출된 5성분

위의 표는 요인을 회전하기 전의 요인계수(적재값)를 보여주고 있는데, 이러한 결과는 요인회전 전의 결과이기에 이를 해석하지는 않습니다.

6) 요인회전 후의 요인행렬표 확인(베리멕스 선택)

최적의 요인을 찾기 위한 단계로 요인회전 후의 요인계수(적재값)은 회전 이전에 비해 한 요인에 대해서는 높게 부하되고 다른 요인에 대해서는 상대적으로 낮게 부하되는 단순구조를 이루게 됩니다.

① 설명분산

회전된 성분행렬[a]

	성분				
	1	2	3	4	5
문18	.808	.055	.133	.070	.139
문17	.805	.117	-.007	.086	.043
문20	.687	.249	-.063	.182	.184
문19	.560	-.138	.507	.160	-.076
문13	.378	.327	.200	-.008	-.364
문16	.162	.771	.165	.128	.129
문12	.163	.649	.004	-.273	-.152
문10	.074	.591	.188	.143	.172
문2	.050	.510	.102	.289	.065
문7	-.281	.410	.315	.003	.254
문15	.006	.213	.723	-.147	.038
문14	.185	.073	.665	.304	-.045
문9	-.197	.010	.641	.034	.340
문11	.088	.464	.563	.231	-.126
문21	.202	.288	.512	.121	-.027
문1	.026	.289	-.045	.804	-.059
문4	.295	.171	.128	.765	-.107
문5	.105	-.166	.236	.707	.201
문3	.311	.135	.201	.067	.712
문8	.233	-.060	.083	-.174	.675
문6	.164	.314	-.161	.189	.665

② 요인1 ③ 요인2 ④ 요인3 ⑤ 요인4 ⑥ 요인5

요인추출방법 : 주성분 분석.
회전방법 : Kaiser 정규화가 있는 베리멕스.
a. 7반복계산에서 요인회전이 수렴되었습니다.

① 회전된 성분행렬표는 요인 회전 후의 요인계수(적재값)를 나타냅니다. 이를 구체적으로 살펴보면 요인1과 문18의 요인계수는 .808으로 나타나 요인1과 문18의 상관이 매우 높음을 알 수 있습니다. 각 요인부하량은 한 요인에 대해 큰 값부터 작은 값까지 내림차순으로 나열되어 있는데 나열된 문항을 요인별로 묶어보면 다음과 같습니다.

요인1 : 문18, 문17, 문20, 문19, 문13

요인2 : 문16, 문12, 문10, 문2, 문7

요인3 : 문15, 문14, 문9, 문11, 문21

요인4 : 문1, 문4, 문5

요인5 : 문3, 문8, 문6

따라서 위의 표에서는 5개의 요인으로 구성된다고 잠정적으로 해석할 수 있습니다. 여기서 잠정적이란 추후 필요에 따라 부적절한 문항을 제외한 재분석이 고려될 수 있음을 의미하며, 이렇게 묶인 결과를 보고 연구자는 적절한 요인명을 부여하게 됩니다. 요인명은 묶여진 변수를 가장 잘 대표할 수 있는 요인명을 사용하는 것이 바람직하며, 일반적으론 이론적인 선행연구에서 사용된 명칭을 사용하거나 그와 같은 근거가 없을 때에는 변수의 속성에 근거하여 정합니다.

요인분석 시 일반적으로는 여기까지의 분석과정을 가지고 해석을 하며 종료하게 됩니다.

7) 적재값 도표 확인

회전 공간의 성분 도표

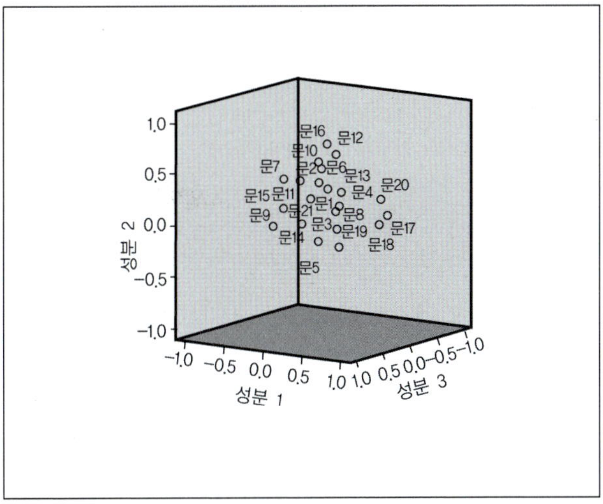

이 도표에서는 각 요인들이 분포하고 있는 위치를 알려줍니다. 회전공간상 전체 문항들과 멀리 떨어져 있는 문항이 있다면 이는 요인과의 관련성이 적은 극단치를 나타내 주므로 이 문항은 제외하는 것이 바람직합니다.

8) 요인점수 계수행렬 확인

성분점수 계수행렬

	성분				
	1	2	3	4	5
문1	-.077	.084	-.123	.397	-.053
문2	-.043	.200	-.049	.098	.003
문3	.091	-.020	.026	-.028	.362
문4	.035	-.006	-.037	.348	-.083
문5	-.031	-.179	.066	.349	.097
문6	-.104	.135	-.148	.095	.347
문7	-.166	.155	.104	-.030	.110
문8	.101	-.072	.022	-.122	.359
문9	-.133	-.090	.303	-.019	.161
문10	-.031	.231	-.013	.007	.055
문11	-.047	.126	.187	.034	-.114
문12	.058	.325	-.071	-.204	-.112
문13	.132	.123	.040	-.075	-.223
문14	.002	-.087	.274	.084	-.058
문15	-.044	.011	.326	-.150	-.014
문16	-.002	.317	-.052	-.020	.023
문17	.320	.002	-.080	-.039	.005
문18	.316	-.050	-.007	-.055	.054
문19	.194	-.175	.215	.003	-.063
문20	.256	.064	-.130	.015	.077
문21	.023	.047	.184	-.017	-.051

요인추출방법 : 주성분 분석.
회전방법 : Kaiser 정규화가 있는 베리멕스.
요인점수

위의 표는 요인점수 계수행렬을 보여주고 있습니다. 요인점수는 각 변수에 대하여 요인별 가중치를 적용한 요인공간상의 점수로 변환하여 연구자에게 각 표본의 공간상의 위치를 제공해 줍니다.

요인점수는 '요인점수계수×표준화된 변수'에 의해 구할 수 있습니다.

9) 추정된 요인점수가 출력된 SPSS 데이터 편집기

산출된 요인점수를 가지고 추후분석을 할 경우 아래 대화창처럼 새로운 변수(FAC1-1, FAC2-1, FAC3-1, FAC4-1, FAC5-1)가 생성됩니다. 이 변수들을 이용하여 회귀분석이나 혹은 연구자가 원하는 추후분석을 할 수 있습니다.

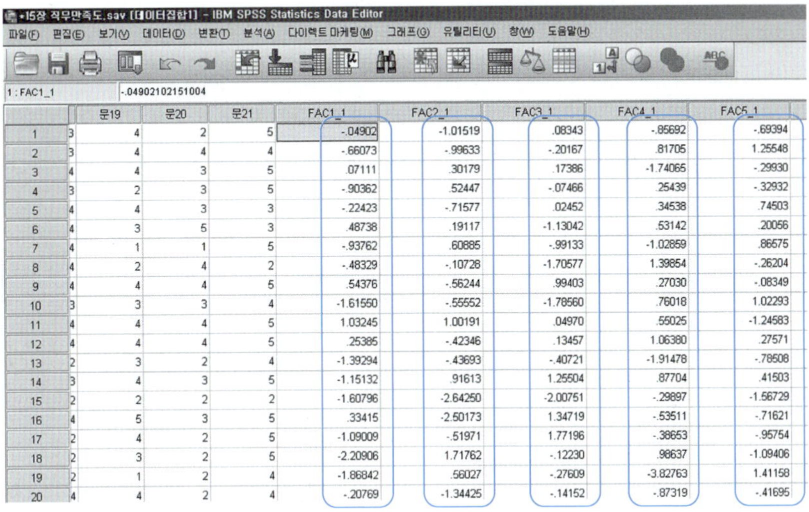

		문19	문20	문21	FAC1_1	FAC2_1	FAC3_1	FAC4_1	FAC5_1
1	3	4	2	5	-.04902	-1.01519	.08343	-.85692	-.69394
2	3	4	4	4	-.66073	-.99633	-.20167	.81705	1.25548
3	4	4	3	5	.07111	.30179	.17386	-1.74065	-.29930
4	3	2	3	5	-.90362	.52447	-.07466	.25439	-.32932
5	4	4	3	3	-.22423	-.71577	.02452	.34538	.74503
6	4	3	5	3	.48738	.19117	-1.13042	.53142	.20056
7	4	1	1	5	-.93762	.60885	-.99133	-1.02859	.86575
8	4	2	4	2	-.48329	-.10728	-1.70577	1.39854	-.26204
9	4	4	4	5	.54376	-.56244	.99403	.27030	-.08349
10	3	3	3	4	-1.61550	-.55552	-1.78560	.76018	1.02293
11	4	4	4	5	1.03245	1.00191	.04970	.55025	-1.24583
12	4	4	4	5	.25385	-.42346	.13457	1.06380	.27571
13	2	3	2	4	-1.39294	-.43693	-.40721	-1.91478	-.78508
14	3	4	3	5	-1.15132	.91613	1.25504	.87704	.41503
15	2	2	2	2	-1.60796	-2.64250	-2.00751	-.29897	-1.56729
16	4	5	3	5	.33415	-2.50173	1.34719	-.53511	-.71621
17	2	4	2	5	-1.09009	-.51971	1.77196	-.38653	-.95754
18	2	3	2	5	-2.20906	1.71762	-.12230	.98637	-1.09406
19	2	1	2	4	-1.86842	.56027	-.27609	-3.82763	1.41158
20	4	4	2	4	-.20769	-1.34425	-.14152	-.87319	-.41695

4. 보고서 제시 양식

보고서에 요인분석표를 제시할 때는 SPSS상의 출력결과를 모두 나타내 줄 필요는 없습니다. 일반적으로 요인분석을 통해 확인할 수 있는 가장 중요한 결과표는 회전 후의 요인행렬에 나타난 요인계수값(적재값)과 추출된 공통성값(h^2), 설명된 총분산의 추출 후 제곱합 적재값의 아이겐값(전체), 설명변량, 누적변량이며 이러한 통계치를 보고서 형식에 맞추어 제시합니다.

〈표 15-1〉 직무만족도에 대한 요인분석의 결과

	요인1	요인2	요인3	요인4	요인5	h^2
문18	.808	.055	.133	.070	.139	.699
문17	.805	.117	-.007	.086	.044	.672
문20	.687	.249	-.063	.182	.184	.606
문19	.560	-.138	.508	.160	-.076	.622
문13	.378	.327	.200	-.008	-.364	.423
문16	.162	.771	.165	.128	.129	.681
문12	.163	.649	.004	-.273	-.152	.546
문10	.074	.591	.188	.143	.172	.440
문2	.050	.510	.102	.289	.065	.361
문7	-.281	.410	.315	.003	.254	.412
문15	.006	.213	.723	-.147	.038	.591
문14	.185	.034	.665	.304	-.045	.576
문9	-.197	.010	.641	.044	.340	.567
문11	.088	.464	.563	.231	-.126	.609
문21	.202	.288	.512	.121	-.027	.401
문1	.026	.289	-.045	.804	-.059	.736
문4	.295	.171	.128	.765	-.107	.730
문5	.105	-.166	.236	.707	.201	.635
문3	.311	.135	.201	.067	.712	.667
문8	.233	-.060	.083	-.174	.675	.550
문6	-.164	.314	-.161	.189	.665	.629
아이겐값 :	4.842	2.157	1.826	1.695	1.631	
설명변량 :	23.06%	10.27%	8.69%	8.07%	7.77%	
누적변량 :	23.06%	33.33%	42.02%	50.09%	57.86%	
요인명 :	직무	상사	동료	승진	임금	

1) 요인추출 방법 : 주성분 분석

2) 회전 방법 : 베리맥스

3) 요인추출의 준거 : 아이겐값(1.0)

* 표 제시 시 요인추출모델과 요인회전방식, 요인추출의 준거(아이겐값)을 밝혀주도록 한다.

해석 위의 표는 아이겐값 1.0을 기준으로 산출된 요인의 구조를 나타낸다. 모든 아이겐값들이 1.0을 초과하고 있는 것으로 보아 직무만족도와 관련하여 5개의 요인이 추출된 것으로 볼 수 있다.

이 5개 요인 모델의 전체 설명변량은 57.86%이며, 요인별로는 요인1이 23.06%, 요인2가 10.27%, 요인3이 8.69%, 요인4가 8.07%, 요인5가 7.77%를 설명하고 있다. 이러한 결과는 요인1이 직무만족도를 설명하는 데 가장 높은 비중을 차지하고 있음을 보여준다.

한편 산출된 각각의 요인들을 개념화하기 위해 각 요인들의 관련 하위문항들의 성격을 가장 잘 대변하는 요인명으로 요인1은 직무, 요인2는 상사, 요인3은 동료, 요인4는 승진, 요인5는 임금으로 정하였다.

요약

요인분석하기

- 【메뉴 → 분석 → 차원 감소 → 요인분석】
- 기술통계 선택
- 요인추출 방법 선택 → 방법(M): 주성분
- 요인회전 방법 선택
- 요인점수 선택
- 옵션 선택 → 선택 → 확인

연 · 습 · 문 · 제

01 【15장 실습갈등(연습문제).sav】 파일을 이용하여 요인분석을 실행할 때 요인의 수를 5개로 지정하여 분석한 다음 적합한 각 요인명을 부여해 보시오.

[실습갈등]

각 항목들을 읽으신 후 5점 척도에 맞게 ○해 주시기 바랍니다.

1	2	3	4	5
전혀 느낀 적이 없다.	거의 느낀 적이 없다.	보통이다.	가끔 느낀 적이 있다.	매우 그렇다.

1. 나는 실습을 잘 수행해 낼 자신이 없어 갈등을 느낀 적이 있다.	1 2 3 4 5
2. 대인 간의 의사소통 기술이 부족하여 갈등을 느낀 적이 있다.	1 2 3 4 5
3. 실습과정에서 교직에 대한 소신과 보람이 느껴지지 않아 갈등을 느낀 적이 있다.	1 2 3 4 5
4. 수업준비가 부족한 상태에서 수업을 하게 되는 것으로 인해 갈등을 느낀 적이 있다.	1 2 3 4 5
5. 나는 지도교사의 수업모델을 보지 못한 상황에서 수업을 해야 하는 것으로 인해 갈등을 느낀 적이 있다.	1 2 3 4 5
6. 나는 지도교사가 교육주제와 관련된 전반적인 계획을 설명해 주지 않아 갈등을 느낀 적이 있다.	1 2 3 4 5
7. 나는 수업준비에 필요한 교사지침서, 참고도서 등 보조 자료를 제공해 주지 않아 갈등을 느낀 적이 있다.	1 2 3 4 5
8. 나는 지도교사가 내가 계획한 수업안에 대해 구체적으로 지도해 주지 않아 갈등을 느낀 적이 있다.	1 2 3 4 5

9. 나는 지도교사와 규칙적인 협의시간을 통해 적절한 평가와 구체적인 제언을 받지 못해 갈등을 느낀 적이 있다.	1	2	3	4	5
10. 나는 지도교사의 비인격적인 대우로 갈등을 느낀 적이 있다.	1	2	3	4	5
11. 나는 지도교사의 지지와 격려의 부족으로 갈등을 느낀 적이 있다.	1	2	3	4	5
12. 나는 지도교사가 다른 사람들과 원만한 대인관계를 하지 못해 갈등을 느낀 적이 있다.	1	2	3	4	5
13. 유아들이 나의 통제에 잘 따르지 않을 때 갈등을 느낀 적이 있다.	1	2	3	4	5
14. 나는 유아의 문제행동에 대한 지도가 어려워 갈등을 느낀 적이 있다.	1	2	3	4	5
15. 유아들의 생활지도 시 훈육과 자율의 균형이 어려워 갈등을 느낀 적이 있다.	1	2	3	4	5
16. 유아들이 지도교사에 비해 실습생의 권위를 인정하지 않아 갈등을 느낀 적이 있다.	1	2	3	4	5
17. 나는 나의 교육관과 맞지 않는 기관의 교육관을 따라야 하는 것으로 인해 갈등을 느낀 적이 있다.	1	2	3	4	5
18. 실습 초반에 기관의 교육철학과 운영방침에 대한 안내를 받지 못해 갈등을 느낀 적이 있다.	1	2	3	4	5
19. 실습생에 대한 기관의 지침과 지시 및 안내가 불분명해 갈등을 느낀 적이 있다.	1	2	3	4	5
20. 자신의 수업준비를 위한 것이 아니라 실습기관의 필요와 요구에 의해 교재·교구를 제작하는 것에 대해 갈등을 느낀 적이 있다.	1	2	3	4	5
21. 실습기관에 있는 재료를 사용하지 못하게 해서 재정적인 부담감 때문에 갈등을 느낀 적이 있다.	1	2	3	4	5
22. 행사 동원이나 기관의 잡무 처리로 인해 교육적인 실습이 어려워 갈등을 느꼈다.	1	2	3	4	5
23. 나는 동료 실습생과 업무분담과 협조가 잘 되지 않아 갈등을 느낀 적이 있다.	1	2	3	4	5
24. 나는 동료 실습생과의 기본적인 인간관계 형성이 잘 되지 않아 갈등을 느낀 적이 있다.	1	2	3	4	5

25. 나는 동료 실습생이 평가에 지나치게 의식하는 것으로 인해 갈등을 느낀 적이 있다.	1 2 3 4 5
26. 나는 유아들이 동료 실습생을 더 선호하는 것으로 인해 갈등을 느낀 적이 있다.	1 2 3 4 5
27. 동료 실습생이 지도교사와 기관으로부터 더 인정받는 것으로 인해 갈등을 느낀 적이 있다.	1 2 3 4 5

수학자들의 코끼리 냉장고에 넣는 방법

- **해석학**
  코끼리를 미분해서 넣고 냉장고 속에서 적분한다.
- **복소변수 함수론**
  냉장고를 복소평면의 원점에 두고, 코끼리를 냉장고 밖에 둔 다음 1/z로 보낸 상을 구한다.
- **집합론**
  집합을 배운 초등학생도 할 수 있다!
  냉장고={ 코끼리 }
- **위상수학**
  제1탄. 코끼리에게 냉장고를 먹인 후 뒤집는다.
  제2탄. 클라인병(!)으로 냉장고를 만든다.
- **수치해석**
  코만 집어넣고 나머지는 에러로 처리한다.
- **기하학**
  제일 간단하게 넣을 수 있음.
  그 방법은…
  공리 1. "코끼리를 냉장고에 넣을 수 있다"라고 공리계를 구성한다.
- **정수론**
  나는 코끼리를 냉장고에 넣을 수 있는 놀라운 방법을 알고 있으나, 여백이 부족하다.
- **선형대수학**
  코끼리의 basis만 구해서 냉장고에 넣고 span한다.
- **대수학**
  두 단계에 걸쳐서…
  단계 1. 코끼리의 부분부분이 냉장고에 들어 갈 수 있음을 보인다.
  단계 2. 냉장고가 덧셈에 대해 닫혀 있음을 보인다.
- **통계학에서 넣는 방법**
  똑똑한 통계학자 : 코끼리의 꼬리를 표본으로 추출하여 집어넣는다.
  멍청한 통계학자 : 코끼리를 냉장고에 밀어넣는 시행을 들어갈 때까지 반복한다.

** 잠깐! "클라인병"이란?
클라인병은 하나의 면으로 이루어진 도형입니다.
안쪽을 따라 가다보면 어느새 밖에 이르는, 안과 밖의 구별이 없는 4차원 도형이죠.

부록

1. 표준정규분포표

z	$P(z)$	z	$P(z)$ $\alpha = 1 - P(z)$	z	$P(z)$ $\alpha = 1 - P(z)$	z	$P(z)$ $\alpha = 1 - P(z)$
.00	.5000000	.47	.6808225	.94	.8263912	1.41	.9207302
.01	.5039894	.48	.6843863	.95	.8289439	1.42	.9221962
.02	.5079783	.49	.6879331	.96	.8314724	1.43	.9236415
.03	.5119665	.50	.6914625	.97	.8339768	1.44	.9250663
.04	.5159534	.51	.6949743	.98	.8364569	1.45	.9264707
.05	.5199388	.52	.6984682	.99	.8389129	1.46	.9278550
.06	.5239222	.53	.7019440	1.00	.8413447	1.47	.9292191
.07	.5279032	.54	.7054015	1.01	.8437524	1.48	.9305634
.08	.5318814	.55	.7088403	1.02	.8461358	1.49	.9318879
.09	.5358564	.56	.7122603	1.03	.8484950	1.50	.9331928
.10	.5398278	.57	.7156612	1.04	.8508300	1.51	.9344783
.11	.5437953	.58	.7190427	1.05	.8531409	1.52	.9357445
.12	.5477584	.59	.7224047	1.06	.8554277	1.53	.9369916
.13	.5517168	.60	.7257469	1.07	.8576903	1.54	.9382198
.14	.5556700	.61	.7290691	1.08	.8599289	1.55	.9394292
.15	.5596177	.62	.7323711	1.09	.8621434	1.56	.9406201
.16	.5635595	.63	.7356527	1.10	.8643339	1.57	.9417924
.17	.5674949	.64	.7389137	1.11	.8665005	1.58	.9429466
.18	.5714237	.65	.7421539	1.12	.8686431	1.59	.9440826
.19	.5753454	.66	.7453731	1.13	.8707619	1.60	.9452007
.20	.5792597	.67	.7485711	1.14	.8728568	1.61	.9463011
.21	.5831662	.68	.7517478	1.15	.8749281	1.62	.9473839
.22	.5870604	.69	.7549029	1.16	.8769756	1.63	.9484493
.23	.5909541	.70	.7580363	1.17	.8789995	1.64	.9494974
.24	.5948349	.71	.7611479	1.18	.8809999	1.65	.9505285
.25	.5987063	.72	.7642375	1.19	.8829768	1.66	.9515428
.26	.6025681	.73	.7673049	1.20	.8849303	1.67	.9525403
.27	.6064199	.74	.7703500	1.21	.8868606	1.68	.9535213
.28	.6102612	.75	.7733726	1.22	.8887676	1.69	.9544860
.29	.6140919	.76	.7763727	1.23	.8906514	1.70	.9554345
.30	.6179114	.77	.7793501	1.24	.8925123	1.71	.9563671
.31	.6217195	.78	.7823046	1.25	.8943502	1.72	.9572838
.32	.6255158	.79	.7852361	1.26	.8961653	1.73	.9581849
.33	.6293000	.80	.7881446	1.27	.8979577	1.74	.9590705
.34	.6330717	.81	.7910299	1.28	.8997274	1.75	.9599408
.35	.6368307	.82	.7938919	1.29	.9014747	1.76	.9607961
.36	.6405764	.83	.7967306	1.30	.9031995	1.77	.9616364
.37	.6443088	.84	.7995458	1.31	.9049021	1.78	.9624620
.38	.6480273	.85	.8023375	1.32	.9065825	1.79	.9632730
.39	.6517317	.86	.8051055	1.33	.9082409	1.80	.9640697
.40	.6554217	.87	.8078498	1.34	.9098773	1.81	.9648521
.41	.6590970	.88	.8105703	1.35	.9114920	1.82	.9656205
.42	.6627573	.89	.8132671	1.36	.9130850	1.83	.9663750
.43	.6664022	.90	.8159399	1.37	.9146565	1.84	.9671159
.44	.6700314	.91	.8185887	1.38	.9162067	1.85	.9678432
.45	.6736448	.92	.8212136	1.39	.9177356	1.86	.9685572
.46	.6772419	.93	.8238145	1.40	.9192433	1.87	.9692581

z	$P(z)$	z	$P(z)$ $\alpha = 1 - P(z)$	z	$P(z)$ $\alpha = 1 - P(z)$	z	$P(z)$ $\alpha = 1 - P(z)$
1.88	.9699460	2.09	.9816911	2.30	.9892759	2.51	.9939634
1.89	.9706210	2.10	.9821356	2.31	.9895559	2.52	.9941323
1.90	.9712834	2.11	.9825708	2.32	.9898296	2.53	.9942969
1.91	.9719334	2.12	.9829970	2.33	.9900969	2.54	.9944574
1.92	.9725711	2.13	.9834142	2.34	.9903581	2.55	.9946139
1.93	.9731966	2.14	.9838226	2.35	.9906133	2.56	.9947664
1.94	.9738102	2.15	.9842224	2.36	.9908625	2.57	.9949151
1.95	.9744119	2.16	.9846137	2.37	.9911060	2.58	.9950600
1.96	.9750021	2.17	.9849966	2.38	.9913437	2.59	.9952012
1.97	.9755808	2.18	.9853713	2.39	.9915758	2.60	.9953388
1.98	.9761482	2.19	.9857379	2.40	.9918025	2.70	.9965330
1.99	.9767045	2.20	.9860966	2.41	.9920237	2.80	.9974449
2.00	.9772499	2.21	.9864474	2.42	.9922397	2.90	.9981342
2.01	.9777844	2.22	.9867906	2.43	.9924506	3.00	.9986501
2.02	.9783083	2.23	.9871263	2.44	.9926564	3.20	.9993129
2.03	.9788217	2.24	.9874545	2.45	.9928572	3.40	.9996631
2.04	.9793248	2.25	.9877755	2.46	.9930531	3.60	.9998409
2.05	.9798178	2.26	.9880894	2.47	.9932443	3.80	.9999277
2.06	.9803007	2.27	.9883962	2.48	.9934309	4.00	.9999683
2.07	.9807738	2.28	.9886962	2.49	.9936128	4.50	.9999966
2.08	.9812372	2.29	.9889893	2.50	.9937903	5.00	.9999997
						5.50	.9999999

2. x^2 분포표

df	P	.005	.001	.025	.05	.10	.90	.95	.975	.99	.995
	α						.10	.05	.025	.01	.005
1		0.000039	0.00016	0.00098	0.0039	0.0158	2.17	3.84	5.02	6.63	7.88
2		0.0100	0.0201	0.0506	0.1026	0.2107	4.61	5.99	7.38	9.21	10.60
3		0.0717	0.115	0.216	0.352	0.584	6.25	7.81	9.35	11.34	12.84
4		0.207	0.297	0.484	0.711	1.064	7.78	9.49	11.14	13.28	14.86
5		0.412	0.554	0.831	1.15	1.61	9.24	11.07	12.83	15.09	16.75
6		0.676	0.872	1.24	1.64	2.20	10.64	12.59	14.45	16.81	18.55
7		0.989	1.24	1.69	2.17	2.83	12.02	14.07	16.01	18.48	20.28
8		1.34	1.65	2.18	2.73	3.49	13.36	15.51	17.53	20.09	21.95
9		1.73	2.09	2.70	3.33	4.17	14.68	16.92	19.02	21.67	23.59
10		2.16	2.56	3.25	3.94	4.87	15.99	18.31	20.48	23.21	25.19
11		2.60	3.05	3.82	4.57	5.58	17.28	19.68	21.92	24.72	26.76
12		3.07	3.57	4.40	5.23	6.30	18.55	21.03	23.34	26.22	28.30
13		3.57	4.11	5.01	5.89	7.04	19.81	22.36	24.74	27.69	29.82
14		4.07	4.66	5.63	6.57	7.79	21.06	23.68	26.12	29.14	31.32
15		4.60	5.23	6.26	7.26	8.55	22.31	25.00	27.49	30.58	32.80
16		5.14	5.81	6.91	7.96	9.31	23.54	26.30	28.85	32.00	34.27
18		6.26	7.01	8.23	9.39	10.86	25.99	28.87	31.53	34.81	37.16
20		7.43	8.26	9.59	10.85	12.44	28.41	31.41	34.17	37.57	40.00
24		9.89	10.86	12.40	13.85	15.66	33.20	36.42	39.36	42.98	45.56
30		13.79	14.95	16.79	18.49	20.60	40.26	43.77	46.98	50.89	53.67
40		20.71	22.16	24.43	26.51	29.05	51.81	55.76	59.34	63.69	66.77
60		35.53	37.48	40.48	43.19	46.46	74.40	79.08	83.30	88.38	91.95
120		83.85	86.92	91.57	95.70	100.62	140.23	146.57	152.21	158.95	163.65

3. t 분포표

df	P	.005	.01	.025	.05	.10	.90	.95	.975	.99	.995
	α						.10	.05	.025	.01	.005
1		-63.657	-31.821	-12.706	-6.314	-3.078	3.078	6.314	12.706	31.821	63.657
2		-9.925	-6.965	-4.303	-2.920	-1.886	1.886	2.920	4.303	6.965	9.925
3		-5.841	-4.541	-3.182	-2.353	-1.638	1.638	2.353	3.182	4.541	5.841
4		-4.604	-3.747	-2.776	-2.132	-1.533	1.533	2.132	2.776	3.747	4.604
5		-4.032	-3.365	-2.571	-2.015	-1.476	1.476	2.015	2.571	3.365	4.032
6		-3.707	-3.343	-2.447	-1.943	-1.440	1.440	1.943	2.447	3.143	3.707
7		-3.499	-2.998	-2.365	-1.895	-1.415	1.415	1.895	2.365	2.998	3.499
8		-3.355	-2.896	-2.306	-1.860	-1.397	1.397	1.860	2.306	2.896	3.355
9		-3.250	-2.821	-2.262	-1.833	-1.383	1.383	1.833	2.262	2.821	3.250
10		-3.169	-2.764	-2.228	-1.812	-1.372	1.372	1.812	2.228	2.764	3.169
11		-3.106	-2.718	-2.201	-1.796	-1.363	1.363	1.796	2.201	2.718	3.106
12		-3.055	-2.681	-2.179	-1.782	-1.356	1.356	1.782	2.179	2.681	3.055
13		-3.012	-2.650	-2.160	-1.771	-1.350	1.350	1.771	2.160	2.650	3.012
14		-2.977	-2.624	-2.145	-1.761	-1.345	1.345	1.761	2.145	2.624	2.977
15		-2.947	-2.602	-2.131	-1.753	-1.341	1.341	1.753	2.131	2.602	2.947
16		-2.921	-2.583	-2.120	-1.746	-1.337	1.337	1.746	2.120	2.583	2.921
17		-2.898	-2.567	-2.110	-1.740	-1.333	1.333	1.740	2.110	2.567	2.898
18		-2.878	-2.552	-2.101	-1.734	-1.330	1.330	1.734	2.101	2.552	2.878
19		-2.861	-2.539	-2.093	-1.729	-1.328	1.328	1.729	2.093	2.539	2.861
20		-2.845	-2.528	-2.086	-1.725	-1.325	1.325	1.725	2.086	2.528	2.845
21		-2.831	-2.518	-2.080	-1.721	-1.323	1.323	1.721	2.080	2.518	2.831
22		-2.819	-2.508	-2.074	-1.717	-1.321	1.321	1.717	2.074	2.508	2.819
23		-2.807	-2.500	-2.069	-1.714	-1.319	1.319	1.714	2.069	2.500	2.807
24		-2.797	-2.492	-2.064	-1.711	-1.318	1.318	1.711	2.064	2.492	2.797
25		-2.787	-2.485	-2.060	-1.708	-1.316	1.316	1.708	2.060	2.485	2.787
26		-2.779	-2.479	-2.056	-1.706	-1.315	1.315	1.706	2.056	2.479	2.779
27		-2.771	-2.473	-2.052	-1.703	-1.314	1.314	1.703	2.052	2.473	2.771
28		-2.763	-2.467	-2.048	-1.701	-1.313	1.313	1.701	2.048	2.467	2.763
29		-2.756	-2.462	-2.045	-1.699	-1.311	1.311	1.699	2.045	2.462	2.756
30		-2.750	-2.457	-2.042	-1.697	-1.310	1.310	1.697	2.042	2.457	2.750
40		-2.704	-2.423	-2.021	-1.684	-1.303	1.303	1.684	2.021	2.423	2.704
60		-2.660	-2.390	-2.000	-1.671	-1.296	1.296	1.671	2.000	2.390	2.660
120		-2.617	-2.358	-1.980	-1.658	-1.289	1.289	1.658	1.980	2.358	2.617
∞		-2.576	-2.326	-1.960	-1.645	-1.282	1.282	1.645	1.960	2.326	2.576

4. F 분포표

Denominator degrees of freedom

P		α	ν_1, Degrees of freedom for numerator																				Cum.
			1	2	3	4	5	6	7	8	9	10	11	12	15	20	24	30	40	60	120	∞	prop.
1	.005		$.0^4 62$	$.0^2 51$	.018	.032	.044	.054	.062	.068	.073	.078	.082	.085	.093	.101	.105	.109	.113	.118	.122	.127	.005
	.010		$.0^3 25$	.010	.029	.047	.062	.073	.082	.089	.095	.100	.104	.107	.115	.124	.128	.132	.137	.141	.146	.151	.01
	.025		$.0^2 15$	.026	.057	.082	.100	.113	.124	.132	.139	.144	.149	.153	.161	.170	.175	.180	.184	.189	.194	.199	.025
	.05		$.0^2 62$	.054	.099	.130	.151	.167	.179	.188	.195	.201	.207	.211	.220	.230	.235	.240	.215	.250	.255	.261	.05
	.95	.05	161	200	216	225	230	234	237	239	241	242	243	244	246	248	249	250	251	252	253	254	.95
	.975	.025	648	800	864	900	922	937	948	957	963	969	973	977	985	993	997	100^1	101^1	101^1	101^1	102^1	.975
	.99	.010	405^1	500^1	540^1	562^1	576^1	586^1	593^1	598^1	602^1	606^1	608^1	611^1	616^1	621^1	623^1	626^1	629^1	631^1	634^1	637^1	.99
	.995	.005	162^2	200^2	216^2	225^2	231^2	234^2	237^2	239^2	241^2	242^2	243^2	244^2	246^2	248^2	249^2	250^2	251^2	253^2	254^2	255^2	.995
2	.005		$.0^4 50$	$.0^2 50$	.020	.038	.055	.069	.081	.091	.099	.106	.112	.118	.130	.143	.150	.157	.165	.173	.181	.189	.005
	.01		$.0^3 20$	.010	.032	.056	.075	.092	.105	.116	.125	.132	.139	.144	.157	.171	.178	.186	.193	.201	.209	.217	.01
	.025		$.0^2 13$	.026	.062	.094	.119	.138	.153	.165	.175	.183	.190	.196	.210	.224	.232	.239	.247	.255	.263	.271	.025
	.05		$.0^2 50$	.053	.105	.144	.173	.194	.211	.224	.235	.244	.251	.257	.272	.286	.294	.302	.309	.317	.326	.334	.05
	.95	.05	18.5	19.0	19.2	19.2	19.3	19.3	19.4	19.4	19.4	19.4	19.4	19.4	19.4	19.4	19.5	19.5	19.5	19.5	19.5	19.5	.95
	.975	.025	38.5	39.0	39.2	39.2	39.3	39.3	39.4	39.4	39.4	39.4	39.4	39.4	39.4	39.4	39.5	39.5	39.5	39.5	39.5	39.5	.975
	.99	.010	98.5	99.0	99.2	99.2	99.3	99.3	99.4	99.4	99.4	99.4	99.4	99.4	99.4	99.4	99.5	99.5	99.5	99.5	99.5	99.5	.99
	.995	.005	198	199	199	199	199	199	199	199	199	199	199	199	199	199	199	199	199	199	199	200	.995
3	.005		$.0^4 46$	$.0^2 50$	.021	.041	.060	.077	.092	.104	.115	.124	.132	.138	.154	.172	.181	.191	.201	.211	.222	.234	.005
	.01		$.0^3 19$	.010	.034	.060	.083	.102	.118	.132	.143	.153	.161	.168	.185	.203	.212	.222	.232	.242	.253	.264	.01
	.025		$.0^2 12$	.026	.065	.100	.129	.152	.170	.185	.197	.207	.216	.224	.241	.259	.269	.279	.289	.299	.310	.321	.025
	.05		$.0^2 46$	.052	.108	.152	.185	.210	.230	.246	.259	.270	.279	.287	.304	.323	.332	.342	.352	.363	.373	.384	.05
	.95	.05	10.1	9.55	9.28	9.12	9.01	8.94	8.89	8.85	8.81	8.79	8.76	8.74	8.70	8.66	8.63	8.62	8.59	8.57	8.55	8.53	.95
	.975	.025	17.4	16.0	15.4	15.1	14.9	14.7	14.6	14.5	14.5	14.4	14.4	14.3	14.3	14.2	14.1	14.1	14.0	14.0	13.9	13.9	.975
	.99	.010	34.1	30.8	29.5	28.7	28.2	27.9	27.7	27.5	27.3	27.2	27.1	27.1	26.9	26.7	26.6	26.5	26.4	26.3	26.2	26.1	.99
	.995	.005	55.6	49.8	47.5	46.2	45.4	44.8	44.4	44.1	43.9	43.7	43.5	43.4	43.1	42.8	42.6	42.5	42.3	42.1	42.0	41.8	.995
4	.005		$.0^4 44$	$.0^2 50$	.022	.043	.064	.083	.100	.114	.126	.137	.145	.153	.172	.193	.204	.216	.229	.242	.255	.269	.005
	.01		$.0^3 18$	.010	.035	.063	.088	.109	.127	.143	.156	.167	.176	.185	.204	.226	.237	.249	.261	.274	.287	.301	.01
	.025		$.0^2 11$	.026	.066	.104	.135	.161	.181	.198	.212	.224	.234	.243	.263	.284	.296	.308	.320	.332	.346	.359	.025
	.05		$.0^2 44$	.052	.110	.157	.193	.221	.243	.261	.275	.288	.298	.307	.327	.349	.360	.372	.384	.396	.409	.422	.05
	.95	.05	7.71	6.94	6.59	6.39	6.26	6.16	6.09	6.04	6.00	5.96	5.94	5.91	5.86	5.80	5.77	5.75	5.72	5.69	5.66	5.63	.95
	.975	.025	12.2	10.6	9.98	9.60	9.36	9.20	9.07	8.98	8.90	8.84	8.79	8.75	8.66	8.56	8.51	8.46	8.41	8.36	8.31	8.26	.975
	.99	.010	21.2	18.0	16.7	16.0	15.5	15.2	15.0	14.8	14.7	14.5	14.4	14.4	14.2	14.0	13.9	13.8	13.7	13.7	13.6	13.5	.99
	.995	.005	31.3	26.3	24.3	23.2	22.5	22.0	21.6	21.4	21.1	21.0	20.8	20.7	20.4	20.2	20.0	19.9	19.8	19.6	19.5	19.3	.995
5	.005		$.0^4 43$	$.0^2 50$	.022	.045	.067	.087	.105	.120	.134	.146	.156	.165	.186	.210	.223	.237	.251	.266	.282	.299	.005
	.01		$.0^3 17$	.010	.035	.064	.091	.114	.134	.151	.165	.177	.188	.197	.219	.244	.257	.270	.285	.299	.315	.332	.01
	.025		$.0^2 11$	.025	.067	.107	.140	.167	.189	.208	.223	.236	.248	.257	.280	.304	.317	.330	.344	.359	.374	.390	.025
	.05		$.0^2 43$	.052	.111	.160	.198	.228	.252	.271	.287	.301	.313	.322	.345	.369	.382	.395	.408	.422	.437	.452	.05
	.95	.05	6.61	5.79	5.41	5.19	5.05	4.95	4.88	4.82	4.77	4.74	4.71	4.68	4.62	4.56	4.53	4.50	4.46	4.43	4.40	4.36	.95
	.975	.025	10.0	8.43	7.76	7.39	7.15	6.98	6.85	6.76	6.68	6.62	6.57	6.52	6.43	6.33	6.28	6.23	6.18	6.12	6.07	6.02	.975
	.99	.010	16.3	13.3	12.1	11.4	11.0	10.7	10.5	10.3	10.2	10.1	9.96	9.89	9.72	9.55	9.47	9.38	9.29	9.20	9.11	9.02	.99
	.995	.005	22.8	18.3	16.5	15.6	14.9	14.5	14.2	14.0	13.8	13.6	13.5	13.4	13.1	12.9	12.8	12.7	12.5	12.4	12.3	12.1	.995

$0^3 56 = .00056$, $200^1 = 2.000$, $162^4 = 1.620.000$

ν_2 (Denominator degrees of freedom)	P	α	1	2	3	4	5	6	7	8	9	10	11	12	15	20	24	30	40	60	120	∞	Cum. prop.
6	.005		$.0^4 43$	$.0^2 50$	.022	.045	.069	.090	.109	.126	.140	.153	.164	.174	.197	.224	.238	.253	.269	.286	.304	.324	.005
	.010		$.0^3 17$	.010	.036	.066	.094	.118	.139	.157	.172	.186	.197	.207	.232	.258	.273	.288	.304	.321	.338	.357	.01
	.025		$.0^2 11$	.025	.068	.109	.143	.172	.195	.215	.231	.246	.258	.268	.293	.320	.334	.349	.364	.381	.398	.415	.025
	.05		$.0^2 43$	.052	.112	.162	.202	.233	.259	.279	.296	.311	.324	.334	.358	.385	.399	.413	.428	.444	.460	.476	.05
	.95	.05	5.99	5.14	4.76	4.53	4.39	4.28	4.21	4.15	4.10	4.06	4.03	4.00	3.94	3.87	3.84	3.81	3.77	3.74	3.70	3.67	.95
	.975	.025	8.81	7.26	6.60	6.23	5.99	5.82	5.70	5.60	5.52	5.46	5.41	5.37	5.27	5.17	5.12	5.07	5.01	4.96	4.90	4.85	.975
	.99	.010	13.7	10.9	9.78	9.15	8.75	8.47	8.26	8.10	7.98	7.87	7.79	7.72	7.56	7.40	7.31	7.23	7.14	7.06	6.97	6.88	.99
	.995	.005	18.6	14.5	12.9	12.0	11.5	11.1	10.8	10.6	10.4	10.2	10.1	10.0	9.81	9.50	9.47	9.36	9.24	9.12	9.00	8.88	.995
7	.005		$.0^4 42$	$.0^2 50$	.023	.046	.070	.093	.113	.130	.145	.159	.171	.181	.206	.235	.251	.267	.285	.304	.324	.345	.005
	.01		$.0^3 17$	.010	.036	.067	.096	.121	.143	.162	.178	.192	.205	.216	.241	.270	.286	.303	.320	.339	.358	.379	.01
	.025		$.0^2 10$	.025	.068	.110	.146	.176	.200	.221	.238	.253	.266	.277	.304	.333	.348	.364	.381	.399	.418	.437	.025
	.05		$.0^2 42$	.052	.113	.164	.205	.238	.264	.286	.304	.319	.332	.343	.369	.398	.413	.428	.445	.461	.479	.498	.05
	.95	.05	5.59	4.74	4.35	4.12	3.97	3.87	3.79	3.73	3.68	3.64	3.60	3.57	3.51	3.44	3.41	3.38	3.34	3.30	3.27	3.23	.95
	.975	.025	8.07	6.54	5.89	5.52	5.29	5.12	4.99	4.90	4.82	4.76	4.71	4.67	4.57	4.47	4.42	4.36	4.31	4.25	4.20	4.14	.975
	.99	.010	12.2	9.55	8.45	7.85	7.46	7.19	6.99	6.84	6.72	6.62	6.54	6.47	6.31	6.16	6.07	5.99	5.91	5.82	5.74	5.65	.99
	.995	.005	16.2	12.4	10.9	10.0	9.52	9.16	8.89	8.68	8.51	8.38	8.27	8.18	7.97	7.75	7.65	7.53	7.42	7.31	7.19	7.08	.995
8	.005		$.0^4 42$	$.0^2 50$	.023	.047	.072	.095	.115	.133	.149	.164	.176	.187	.214	.244	.261	.279	.299	.319	.341	.364	.005
	.01		$.0^3 17$	.010	.036	.068	.097	.123	.146	.166	.183	.198	.211	.222	.250	.281	.297	.315	.334	.354	.376	.398	.01
	.025		$.0^2 10$	.025	.069	.111	.148	.179	.204	.226	.244	.259	.273	.285	.313	.343	.360	.377	.395	.415	.435	.456	.025
	.05		$.0^2 42$	.052	.113	.166	.208	.241	.268	.291	.310	.326	.339	.351	.379	.409	.425	.441	.459	.477	.496	.516	.05
	.95	.05	5.32	4.46	4.07	3.84	3.69	3.58	3.50	3.44	3.39	3.35	3.31	3.28	3.22	3.15	3.12	3.08	3.04	3.01	2.97	2.93	.95
	.975	.025	7.57	6.06	5.42	5.05	4.82	4.65	4.53	4.43	4.36	4.30	4.24	4.20	4.10	4.00	3.95	3.89	3.84	3.78	3.73	3.67	.975
	.99	.010	11.3	8.65	7.59	7.01	6.63	6.37	6.18	6.03	5.91	5.81	5.73	5.67	5.52	5.36	5.28	5.20	5.12	5.03	4.95	4.86	.99
	.995	.005	14.7	11.0	9.60	8.81	8.30	7.95	7.69	7.50	7.34	7.21	7.10	7.01	6.81	6.61	6.50	6.40	6.29	6.18	6.06	5.95	.995
9	.005		$.0^4 42$	$.0^2 50$	.023	.047	.073	.096	.117	.136	.153	.168	.181	.192	.220	.253	.271	.290	.310	.332	.356	.382	.005
	.01		$.0^3 17$	.010	.037	.068	.098	.125	.149	.169	.187	.202	.216	.228	.257	.289	.307	.326	.346	.368	.391	.415	.01
	.025		$.0^2 10$	.025	.069	.112	.150	.181	.207	.230	.248	.265	.279	.291	.320	.352	.370	.388	.408	.428	.450	.473	.025
	.05		$.0^2 42$	.052	.113	.167	.210	.244	.272	.296	.315	.331	.345	.358	.386	.418	.435	.452	.471	.490	.510	.532	.05
	.95	.05	5.12	4.26	3.86	3.63	3.48	3.37	3.29	3.23	3.18	3.14	3.10	3.07	3.01	2.94	2.90	2.86	2.83	2.79	2.75	2.71	.95
	.975	.025	7.21	5.71	5.08	4.72	4.48	4.32	4.20	4.10	4.03	3.96	3.91	3.87	3.77	3.67	3.61	3.56	3.51	3.45	3.39	3.33	.975
	.99	.010	10.6	8.02	6.99	6.42	6.06	5.80	5.61	5.47	5.35	5.26	5.18	5.11	4.96	4.81	4.73	4.65	4.57	4.48	4.40	4.31	.99
	.995	.005	13.6	10.1	8.72	7.96	7.47	7.13	6.88	6.69	6.54	6.42	6.31	6.23	6.03	5.83	5.73	5.62	5.52	5.41	5.30	5.19	.995
10	.005		$.0^4 41$	$.0^2 50$	.023	.048	.073	.098	.119	.139	.156	.171	.185	.197	.226	.260	.279	.299	.321	.344	.370	.397	.005
	.01		$.0^3 17$	.010	.037	.069	.100	.127	.151	.172	.190	.206	.220	.233	.263	.297	.316	.336	.357	.380	.405	.431	.01
	.025		$.0^2 10$	.025	.069	.113	.151	.183	.210	.233	.252	.269	.283	.296	.327	.360	.379	.398	.419	.441	.464	.488	.025
	.05		$.0^2 41$	.052	.114	.168	.211	.246	.275	.299	.319	.336	.351	.363	.393	.426	.444	.462	.481	.502	.523	.546	.05
	.95	.05	4.96	4.10	3.71	3.48	3.33	3.22	3.14	3.07	3.02	2.98	2.94	2.91	2.85	2.77	2.74	2.70	2.66	2.62	2.58	2.54	.95
	.975	.025	6.94	5.46	4.83	4.47	4.24	4.07	3.95	3.85	3.78	3.72	3.66	3.62	3.52	3.42	3.37	3.31	3.26	3.20	3.14	3.08	.975
	.99	.010	10.0	7.56	6.55	5.99	5.64	5.39	5.20	5.06	4.94	4.85	4.77	4.71	4.56	4.41	4.33	4.25	4.17	4.08	4.00	3.91	.99
	.995	.005	12.8	9.43	8.08	7.34	6.87	6.54	6.30	6.12	5.97	5.85	5.75	5.66	5.47	5.27	5.17	5.07	4.97	4.86	4.75	4.64	.995

Columns 1 to ∞: ν_1, Degrees of freedom for numerator

Denominator degrees of freedom	P	α	1	2	3	4	5	6	7	8	9	10	11	12	15	20	24	30	40	60	120	∞	Cum. prop.
			ν_1, *Degrees of freedom for numerator*																				
11	.005		$.0^{4}40$	$.0^{2}50$	.023	.048	.074	.099	.121	.141	.158	.174	.188	.200	.231	.266	.286	.308	.330	.355	.382	.412	.005
	.010		$.0^{3}16$	.010	.037	.069	.100	.128	.153	.175	.193	.210	.224	.237	.268	.304	.324	.344	.366	.391	.417	.444	.01
	.025		$.0^{2}10$	.025	.069	.114	.152	.185	.212	.236	.256	.273	.288	.301	.332	.368	.386	.407	.429	.450	.476	.503	.025
	.05		$.0^{2}41$	.052	.114	.168	.212	.248	.278	.302	.323	.340	.355	.368	.398	.433	.452	.469	.490	.513	.535	.559	.05
	.95	.05	4.84	3.98	3.59	3.36	3.20	3.09	3.01	2.95	2.90	2.85	2.82	2.79	2.72	2.65	2.61	2.57	2.53	2.49	2.45	2.40	.95
	.975	.025	6.72	5.26	4.63	4.28	4.04	3.88	3.76	3.66	3.59	3.53	3.47	3.43	3.33	3.23	3.17	3.12	3.06	3.00	2.94	2.88	.975
	.99	.010	9.65	7.21	6.22	5.67	5.32	5.07	4.89	4.74	4.63	4.54	4.46	4.40	4.25	4.10	4.02	3.94	3.86	3.78	3.69	3.60	.99
	.995	.005	12.2	8.91	7.60	6.88	6.42	6.10	5.86	5.68	5.54	5.42	5.32	5.24	5.05	4.86	4.76	4.65	4.55	4.45	4.34	4.23	.995
12	.005		$.0^{4}41$	$.0^{2}50$	.023	.048	.075	.100	.122	.143	.161	.177	.191	.204	.235	.272	.292	.315	.339	.365	.393	.424	.005
	.01		$.0^{3}16$	.010	.037	.070	.101	.130	.155	.176	.196	.212	.227	.241	.273	.310	.330	.352	.375	.401	.428	.458	.01
	.025		$.0^{2}10$	.025	.070	.114	.153	.186	.214	.238	.259	.276	.292	.305	.337	.374	.394	.416	.437	.461	.487	.514	.025
	.05		$.0^{2}41$	.052	.114	.169	.214	.250	.280	.305	.325	.343	.358	.372	.404	.439	.458	.478	.499	.522	.545	.571	.05
	.95	.05	4.75	3.89	3.49	3.26	3.11	3.00	2.91	2.85	2.80	2.75	2.72	2.69	2.62	2.54	2.51	2.47	2.43	2.38	2.34	2.30	.95
	.975	.025	6.55	5.10	4.47	4.12	3.89	3.73	3.61	3.51	3.44	3.37	3.32	3.28	3.18	3.07	3.02	2.96	2.91	2.85	2.79	2.72	.975
	.99	.010	9.33	6.93	5.95	5.41	5.06	4.82	4.64	4.50	4.39	4.30	4.22	4.16	4.01	3.86	3.78	3.70	3.62	3.54	3.45	3.36	.99
	.995	.005	11.8	8.51	7.23	6.52	6.07	5.76	5.52	5.35	5.20	5.09	4.99	4.91	4.72	4.53	4.43	4.33	4.23	4.12	4.01	3.90	.995
15	.005		$.0^{4}41$	$.0^{2}50$	.023	.049	.076	.102	.125	.147	.166	.183	.198	.212	.246	.286	.308	.333	.360	.389	.422	.457	.005
	.01		$.0^{3}16$	.010	.037	.070	.103	.132	.158	.181	.202	.219	.235	.249	.284	.324	.346	.370	.397	.425	.456	.490	.01
	.025		$.0^{2}10$	.025	.070	.116	.156	.190	.219	.244	.265	.284	.300	.315	.349	.389	.410	.433	.458	.485	.514	.546	.025
	.05		$.0^{2}41$	.051	.115	.170	.216	.254	.285	.311	.333	.351	.368	.382	.416	.454	.474	.496	.519	.545	.571	.600	.05
	.95	.05	4.54	3.68	3.29	3.06	2.90	2.79	2.71	2.64	2.59	2.54	2.51	2.48	2.40	2.33	2.29	2.25	2.20	2.16	2.11	2.07	.95
	.975	.025	6.20	4.76	4.15	3.80	3.58	3.41	3.29	3.20	3.12	3.06	3.01	2.96	2.86	2.76	2.70	2.64	2.59	2.52	2.46	2.40	.975
	.99	.010	8.68	6.36	5.42	4.89	4.56	4.32	4.14	4.00	3.89	3.80	3.73	3.67	3.52	3.37	3.29	3.21	3.13	3.05	2.96	2.87	.99
	.995	.005	10.8	7.70	6.48	5.80	5.37	5.07	4.85	4.67	4.54	4.42	4.33	4.25	4.07	3.88	3.79	3.69	3.59	3.48	3.37	3.26	.995
20	.005		$.0^{4}39$	$.0^{2}50$	.023	.050	.077	.104	.129	.151	.171	.190	.206	.221	.258	.301	.327	.354	.385	.419	.457	.500	.005
	.01		$.0^{3}16$	.010	.037	.071	.105	.135	.162	.187	.208	.227	.244	.259	.297	.340	.365	.392	.422	.455	.491	.532	.01
	.025		$.0^{2}10$	.025	.071	.117	.158	.193	.224	.250	.273	.292	.310	.325	.363	.406	.430	.456	.484	.514	.548	.585	.025
	.05		$.0^{2}40$	.051	.115	.172	.219	.258	.290	.318	.340	.360	.377	.393	.430	.471	.493	.518	.544	.572	.603	.637	.05
	.95	.05	4.35	3.49	3.10	2.87	2.71	2.60	2.51	2.45	2.39	2.35	2.31	2.28	2.20	2.12	2.08	2.04	1.99	1.95	1.90	1.84	.95
	.975	.025	5.87	4.46	3.86	3.51	3.29	3.13	3.01	2.91	2.84	2.77	2.72	2.68	2.57	2.46	2.41	2.35	2.29	2.22	2.16	2.09	.975
	.99	.010	8.10	5.85	4.94	4.43	4.10	3.70	3.70	3.56	3.46	3.37	3.29	3.23	3.09	2.94	2.86	2.78	2.69	2.61	2.52	2.42	.99
	.995	.005	9.94	6.99	5.82	5.17	4.76	4.26	4.26	4.09	3.96	3.85	3.76	3.68	3.50	3.32	3.22	3.12	3.02	2.92	2.81	2.69	.995
24	.005		$.0^{4}40$	$.0^{2}50$	.023	.050	.078	.106	.131	.154	.175	.193	.210	.226	.264	.310	.337	.337	.400	.437	.479	.527	.005
	.01		$.0^{3}16$	.010	.038	.072	.106	.137	.165	.189	.211	.231	.249	.264	.304	.350	.350	.405	.437	.473	.513	.558	.01
	.025		$.0^{2}10$	.025	.071	.117	.159	.195	.227	.253	.277	.297	.315	.331	.370	.415	.415	.468	.498	.498	.568	.610	.025
	.05		$.0^{2}40$	.051	.116	.173	.221	.260	.293	.321	.345	.365	.383	.399	.437	.480	.480	.530	.558	.588	.622	.659	.05
	.95	.05	4.26	3.40	3.01	2.78	2.62	2.51	2.42	2.36	2.30	2.25	2.21	2.18	2.11	2.03	1.98	1.94	1.89	1.84	1.79	1.73	.95
	.975	.025	5.72	4.32	3.72	3.38	3.15	2.99	2.87	2.78	2.70	2.64	2.59	2.54	2.44	2.33	2.27	2.21	2.15	2.08	2.01	1.94	.975
	.99	.010	7.82	5.61	4.72	4.22	3.90	3.67	3.50	3.36	3.26	3.17	3.09	3.03	2.89	2.74	2.66	2.58	2.49	2.40	2.31	2.21	.99
	.995	.005	.955	6.66	5.52	4.89	4.49	4.20	3.99	3.83	3.69	3.59	3.50	3.42	3.25	3.06	2.97	2.87	2.77	2.66	2.55	2.43	.995

$0^{3}56=.00056$, $200^{1}=2.000$, $162^{4}=1.620.000$

P		α	1	2	3	4	5	6	7	8	9	10	11	12	15	20	24	30	40	60	120	∞	Cum. prop.
			ν_1, *Degrees of freedom for numerator*																				
30	.005		$.0^{4}40$	$.0^{2}50$	.024	.050	.079	.107	.133	.156	.178	.197	.215	.231	.271	.320	.349	.381	.416	.457	.504	.559	.005
	.010		$.0^{3}16$	.010	.038	.072	.107	.138	.167	.192	.215	.235	.254	.270	.311	.360	.388	.419	.454	.493	.538	.590	.01
	.025		$.0^{2}10$	.025	.071	.118	.161	.197	.229	.257	.281	.302	.321	.337	.378	.426	.453	.482	.515	.551	.592	.639	.025
	.05		$.0^{2}40$	.051	.116	.174	.222	.263	.296	.325	.349	.370	.389	.406	.445	.490	.516	.543	.573	.606	.644	.685	.05
	.95	.05	4.17	3.42	2.92	2.69	2.53	2.42	2.33	2.27	2.21	2.16	2.13	2.09	2.01	1.93	1.89	1.84	1.79	1.74	1.68	1.62	.95
	.975	.025	5.57	4.18	3.59	3.25	3.03	2.87	2.75	2.65	2.57	2.51	2.46	2.41	2.31	2.20	2.14	2.07	2.01	1.94	1.87	1.79	.975
	.99	.010	7.56	5.39	4.51	4.02	3.70	3.47	3.30	3.17	3.07	2.98	2.91	2.84	2.70	2.55	2.47	2.39	2.30	2.21	2.11	2.01	.99
	.995	.005	9.18	6.35	5.24	4.62	4.23	3.95	3.74	3.58	3.45	3.34	3.25	3.18	3.01	2.82	2.73	2.63	2.52	2.42	2.30	2.18	.995
40	.005		$.0^{4}40$	$.0^{2}50$	.024	.051	.080	.108	.135	.159	.181	.201	.220	.237	.279	.331	.362	.396	.436	.481	.534	.599	.005
	.01		$.0^{3}16$	.010	.038	.073	.108	.140	.169	.195	.219	.240	.259	.276	.319	.371	.401	.435	.473	.516	.567	.628	.01
	.025		$.0^{3}99$	.025	.071	.119	.162	.199	.232	.260	.285	.307	.327	.344	.387	.437	.466	.498	.533	.573	.620	.674	.025
	.05		$.0^{2}40$	.051	.116	.175	.224	.265	.299	.329	.354	.376	.395	.412	.454	.502	.529	.558	.591	.627	.669	.717	.05
	.95	.05	4.08	3.23	2.84	2.61	2.45	2.34	2.25	2.18	2.12	2.08	2.04	2.00	1.92	1.84	1.79	1.74	1.69	1.64	1.58	1.51	.95
	.975	.025	5.42	4.05	3.46	3.13	2.90	2.74	2.62	2.53	2.45	2.39	2.33	2.29	2.18	2.07	2.01	1.94	1.88	1.80	1.72	1.64	.975
	.99	.010	7.31	5.18	4.31	3.83	3.51	3.29	3.12	2.99	2.89	2.80	2.73	2.66	2.52	2.37	2.29	2.20	2.11	2.02	1.92	1.80	.99
	.995	.005	8.83	6.07	4.98	4.37	3.99	3.71	3.51	3.35	3.22	3.12	3.03	2.95	2.78	2.60	2.50	2.40	2.30	2.18	2.06	1.93	.995
60	.005		$.0^{4}40$	$.0^{2}50$	.024	.051	.081	.110	.137	.162	.185	.206	.225	.243	.287	.343	.376	.414	.458	.510	.572	.652	.005
	.01		$.0^{3}16$	.010	.038	.073	.109	.142	.172	.199	.223	.245	.265	.283	.328	.383	.416	.453	.495	.545	.604	.679	.01
	.025		$.0^{2}99$	.025	.071	.120	.163	.202	.235	.264	.290	.313	.333	.351	.396	.450	.481	.515	.555	.600	.654	.720	.025
	.05		$.0^{2}40$	.051	.116	.176	.226	.267	.303	.333	.359	.382	.402	.419	.463	.514	.543	.575	.611	.652	.700	.759	.05
	.95	.05	4.00	3.15	2.76	2.53	2.37	2.25	2.17	2.10	2.04	1.99	1.95	1.92	1.84	1.75	1.70	1.65	1.59	1.53	1.47	1.39	.95
	.975	.025	5.29	3.93	3.34	3.01	2.79	2.63	2.51	2.41	2.33	2.27	2.22	2.17	2.06	1.94	1.88	1.82	1.74	1.67	1.58	1.48	.975
	.99	.010	7.08	4.98	4.13	3.65	3.34	3.12	2.95	2.82	2.72	2.63	2.56	2.50	2.35	2.20	2.12	2.03	1.94	1.84	1.73	1.60	.99
	.995	.005	8.49	5.80	4.73	4.14	3.76	3.49	3.29	3.13	3.01	2.90	2.82	2.74	2.57	2.39	2.29	2.19	2.08	1.96	1.83	1.69	.995
120	.005		$.0^{4}39$	$.0^{2}50$	.024	.051	.081	.111	.139	.165	.189	.211	.230	.249	.297	.356	.393	.434	.484	.545	.623	.733	.005
	.01		$.0^{3}16$	.010	.038	.074	.110	.143	.174	.202	.227	.250	.271	.290	.338	.397	.433	.474	.522	.579	.652	.755	.01
	.025		$.0^{3}99$	.025	.072	.120	.165	.204	.238	.268	.295	.318	.340	.359	.406	.464	.498	.536	.580	.633	.698	.789	.025
	.05		$.0^{2}39$	.051	.117	.177	.227	.270	.306	.337	.364	.388	.408	.427	.473	.527	.559	.594	.634	.682	.740	.819	.05
	.95	.05	3.92	3.07	2.68	2.45	2.29	2.18	2.09	2.02	1.96	1.91	1.87	1.83	1.75	1.66	1.61	1.55	1.50	1.43	1.35	1.25	.95
	.975	.025	5.15	3.80	3.23	2.89	2.67	2.52	2.39	2.30	2.22	2.16	2.10	2.05	1.95	1.82	1.76	1.69	1.61	1.53	1.43	1.31	.975
	.99	.010	6.85	4.79	3.95	3.48	3.17	2.96	2.79	2.66	2.56	2.47	2.40	2.34	2.19	2.03	1.95	1.86	1.76	1.66	1.53	1.38	.99
	.995	.005	8.18	5.54	4.50	3.92	3.55	3.28	3.09	2.93	2.81	2.71	2.62	2.54	2.37	2.19	2.09	1.98	1.87	1.75	1.61	1.43	.995
∞	.005		$.0^{4}39$	$.0^{2}50$	.024	.052	.082	.113	.141	.168	.193	.216	.236	.256	.307	.372	.412	.460	.518	.592	.699	1.00	.005
	.01		$.0^{3}16$	.010	.038	.074	.111	.145	.177	.206	.232	.256	.278	.298	.349	.413	.452	.499	.554	.625	.724	1.00	.01
	.025		$.0^{3}98$	.025	.072	.121	.166	.206	.241	.272	.300	.325	.347	.367	.418	.480	.517	.560	.611	.675	.763	1.00	.025
	.05		$.0^{2}39$	.051	.117	.178	.229	.273	.310	.342	.369	.394	.417	.436	.484	.543	.577	.617	.663	.720	.797	1.00	.05
	.95	.05	3.84	3.00	2.60	2.37	2.21	2.10	2.01	1.94	1.88	1.83	1.79	1.75	1.67	1.57	1.52	1.46	1.39	1.32	1.22	1.00	.95
	.975	.025	5.02	3.69	3.12	2.79	2.57	2.41	2.29	2.19	2.11	2.05	1.99	1.94	1.83	1.71	1.64	1.57	1.48	1.39	1.27	1.00	.975
	.99	.010	6.63	4.61	3.78	3.32	3.02	2.80	2.64	2.51	2.41	2.32	2.25	2.18	2.04	1.88	1.79	1.70	1.59	1.47	1.32	1.00	.99
	.995	.005	7.88	5.30	4.28	3.72	3.35	3.09	2.90	2.74	2.62	2.52	2.43	2.36	2.19	2.00	1.90	1.79	1.67	1.53	1.36	1.00	.995

Denominator degrees of freedom

$0^{3}56 = .00056$, $200^{1} = 2.000$, $162^{4} = 1.620.000$

참·고·문·헌

김석우 · 최용석(2001). 윈도우용 LISREL을 활용한 인과모형의 이해와 응용. 서울 : 학지사.

김석우 · 최태진(2007). 교육연구방법론. 서울 : 학지사.

김석우 · 최태진 · 박상욱(2015). 교육연구방법론. 서울 : 학지사.

김영종(1999). 사회복지조사방법론. 서울 : 학지사.

김종수 · 이화진 · 김성홍 · 정종필(1996). SPSS/PC 바로쓰기. 서울 : 홍진.

김진규 · 윤길근(2003). 아동연구방법. 서울 : 동문사.

김호영 · 민수홍 · 설인자 · 유성렬(2000). 알기쉬운 통계. 서울 : 학지사.

박광배(1999). 변량분석과 회귀분석. 서울 : 학지사.

박성현 · 조신섭 · 김성수(2000). 한글 SPSS. 서울 : SPSS 아카데미.

박영규 · 정성옥(1998). Window용 SPSS 통계분석. 서울 : 교육과학사.

변창진 · 문수백(1999). 사회과학 연구를 위한 실험설계 : 분석의 이해와 활용. 서울 : 학지사.

성태제(2001). 현대 기초통계학의 이해와 적용. 서울 : 교육과학사.

______(2014). 현대 기초통계학의 이해와 적용. 서울 : 학지사.

______(2015). 교육연구방법의 이해. 서울 : 학지사.

송인섭(1995). SPSS분석법을 포함한 통계학의 이해. 서울 : 학지사.

양병화(1998). 다변량 자료분석의 이해와 활용. 서울 : 학지사.

우수명(2001). 마우스로 잡는 SPSS 10.0. 서울 : 인간과 복지.

원태연 · 정성원(1998). 통계조사분석. 서울 : SPSS 아카데미.

유대근 · 권영식(1999). 통계분석을 위한 SPSS WIN 8.0. 서울 : 기한재.

이성근 · 김병종 · 채서일(1997). SPSS/PC를 이용한 통계분석. 서울 : 학연사.

이은해 · 이미리 · 박소연(2006). 아동연구방법의 이해. 서울 : 학지사.

이종환(2014). (SPSS를 이용한) 조사방법 및 통계분석의 이해와 적용. 경기 : 공동체.

전경원(2001). 창의성을 중심으로 한 유아연구방법론 Ⅰ. 서울 : 창지사.

황해익(2010). 아동연구방법. 경기 : 정민사.

______(2011). 영유아 · 아동연구에서의 SPSS 자료분석. 서울 : 창지사.

______(2015). 유아교육평가. 경기 : 정민사.

Campbell, D. T., & Stanley, J. C.(1963). *Experimental and quasi-experimental designs for research*. Chicago : Rand McNally.

Tashakkori, A., & Teddlie, C.(2001). 통합 연구 방법론. 염시창 역. 서울 : 학지사(원저 1998 출판).

찾·아·보·기

저/자/약/력

■ 황해익
고려대학교 교육학과 문학사
Michigan State University 대학원 문학석사(MA) 및 철학박사(Ph.D)
부산대학교 유아교육과 명예교수

■ 송연숙
부산대학교 대학원 유아교육학과 교육학박사
울산과학대학 유아교육과 교수

■ 최혜진
부산대학교 대학원 유아교육학과 교육학박사
강릉원주대학교 유아교육과 교수

■ 손원경
부산대학교 대학원 유아교육학과 교육학박사
신라대학교 유아교육과 교수

쉽게 배우는 SPSS 자료분석

|공저자| 황해익 · 송연숙 · 최혜진 · 손원경

|1판 1쇄| 발행 2016년 3월 15일
|1판 2쇄| 발행 2017년 9월 15일
|1판 3쇄| 발행 2020년 7월 30일
|1판 4쇄| 발행 2021년 7월 15일
|1판 5쇄| 발행 2023년 8월 10일

|발행인| 김 동 훈
|발행처| 공 동 체

|주소| 경기도 고양시 일산동구 호수로 358-39
동문타워 I 905호(백석동)
|전화| 031) 814-3000(대표)
|팩스| 031) 814-3100
|홈페이지| http://www.compub.co.kr
|전자우편| compub@naver.com
|출판등록| 2005년 10월 6일
|등록번호| 제396-2005-36호

|ISBN| 978-89-6352-899-1
정가 22,000원